"十三五"全国高等院校民航服务专业规划教材

中国民航
常飞客源国概况

主　编◎王昌沛
副主编◎王振霞　谢经虎　梁璐璐　姚　宝

The Outline of the Countries of Frequent Flyers of CAAC

清华大学出版社
北京

内 容 简 介

本教材依据美洲、欧洲、大洋洲和亚洲等地区分布，吸收新近的研究资料与数据，着重介绍了中国民航十三个常飞客源国的地理概貌、国家象征、历史沿革、国家体制、外交政策、经济发展、社会状态、文化教育与宣传以及风俗习惯等。与其他同类教材相比，本教材涵盖了主要客源国，既具有同类教材的概括性与全面性，同时又具有单个国家概况介绍的翔实性，力求使读者在有限的篇幅内全面客观地了解主要客源国的总体情况。本教材可作为民航服务类专业本科、专科学生的专业课教材，也适用于有兴趣全面概要地了解美国、俄罗斯、英国、法国、德国、澳大利亚、日本与韩国等国家的各界人士。

本书封面贴有清华大学出版社防伪标签，无标签者不得销售。
版权所有，侵权必究。举报：010-62782989，beiqinquan@tup.tsinghua.edu.cn。

图书在版编目（CIP）数据

中国民航常飞客源国概况 / 王昌沛主编. —北京：清华大学出版社，2018（2024.9 重印）
（"十三五"全国高等院校民航服务专业规划教材）
ISBN 978-7-302-51186-1

Ⅰ.①中⋯ Ⅱ.①王⋯ Ⅲ.①民航运输-客源市场-概况-世界-高等学校-教材 Ⅳ.①F561

中国版本图书馆 CIP 数据核字（2018）第 210672 号

责任编辑：杜春杰
封面设计：刘　超
版式设计：楠竹文化
责任校对：马军令
责任印制：杨　艳

出版发行：清华大学出版社
网　　址：https://www.tup.com.cn, https://www.wqxuetang.com
地　　址：北京清华大学学研大厦 A 座　　邮　编：100084
社 总 机：010-83470000　　邮　购：010-62786544
投稿与读者服务：010-62776969, c-service@tup.tsinghua.edu.cn
质量反馈：010-62772015, zhiliang@tup.tsinghua.edu.cn

印 装 者：三河市龙大印装有限公司
经　　销：全国新华书店
开　　本：185mm×260mm　　印　张：22.25　　字　数：546 千字
版　　次：2018 年 11 月第 1 版　　印　次：2024 年 9 月第 11 次印刷
定　　价：59.80 元

产品编号：071939-02

"十三五"全国高等院校民航服务专业规划教材丛书主编及专家指导委员会

丛 书 总 主 编　　刘永（北京中航未来科技集团有限公司董事长兼总裁）
丛 书 副 总 主 编　　马晓伟（北京中航未来科技集团有限公司常务副总裁）
丛 书 副 总 主 编　　郑大地（北京中航未来科技集团有限公司教学副总裁）
丛 书 总 主 审　　朱益民（原海南航空公司总裁、原中国货运航空公司总裁、原上海航空公司总裁）
丛 书 英 语 总 主 审　　王朔（美国雪城大学、纽约市立大学巴鲁克学院双硕士）
丛 书 总 顾 问　　沈泽江（原中国民用航空华东管理局局长）
丛 书 总 执 行 主 编　　王益友［江苏民航职业技术学院（筹）院长、教授］
丛 书 艺 术 总 顾 问　　万峻池（美术评论家、著名美术品收藏家）
丛书总航空法律顾问　　程颖（荷兰莱顿大学国际法研究生、全国高职高专"十二五"规划教材《航空法规》主审、中国东方航空股份有限公司法律顾问）

丛书专家指导委员会主任

关云飞（长沙航空职业技术学院教授）

张树生（国务院津贴获得者，山东交通学院教授）

刘岩松（沈阳航空航天大学教授）

宋兆宽（河北传媒学院教授）

姚宝（上海外国语大学教授）

李剑峰（山东大学教授）

孙福万（国家开放大学教授）

张威（沈阳师范大学教授）

成积春（曲阜师范大学教授）

"十三五"全国高等院校民航服务专业规划教材编委会

主　任　高　宏（沈阳航空航天大学教授）　　杨　静（中原工学院教授）
　　　　　李　勤（南昌航空大学教授）　　　　李广春（郑州航空工业管理学院教授）
　　　　　安　萍（沈阳师范大学）　　　　　　彭圣文（长沙航空职业技术学院）
　　　　　陈文华（上海民航职业技术学院）

副主任　兰　琳（长沙航空职业技术学院）　　庞庆国（中国成人教育协会航空服务教育培训专业委员会）郑　越（长沙航空职业技术学院）　　　　郑大莉（中原工学院信息商务学院）
　　　　　徐爱梅（山东大学）　　　　　　　　黄　敏（南昌航空大学）
　　　　　韩　黎［江苏民航职业技术学院（筹）］　曹娅丽（南京旅游职业学院）
　　　　　胡明良（江南影视艺术职业学院）　　李楠楠（江南影视艺术职业学院）
　　　　　王昌沛（曲阜师范大学）　　　　　　何蔓莉（湖南艺术职业学院）
　　　　　孙东海（江苏新东方艺先锋传媒学校）　戴春华（原同济大学）
　　　　　施　进（盐城航空服务职业学校）　　孙　梅（上海建桥学院）
　　　　　张号全（武汉商贸职业学院）　　　　周孟华（上海东海学院）

委　员（排名不分先后）
　　　　　于海亮（沈阳师范大学）　　　　　　于晓风（山东大学）
　　　　　王丽蓉（南昌航空大学）　　　　　　王玉娟（南昌航空大学）
　　　　　王　莹（沈阳师范大学）　　　　　　王建惠（陕西职业技术学院）
　　　　　王　姝（北京外航服务公司）　　　　王　晶（沈阳航空航天大学）
　　　　　邓丽君（西安航空职业技术学院）　　车树国（沈阳师范大学）
　　　　　龙美华（岳阳市湘北女子职业学校）　石　慧（南昌航空大学）
　　　　　付砚然（湖北襄阳汽车职业技术学院，原海南航空公司乘务员）
　　　　　朱茫茫（潍坊职业学院）　　　　　　田　宇（沈阳航空航大大学）
　　　　　刘　洋（濮阳工学院）　　　　　　　刘　超（华侨大学）
　　　　　许　赟（南京旅游职业学院）　　　　刘　舒（江西青年职业学院）
　　　　　杨志慧（长沙航空职业技术学院）　　吴立杰（沈阳航空航天大学）
　　　　　李长亮（张家界航空工业职业技术学院）　杨　莲（马鞍山职业技术学院）
　　　　　李雯艳（沈阳师范大学）　　　　　　李芙蓉（长沙航空职业技术学院）
　　　　　李　仟（天津中德应用技术大学，原中国南方航空公司乘务员）
　　　　　李霏雨（原中国国际航空公司乘务员）　李　姝（沈阳师范大学）
　　　　　邹　昊（南昌航空大学）　　　　　　狄　娟（上海民航职业技术学院）
　　　　　宋晓宇（湖南艺术职业学院）　　　　邹　莎（湖南信息学院）
　　　　　张　进（三峡旅游职业技术学院）　　张　驰（沈阳航空航天大学）
　　　　　张　琳（北京中航未来科技集团有限公司）　张　利（北京中航未来科技集团有限公司）
　　　　　张媛媛（山东信息职业技术学院）　　张程垚（湖南民族职业学院）
　　　　　陈烜华（上海民航职业技术学院）　　陈　卓（长沙航空职业技术学院）
　　　　　周佳楠（上海应用技术大学）　　　　金　恒（西安航空职业技术学院）
　　　　　郑菲菲（南京旅游职业学院）　　　　周茗慧（山东外事翻译职业学院）
　　　　　胥佳明（大连海事大学）　　　　　　赵红倩（上饶职业技术学院）
　　　　　柳　武（湖南流通创软科技有限公司）　胡　妮（南昌航空大学）
　　　　　柴　郁（江西航空职业技术学院）　　钟　科（长沙航空职业技术学院）
　　　　　唐　珉（桂林航天工业学院）　　　　倪欣雨（斯里兰卡航空公司空中翻译，原印度尼西亚鹰航乘务员）
　　　　　高　青（山西旅游职业学院）　　　　高　熔（原沈阳航空航天大学继续教育学院）
　　　　　郭雅萌（江西青年职业学院）　　　　高　琳（济宁职业技术学院）
　　　　　黄　晨（天津交通职业学院）　　　　黄春新（沈阳航空航天大学）
　　　　　黄紫葳（抚州职业技术学院）　　　　黄婵芸（原中国东方航空公司乘务员）
　　　　　崔祥建（沈阳航空航天大学）　　　　曹璐璐（中原工学院）
　　　　　梁向兵（上海民航职业技术学院）　　崔　媛（张家界航空工业职业技术学院）
　　　　　彭志雄（湖南艺术职业学院）　　　　梁　燕（郴州技师学院）
　　　　　操小霞（重庆财经职业学院）　　　　蒋焕新（长沙航空职业技术学院）
　　　　　庞　敏（上海民航职业技术学院）　　李艳伟（沈阳航空航天大学）
　　　　　史秋实（中国成人教育协会航空服务教育培训专业委员会）

出 版 说 明

随着经济的稳步发展，我国已经进入经济新常态的阶段，特别是十九大指出：中国社会主要矛盾已经转化为人民日益增长的美好生活需要和不平衡不充分的发展之间的矛盾，这客观上要求社会服务系统要完善升级。作为公共交通运输的主要组成部分，民航运输在满足人们对美好生活追求和促进国民经济发展中扮演着重要的角色，具有广阔的发展空间。特别是"十三五"期间，国家高度重视民航业的发展，将民航业作为推动我国经济社会发展的重要战略产业，预示着我国民航业将会有更好、更快的发展。从国产化飞机C919的试飞，到宽体飞机规划的出台，以及民航发展战略的实施，标志着我国民航业已经步入崭新的发展阶段，这一阶段的特点是以人才为核心，而这一发展模式必将进一步对民航人才质量提出更高的要求。面对民航业发展对人才培养提出的挑战，培养服务于民航业发展的高质量人才，不仅需要转变人才培养观念，创新教育模式，更需要加强人才培养过程中基本环节的建设，而教材建设就是其首要的任务。

我国民航服务专业的学历教育经过18年的探索与发展，其办学水平、办学结构、办学规模、办学条件和师资队伍等方面都发生了巨大的变化，专业建设水平稳步提高，适应民航发展的人才培养体系初步形成。但我们应该清醒地看到，目前我国民航服务类专业的人才培养仍存在着诸多问题，特别是专业人才培养质量仍不能适应民航发展对人才的需求，人才培养的规模与高质量人才短缺的矛盾仍很突出。而目前相关专业教材的开发还处于探索阶段，缺乏系统性与规范性。已出版的民航服务类专业教材，在吸收民航服务类专业研究成果方面做出了有益的尝试，涌现出不同层次的系列教材，推动了民航服务的专业建设与人才培养，但从总体来看，民航服务类教材的建设仍落后于民航业对专业人才培养的实践要求，教材建设已成为相关人才培养的瓶颈。这就需要以引领和服务专业发展为宗旨，系统总结民航服务实践经验与教学研究成果，开发全面反映民航服务职业特点、符合人才培养规律和满足教学需要的系统性专业教材，以积极、有效地推进民航服务专业人才的培养工作。

基于上述思考，编委会经过两年多的实际调研与反复论证，在广泛征询民航业内专家的意见与建议，总结我国民航服务类专业教育的研究成果后，结合我国民航服务业的发展趋势，致力于编写出一套系统的、具有一定权威性和实用性的民航服务类系列教材，为推进我国民航服务人才的培养尽微薄之力。

本系列教材由沈阳航空航天大学、南昌航空大学、郑州航空工业管理学院、上海民航职业技术学院、长沙航空职业技术学院、西安航空职业技术学院、中原工学院、上海外国语大学、山东大学、大连外国语大学、沈阳师范大学、曲阜师范大学、湖南艺术职业学院、陕西师范大学、兰州大学、云南大学、四川大学、湖南民族职业学院、江西青年职业学院、天津交通职业学院、潍坊职业学院、南京旅游职业学院等多所高校的众多资深专家和学者共同打造，还邀请了多名原中国东方航空公司、原中国南方航空公司、原中国国际航空公司和原海南航空公司中从事多年乘务工作的乘务长和乘务员参与教材的编写。

目前，我国民航服务类的专业教育呈现着多元化、多层次的办学格局，各类学校的办学模式也呈现出个性化的特点，在人才培养体系、课程设置以及课程内容等方面，各学校之间存在着一定的差异，对教材也有不同的需求。为了能够更好地满足不同办学层次、教学模式对教材的需要，本套教材主要突出以下特点。

第一，兼顾本、专科不同培养层次的教学需要。鉴于近些年我国本科层次民航服务专业办学规模的不断扩大，在教材需求方面显得十分迫切，同时，专科层面的办学已经到了规模化的阶段，完善与更新教材体系和内容迫在眉睫，本套教材充分考虑了各类办学层次的需要，本着"求同存异、个性单列、内容升级"的原则，通过教材体系的科学架构和教材内容的层次化，以达到兼顾民航服务类本、专科不同层次教学之需要。

第二，将最新实践经验和专业研究成果融入教材。服务类人才培养是系统性问题，具有很强的内在规定性，民航服务的实践经验和专业建设成果是教材的基础，本套教材以丰富理论、培养技能为主，力求夯实服务基础、培养服务职业素质，将实践层面行之有效的经验与民航服务类人才培养规律的研究成果有效融合，以提高教材对人才培养的有效性。

第三，落实素质教育理念，注重服务人才培养。习近平总书记在党的十九大报告中强调，"要全面贯彻党的教育方针，落实立德树人根本任务，发展素质教育，推进教育公平，培养德智体美全面发展的社会主义建设者和接班人"，人才以德为先，以社会主义价值观铸就人的灵魂，才能使人才担当重任，也是高校人才培养的基本任务。教育实践表明，素质是人才培养的基础，也是人才职业发展的基石，人才的能力与技能以精神与灵魂为附着，但在传统的民航服务教材体系中，包含素质教育板块的教材较为少见。根据党的教育方针，本套教材的编写考虑到素质教育与专业能力培养的关系，以及素质对职业生涯的潜在影响，首次在我国民航服务专业教学中提出专业教育与人文素质并重，素质决定能力的培养理念，以独特的视野精心打造素质教育教材板块，使教材体系更加系统，强化了教材特色。

第四，必要的服务理论与专业能力培养并重。调研分析表明，忽视服务理论与人文素质所培养出的人才很难有宽阔的职业胸怀与职业精神，其未来的职业生涯发展就会乏力。因此，教材不应仅是对单纯技能的阐述与训练指导，更应该是不淡化专业能力培养的同时，强化行业知识、职业情感、服务机理、职业道德等关系到职业发展潜力的要素的培养，以期培养出高层次和高质量的民航服务人才。

第五，架构适合未来发展需要的课程体系与内容。民航服务具有很强的国际化特点，而我国民航服务的思想、模式与方法也正处于不断创新的阶段，紧紧把握未来民航服务的发展趋势，提出面向未来的解决问题的方案，是本套教材的基本出发点和应该承担的责任。我们力图将未来民航服务的发展趋势、服务思想、服务模式创新、服务理论体系以及服务管理等内容进行重新架构，以期能对我国民航服务人才培养，乃至整个民航服务业的发展起到引领作用。

第六，扩大教材的种类，使教材的选择更加宽泛。鉴于我国目前尚缺乏民航服务专业更高层次办学模式的规范，各学校的人才培养方案各具特点，差异明显，为了使教材更适合于办学的需要，本套教材打破了传统教材的格局，通过课程分割、内容优化和课外外延化等方式，增加了教材体系的课程覆盖面，使不同办学层次、关联专业，可以通过教材合理组合获得完整的专业教材选择机会。

本套教材规划出版品种大约为四十种，分为：① 人文素养类教材，包括《大学语文》《应用文写作》《艺术素养》《跨文化沟通》《民航职业修养》《中国传统文化》等。② 语言类教材，包括《民航客舱服务英语教程》《民航客舱实用英语口语教程》《民航实用英语听力教程》《民航播音训练》《机上广播英语》《民航服务沟通技巧》等。③ 专业类教材，包括《民航概论》《民航服务概论》《中国民航常飞客源国概况》《民航危险品运输》《客舱安全管理与应急处置》《民航安全检查技术》《民航服务心理学》《航空运输地理》《民航服务法律实务与案例教程》等。④ 职业形象类教材，包括《空乘人员形体与仪态》《空乘人员职业形象设计与化妆》《民航体能训练》等。⑤ 专业特色类教材，包括《民航服务手语训练》《空乘服务专业导论》《空乘人员求职应聘面试指南》《民航面试英语教程》等。

为了开发职业能力，编者联合有关 VR 开发公司开发了一些与教材配套的手机移动端 VR 互动资源，学生可以利用这些资源体验真实场景。

本套教材是迄今为止民航服务类专业较为完整的教材系列之一，希望能借此为我国民航服务人才的培养，乃至我国民航服务水平的提高贡献力量。民航发展方兴未艾，民航教育任重道远，为民航服务事业发展培养高质量的人才是各类人才培养部门的共同责任，相信集民航教育的业内学者、专家之共同智慧，凝聚有识之士心血的这套教材的出版，对加速我国民航服务专业建设、完善人才培养模式、优化课程体系、丰富教学内容，以及加强师资队伍建设能起到一定的推动作用。在教材使用的过程中，我们真诚地希望听到业内专家、学者批评的声音，收到广大师生的反馈意见，以利于进一步提高教材的水平。

丛 书 序

《礼记·学记》曰:"古之王者,建国君民,教学为先。"教育是兴国安邦之本,决定着人类的今天,也决定着人类的未来,企业发展也大同小异,重视人才是企业的成功之道,别无二选。航空经济是现代经济发展的新趋势,是当今世界经济发展的新引擎,民航是经济全球化的主流形态和主导模式,是区域经济发展和产业升级的驱动力。作为发展中的中国民航业,有巨大的发展潜力,其民航发展战略的实施必将成为我国未来经济发展的增长点。

"十三五"期间正值实现我国民航强国战略构想的关键时期,"一带一路"倡议方兴未艾,"空中丝路"越来越宽阔。面对高速发展的民航运输,需要推动持续的创新与变革;同时,基于民航运输的安全性和规范性的特点,其对人才有着近乎苛刻的要求,只有人才培养先行,夯实人才基础,才能抓住国家战略转型与产业升级的巨大机遇,实现民航运输发展的战略目标。经过多年民航服务人才发展的积累,我国建立了较为完善的民航服务人才培养体系,培养了大量服务民航发展的各类人才,保证了我国民航运输业的高速持续发展。与此同时,我国民航人才培养正面临新的挑战,既要通过教育创新,提升人才品质,又需要在人才培养过程中精细化,把人才培养目标落实到人才培养的过程中,而教材作为专业人才培养的基础,需要先行,从而发挥引领作用。教材建设发挥的作用并不局限于专业教育本身,其对行业发展的引领,专业人才的培养方向,人才素质、知识、能力结构的塑造以及职业发展潜力的培养具有不可替代的作用。

我国民航运输发展的实践表明,人才培养决定着民航发展的水平,而民航人才的培养需要社会各方面的共同努力。我们惊喜地看到,清华大学出版社秉承"自强不息,厚德载物"的人文精神,发挥强势的品牌优势,投身到民航服务专业系列教材的开发行列,改变了民航服务教材研发的格局,体现了其对社会责任的担当。

本套教材体系组织严谨,精心策划,高屋建瓴,深入浅出,具有突出的特色。第一,从民航服务人才培养的全局出发,关注了民航服务产业的未来发展趋势,架构了以培养目标为导向的教材体系与内容结构,比较全面地反映了服务人才培养趋势,具有良好的统领性;第二,很好地回归了教材的本质——适用性,体现在每本教材均有独特的视角和编写立意,既有高度的提升、理论的升华,也注重教育要素在课程体系中的细化,具有较强的可用性;第三,引入了职业素质教育的理念,补齐了服务人才素质教育缺少教材的短板,可谓是对传统服务人才培养理念的一次冲击;第四,教材编写人员参与面非常广泛。这反映出本套教材充分体现了当今民航服务专业教育的教学成果和编写者的思考,形成了相互交流的良性机制,势必对全国民航服务类专业的发展起到推动作用。

教材建设是专业人才培养的基础，与其服务的行业的发展交互作用，共同实现人才培养—社会检验的良性循环是助推民航服务人才的动力。希望这套教材能够在民航服务类专业人才培养的实践中发挥更广泛的积极作用。相信通过不断总结与完善，这套教材一定会成为具有自身特色的、适应我国民航业发展要求的，以及深受读者喜欢的规范教材。

此为序。

原海南航空公司总裁、原中国货运航空公司总裁、原上海航空公司总裁

朱益民

2017 年 9 月

前　言

在"十三五"期间，随着"一带一路"倡议的推行，中国与相关国家贸易畅通，这使民航业迎来了新的发展机遇，但对民航从业人员提出了更新、更高的要求。

《中国民航常飞客源国概况》是民航服务类专业本科、专科学生培养专业素养、提高人文修养的一门专业课教材。本教材精选的十三个国家，既是"一带一路"倡议路线图涉及的国家，也是主要的旅游目的地国家。依据市场需求和民航服务类专业人才培养目标的需要，本教材对每个国家的综合情况、历史发展、国家体制、外交政策、经济发展、社会状况、文化教育及风俗习惯等都进行了相对全面的介绍。本教材作为民航服务专业系列教材之一，有如下几个特点。

一是内容详略得当、重点突出。对于无须赘述的内容，如综合情况与风俗习惯，力求简洁明了，而对于历史发展与外交政策等方面的内容，则进行了重点铺陈与梳理，力求线索清晰、深入浅出。同时，对于美国、俄罗斯、英国、法国、德国、日本、韩国和澳大利亚等常飞且客流量比较大的国家进行了重点介绍，而对于西班牙、葡萄牙、荷兰、比利时和卢森堡等客流量比较小的国家进行了概要介绍。

二是吸收了新近的研究资料。基于各个国家都处在不断的变化与变动之中的现实状况，本教材对于每个国家政治、经济、历史发展、外交与社会状况的描述都力求吸取新近的研究成果与研究资料。

三是兼具学术性与通俗性。尽管本书是以教材的体例与形式编写，但在具体写作过程中，力求做到"言之有据，论从史出"，从而使本书具有一定的学术性；同时，为了便于学生理解，又在语言上注重通俗性，用符合学生认知水平的语言进行描述，从而提高了本教材的可读性。

本教材的编写团队都是从事历史学与欧美国家研究的资深专家和学者，具体分工如下：王昌沛负责大纲设计与全书统编；王振霞编写了第一、二、八、九、十章，谢经虎编写了第三、四、六、七章，姚宝编写了第五章，梁璐璐编写了第十一、十二、十三章。在编写过程中，本教材参阅了大量的书刊资料，力求用有限的文字使民航服务专业学生对常飞客源国有一个全新、真实、客观、全面的了解。

编　者

2018 年 6 月

CONTENTS 目录

第一章 美国 ·········· 1

- 第一节 综述 ·········· 3
- 第二节 历史 ·········· 6
- 第三节 国家体制 ·········· 9
- 第四节 外交政策 ·········· 11
- 第五节 经济 ·········· 14
- 第六节 社会 ·········· 17
- 第七节 文化与宣传 ·········· 22
- 第八节 风俗习惯 ·········· 24

第二章 俄罗斯 ·········· 31

- 第一节 综述 ·········· 32
- 第二节 历史 ·········· 36
- 第三节 国家体制 ·········· 38
- 第四节 外交政策 ·········· 41
- 第五节 经济 ·········· 44
- 第六节 社会 ·········· 46
- 第七节 文化与宣传 ·········· 52
- 第八节 风俗习惯 ·········· 54

第三章 英国 ·········· 59

- 第一节 综述 ·········· 61
- 第二节 历史 ·········· 65
- 第三节 国家体制 ·········· 68
- 第四节 外交政策 ·········· 71
- 第五节 经济 ·········· 75
- 第六节 社会 ·········· 78
- 第七节 文化与宣传 ·········· 83

第八节　风俗习惯 ··· 85

第四章　法国 ··· 91

　　第一节　综述 ··· 93
　　第二节　历史 ··· 98
　　第三节　国家体制 ·· 102
　　第四节　外交政策 ·· 106
　　第五节　经济 ·· 109
　　第六节　社会 ·· 113
　　第七节　文化与宣传 ·· 116
　　第八节　风俗习惯 ·· 119

第五章　德国 ·· 123

　　第一节　综述 ·· 124
　　第二节　历史 ·· 127
　　第三节　国家体制 ·· 131
　　第四节　外交政策 ·· 134
　　第五节　经济 ·· 137
　　第六节　社会 ·· 140
　　第七节　文化与宣传 ·· 145
　　第八节　风俗习惯 ·· 148

第六章　西班牙 ··· 153

　　第一节　综述 ·· 154
　　第二节　历史 ·· 157
　　第三节　国家体制 ·· 159
　　第四节　外交政策 ·· 161
　　第五节　经济 ·· 162
　　第六节　社会 ·· 164
　　第七节　文化与宣传 ·· 167
　　第八节　风俗习惯 ·· 169

第七章　葡萄牙 ··· 173

　　第一节　综述 ·· 174
　　第二节　历史 ·· 177

第三节　国家体制 ································· 179
　　第四节　外交政策 ································· 181
　　第五节　经济 ····································· 183
　　第六节　社会 ····································· 186
　　第七节　文化与宣传 ······························· 188
　　第八节　风俗习惯 ································· 189

第八章　荷兰 193

　　第一节　综述 ····································· 195
　　第二节　历史 ····································· 197
　　第三节　国家体制 ································· 198
　　第四节　外交政策 ································· 200
　　第五节　经济 ····································· 201
　　第六节　社会 ····································· 203
　　第七节　文化与宣传 ······························· 205
　　第八节　风俗习惯 ································· 206

第九章　比利时 211

　　第一节　综述 ····································· 212
　　第二节　历史 ····································· 214
　　第三节　国家体制 ································· 215
　　第四节　外交政策 ································· 217
　　第五节　经济 ····································· 218
　　第六节　社会 ····································· 219
　　第七节　文化与宣传 ······························· 220
　　第八节　风俗习惯 ································· 221

第十章　卢森堡 225

　　第一节　综述 ····································· 227
　　第二节　历史 ····································· 229
　　第三节　国家体制 ································· 230
　　第四节　外交政策 ································· 231
　　第五节　经济 ····································· 233
　　第六节　社会 ····································· 235
　　第七节　文化与宣传 ······························· 236
　　第八节　风俗习惯 ································· 237

第十一章　澳大利亚 ································· 241

- 第一节　综述 ································· 242
- 第二节　历史 ································· 246
- 第三节　国家体制 ································· 250
- 第四节　外交政策 ································· 253
- 第五节　经济 ································· 256
- 第六节　社会 ································· 259
- 第七节　文化与宣传 ································· 264
- 第八节　风俗习惯 ································· 267

第十二章　日本 ································· 273

- 第一节　综述 ································· 274
- 第二节　历史 ································· 277
- 第三节　国家体制 ································· 282
- 第四节　外交政策 ································· 285
- 第五节　经济 ································· 288
- 第六节　社会 ································· 291
- 第七节　文化与宣传 ································· 295
- 第八节　风俗习惯 ································· 298

第十三章　韩国 ································· 303

- 第一节　综述 ································· 304
- 第二节　历史 ································· 307
- 第三节　国家体制 ································· 311
- 第四节　外交政策 ································· 314
- 第五节　经济 ································· 319
- 第六节　社会 ································· 322
- 第七节　文化与宣传 ································· 326
- 第八节　风俗习惯 ································· 329

参考文献 ································· 333

第一章

美 国

美利坚合众国（The United States of America），简称美国，位于北美大陆的南部，其国际域名缩写为.us，国际区号是+1。美国人口约有3.23亿（2016年），国土面积约937万平方千米。美国是总统制和联邦制国家，由50个州和一个直辖特区组成，首都是华盛顿。

美国是在独立战争（1775—1783年）后形成的民族国家。19世纪上半叶，美国领土逐渐由大西洋沿岸扩张到太平洋沿岸。在20世纪上半期的两次世界大战中美国是参战国与胜利国，但两次战火均未殃及美国本土，在两次世界大战之后，世界格局重新洗牌，美国获得了巨大利益，特别是二战以后成为综合国力最强的国家。

美国是北大西洋公约组织（简称"北约"）的创始会员国，也是联合国常任理事国和八国集团的成员国。美国是北约的领导者，也是对西欧国家乃至世界格局极具影响力的国家。

作为超级大国的美国，随着其经济的持续发展和政治地位的不断提高，各经济领域的知名企业同步向海外拓展业务，其中微软、谷歌、苹果、福特、通用、麦当劳、肯德基、可口可乐以及百事可乐等公司在海外乃至中国都有着极高的知名度。自由、民主是美国的核心价值观，自由女神像被视为美国的象征。美国被称为梦想的国度，无论个人社会地位怎样，都有可能通过自己的努力获得成功。成功人士和财富拥有者是美国人崇拜的偶像。比如，依靠个人发明而创立通用电气公司的爱迪生、石油大王洛克菲勒、银行家摩根、发明汽车生产线的福特、苹果公司的史蒂夫·乔布斯、微软公司的比尔·盖茨、脸书的创始人扎克伯格以及谷歌公司的创始人拉里·佩奇、谢尔盖·布林等，都是凭借自己的智慧创造财富，服务大众生活，这些人都是"美国梦"的象征和美国人的偶像。

美国是一个现代化国家，拥有发达的科技、军事与经济，以当前的外汇汇率、国内生产总值（GDP）来衡量，美国是世界上最大的经济体，其各州的GDP可与世界上主要经济强国相媲美。特别是加州，2015年加州经济总量已经超过法国，相当于全球第六大经济体的经济总量。尽管美国受到金融危机和"大衰退"的重创，但近几年经济发展势头良好。美国还是世界上两大证券交易所所在地，纽约证券交易所和纳斯达克市场的总市值超过其他8家全球最大证券交易所的总市值；全球100个大公司中超过半数在美国。

美国科技发达，是拥有诺贝尔奖得主最多的国家，它还号称体育王国，有世界上最多的奥运冠军。美国文化发达，时代广场（The New York Times）是美国的文化中心，被称为"世界的十字路口"。美国的文化产业常居世界第一，票房收入最高的10部电影中有9部是美国人制作的，全球最受欢迎的15位音乐艺术家中有9位都是美国人。

美国是一个开放的国家。尽管美国是一个只有200多年历史的新生国家，但没有过多传统沉积的美国人也没有历史的包袱，在个性、思想、意识形态等方面更具开放性。

第一节 综　　述

一、地理概貌

美国本土西临太平洋，东临大西洋，地处北美洲中部，面积约 937 万平方千米，居世界第四位。美国的地理位置特殊，陆地接壤的只有 2 个邻国，北部是加拿大，南部是墨西哥。海上邻国有 2 个，一是西北部的阿拉斯加州，与俄罗斯隔白令海峡相望；二是东南部的佛罗里达州，与古巴隔佛罗里达海峡相望。

美国本土的地形特征是东西两侧高，中间低，没有东西走向的山脉。东部为低缓的阿巴拉契亚山脉，中部宽阔的中央大平原从五大湖一直延伸到墨西哥湾，约占美国本土面积的一半，西部为高大的落基山脉、内华达山脉和海岸山脉。

美国水资源丰富，主要河流有密西西比河、康涅狄格河和赫得森河。其中密西西比河全长 6 020 千米，是美国最大的河流，世界第四长河。此外，还有密苏里河、科罗拉多河、格兰德河、黄石河、阿肯色河、俄亥俄河、田纳西河、哈德孙河。五大湖分布在美国中北部边境，除密歇根湖完全在美国境内外，苏必利尔湖、休伦湖、伊利湖和安大略湖与加拿大共有。美国最大的岛屿是位于太平洋中央的夏威夷岛，总面积 10 414 平方千米。

二、气候

美国地域广阔，气候类型多样。西部主要是沙漠气候和草原气候，寒暑差异很大；大部分地区属温带和亚热带，气候和降水比较适宜，以温带大陆性气候为主。美国许多城市都可以作为旅游、疗养地，如位于美国西海岸的洛杉矶、旧金山、圣地亚哥、圣何塞等城市冬暖夏凉，阳光充足，居住环境十分舒适。其中，圣地亚哥一直被称作"美国最好的城市"，终年阳光充足，气候宜人。夏威夷州也是世界闻名的旅游胜地。

美国自然资源丰富，森林面积约 205 平方千米。草地与山地牧场占全国总面积的 28%，水力蕴藏量约 13 000 万千瓦。

三、人口和居民

截至 2016 年 3 月 1 日，官方资料显示美国总人口约为 3.23 亿，位居世界第三。美国是一个多民族的移民国家，移民来自世界各地的不同民族和种族，但居民大部分是欧洲移民的后代，还有黑人（约占全国人口 12%）、印第安人、中国血统美国籍华人和华侨等。

四、民族性格

自 18 世纪以来,英属北美殖民地人民在长期的交流、融合中,逐渐产生了共同的文化,在此基础上形成了一个新的民族,即美利坚民族。

美利坚民族以欧洲白种人为主体,民族性格带有多民族的综合性。一般而言,美国人以不拘礼节、自由自在著称。美国独立至今不过 200 余年,历史比较短暂,没有太多的陈规可守,因此美国人更具开放性和创新性。美国是一个移民国家,美国人充满冒险精神的祖先来自世界各地,他们的冒险和进取的精神代代传承,形成了美国人极富特点的性格。比如,美国人喜欢追求新奇的事物,富有创造力和冒险精神;美国人独立进取,不喜欢依赖别人,也不喜欢别人对自己的依赖;美国人讲求实际,既不像法国人那样喜欢漫无边际的幻想,也不像英国人那样讲派头、要面子。美国人格外看重成功的价值,在美国人眼里,重要的不是一个人的家庭背景,而是他本人的才华和能力。

五、语言

美国的官方语言是英语。据美国人口普查局 2013 年发布的报告显示,除英语外,讲西班牙语的人最多,约为 3 760 万人;其次是中文,约为 290 万人;随后是塔加洛语、越南语、法语、韩语和德语,人数均超过百万。①

六、宗教信仰

美国是个宗教国家,国民主要信奉基督教(新教)和天主教,少数信奉犹太教、东正教、佛教、伊斯兰教、道教等,信仰宗教的公民约占人口总数的 91%。其中,基督教(新教)教徒最多,约有 1.56 亿人,天主教教徒 7 600 万人;犹太教是美国第三大宗教,到 20 世纪 90 年代,美国犹太人总数已超过了 600 万人。美国约有 300 多万佛教徒,多数是日本移民和他们的后裔。

七、移民和外国人法

美国是一个典型的移民国家。除了原有的土著居民——印第安人外,所有美国人不是外来移民,便是外来移民的后裔。这些移民来自欧洲、非洲、亚洲和拉丁美洲等地区。

19 世纪末以来,自由移民政策渐趋终结。美国限制移民的政策经历了两个阶段。首先,限制、选择移民阶段。1882 年颁布"排华法案",禁止华工入境十年,并禁止华侨入籍。在 1890 年以后,随着"新移民"(波兰人、意大利人、斯拉夫人和东欧犹太人)数量的激增,美国开始限制来自东欧和南欧各国的移民。其次,移民配额阶段。20 世纪初,美国

---

① 徐东海. 中文成美第三大语言 [N]. 新民晚报, 2013-08-08.

放弃个别选择和限制的移民政策，采取为欧洲各国规定移民配额的办法。移民"配额法"的主要原则是：申请移民美国的新公民的组合应与它原有的"民族构成"相一致，且根据"国民的来源"制规定欧洲各国移民的配额，其目的在于使美国人口中原有的"民族优势"得以继续保持，同时阻止"新移民"涌入美国。

第二次世界大战后，美国政府基于国家战略的需要，放宽了对移民的限制，开始接纳"配额法"以外的"难民"入境。在过去三个多世纪的时间里，进入美国的移民总数超过了4 600万人。[①]

八、国家象征

1. 国歌

美国国歌的歌名为《星光灿烂的旗帜》，共包括四节，绝大多数场合只唱第一节。

《星光灿烂的旗帜》

作曲：约翰·斯塔福德·史密斯

作词：弗朗西斯·斯科特·基

啊！在晨曦初现时，你可看见是什么让我们如此骄傲？
在黎明的最后 道曙光中欢呼，是谁的旗帜在激战中始终高扬？
烈火熊熊，炮声隆隆，我们看到要塞上那面英勇的旗帜在黑暗过后依然耸立！
啊！你说那星条旗是否会静止，在自由的土地上飘舞，在勇者的家园上飞扬？
透过稠密的雾，隐约望见对岸，顽敌正在酣睡，四周沉寂夜阑珊。
微风断断续续，吹过峻崖之巅，你说那是什么，风中半隐又半现？
现在它的身上，映着朝霞烂漫，凌空照在水面，霎时红光一片。
这是星条旗！但愿它永远飘扬，在这自由国家，勇士的家乡。
都到哪里去了，信誓旦旦的人？他们向往的是能在战争中幸存。
家乡和祖国，不要抛弃他们，他们自己用血，洗清肮脏的脚印。
这些奴才、佣兵，没有地方藏身，逃脱不了失败和死亡的命运。
但是星条旗却将要永远飘扬，在这自由国家，勇士的家乡。
玉碎还是瓦全，摆在我们面前，自由人将奋起保卫国旗长招展！
祖国自有天相，胜利和平在望；建国家，保家乡，感谢上帝的力量。
我们一定得胜，正义属于我方，"我们信赖上帝"，此语永矢不忘。
你看星条旗将永远高高飘扬，在这自由国家，勇士的家乡。

2. 国旗

美国国旗俗称"星条旗"。国旗呈横长方形，旗面由13道红白相间的宽条构成，象征美国建国时的13块殖民地，左上角还有一个包含了50颗白色小五角星的蓝色长方形，50颗小星代表美国的50个州。国旗由三种颜色组成，红色象征勇气，白色象征纯洁，蓝色则象

[①] 丁则民. 百年来美国移民政策的演变[N]. 东北师大学报（哲社版），1986（3）：33-39.

征正义。

3. 国徽

美国国徽正面图案的主要形象是胸前带有盾形图案的白头海雕,白头海雕是美国的国鸟,盾形图案的寓意同国旗。雕之上的顶冠内有 13 颗白色五角星,代表美国最初的 13 个州。海雕的两爪分别抓着橄榄枝和箭,象征和平和武力。雕嘴叼着的黄色绶带上用拉丁文写着"合众为一",意为美利坚合众国是由很多州组成的完整国家。

4. 国庆

7 月 4 日是美国的国庆节,也被称为"独立纪念日",以纪念 1776 年 7 月 4 日第二次大陆会议通过《独立宣言》。《独立宣言》是英属北美殖民地人民宣告独立的纲领性文件,也是美国最重要的立国文书之一。

5. 国花——玫瑰花

里根总统在 1986 年宣布美国的国花是玫瑰花。美国人认为玫瑰花是爱情、忠诚、和平、友谊、勇气和献身精神的象征。不同颜色的玫瑰花有不同的寓意:红玫瑰花象征爱、爱情和勇气;黄玫瑰花象征快乐和喜庆;白玫瑰花象征纯洁和神圣;淡粉色玫瑰花象征优雅和高贵;深粉色玫瑰花象征感恩和致谢。

第二节 历 史

一、北美殖民地时期(1607—1774 年)

美国是由英属殖民地演化而来的国家。北美洲原始居民为印第安人。16—18 世纪,西欧各国相继殖民北美洲。法国人建立了新法兰西,包括圣劳伦斯流域下游大潮区,密西西比河流域等处;西班牙人建立了新西班牙,包括墨西哥和美国西南部的广大地区。1607 年,英国建立了第一个殖民据点——詹姆士城,此后在大西洋沿岸陆续建立了 13 个殖民地。殖民者大多是西欧贫苦的劳动人民,少数为贵族、地主、资产阶级,以英国人、爱尔兰人、德意志人和荷兰人居多。最先到达北美的除欧洲人外,还有从非洲被贩运来的黑人。

二、独立建国时期(1774—1789 年)

18 世纪西方列强在全球范围内的殖民争夺不断加剧。英国、法国为争夺海上霸权和殖民地而进行的七年战争(1756—1763 年)以英国胜利告终,此后英国在北美接管了加拿大,控制了密西西比河以东的新法兰西,加强了对北美殖民地的全面控制,严重损害了殖民地各阶层人民的利益。18 世纪 70 年代英国进一步执行对北美的高压政策,从政治、经济和军事上加强对殖民地的控制与镇压。1772—1774 年,各殖民地普遍成立通讯委员会,领导抗英斗争。

1774 年 9 月 5 日,除佐治亚外的各殖民地代表在费城召开了第一届大陆会议,通过了与英国断绝一切贸易关系的决议,继而通过"关于殖民地权利和怨恨的宣言",向英国国王呈递请愿书。1775年4月18日，独立战争揭开序幕，次年7月召开的第二次大陆会议上通过《独立宣言》，宣布13个殖民地脱离英国独立。独立战争进行了8年，到1781年10月，美、法联军攻下英军最后的据点约克镇，独立战争才基本结束。

1783年9月3日，美国与英国在巴黎签署了标志着独立战争终结的《巴黎和约》（又称《美英凡尔赛和约》）。根据和约，英国正式承认美国为自由、自主和独立国家，放弃对美国的统治和领土主权的一切要求；确认美国疆界东起大西洋沿岸，西止密西西比河，北接加拿大五大湖区，南至佛罗里达北界；两国人民从此永久和平，停止在海上、陆上的一切敌对行动并互释战俘；英国撤出全部军队和舰艇。1781年，北美13个州组成了邦联国会，建立了立法、行政、司法三权分立、相互制衡的联邦制国家，此后美国进入中央与地方的整合时期。

三、南北战争及重建时期（1861—1877年）

南北战争是美国历史上唯一的一次大规模内战，参战双方为北方的美利坚合众国和南方的美利坚联盟国。南北战争的原因，不单是经济、政治和军事上的问题，还包括思想上的冲突。

北方实行自由的资本主义经济，南方实行以奴隶劳动为基础的棉花种植园经济。南北之间为奴隶问题而起争执，南方在政治上的主要方针是保护和扩大"棉花与奴隶"制度；而北方各州维护工商业发展，反对奴隶制。随着南北两种社会经济制度矛盾的激化和黑奴反抗，群众性的反奴运动广泛开展，1861年南北战争爆发。

1865年南北战争最终以北方的美利坚联邦获胜而宣告结束。此战改变了美国的政治经济情势，废除了奴隶制度，也对日后美国社会发展产生了巨大影响。重建后的美国朝着工业化、城市化方向发展，经济由此进入发展的快车道。在完成国内建设后，美国为扩大海外市场、解决社会矛盾，大力推行海外扩张战略，但基于其海军实力欠缺，所扩张方式主要是经济渗透。

四、第一次世界大战及战后发展时期（1914—1939年）

1. 美国与一战

20世纪初，美国奉行"门罗主义"，不干涉欧洲列强的内部事务以及他们之间的战争，着力发展经济，完善民主制度。此时的欧洲各国却是明争暗斗，并且形成"同盟国"与"协约国"两大阵营。1914年7月一战爆发，美国在一战初期持中立态度。在1917年4月战争接近尾声、两大军事集团相互消耗、精疲力竭之际，美国宣布参加第一次世界大战。1918年11月11日，德国宣布投降，第一次世界大战以同盟国的失败而告终。

2. 一战后美国的发展

美国是一战的暴发户。由于大发战争财以及美国本土远离战场等原因，战后美国已成为世界上最大的债权国和最大的资本输出国。美国的国外投资从1913年的大约20亿美元增加到1930年的150亿美元，其中30%投放在欧洲。到1919年协约国欠美国债务共计100亿美元，其中英国向美国借了大约40亿美元，法国向美国借了30亿美元，全世界共有20多个国家欠了美国的债务。美国的黄金储备大量增加，从 1913 年的 7 亿美元增加到 1921 年的 25 亿美元，到 1930 年再增加到 45 亿美元，世界黄金储备量的 40%已在美国手里。国际金融中心开始从伦敦转向纽约，美元在世界货币中的地位也不断上升。美国在夺取新的海外市场的同时，也注重扩大国内市场。当时，建筑、汽车、电气工业并称为美国经济的"三大支柱"。

1929 年华尔街股票市场大跌，引发了有史以来最严重的世界性经济危机和将近十年的经济萧条。20 世纪 30 年代，西方世界各主要国家都卷入了全球性经济大萧条之中。在危难之中就任美国第 32 任总统的罗斯福（Franklin D. Roosevelt, 1882—1945 年）从 1933 年开始通过实施新政摆脱危机。新政的核心内容就是改变过去自由放任的经济政策，让国家大规模干预经济和社会生活，具体措施主要包括整顿金融秩序、振兴工农业、举办公共工程、实行社会福利制度救济失业者等，新政使美国成功摆脱了经济危机，也为美国日后的经济发展打下了坚实的基础。

五、第二次世界大战及战后发展时期（1939 年—   ）

1. 美国与二战

经济危机致使西方国家间对殖民地、商品市场、原料产地的争夺日趋激烈，为摆脱危机而走上侵略扩张道路的德、意、日三国，相继发动了局部侵略战争，伴随着 1939 年 9 月 1 日德国发动对波兰的进攻，第二次世界大战全面爆发。

二战初期，奉行"孤立主义"政策的美国保持中立，主要向参战国出售武器和提供贷款等。1941 年 12 月日本偷袭珍珠港后，美国被迫卷入战争，向反法西斯国家提供经济和军事支持，并成为世界反法西斯阵营的领袖国之一。在二战中，美军参与中途岛战役、诺曼底登陆、阿拉曼战役等，为最终战胜德、意、日做出了贡献。1945 年法西斯德国战败，并于 5 月 8 日宣布无条件投降；1945 年 9 月 2 日日本无条件投降，第二次世界大战以美国、苏联、英国、中国等反法西斯国家的胜利宣告结束，美国借此成为战后综合国力最强的国家。

2. 二战后美国的发展

二战后美国成为全球事务的主导力量。由于以原子能技术、航空航天技术、电子计算机技术为标志的新科技革命的推动，在二战后的 15 年间，美国经济获得突飞猛进式的增长，巩固了世界最富裕国家的地位。美国的国民生产总值（GNP）也从 1940 年的约 2 000 亿美元，跃升至 1950 年的 3 000 亿美元，再跃升至 1960 年的 5 000 亿美元。随着现代企业组织的新发展、国家或国际垄断组织的发展及跨国公司的迅速崛起，美国开始向后工业社会和信息化社会转变，稳居世界最强国家的地位。

3. 美苏冷战

二战的结束使美国和苏联失去合作的基础成为彼此对立的超级大国，进入了长达半个世纪的冷战对峙时期。美国施行保卫和推广"自由民主"的国家战略，遏制共产主义，向全球推广所谓的"自由民主"的价值观，干涉我国台湾问题，卷入朝鲜战争与越南战争，与苏联进行军备竞赛,"和平演变"东方国家,以期巩固全球霸权。20 世纪八九十年代,随着东欧剧变、苏联解体,美苏两极格局终结。

4. 后冷战时期

苏联解体后,美国成为世界唯一的超级大国,不断干涉别国事务,两次发动伊拉克战争、科索沃战争以及阿富汗战争。在美国试图称霸全球的同时,也面对一系列地区挑战和全球问题,如 2001 年"9·11"恐怖袭击事件,彻底粉碎了美国"坚不可摧"的神话,恐怖主义成为美国推行全球战略的直接威胁。

第三节 国家体制

一、美利坚合众国联邦宪法

美国于 1787 年制定并于 1789 年批准生效的《美利坚合众国联邦宪法》,是世界上第一部比较完整的资产阶级成文宪法。它奠定了美国政治制度的法律基础,规定美国是联邦制国家,政权组织形式为总统制,实行三权分立与制衡相结合的政治制度和两党制的政党制度。宪法规定了七项基本原则:人民主权、共和制、联邦制、三权分立、制约与均衡、有限政府、个人权利。制定后陆续增加了 27 条修正案,迄今仍旧生效。200 多年来,美国宪法的内容除通过宪法修正案的方式不断完善外,更重要的是通过联邦最高法院行使司法审查权,对联邦宪法作出解释,以及通过政党、总统和国会的活动所形成的宪法惯例来改变宪法的内容,以适应社会发展的需要。

二、联邦制与自治

美国是联邦制国家,由 50 个州和一个联邦直辖特区组成。在中央和地方政府的关系方面,美国实行分权制。州并不是国家下设的区划,联邦政府和州政府之间没有隶属关系。各州拥有独立的立法权、司法权和行政权,还有州内长官自由选举权。

依据联邦制理念,联邦政府和州政府的权力都来源于"人民",它们各代表"人民"行使部分主权;州政府处理各州的内部事务,并在一定程度上参与联邦政府的运作;联邦政府处理整体性和外部性事务,并具有履行职责所必要的权力。联邦政府统一管辖外交、战争,调节各地方之间的矛盾等,只要宪法没有明确剥夺的权力,都由地方行使,美国各州的税收、教育甚至是交通法律都由各州制定,因而各具特色。

三、国家机构

国会是美国的立法机构,由联邦参议院和国民众议院组成。美国各州在众议院中拥有的席位比例以人口数为基准,但至少有一名议员。院内议员总数经法律明定为 435 名。众议员任期两年,无连任限制。一般意义上众议院比参议院更具党派色彩。美国参议院议员员额为 100 名,每个州在参议院中均有两位议员作为代表,与各州人口数无关。参议院被喻为"白宫内政外交的把关人"。

总统是美国的国家元首。总统是政府首脑,同时也是美国行政部门的最高领袖与三军统帅。尽管权力受到了很大的限制,但是美国宪法赋予的权力,仍使美国总统成为全世界最有权力的职位之一。

美国联邦最高法院以及国会可以随时设立的次等法院是美国的司法机构。联邦最高法院由总统征得参议院同意后任命的 9 名终身法官组成。美国宪法规定,联邦最高法院对涉及大使、其他使节和领事以及以州为诉讼一方的案件有初审权;对州最高法院或联邦上诉法院审理的案件,有权就法律问题进行复审;有权颁发调审令,调审下级联邦法院或法院审理的案件。联邦最高法院还拥有司法审查权,审查联邦或州的立法或行政行为是否违宪。

四、选举、政党和群众组织

1. 选举

根据宪法规定,美国实行选举制。总统选举每 4 年举行一次,任期 4 年,并可连任一次。国会参议员由各州直接选举产生,每州选举出 2 名参议员,共 100 人,任期 6 年,每两年改选三分之一,具体做法是:将参议员分为 3 组,1 组两年后改选,1 组 4 年后改选,1 组任满 6 年改选。众议员的选举原则为:国会众议员 435 人,依据各州人口比例分配名额选出,众议员与人口的比例不得超过 1∶30 000(即每位众议员至少代表 30 000 选民),但每个州至少应有 1 名众议员。美国人口普查每 10 年进行一次,依普查结果重新分配众议院议席。

美国实行"一人当选"选区制,即在任何选区只能有一个政党获胜,限制了小党进入议会的机会,因此特别有利于民主党和共和党两大党掌控选举结果。美国依靠预选提名各政党的国会和州议员候选人,继而通过州的预选来选择总统候选人。这种参与式提名程序有利于两党主宰选举政治。总统由选举人团选举的制度也进一步在体制上巩固了两党制。根据该制度,当选总统必须获得 50 个州的 538 张选举人票的绝对多数,因此第三党获得任何州选举人票的机会微乎其微。自 19 世纪 60 年代以来,共和党和民主党一直主导选举政治。美国选举制对巩固国家政权起着极为重要的作用。

2. 政党

美国有多个党派,除了共和党和民主党,还存在着一些较小的党派,如社会党、社会劳工党、社会主义工人党、绿党等。但在国内政治及社会生活中起重大作用的只有共和党和民主党。一般认为,美国两党制形成于 19 世纪 40 年代。自 1884 年民主党竞选总统获胜后,美国民主、共和两大党交替执政。美国政治漫画家托马斯·纳斯特在《哈泼斯周刊》(*Harper's Weekly*)上形象地把美国总统选举形容为"驴象之争"。

在历史上美国的两大党特色鲜明。一般认为,民主党更具自由主义色彩,而共和党则比较保守。民主党提倡大政府,共和党提倡小政府,在经济和福利政策上诸如拨款、税收、政府调控经济、民权保障、枪支管制、环境保护等问题上两大党也曾针锋相对。民主党认为,美国诸多的社会经济问题如此之严重,如此之深刻,非得政府出面参与解决不可,而保守党则认为联邦政府的社会福利、高开支、高税收及保护少数民族权益等政策不同程度地造成或深化了美国的社会经济问题,政府对经济的干预和对社会问题的涉入必定会危及美国文明的根基——个人自由。在思想文化上民主党推崇革新、坚持社会平等,主张观念、制度和法律应随社会环境的改变而变迁；而共和党则强调文化延续性，注重传统价值、社会稳定与宗教的作用。但近些年来两党所持的政治观点和意识形态日趋中间化，都以美国宪法为活动准则，政治纲领都是维护垄断资产阶级的根本利益。两党既合作又斗争，形成了对权力的一种制约机制。两党制有利于协调美国社会矛盾与利益冲突，确保了政局稳定与经济发展。

3. 群众组织

美国劳工联合会-产业工会联合会简称"劳联-产联"，是美国老牌的工会组织，也是最大的工会组织。20世纪60年代初期，民主党的肯尼迪政府给予政府雇员以组织工会的权利，此后政府雇员中的工会组织日益成为美国工会运动的主流，进而也在很大程度上改变了工会的性质。如今美国政府与公营机构中有36.5%的雇员属于工会，其中最大的政府雇员工会包括州县市雇员工会、教师工会、服务业雇员工会等。每次总统大选，这些工会都给民主党候选人投入数以千万甚至亿计的金钱。不仅如此，他们还出动大批人力去参与投票，对地方选举的控制能力也很强。

美国人习惯通过自愿合作来解决集体行动问题，所以美国的民间组织可谓无处不在。买房子有全国房地产经纪人协会；卫生保健有心脏协会、糖尿病协会或其他全国性卫生组织；保护环境有大自然保护协会、野生动物保护学会以及塞拉俱乐部等。总之，各类民间组织与美国人的生活密切相关。

第四节 外交政策

一、外交环境的改变

二战后美国凭借其强大的经济实力和军事实力制定了称霸世界的全球战略。美国全球战略的目标是谋求"世界领导地位"和"按照美国的构想塑造世界"，这是美国在二战后制定的外交总策略。然而在其称霸世界的全球战略实施过程中苏联成为最大的障碍，由此美国在欧洲采取了反苏反共的"冷战"政策。

20世纪八九十年代，美苏两极格局终止。美国成为唯一的超级大国，试图建立一个由它主导的单极世界，积极推行单边主义。苏联的继承者——俄罗斯依然是美国最大的潜在挑战者，和美国在各个方面有利益纠纷与争夺。就目前来看，中、俄的崛起，日本和西欧的发展以及广大发展中国家的振兴，依然是美国称霸世界难以逾越的阻碍。以上诸方面的因素决定了美国在执行霸权主义政策的过程中，采取了充分发挥军事优势，通过控制全球战略要地、拉拢部分西方强国、利诱对其有利害关系的发展中国家，压制其潜在对手的措施。

二、美国的欧洲和亚太战略

美国把加强其在欧洲的地位看作是美国在世界上发挥主导作用的重要基础。特别是在拥有庞大核武器库的俄罗斯日趋强硬、西方国家矛盾突出的形势下，美国更加重视欧洲的战略地位。

21世纪美国对外战略的重心开始向亚太地区倾斜。1993年2月克林顿就任总统后发表的第一篇外交政策讲话中就指出，在"欧洲继续是美国战略联盟核心的同时"，美国将"既面向太平洋，也面向大西洋"。美国进一步重视亚太地区，调整"重欧轻亚倾向"，经济上重视开拓亚洲地区的广阔市场；制约日本，防止日本成为亚洲地区经济上的主导力量；"融合"中国；防止美国被亚洲区域合作排除在外，确保美国的主导地位。

三、美国对外文化政策

美国对外文化战略宗旨是促进世界向"民主"方向发展，确立美国在战后世界的领导地位。美国实施对外文化政策的主要机构有以下两个。

1. 总统艺术与人文委员会

总统艺术与人文委员会部是联邦政府在文化方面的最高决策机构，也是白宫文化政策的顾问委员会，成立于 1982 年，主要负责研究艺术和人文政策，提出和支持艺术和人文发展计划，对艺术和人文方面的优秀作品予以确认。它的成员构成包括国务卿、教育部部长、财政部部长等联邦政府机构的 12 位负责人，外加 33 名由总统任命的民间代表，这些代表都是美国最杰出的艺术家、演员、建筑设计师、舞蹈家、作者、学者、慈善家和企业人士。

2. 国家艺术与人文基金会

国家艺术与人文基金会部是负责落实联邦政府制定的文化艺术政策和活动计划的机构，下设国家艺术基金会、国家人文基金会以及博物馆与图书馆事业学会三个机构，具体负责美国文化艺术工作。三个机构相互之间没有行政管辖权，但它们的领导成员都必须经总统提名和国会参议院批准，它们的费用全部来自于美国国会拨款。

四、中美关系

1. 新中国成立之前的中美关系（   —1949 年）

中美关系始于 19 世纪中期。1862 年，美国国务卿对华提出"合作政策"，同年，美首任驻华公使蒲安臣入京。1867 年，蒲安臣任满，清政府聘其为中方"客卿"出使欧美。19 世纪末美国也把侵略触角延伸至中国。1899 年，美国提出"门户开放、利益均沾"的独立对华政策。1900 年 6 月，美国与英、俄、日、法、德、意、奥组成八国联军侵华。1901 年 9 月与清政府签订《辛丑条约》。1911 年辛亥革命爆发后，美国采取中立态度，主张列强行动一致。1913 年，美国与北洋政府建交。1919 年，在一战后召开的巴黎和会上，美国同意将德国在中国山东的殖民地转让给日本，中国代表拒签《巴黎和约》。在 1921 年 11 月召开的华盛顿会议上，通过《九国公约》美国的门户开放政策再次确立，从此，亚太地区进入美日以中国为重点的争霸时期。

1937 年中日战争全面爆发后，南京政府期待美英介入干涉，"运用英美之力，以解决中日问题"，但美国因孤立主义倾向不愿卷入，同时禁止向中日两国运送军火。1941 年，太平洋战争爆发，美国开始全力援助中国抗日。二战结束后，1946 年国共内战全面爆发，美国国务卿马歇尔赴华调停失败，美国宣布对华施行"扶蒋反共"政策。1948 年，美国通过"援华法案"，向蒋介石政府提供全面的军事与财政援助。

2. 1949 年后的中美关系（1949—1991 年）

从 1949 年中华人民共和国成立以来，中美关系经历了从敌对到国家关系正常化，从相互反对到相互合作的过程。中国台湾问题是制约两国关系的最重要、最敏感的核心问题。

在第一个 20 年（1949—1969 年），中美相互敌视、对立甚至兵戎相见。自新中国成立以来，美国就将中国视为一个巨大的威胁，极力遏制中国。美国通过经济、军事、外交等手段阻碍中国发展，挑起朝鲜战争及越南战争，多次干涉海峡两岸关系。

在第二个 20 年（1972—1991 年），中美跨洋握手。1972 年 2 月，美国总统尼克松访问中国。1978 年，中美发表建交公报，1979 年 1 月 1 日正式建立外交关系。中美建交至苏联解体这段时间，特别是 80 年代中国改革开放以来，两国关系发展迅速，两国贸易额以平均每年 20%的幅度持续增长，1990 年双边贸易额为 118 亿美元，2001 年年底增加到 800 多亿美元。① 中美在文化、教育、科技、卫生、体育等各个领域展开交流与合作。

3. 东欧剧变后的中美关系（1991 年—　　）

随着苏联解体，美国成为全球的唯一一个超级大国。美国的外交政策日趋强硬，中美关系由此出现一系列动荡、曲折，乃至严重的对立和倒退。但作为最大的发达国家的美国与最大的发展中国家的中国，两国都对亚洲和世界局势负有重大责任。因此，从总体上看，冷战终结后的中美关系正在曲折中发展。

在 20 世纪 90 年代，中美两国主要在一系列涉及双边关系的问题上进行利益调适。进入 21 世纪后，在新的国际形势下，中美之间在许多全球性和区域性重大问题上具有共同利益，存在着广泛的合作基础。如恐怖主义、伊朗核问题、台海问题、全球经济衰退，以及全球气候问题等。特别是在近几年，中国经济保持高速增长，而中国本身所拥有的庞大的市场已成为美国经济发展有利的依托平台，因此两国之间的合作领域日渐拓宽，进行利益调适的范围也同时得以拓展。总之，两国之间既有合作，也有利益博弈，在博弈中调适伴随着中美关系发展的始终。

4. 中美文化和教育交流

中美两国文化合作和交流活动十分活跃。1979 年 1 月签署的《中美文化交流协定》确立了两国官方和民间文化往来的框架。此后，中美两国相继签署了 6 个文化交流执行计划，保证了文化交流与合作的快速发展。据统计，仅中国对外演出公司一家自 1957 年成立至今已接待美国艺术团体和个人 34 起，共 1 623 人；向美派出 3 436 名中国艺术家，在美国 850 余个城市和地区演出 1.5 万余场，观众人数超过 2 050 万人次。

中美两国民间交往也在不断扩大，不断加深。1972 年 2 月 21 日，尼克松总统首次踏上中国土地时，在中国的美国人寥寥无几。据中方统计，到中国旅游的美国人年年都在增加，30 年后已超过 80 万人次。而美国方面的数字则表明，随着中美经贸关系的扩大，仅因商务活动而访问中国大陆的美国人在 2000 年就已经超过 28 万人次。30 多年前，中美两国没有来自对方的留学生，2002 年则已有 18 万中国留学生和访问学者在美学习或工作过，在读留学生达 6 万余人，每年约有 3 000 名美国学生在中国求学。②

---

① 丁刚，王珊. 民间交往让中美更亲近［N］. 环球时报，2002-02-25.
② 同上.

随着中美文化交流的发展，孔子学院在美国也呈蓬勃发展之势。自美国马里兰大学2004年11月设立第一所孔子学院开始，截至2015年6月，美国共设立了108所孔子学院和451个孔子课堂，是世界上拥有孔子学院和孔子课堂数量最多的国家。

第五节 经　　济

一、经济发展特征

第二次世界大战后，由于战争因素的拉动，丰富的自然资源和充足的战略资源，不断创新和奋发进取的民族精神，美国构建了以美元为中心的世界经济体系，奠定了其经济霸主地位。1945年其国内生产总值占世界总产值的50%，工业产量、外贸出口和黄金储备分别占整个资本主义世界的2/3、1/3、3/4，成为世界上最大的工业生产、商品出口、金融和资本输出国家。

战后美国经济经历了一个曲折起伏的发展过程。尽管经历了几次经济危机，但是由于以原子能技术、航空航天技术、电子计算机技术发展为标志的新科技革命的兴起，加之现代企业组织的新发展、国家或国际垄断组织的新发展及跨国公司的迅速崛起，美国始终站在资本主义世界的最高峰。特别是在1991—2001年美国经济发展进入持续高增长、低通胀、科技进步快、经济效率高、全球配置资源的被誉为"新经济"的经济发展阶段，然而，进入21世纪以来，美国由于过度的放松和自由，导致了经济发展出现了新的失衡，2008年美国次贷危机造成了美国乃至全球性的金融危机。受经济危机影响，2008年美国GDP在全球所占份额从2007年的25.4%下滑到18.3%。但是美国仍然是当今世界最大的经济体。

为了解救危机和适应国际经济形势的新变化，战后美国政府进行了一系列社会经济政策的调整与改革，控制政府干预经济的规模和重点，强化市场在经济发展中的作用，尼克松的"新联邦主义"、卡特的"反滞胀政策"、里根经济学的"振兴经济政策"以及克林顿新民主党人刺激经济和社会发展的"新经济政策"都证明了这一经济政策不断调整的趋势。

二、美国经济的黄金时期

在完成了由战时经济向和平时期的转变之后，美国经济进一步持续增长。从1955年至1968年，美国的国民生产总值以每年4%的速度增长，进入经济发展的"黄金时代"。虽然在同一时期大部分西欧国家和日本的整体经济增长速度赶上了美国（法国为5.7%、联邦德国为5.1%、日本为7.2%），但是战后美国经济在相当长的一个时期内仍占有优势地位。

战后美国经济增长出现"黄金时代"的主要原因：一是在于联邦政府对经济干预的加强，战后美国政府运用财政和金融手段对资本主义再生产进行干预，不断依靠增加国家预算中的财政支出，依靠军事定货和对垄断组织甚至中小私营企业实行优惠税率来刺激生产，增加社会固定资本投资。二是战后技术革命推动了经济的迅速发展，美国抓住第三次科技革命的机遇，大力发展科学技术，发展原子能、航空航天等高新技术产业，如美国政府对发展原子能工业的投资，从1945年至1970年共计175亿美元；对宇航工业的投资，从20世纪60年代末起每年投入50多亿美元，促进了经济繁荣。三是利用战后的经济优势地位，扩大商品输出和资本输出，美国政府为了维持高出口水平，一方面在"援外"项目下通过国家购买进行出口，另一方面对某些产品实行出口补贴。四是得益于战后美国国内政治局面的相对稳定，美国政府通过在全国范围内建立科研和教育网点、推行社会保障政策等缓和国内阶级矛盾，营造了一个有利于经济发展的相对稳定的政治局面。

三、自由市场经济

1. 理论基础和宗旨

美国经济发展模式被称为"自由主义的市场经济"，它十分强调市场力量对促进经济发展的作用，认为政府对经济发展只能起次要作用。自由市场经济是推动美国经济发展的巨大动力。自由经济模式最大的特点就是强调个人和企业自由竞争，拒绝国家的任何干预。自由经济的优点是市场繁荣速度快，以消费为主，并靠消费来拉动经济的增长，其缺点是盲目扩大消费，到最后形成虚假的市场繁荣，市场数据不能正确反映现实经济发展状况，乃至形成经济泡沫，诱发供需矛盾和经济危机。

美国的企业福利制度建设比较完善，包括企业依法建立、由政府管理和企业自愿建立两种情况，其中企业自愿建立的福利制度是最为重要的组成部分。美国企业根据自身实际和需要自主向职工提供的福利主要有退休金、人寿保险、医疗及有关费用的支付、带薪休假、其他福利等。政府依法管理的企业福利只是面向社会弱势群体，法定福利主要有工伤事故补偿、社会保险、失业保险和停薪产假等。

高福利安定民心的作用不言而喻，但员工高福利也会拖累企业发展。美国社会福利费用占国民生产总值比例较高，美国企业每年为职工福利所支付的费用占到了总成本的38%。[①]美国汽车公司一向以福利待遇好而闻名，给工作满30年的退休员工终身退休金。美国汽车企业多年积累的问题，特别是福利、医疗、退休等一系列负担，增加了企业的运营成本，以至陷入财政危机。通用、福特、克莱斯勒这三大汽车公司都存在雇员的养老金债务问题。2003年，通用汽车公司增加了130亿美元的债务，其中主要债务是源于为员工提供的养老金预备金。

2. 生态经济——产业绿色化

早在20世纪60年代，美国经济学家鲍尔丁发表了《一门科学——生态经济学》一文，首次提出"生态经济"的概念，此后美国制定了一系列发展生态经济的政策。

早在1899年，美国政府就制定了第一部环保立法《垃圾法》。迄今为止美国联邦政府制定了几十个环保法、上千条环保条例，各州还有自己的环境法。自20世纪80年代初美国政府把税收手段引进环保领域以后，到如今已形成一套相对完善的生态税收政策。美国的生态税收主要包括四类：对损害臭氧层的化学品征收的消费税、与汽车使用相关的税收、开采税以及环境收入税。美国的生态税收政策成效显著，据有关资料显示，虽然美国汽车使用量大增，但其二氧化碳的排放量却比20世纪70年代减少了99%，而且空气中的一氧化碳减少了97%，二氧化硫减少了42%，悬浮颗粒物减少了70%。[②]

---

① 刘耿. 企业福利的国际观察［J］. 瞭望东方周刊，2013（1）：16-18.
② 于琳. 美国的生态税收政策［N］. 学习时报，2006-10-02.

美国在使用无污染的可再生能源领域也走在世界前列，1970年制定了《资源再生法》，近几十年来，美国在开发利用太阳能与风能发电方面已取得了长足发展，达到或即将达到与化石能源相互补充甚至相互竞争的程度。美国人有很高的生态意识，实行垃圾回收和循环利用制度，人们十分自觉地将垃圾按不可回收和可回收两类分开。美国的各个超市和大型购物中心，通常都使用纸质的购物袋。即便是星级宾馆也不配备牙具与拖鞋。

3. 高工资、低税收、高福利

美国是世界上经济最发达的国家之一，同时也是一个民众收入比较高的国家。相比于法国40%的税率，美国的平均税率并不算高，税收项目也没有那么繁复。美国实行彻底的分税制，美国的税收管理体制分为联邦、州及地方政府三级。联邦政府征收所得税、销售税、遗产税与赠与税，大多数州及地方政府征收专营权税、所得税、销售税、财产税、遗产税与赠与税。其中，个人所得税实行15%～39.6%的五档税率，联邦公司所得税税率为15%～30%，社会保障税采用15.3%的单一税率，财产税税率在2%～4%。而且美国采用的边际税收制大大减弱了贫困家庭的缴税压力，有助于缩小贫富差距，维护社会均衡稳定。

美国福利项目繁多。美国劳工部2008年3月公布的一份员工福利情况调查显示，服务业中全部退休福利、医疗保险的参加率都为49%，牙科保险、寿险参加率分别为34%、53%，工伤意外险享受率为23%；与工作有关的教育支持享受率为49%、与工作无关的教育支持享受率占14%；健身项目享受率为25%；带薪法定假、休假、个人事假、丧葬假、受伤假享受率分别为75%、76%、38%、69%、72%，因家庭原因休假，带薪的占9%、不带薪的占83%。为了让员工安心工作，很多公司还有安家补助、法律援助计划、领养补助、孩童看护、交通福利以及电影票、公园门票、购物、住店等折扣优惠。此外，还有一些专门针对表现特别优异的员工和资深员工的比较机动的福利项目，如公司车辆、住店、免费茶点、工作时间的休闲运动（如高尔夫等）、办公用品、午餐补助等。美国许多传媒企业还对员工提供一站式职业成长和发展计划，以帮助员工在飞速发展和变化的传媒业中持续获得技能、保持竞争力。[①]谷歌公司有丰厚的遗属福利，如果员工不幸去世，其配偶还能在未来10年享受到去世员工的半数薪酬；他们的未成年子女还能每月收到1 000美元的生活费直至19岁，如果是全日制学校的学生可以领到23岁。除此之外，配偶还能获得去世员工的股权授予。[②]

另外，美国的高工资、高福利政策使企业成本增加，利润减少，国际市场竞争能力下降，如美国的汽车公司。

四、重要工业部门和工业中心

美国是世界上工业最发达的国家，其工业处于世界领先地位。在美国工业中，制造业占了全国生产总额的四分之三。制造业中占据领导地位的是机械制造，其次是食品制造。其他占重要地位的制造工业还包括运输装备、化学品、电器与电子器材、基本金属、印刷业、出版业、纸张制造业以及金属产品制造业等。

美国的三大支柱产业是军工、汽车和高科技。据美国国会研究处公布的一份报告显示，

---

① 王华中. 美国媒体员工福利面面观［J］. 青年记者，2009（3）：22-23.
② 刘青. 另类福利［J］. 全国商情，2013（11）：94.

美国是世界头号军工产品出口国，占全球军工出口总额的近42%。2016年美国是仅次于德国和日本的世界第三大汽车生产国。三大汽车公司是通用、福特和克莱斯勒汽车公司，通用汽车公司（GM：General Motors Corporation）是世界上最大的汽车公司，年工业总产值达1 000多亿美元。通用汽车公司旗下拥有别克、庞蒂克、吉姆西、土星、凯迪拉克、大宇、雪佛兰、萨博、欧宝、奥斯莫比尔等品牌。

美国高科技产业发达。美国证券市场凭借其稳定与强劲的经济增长而稳步发展，也推动了美国经济的发展。在市值方面，美国高科技产业中的微软公司成为全球市值最大的公司，超越了通用电器，目前市值已达4 063亿美元。在股价增长方面，戴尔公司的股价在20世纪90年代上涨了近700倍。随着美国高科技产业的上市公司规模与业绩的大幅增长，科技股成为美国证券市场大幅上升的内在动力。美国航空工业是世界上最强大的航空工业部门，其产品主要用以满足美国国防部的需求。而且航空航天业对美国的贸易平衡贡献最大，每年达到210亿美元的贸易顺差。

美国的工业区主要分布在东北部、西部以及南部。东北部地区是美国资本主义发展最早的地区，钢铁、机械、汽车、化工等传统工业大部分集中分布在这里。南部地区是美国新兴的石油、飞机、宇航、电子等工业基地。太平洋沿岸的狭窄平原和谷地，是西部工业的集中地带，宇航、电子、信息技术等新兴工业发展较快。

第六节 社 会

一、社会结构

美国是一个高度民主自由的国家，社会流动性非常强，然而社会地位和阶级的差异也同样存在于美国社会中。美国社会为可分成三个阶层：富裕精英、中产阶级和工薪阶层。

富裕精英约占美国总人口的14%。该阶层具有许多与众不同的生活方式，如正统、政治化倾向浓等。他们高消费的首选目标是：购买高档商品、看戏剧、购买书籍、投资艺术品、雇用家庭帮工、参加网球俱乐部、打高尔夫球等。但是依据收入差别该阶层可以分为上层、中层和下层。上层包括公司顶级高管，名人（如体育明星、艺术家），巨额财富继承人等，约占总人口的1%。

美国约有50%的人口可以划归中产阶级。中产阶级的家庭年收入、从事的职业和教育程度，介于富裕精英和工薪阶层之间。美国的中产阶级是推动社会发展的主力军，也是最大的消费群体。中产阶级包括小商人、家庭农场主和独立职业者。独立职业者主要由律师、医生、会计师、作家、编辑、工程师等从业者组成。中产阶级的生活有一定的标准，一栋房子，一到两辆车，甚至一两只宠物是美国中产阶级生活最生动的描述。美国的中产阶级在医疗、教育、养老费用上无后顾之忧，富裕的中产阶级更注重的是享受每一天的生活，如海外度假，在花园里建游泳池，购买船舶等。但另一方面，他们并没有我们想象的那么富有和阔绰。

工薪阶层即低收入阶层，约占美国总人口的36%。美国工薪阶层注重亲属关系，需要从亲属那里得到经济上和情感上的帮助，比如寻求工作机会、寻求购物指导等。对家庭的重视仅仅是工薪阶层在社会表现、心理和地域等方面有别于中产阶级的一个方面。工薪阶层追求工作中的舒适感和休闲活动。美国低收入阶层在 20 世纪 90 年代中期以来也呈现出多元化趋势。2002 年美国人口普查局公布了一项报告，2001 年贫困人口达 3 290 万，占总人口的 11.7%。2001 年最富有的全国 20% 的人口总收入占全国家庭收入的 50%，而最穷的全国 20% 的人口总收入仅占全国家庭收入的 3.5%。① 工薪阶层是美国传统社会结构的有力支持者。

美国通过建立一个相对公平合理的福利社会来缩小贫富差距和社会阶层间的财富地位悬殊。

二、美国公务员制度

美国是世界上最早实行公务员制度的国家之一，也是公务员制度比较健全的国家。1883 年颁布的《彭德尔顿法》(《调整与改革文官制度的法律》) 标志着公务员制度的建立。此后，美国国会又陆续通过了许多公务员管理方面的法律，使美国的公务员制度不断得到发展和完善。其中，1978 年《公务员制度改革法》对美国的公务员制度进行了比较大的改革，确定了政府人事工作必须遵循的九条功绩原则，20 世纪 90 年代之后，各届政府持续推进改革，实现了当代公务员制度的转型。

美国公务员的工资和退休金制度与普通百姓基本保持一致。美国公务员受到严格监督，美国的宪法是公务员道德行为约束的保障。为保持并提高官员和国家机关的廉洁性，1978 年美国通过第一部道德法——《政府道德法》。1989 年美国又进一步补充、完善了《政府道德法》，要求所有政府高级官员公布财产收支情况；修改财产申报方式，使申报内容一目了然；禁止政府官员、法官和议员收礼或免费旅行；禁止议员和政府高级官员参加公司企业的董事会；规定政府官员非工资性收入不得超过其工资收入的 15%；政府高级官员和国会议员离职后，一年之内不得利用其与在职官员的关系从事游说活动或利用非公开的信息谋取利益等。

三、美国的霸权主义

冷战结束以后，社会主义运动遭受重大挫折，以美国为首的西方资本主义国家凭借其经济、政治、军事和科技实力，大肆推行霸权主义政策。根据美国国会研究处报告统计，自 1991 年至 2010 年，美国在海外使用武力的次数高达 116 次之多，大约每年出兵 5.8 次。而在冷战时期，美国在海外使用武力的总数约 52 次，平均每年仅为 1.1 次。②

1. 霸权行为的思想和理论

霸权是指在国际关系中依靠自身的强大实力操纵或控制别国的行为。美国霸权主义的实质是为了争夺制定国际规则的主导权和利用霸权维护本国的国家利益。英语中的霸权 (Hegemony) 源于古希腊语，它指某个国家、国家集团或政权所处的超群的优势地位或能力，而不是特指一种行为或政策，没有明显的贬义。因此，对于美国被称为霸权国，一般美国人并不敏感。

---

① 赵毅. 对美国当前社会阶级结构分化的分析 [J]. 国际论坛，2004 (2): 64.
② 韩庆娜. 武力与霸权：冷战后美国对外军事行动 [M]. 北京：人民出版社，2014.

美国的霸权主义历经近 200 年的发展，走过的是一条由地区称霸向全球称霸的发展道路。美国霸权的形成除了依赖其强大的综合国力外，还有其深远的文化根源和历史积淀，即霸道意识、天赋使命、实用主义。美国人像西欧人一样有霸权意识，认为要谋求自身的利益就要谋求权力，支配别人。美国人以"上帝的选民"自居，认为自己的思想价值观念和社会制度是最好的，整个世界应该按照美国的模式来改造。美国应肩负传播基督教文明，救赎世界的使命。实用主义培育了美国的霸权思想，美国实用主义以确定信念作为出发点，把采取行动当作主要手段，把获得实际效果作为最高目的。美国霸权主义的主要思想基础是以个人自由权利为核心的意识形态。国内民主是这一价值观的制度基础，而社会多元化带来的民主外延的扩大，使这套价值观具有更广泛的社会适应性，在思想上形成了一种"多数人的专制"。它逐渐超越了白人种族主义和基督新教的"天命观"，在对外事务中演化成特殊形态的美国民族主义，造成了霸权思想的膨胀。

美国霸权以新干涉主义、霸权稳定论、民主和平论以及新帝国主义论为理论支柱。新干涉主义是指一种以人道主义和捍卫西方共同的价值观为借口，以武力干涉别国内政为手段，以推行霸权主义和构筑有利于西方的国际关系新秩序为目的的思潮和模式。1999 年的科索沃战争就是新干涉主义应用于实践的典型。经济学家查尔斯·金德尔伯格在 20 世纪 70 年代最早提出霸权稳定论，认为国际霸权体系与国际秩序的稳定之间存在因果关系，霸权国的存在有利于国际政治经济秩序的稳定。民主和平论认为，世界要和平，其前提是所有国家都变成民主国家。美国把自己当作民主国家的典范，在世界范围内推行美国制度。冷战后新保守主义派致力于把美国前所未有的优势地位转变成"正式帝国"，鼓吹美国应当成为"现代罗马帝国"和承担起帝国的使命。"9·11"恐怖袭击事件极大地刺激和催化了美国谋求"帝国霸权"的欲望。①

2. 北约与美国霸权主义

美国在欧洲推行世界霸权政策。1949 年北大西洋公约组织正式成立。北约是为对抗苏联在军事上和意识形态上的扩张以及从军事上控制西欧盟国而建立的政治、军事组织。北约成立之初只有 12 个成员国，后来经过 6 次扩大，北约已成为拥有 28 个成员国的世界上最强大的军事集团。

苏联解体后，北约的职能转变为政治军事组织，所面对的议题也从过去的军事威胁扩散到全球恐怖主义、能源安全、全球暖化、疾病、网络攻击、大规模杀伤性武器扩散等多元问题上。美国凭借经济、军事实力，在推进北约东扩和北约"战略新概念"中发挥了举足轻重的作用。1999 年由美国主导推出的《北约 21 世纪战略新概念》为北约规划了一幅雄心勃勃的蓝图：巩固一片、控制一线、进而向亚非延伸。所谓"巩固一片"，就是通过政治、军事、经济的渗透和联合，巩固和扩大北约关系国所辖的广阔土地；所谓"控制一线"，就是控制里海—高加索—黑海—地中海这一线的战略区域。在北约东扩和北约"战略新概念"的背后是美国决策者的全球霸权主义。

3. 美国政府和人民对霸权主义的反思

发展中国家、发达国家和地区性的力量都成为挑战美国霸权的重要因素。外部世界对美

---

① 石俊杰. 美国霸权的文化根源和理论支柱 [J]. 外国语文，2009（5）：113-115.

国霸权主义行径进行的批评和抵制，特别是由多极化趋势导致的国际关系民主化必然会约束美国霸权主义的恶性膨胀。

在美国的决策机制、社会结构和文化传统中，也存在着某些自我约束、自我反省的因素，为美国霸权主义走向狂热和短视设定了边界。许多美国思想家、批评家反省美国的霸权主义。这些批评家作为一个精英群体，在美国的大学、研究机构和对政府决策有影响的思想库里十分活跃。美国历史学家小阿瑟·施莱辛格曾经这样深刻而尖锐地批评美利坚民族的劣根性："我们总自以为是一个温和的、宽容的、仁慈的民族，一个受法治而不是君主统治的民族。……然而，这绝不是我们传统中唯一的气质。因为我们一直是一个崇尚暴力的民族。看不到这一点，我们就不能正视我们国家的现实。"知识精英对政府的批评和质疑，对美国的霸权思想和行为也形成了一定的制约。

美国政治中的权利平衡、舆论监督、公众参与，同样会对美国的对外行为和政策选择形成某些制约。总统虽然在外交上享有所谓"帝王般的权力"，但在发动大规模战争、国防预算、军事战略、外交大政方针等许多方面，仍然要受到国会和国家安全委员会、国务院、国防部等行政机构的制约，无法独断专行。从整体来说，美国的外交决策服务于国家的长远利益，而不会走向极端的狂热、短视和非理性。

总之，美国如果要想保持它在世界上的领导地位，就必须顺应国际关系发展的时代要求，充分考虑其他各国人民的利益，尊重别国的文化传统，为世界的和平与稳定发挥积极的建设性作用。

四、美利坚民族精神和美国人性格

1. 美国精神——理想主义与实用主义精神

美国精神既是一种难以捉摸的独特思想和作风，又是一种实实在在的朴素的行为方式。自美国建立以来，理想主义和实用主义一直占据优势地位。美国政治学家亨廷顿早就看到了美国人的两面性，说他们既是一帮高举理想主义旗帜的人，又是一群高度实用主义的家伙。这两套思维方式分别在价值和行动两个不同层面上发挥各自的作用。实用主义是产生于19世纪70年代的社会思潮，其主要特点就是"以行动求生存，以效果定优劣"，到了今天，实用主义已经塑造了美国人的性格，成为美国精神的一部分。在实用主义的主导下，美国人的思维大多以解决具体问题为出发点，没有太多关于世界发展与人类远景的思考。

美国人在基本价值和信仰方面存在着广泛的共识，这些精神共识往往被称为"美国信念"或"美国梦想"。美国是一个基督教信仰浓厚的国家，基督教信仰和由此激发的宗教热情所形成的价值诉求构成了美国行为的意识形态基础。"美国梦想"或"美国信念"的形成，与"上帝的选民"之间的关系可谓血肉相连。绝大多数美国人相信，是上帝"拣选"了美利坚民族。

一方面，在美国精神的鼓舞下，美国人在许多方面创造了奇迹，体育如 NBA（美国男子职业篮球联赛），电影如奥斯卡，电脑如 IBM（国际商业机器公司），手机如苹果，软件如微软，音乐如迈克尔·杰克逊，饮料如可口可乐，等等。另一方面，理想主义容易诱发霸权主义，实用主义虽然有一定的积极意义，也包含很多恶果，比如在外交领域，美国在20世纪五六十年代大力扶植日本的复兴，但在20世纪70年代末，日本却成为挑战美国的主要对手。美国号称民主国家,但美国的铁杆盟友中不乏独裁统治国家,比如在中东美国一直反对民主普选的伊朗,而与仍然实行君主制度的沙特是盟友,"9·11"恐怖袭击的主犯大部分来自沙特。另外,奉行实用主义的美国容易向利益低头,2008年金融危机爆发后,一向仇视中国的美国学术界却提出了"中美国""中美共治"等让人大跌眼镜的亲华主张,这也是实用主义至上的美国的行事方式。

2. 自由独立

美国自由民主的思想基础是个人主义。美国人具有强烈的个人独立性。在美国,家庭和集体很重要,但个人独立性和个人权利则至高无上。这与中国人的观念差别很大,中国人往往将家庭、集体和国家的重要性置于个人之上。美国人的个人独立性,主要建立在倚靠自己奋斗和个人能力基础之上。美国人从小推崇的就是个人奋斗,通过个人奋斗可以在激烈无情的社会竞争中取胜,取得安全感和成就感,成为本行业的先锋和领袖。

美国人强烈的个人独立性与儿童时期的培养和锻炼密切相关。父母注重教育和培养孩子自我独立和倚靠自己的特性,小孩出生六个月后,就与父母分开睡觉。当孩子们长大后,就会和父母一起承担家务,一般来说,做饭、洗衣、打扫房间是妈妈的事,修理用具、修剪草坪、擦洗汽车是爸爸的事,摆桌、洗碗是女孩子的事,收拾娱乐室及管理小动物等是男孩子的事。美国学校也鼓励个人与众不同的表现。绝大多数美国孩子长大之后,都是自己选择生活道路,自己选择主修专业,自己选择工作生涯,自己选择结婚对象。年轻夫妇生儿育女,也完全靠自己抚育,不指望祖母或外祖母照顾第三代。

3. 竞争意识

美国人具有强烈的竞争意识,在美国社会竞争随处可见。美国人对体育的狂热与他们强烈的竞争意识一脉相承。由于强烈的竞争意识,美国人非常崇拜运动场和生意场上的破纪录成就,甚至迷恋一些日常生活中微不足道的成就。有时竞争意识也会对美国人形成误导,如对一本书或一部电影,他们往往不是以内容如何来衡量其成就,而是以能否成为畅销书或多少票房价值来衡量其成就。在大学里,学生则非常重视表面的学习成绩和评分等级,或平均积分达到多少等。

而中国人一向推崇"和为贵",行为准则讲究谦虚谨慎,且做事要三思而行,这与美国社会浓烈的竞争意识大不相同。

五、社会保障体系

美国有完善的社会保障制度。其社会保障制度由社会保险、社会救济、社会福利三部分组成,自1935年社会保障立法以来,美国已形成庞大的社会保障体系。保障体系触及每一个美国人的生活。

联邦社会保险是为就职人士设立的,在职或曾经工作过的本人及其家属都可参加,主要包括退休金、失业补助、失去工作能力的人的补助、抚恤金、伤残金和医疗保险等。社会保险从在职雇员的工资中扣除,它可以确保退休人员得到一份不太高的月收入,还可以提供失业保险、残疾保险,以及其他需要用于弱势群体的救助。美国的医疗保险制度大体可以分为公共医疗保险和私人医疗保险两大类型。

社会救济的内容除了失业保障外，主要分为五类：退休保障、残疾人保障、老人及残疾人医疗保障、贫困保障以及丧偶者保障。根据法律规定，雇主必须向联邦以及州政府缴纳在职职工失业保障金。在职者一旦失业，可以向所在州政府申请失业救济金。按规定，失业救济金领取时间最长不超过 26 个星期。除了失业保障以外，社保体系将重点转移到保护老年人、残疾人以及贫困阶层方面。美国人退休后的收入主要有三个来源：社保退休金、雇主退休金以及个人退休存款。

社会保障体系的另外一个重要组成部分是由州政府管理的福利计划，包括医疗照顾计划、抚养未成年子女家庭援助计划等。孕妇与儿童福利是为保护和增进孕妇及儿童的健康而设，它不分派现金，而是提供健康服务。在美国，没有母亲带薪产假一说，只有母亲不带薪为期 12 周的产假，享受这种福利还有诸如必须受雇于特定雇主 12 个月、期间至少工作 1 250 个小时等限制，为此，越来越多的美国女性选择完全待在家里抚养孩子。医药补助（Medicaid）不同于医疗保险，它是一个保健计划，专为收入低微的家庭设立。家中照顾计划（In Home Support Service）由联邦、州和地方政府联合负担，为 65 岁以上老人、失明者或残障人士提供家务和非医务性的照顾，使受益人能在家安心地生活，无须住进养老院或公共医疗机构。廉价公共房屋福利有公共房屋、津贴房屋、租金津贴和廉价屋四种形式，申请人必须年满 62 岁或收入低微，其中一些房屋补助要求同时满足这两个条件。

第七节　文化与宣传

一、中小学和职业教育

美国是一个经济高度发达的国家，它重视教育事业，特别是在高新技术领域投入较多的资金。中、小学教育主要是由各州教育委员会和地方政府管理，多数州实行十年义务教育，儿童在 16 岁之前必须接受教育。各州学制不一，大部分为小学六年、初中三年、高中三年。美国的学校有公立和私立两种，公立学校由政府税收支持，学生免费入学；私立学校多由教会支持。在初中阶段，约有 10%的人就读于私立学校或教会学校。在高中阶段，同样约有 10%的人就读于私立学校或教会学校。在大学阶段，约有 20%的人就读于私立学校或教会学校。

美国经济之所以能高速发展，其发达的职业教育功不可没。职业教育已成为美国整个教育体系中的重要组成部分。美国在很多地区自小学阶段就开启终生职业教育，但正式职业教育是从初中以后分流，在高中阶段开始的。美国职业教育机构的类型和形式趋于多样化，并向高层次扩展。中等职业技术教育机构，除了传统的综合中学、职业中学或技术中学外，还发展了一种新型的"地区职业技术中心"或"地区职业技术学校"，据统计，全美国有 2 000 余所地区职业技术学校。[①]

二、高等教育和科研

美国拥有世界一流的高等教育，联合国的经济指数调查中将美国的教育水准列为世界第

---

① 谷耀宝，卢旭东. 美国职业教育的发展［N］. 学习时报，2013-08-26.

一。美国高等院校大致分为四类：职业或技术院校（Vocational or Technical Institute）、初级或社区学院（Junior or Community College）、四年制学院（College）、大学或理工学院（University or Institute of Technology）。美国有 3 600 多所四年制大学，3 400 多所两年制的社区学院。其中最古老的大学是建于 1636 年的哈佛大学。这些学校完全独立，与政治和教派无关，每个大学的日程表、教纲、教育宗旨、师资待遇都不一样。

美国的许多高等院校有非常强的竞争力。在世界排名前 500 所大学中，美国占 168 所，前 20 名中，美国占 17 所。全美约 3 600 所大学中最有名的有哈佛大学、耶鲁大学、普林斯顿大学、麻省理工学院、斯坦福大学、加州理工学院等六所大学，超过 80%的美国诺贝尔奖得主都是这六大名校的校友或员工。哈佛大学有美国公认的最好的文科和商科；耶鲁大学的法科则连续多年稳居全美法科排名的第一；约翰·霍普金斯大学、加利福尼亚大学洛杉矶分校医学院的医学是强项；卡内基·梅隆大学的强项是计算机科学；麻省理工学院、普林斯顿大学和斯坦福大学以量子通信与计算机见长；加州理工学院的强项是地质科学与理论物理；麻省理工学院则有"世界理工大学之最"的美名。

美国高等院校实行学分制。教师在每学期开始时给学生布置大量的阅读书目和材料，培养学生自学和学术研究能力。学生可以根据自己的需要，拟定出相应的学习计划。例如，他们可以自己决定何时、何地、以何种方式在自己所选择的专业领域内进行毕业考试和取得学位。

美国目前实行学士、硕士、博士学位制，分别代表本科和研究生两大类教育三级不同的学术水平。中学毕业取得文凭后，成功地在学院或大学完成四年学业，便可得学士学位。硕士学位修业年限最短一年，一般 2~3 年，最长 5 年左右。博士学位是美国高等院校授予的最高学位。一般来说，在社会科学和人文学领域攻读博士学位，与理工科相比，所需时间更长，且成功率更低。

美国基础研究体系的三大主力是大学、工业界和联邦实验室。科研机构均是独立自治的经营单位，美国的四大科研机构是洛斯阿拉莫斯国家实验室、伍兹霍尔海洋学研究所、加利福尼亚理工学院和贝尔实验室。

三、宣传媒体

美国的信息与通信技术世界领先。无论是报纸、杂志等传统纸媒，还是网站、手机等新型电子媒体，美国都拥有尖端技术，综合国力最强的美国在各个领域都有着极强的话语权，全球化更是加剧了美国文化意识对各国的影响和冲击。

美国由政府资助的非军事类国际广播电视全部由广播理事会（Broadcasting Board of Governors，BBG）管理。目前，广播理事会管辖的广播电视网络有五个：美国之音、自由电视台、自由欧洲电台、自由亚洲电台以及马蒂电（视）台。在美国的外宣媒体中，美国之音是排头兵。美国之音电台使用包括英语在内的 52 种语言播音，每周播放时间超过 1 200 小时，主要宣传美国的对外政策和介绍美国的社会文化。美国之音从 1942 年开播至今，作为外宣媒体已有 70 余年的历史。美国哥伦比亚广播公司（CBS）、美国广播公司（ABC）和美国有线电视新闻网（CNN）等媒体发布的信息量是世界其他国家发布的信息总量的 100 倍。CNN 已经成为最普及的视觉媒体。美国每年向别国发行的电视节目总量达 30 万小时。

美国最大的通讯社是联合通讯社,简称"美联社"(The Associated Press),总社在纽约。除了各新闻社外,还有联邦政府新闻与信息局。美国两大通讯社(美联社和合众国际社)每天使用 100 多种文字向世界各地的用户发布大量图片和超过 700 万字的新闻稿。

美国最权威的报纸有:《今日美国》《华尔街日报》《纽约时报》《洛杉矶时报》《华盛顿邮报》《纽约每日新闻报》等。除日报外,美国还有数目繁多的周报,其中影响较大的有《时代周刊》《政治周报》《新闻周刊》。《时代周刊》是美国影响最大的新闻周刊,主要内容是对国际问题发表观点和对国际重大事件进行跟踪报道,有"世界历史库"之称,是宣传美国价值体系和生活方式的主要载体。一些著名政界、商界、科技界、文艺界名人都曾经被选为《时代周刊》的封面人物。《时代周刊》是世界排行首位的传媒公司时代华纳(Time Warner Inc.)旗下的著名刊物,该公司的品牌刊物还有《人物》与《财富》。

第八节 风俗习惯

一、社交与礼仪

1. 礼节

美国人在人际交往上比较随意。大多数美国人喜欢别人直呼自己的名字,并把它视为亲切友好的象征。朋友之间通常说一声"Hello",只要笑一笑,打个招呼就行了,或者还可直呼对方的名字。但在正式场合下,美国人很讲究礼节。见面或告别时互相拥抱和亲吻,表示亲密无间,感情深厚。握手是最普通的见面礼,男女之间握手通常由女方先伸手。美国人待人热情、开朗大方,但美国人互相交往时,不喜欢服从于别人,也不喜欢别人过分客气地恭维自己。美国人所担心的是被别人视为不易亲近的人而受到孤立,因此,美国人交朋友的特点是交情泛泛,他们同大家的关系都十分融洽,但是却往往缺乏可以推心置腹的知交。

美国人从来不用行政职务如局长、经理、校长等头衔称呼别人,也很少用正式的头衔来称呼别人。正式的头衔一般只用于法官、高级政府官员、军官、医生、教授和高级宗教人士等。例如,哈利法官、史密斯参议员、克拉克将军、布朗医生、格林教授、怀特主教等。美国人还十分讲究"个人空间"。与美国人谈话时,不可站得太近,一般保持 50 厘米以外为宜。平时无论到饭店还是图书馆也要尽量同他人保持一定距离。不得已与别人同坐一桌或紧挨着别人坐时,最好先打个招呼,得到允许后再坐下。美国人办事讲求效率,有计划地安排自己每天的时间。因此他们绝对不希望有人突然来访,打乱他们的计划,只有至亲好友才可以例外。如果拜访,应该提前一两天写信或打电话预约。在交谈中,美国人很坦承和直率,他们觉得过分的客套是在浪费时间。

美国家庭喜欢隔段时间来个亲戚聚餐。如果是在餐馆聚餐,一般是由较为年长的亲戚出资,或召集人付费。如果跟美国朋友一起去餐馆吃饭,人数在两人以上,或是两个家庭以上,平分账单的机会比较多。美国人个性独立,从小就被灌输"自己靠自己"的观念,因此他们觉得吃饭自己付钱理所应当。美国人在金钱上也非常务实，付出劳动便要取得报酬，求助他人便当以惠相报，所以他们在劳动与报酬方面计算得清清楚楚。搭乘别人的汽车要分担汽油费；使用亲友的电话要交电话费；朋友们一起去吃饭，通常是各付各的钱；甚至小孩子在家帮妈妈洗碗也要索取报酬；父母到儿女家小住还需交饭钱。

2. 宴请

如果应邀参加家庭聚会，可问主人需要什么礼物，即使主人婉谢，届时仍可带瓶酒、一束鲜花或一些小礼物。有任何饮食禁忌可先告知。除非事先言明，一般聚会活动以不带小孩参加为宜。

与在餐馆宴请相比，由于家里气氛更加亲切友好，设家宴款待客人更受美国人欢迎。家宴分两种：第一种是家庭用餐式，主宾在长方形饭桌旁就座，主人为客人盛食物，或将食物盛在盘中，依次传递取用。第二种是自助餐式，食物置于餐厅另一桌上，主宾各自去取用。

应邀到他人家里用餐，主宾双方都很讲究礼仪。主人会提供各种餐具，如冷盘、刀叉、鱼刀叉、肉刀叉、主菜刀叉、水果刀叉、菜匙、汤匙、咖啡匙等。餐巾铺在膝上，不能用餐巾擦餐具。坐姿要端正，手臂不能横放在桌上。只有当女主人动手，其他人才开始进餐；女主人离座，其他人才能离席，不可中途离席。欧洲人进食时是一手拿刀，一手拿叉，美国人只用一只手轮换用餐具，另一手则放在膝上。美国人注意使用刀叉的顺序以及叉匙的摆放。刀叉斜放盘缘，表示尚在用餐之中；若完全放在盘中，则表示已使用完毕。面包要掰成小块食用。喝汤、咀嚼时不能出声，更不能擤鼻涕、咳嗽、打嗝、剔牙等。盐、胡椒瓶倘离座远，不可伸手去取，而须请隔座代劳递送。上甜点或咖啡时，主人可开始致辞，主宾也可利用此时答谢。席间，应当称赞女主人准备的菜肴，并尽量吃完盘里的饭菜。餐后要与主人交谈片刻之后再告辞，但不可久留；告辞时应感谢主人款待。宴后三四天内别忘记寄一张感谢卡或谢函给主人。

3. 送礼

美国人送礼的显著特点是简洁、随意、务实。礼品的价值和形式并不重要，简单实用、略表心意即可，故而一束鲜花、一本新书、一盒巧克力或一瓶葡萄酒等都是很受欢迎的礼物。美国人送礼还讲究礼物的奇特性，只要礼品能满足其好奇心，他们就会对送礼者留下一个好印象。如果能送一些具有独特风格或民族特色的小礼品，美国人也会喜欢。此外，包装礼品时不要用黑色的纸，因为在美国人看来黑色是不吉利的颜色。同时，要注意赠送礼物不应在生意交谈的开始时，而应在结束的时候。

美国人送礼时通常会保留包装和价格标签，并附上购物小票。这样，如果对方不喜欢礼物，还可以拿着小票去兑换其他商品。有时，美国人干脆把自己需要的东西列出一张清单，以便想送礼的朋友们"有的放矢"，这样不仅省去了很多麻烦，也避免了铺张浪费。另外，美国人喜欢户外活动，给他们送礼时，完全可以"以玩代礼"，比如，邀请他们到郊外野餐或一同去打高尔夫球等，一般来讲，对方都会欣然应允。

美国人在收到礼物时，一定会马上打开，当着送礼人的面欣赏或品尝礼物，并立即道谢，这是对送礼人的尊重。

4. 小费

美国是一个需要付小费的国家。餐饮服务要给小费。一般情况下，中午餐需要付 10%～15%的小费，晚餐则需要付 15%～20%的小费。当然，在你对服务人员的服务表示非常满意的时候，还可以多付。如果用餐人数较多，则需要付约 20%的小费。上网点餐服务，付给送餐小哥 10%～15%的小费。在天气非常恶劣的情况下（像下冰雹、暴雨、大雪等），当然需要多给一些小费。

酒店旅馆服务要给小费。一般情况下，小费要给 2～5 美元，如果你的酒店档次非常高，或是客房服务人员的服务让你非常满意，你也可以适当多给一些。住酒店时，门童为你开门、拿行李上楼也需要付给他们 2～5 美元的小费。

交通服务要给小费。在美国打出租车，除了付基本车资之外，还需要额外付给出租车司机 10%～20%的服务小费。去商场购物、住酒店、去酒吧的时候，也许门口会有专门的人员为你提供代客停车的服务，需要付给他们 2～5 美元的小费。

美容美发要给小费。出去剪头发，要给额外小费。小费表达了你对理发师的感谢。美发时人们一般都会多付一些，大概会给 20%～30%的小费。

二、节日

美国的节假日繁多，几乎每个月都有假日。除了从宗教节日演化而来的节日之外，更多节假日是因为具有纪念意义。当然有的节日是不放假的，像情人节、爱尔兰节、复活节、母亲节、父亲节等，但这些节日一般都在周末，人们也会大肆庆祝。而且不少节假日是定在星期一，这又给了人们渡过长周末的机会。

美国共有联邦节假日 10 个，分别为新年（1 月 1 日）、马丁·路德·金日（1 月的第三个星期一）、总统日（2 月的第三个星期一）、烈士节（5 月的最后一个星期一）、独立日（7 月 4 日）、劳动节（9 月的第一个星期一）、哥伦布日（10 月 12 日）、退伍军人节（11 月 11 日）、感恩节（11 月的第四个星期四）以及圣诞节（12 月 25 日）。联邦政府的所有部门和很多私立机构在这 10 个联邦法定假日都会放假。此外，各州还有自己的节假日，如每年 8 月的第三个星期五是夏威夷加入联邦政府节，全州放假。不同的地区也有自己的丰富多彩的文化节日，像西部地区的牛仔竞技节，小镇科瓦勒斯的达·芬奇艺术节，等等，都是很有特色和趣味的节日。美国一年中的主要节日见表 1-1。

表 1-1 美国一年中的主要节日

日　期	节　日
1 月 1 日	新年
2 月 12 日	林肯纪念日
2 月 14 日	情人节
2 月的第三个星期一	总统日
3 月 17 月	圣帕特里克节
4 月 1 日	愚人节
春分月圆之后第一个星期日	复活节
6 月 14 日	国旗日
6 月的第三个星期日	父亲节

续表

日　　期	节　　日
7月4日	独立日
9月的第一个星期一	劳动节
10月12日	哥伦布日
11月11日	退伍军人节
11月1日	万圣节
11月的第四个星期四	感恩节
12月25日	圣诞节

1. 复活节

在美国，复活节是相当重要的宗教节日，其重要性仅次于圣诞节。庆祝复活节主要是庆祝耶稣的复活，感谢他为人类所做的牺牲和奉献。兔子和鸡蛋是复活节的标志，它们象征着活力和丰产。到了复活节这天，商店里通常会高挂可爱夸张的卡通兔子。居民房前的树上，缀满装着糖果的彩色塑料鸡蛋，任它们随着微风轻轻摇摆。有孩子的人家，早早地带着孩子去社区聚会场所，品尝美味食品，参加各种各样的游戏。更多的人则去教堂，和众多的教友一起过节。

复活节的日期通常是在每年春分月圆之后的第一个星期日。

2. 圣诞节

圣诞节当属美国最重要的节日之一。圣诞节是纪念耶稣基督诞生的节日，当日许多基督徒会去教堂，教堂为节日准备传统宗教歌曲，最流行的是《平安夜》。圣诞之夜必不可少的庆祝活动就是聚会。大多数美国家庭成员在家中团聚，共进丰盛的晚餐，然后围坐在熊熊燃烧的火炉旁，弹琴唱歌，共叙天伦之乐；或者举办一个别开生面的化装舞会，通宵达旦地庆祝圣诞夜。美国人赶回家过圣诞节的心情就跟中国人一定要回家过春节的心情一样。

西方人以红、绿、白三色为圣诞色，圣诞节来临时家家户户都要用圣诞色来装饰家里。红色的有圣诞花和圣诞蜡烛；绿色的是圣诞树，用砍伐来的杉、柏一类呈塔形的常青树装饰而成，上面悬挂着五颜六色的彩灯、礼物和纸花。当然，圣诞树也是孩子们的礼物树，过圣诞节要赠送孩子礼物。圣诞之夜，有些父母会悄悄地把为孩子们准备的礼物放在床头的圣诞袜子里，有些父母喜欢在房子的大厅里放一棵圣诞树，然后把写着孩子名字的礼品盒放在圣诞树下面，等第二天孩子醒来的时候，这些礼物就以圣诞老人的名义送出去。

美国圣诞节习俗之一是圣诞游行。圣诞节游行的时候会出现圣诞老人和舞动的圣诞精灵。自1928年起每年在洛杉矶的好莱坞均会举行盛大的圣诞节游行，并且吸引超过一百万人前来观看。游行队伍除了花车、鼓号乐队和圣诞老人外，还有大约一百位影视名流参与。

青少年都爱在圣诞前夕和圣诞节当晚举行派对，这个派对比较正式，所以大家都会打扮一下。一般做完一个人庆典就结束派对，有的时候，派对也会开到凌晨三四点钟。

3. 感恩节

感恩节是美国人独创的一个节日，也是美国人合家欢聚的节日，它和早期美国历史密切相关。1620年，英国一些受宗教迫害的清教徒乘"五月花"号船去美国寻求宗教自由。他们在海上颠簸了两个月之后，终于在酷寒的11月，在现在马萨诸塞州的普里茅斯登陆。在这年冬天，半数以上的移民都死于饥饿和疾病，活下来的人们在1621年春季开始播种。整个夏天他们都热切地盼望着丰收的到来，他们深知自己和殖民地的存在都将取决于即将到来的收成。最后，庄稼获得了意外的丰收，为了感谢上帝赐予的丰收，举行了 3 天的狂欢活动。从此，感恩节这一习俗就延续下来，并逐渐风行各地。

届时，家家团聚，举国同庆，其盛大、热闹的情形不亚于中国人过春节。丰盛的家宴早在几个月之前就开始着手准备。人们在餐桌上可以吃到苹果、橘子、栗子、胡桃和葡萄，还有葡萄干、布丁、碎肉馅饼，各种其他食物以及红莓苔汁和鲜果汁，其中最妙和最吸引人的大菜是烤火鸡和南瓜馅饼，这些菜一直是感恩节中最富于传统和最令人喜爱的食品。

三、习俗

1. 结婚

美国是以信奉基督教为主的国家，因此，婚礼通常在教堂举行。但有些人也在户外的风景点举行婚礼，少数人甚至以跳伞或骑马等新奇的方式举办结婚仪式。

婚礼上新娘的穿着及佩戴要包含新、旧、借来的东西和蓝色物品。新是指新娘身上一定要有一件新的东西，婚纱、首饰或婚鞋等，象征新娘的新生活顺顺畅畅；旧是指新娘身上一定会戴着一件传家珠宝，表示结婚后仍然与娘家保持联系；借来的东西可以是手帕、头纱或手套，表示在新娘需要的时候，家人和朋友都会帮助她；蓝色的东西是新娘身上的珠宝首饰或绸缎带或发饰，表示对爱情的忠贞不渝。新郎一般穿正式的西装或无尾的晚礼服。婚礼开始后，新郎和伴郎还有牧师站在一起面对着来宾。当音乐响起，伴娘在前引着新娘入场，接着新人双方许诺宣誓。在美国人的婚礼上一定要有蛋糕，仪式结束后新人开始切蛋糕和来宾们一起分享。之后，新娘会将自己的手捧花抛出，据说抢到手捧花的女性朋友则会成为下一个结婚的人。

婚礼后新人会驾上婚车离开。与中国人注重接亲的婚车不同，美国人注重婚礼结束后回家的婚车，他们会装饰婚车并在车后挂上一串易拉罐与旧鞋子，易拉罐既有欢乐的声音还能避邪，鞋子意味着新娘父亲的托付与祝福。

2. 出生与洗礼

美国是个基督徒占相当大比例的国家。基督教认为，孩子是上帝赐予的。孩子出生后，由牧师主持的洗礼仪式一般在教堂进行。施洗礼时，婴儿由教母抱着，站在"圣水盆"旁，届时将婴儿交给牧师，教母要清楚地把孩子的名字告诉牧师。施洗最初是把受洗者浸入水中，后来逐渐改为用圣水洗全身或身体的一部分。在教堂中举行洗礼后，亲友照例对婴儿赞美一番，并对婴儿父母表示祝贺。之后由婴儿父母举行午宴或茶会。施洗的牧师也会被邀请参加。

3. 生日

对美国人来说，一生中最重要的生日莫过于 1、12、16、39、60 这五个周岁纪念日，届时必定要隆重庆贺。在美国，当孩子过生日时，假装打他们的屁股是很多成人表示祝福的一种方式。这意味着祝福孩子交好运，能茁壮地长大。

美国人每次过生日时，不仅要庆祝年龄又大了一岁，还要庆祝又一年过去了。当过生日的人对着生日蜡烛许愿时，是在祈求神的庇护以便能够交好运。生日蛋糕一般装饰得非常漂亮，而且在端上来的时候上面要插上与寿星年龄一样多的蜡烛。寿星要默默地许愿，然后吹灭蜡烛，代表愿望能随着烟传达到天空。寿星一般要切蛋糕的第一刀，如果年龄太小其父母可以代劳。当美国人聚集一堂庆祝生日时，一定会齐唱生日歌。除了聚会之外，在生日这一天过生日的人还会收到礼物。孩子的生日聚会一定要请孩子的同学，一般有游戏、食物、生日蛋糕和礼物。成年人的生日聚会就比较正式了，一般是在餐厅吃一顿丰盛的晚餐。

4. 习俗禁忌

在美国，人们对花的爱好更为强烈，尤其喜爱花期长的玫瑰和香石竹。在各大节日中亲友之间经常赠送鲜花，除了玫瑰和香石竹，还有紫罗兰、白丁香、百合、马蹄莲、郁金香等。美国人不流行送厚礼，但应邀去美国家庭吃饭做客时，如能选购一份小礼物，如一棵小植物盆景或花卉带去给女主人，是非常受欢迎的。红玫瑰是不能随便送人的，因为红玫瑰代表爱情，容易产生误会。送花时，切记不可送菊花，因为美洲人觉得菊花带有一种神秘色彩，认为菊花是妖花。

对许多美国人来说，年龄是个非常敏感的问题，特别是对年过三十的女人来说更是如此。所以，她们最不愿别人询问自己的年龄。美国人很关注体重，且极少透露他们的体重。不要问别人挣多少钱，你可以问他们的工作头衔和以什么为生计。美国人聊天喜欢谈论地点、工作、运动。特别是近几年，美国人对其他文化和观点非常敏感，不要在谈话中提及宗教或者信仰之类的敏感话题，以免冒犯别人。

第二章

俄罗斯

俄罗斯联邦共和国（Russian Federation）简称俄罗斯或俄联邦，位于欧洲东部和亚洲北部，其国际域名缩写为.ru，国际区号是+7。俄罗斯疆界长约 5 万千米，其中海岸线长约 3.4 万千米，濒临太平洋、北冰洋和大西洋三大洋和多个边缘海；俄罗斯人口约 1.425 亿（2014 年），领土面积为 1 700 余万平方千米，是世界上领土面积最大的国家。俄罗斯是总统制共和制国家，首都是莫斯科。

俄罗斯是苏联解体后建立的民族国家。苏联是 1922 年诞生的第一个社会主义国家联盟。二战后，苏联成为超级大国，以苏联为首的社会主义阵营与以美国为首的资本主义阵营之间长期对峙。1991 年苏联解体，俄罗斯成为独立国家。

俄罗斯是独联体成员国，联合国常任理事国，八国集团成员和其他一系列有影响力的国际和区域组织、国际对话和合作组织的成员。俄罗斯是当今具有世界影响力的强国之一。

俄罗斯历史悠久，它孕育出无数的伟人，影响了欧洲乃至世界历史进程。俄罗斯在文学艺术史上的成就举世瞩目，有世界著名的大文豪和作家普希金、莱蒙托夫、屠格涅夫、陀思妥耶夫斯基、托尔斯泰、契诃夫、肖洛霍夫、果戈理、别林斯基等；作曲家柴可夫斯基、穆索尔斯基、肖斯塔科维奇、里姆斯基-科萨科夫等；科学家巴甫洛夫、门捷列夫、罗蒙诺索夫等；艺术大师列维坦、列宾、苏里柯夫、克拉姆斯柯伊等；政治家伊凡四世（伊凡雷帝）、彼得一世（彼得大帝）、叶卡捷琳娜二世、尼古拉二世、列宁、斯大林、赫鲁晓夫、勃列日涅夫、戈尔巴乔夫、叶利钦、普京、梅德韦杰夫等。无疑，世代俄罗斯人为人类文明做出了杰出贡献。

俄罗斯人酷爱战斗，他们号称"战斗民族"。俄罗斯在历史上是一个经常遭受外来入侵的国家，同时又是一个屡次发动战争、侵占周边国家领土的国家。由于俄罗斯平原处于欧亚大陆北方中央，在东部边境与西部边界根本没有可以依托的地势，因而成为历史上欧亚北方游牧民族的决斗场所。历史上与俄罗斯交战的国家很多，东边有 13 世纪的蒙古军队，近现代时期有日本，西边有拿破仑法国和希特勒德国，南边有奥斯曼土耳其等国。二战后，苏联称霸世界。苏联解体后，普京时代的俄罗斯令西方忌惮。俄罗斯的强硬与霸气更让世人敬畏。

地跨欧亚两大洲的广袤国土、波澜起伏的历史烟云，孕育出了豪迈热情的俄罗斯民族。苏联解体后，俄罗斯经历了痛苦的社会转型，走过一个剧烈的 U 型曲线。叶利钦时代是灾难性的 10 年，政治动荡、社会冲突、经济萧条、国家分裂、价值失序、人心涣散，俄罗斯人经历了物质和精神上的寒冬时期。继叶利钦之后，普京时代俄罗斯以强势身姿重返国际舞台，让俄罗斯流尽鲜血的车臣战争结束，操控社会的寡头被消灭，经济奇迹般实现持续高速增长，社会逐渐稳定，饱尝经济萧条之苦的国民有了稳定而可观的社会保障和福利。但大国之光的重现果真不远了吗？今日俄罗斯，在制度、社会文化、经济上，究竟是一个怎样的国家？俄罗斯能否创造"奇迹"？

第一节　综　述

一、地理概貌

俄罗斯地跨欧亚两大洲，领土面积为 1 700 余万平方千米，位居世界第一。东西最长 9 000 千米，南北最宽 4 000 千米，共与 18 个国家接壤，西北毗邻挪威、芬兰，西接爱沙尼亚、拉脱维亚、立陶宛、波兰、白俄罗斯，西南是乌克兰，南接格鲁吉亚、阿塞拜疆、哈萨克斯坦，东南毗邻中国、蒙古和朝鲜。东面与日本和美国隔海相望。海岸线长 38 807 千米，国界线长达 6 万多千米。

俄罗斯的地势东部高，西部低。东西两部分以叶尼塞河为界，西部以平原和低地为主，东部大部分是高原和山地。俄罗斯的主要河流有顿河、伏尔加河、乌拉尔河、勒拿河、鄂毕河、叶尼塞河、阿穆尔河（中俄界河黑龙江）等。鄂毕河是俄罗斯最长的河流，伏尔加河是世界上最大的内流河，被俄罗斯人称为"母亲河"。位于俄罗斯东西伯利亚南部的贝加尔湖是世界上年代最久的湖泊，被誉为"西伯利亚的明眸"。萨哈林岛（Sakhalin）是俄罗斯最大的岛屿，属萨哈林州管辖。海拔 5 642 米的厄尔布鲁士峰是全俄罗斯的最高点，属于高加索山脉。

二、气候

俄罗斯大部分地区处于北温带，以温带大陆性气候为主，温差普遍较大，1 月平均气温为−35℃～1℃，7 月平均气温为 11℃～27℃。年平均降水量为 150～1 000 毫米。俄罗斯地区纬度较高，气候严寒，冬季漫长，地广人稀，亚寒带针叶林广布。俄罗斯的森林资源丰富，有世界上面积最大的亚寒带针叶林。

三、人口和居民

截至 2015 年 12 月 31 日，俄罗斯常住人口为 1.44 亿，在世界排名第八位。俄罗斯境内生活着多达一百多个大大小小的民族，俄罗斯族是国内最大的民族，占全国人口总数的 81.5%。车臣族是俄罗斯联邦境内第五大少数民族，主要居住在北高加索地区的车臣共和国境内。

其他少数民族中，人口超过 50 万的有 15 个，其中鞑靼族是全国人口最多的少数民族，人口约有 550 万，主要居住在中伏尔加河流域的鞑靼斯坦共和国及周边地区。其他人口比较多的民族有乌克兰族、楚瓦什族、巴什基尔族、白俄罗斯族、莫尔多瓦族、日耳曼族、乌德穆尔特族、马里族、哈萨克族等。

四、民族性格

俄罗斯民族最早是由多个东斯拉夫人部落组成。俄罗斯地跨欧亚两大洲，在近 2000 年的历史发展过程中，俄罗斯不仅受到东方的熏陶，而且受到西方的影响，这使得俄罗斯民族兼具东西方特色，有明显的双重性格。俄罗斯人把相互对立、相互排斥的两种性格有机地糅合在一起，既残忍又善良，既谦逊和睦又放肆任性，既崇拜权力又爱好自由，既叛逆又服从，既有集体主义精神又有强烈的个人意识，等等。其丰富多彩而又单纯矛盾的性格使这个民族在世界民族之林中大放异彩。

俄罗斯民族是个情绪化严重、爱走极端的民族。俄罗斯人不懂中国人的中庸之道，在处理事情时不会选择任何妥协的方案，习惯于从一个极端步入另一个极端。这使得俄罗斯人极易用最珍贵的东西去冒险，在实施自己的意图和想法时充满狂热，为了前进而不惜狠狠打击并摧毁旧的一切。例如，俄罗斯人曾经以极大的热情毁坏教堂、庙宇，而现在却又极力地恢复它们。

五、语言

俄罗斯是一个多民族国家。俄罗斯的官方语言为俄语，属印欧语系的斯拉夫语。目前世界上有 2 亿多人使用俄语。除俄罗斯外，以俄语作为官方语言的国家和地区有白俄罗斯、哈萨克斯坦、吉尔吉斯斯坦、南奥塞梯、阿布哈兹等。俄罗斯各地方言甚多，靠近中亚地区的少数民族使用突厥语系的乌兹别克语、哈萨克语等，共有大约 150 种语言。

六、宗教信仰

俄罗斯的国教是东正教，全国大约有 1/2 的人信仰东正教。除东正教外，俄罗斯各民族信仰的宗教还有伊斯兰教、萨满教、佛教、犹太教等。信仰伊斯兰教的主要是分布在中亚和高加索地区的一些民族。萨满教是一种多神崇拜的原始宗教，信仰萨满教的主要是西伯利亚和北部的一些民族。信奉佛教的民族主要有卡尔梅克人、东布里亚特人等，而信仰犹太教的则是一些移居俄罗斯的犹太人。2001 年俄罗斯权威社会调查机构抽样调查显示，俄罗斯居民 55%信奉宗教，其中 91%信奉东正教，5%信奉伊斯兰教，信奉天主教和犹太教的各为 1%，0.8%信奉佛教，其余信奉其他宗教。

七、移民政策

俄罗斯是一个具有鲜明特点的国家和民族，其民族性格的显著特点之一就是排外性，认为本民族是最优秀的民族，歧视和排斥其他民族，因此，它制定了严密的法律，限制外国人移民、定居俄罗斯，取得俄罗斯籍。俄罗斯在引进外国劳动力方面也有严格的限制，如规定俄罗斯人雇用外国劳动力，必须获得劳动部门的许可并在税务部门登记，而外国劳动力将缴纳劳动税和移民税，违者将被处以罚款甚至更严厉的惩罚。一些政府研究机构的学者认为大规模移民迁入会产生一系列冲突，造成、加剧地区和国家的不安定局势，挤压斯拉夫人在俄罗斯境内的生存区域，对国家安全造成严重威胁。

从 2001 年开始，俄罗斯对外国移民实行配额制度。2014 年，俄罗斯面向外籍和无国籍人员发放的暂住许可证配额仅为 9.58 万个，比 2013 年缩减了近万个，仅为 2008 年的 2/3。配额少导致以非法身份来俄的务工人员增多，至 2014 年年底非法的外来务工人数达到 290 万人。由于俄罗斯的劳动力不足，每年入境俄罗斯的外国人有 1 500 万以上，其中有合法身份的不到一半。

俄罗斯的移民政策趋向宽松。自 2015 年起，俄罗斯实行更宽松的新移民法，对与俄罗斯实行免签证的国家取消移民配额，代之以个人或者法人工作许可制度。根据俄罗斯政府文件，2015 年移民配额数上升至 12.6 万个，此外还将吸引 27.6 万名"专家"来俄工作。绝大部分（超过 90%）外来劳务移民是独联体国家公民。现在，乌兹别克斯坦和塔吉克斯坦已取代中国，成为俄罗斯的主要合法移民供应国。在俄罗斯获得合法长居资格的人数从 2011 年的 27.5 万人增至 2015 年的 52.6 万人。在此期间获得居住证或暂居证的人员人数从 13.5 万人增至 21 万人。①

八、国家象征

1. 国歌

俄罗斯联邦共和国现在的国歌歌名为《俄罗斯，我们神圣的祖国》，沿用的是苏联国歌《牢不可破的联盟》的旋律。

《俄罗斯，我们神圣的祖国》
作曲：亚历山大·亚历山德罗夫
作词：谢尔盖·米哈尔科夫

俄罗斯，我们神圣的国家，俄罗斯，我们挚爱的祖国。
顽强的意志，辉煌的荣耀是你永恒的财富！
光荣啊，我们自由的祖国，兄弟民族的古老联盟，（先辈们赋予的）智慧属于人民！
光荣啊，祖国！我们为你骄傲！
从南方的海洋到北极边疆，到处是我们的森林和田野。
你举世无双！
上帝保佑你，我们唯一的故土！
光荣啊，我们自由的祖国，兄弟民族的古老联盟，（先辈们赋予的）智慧属于人民！
光荣啊，祖国！我们为你骄傲！
未来岁月为我们的生活和理想开辟无限的空间。
对祖国的忠诚给予我们力量。
过去，现在，将来都一样！
光荣啊，我们自由的祖国，兄弟民族的古老联盟，（先辈们赋予的）智慧属于人民！
光荣啊，祖国！我们为你骄傲！

2. 国旗

俄罗斯国旗为横长方形，旗面由三个平行且相等的横长方形相连而成，自上而下分别为白、蓝、红三色，代表俄罗斯地理位置上的三个气候带。白色代表寒带一年四季白雪茫茫的自然景观；蓝色既代表亚寒带气候区，又象征俄罗斯丰富的自然资源；红色是温带的标志，也象征俄罗斯悠久的历史和对人类文明的贡献。

3. 国徽

俄罗斯的国徽为盾徽，国徽主体为双头鹰图案。双头金鹰雄视东西两边，代表俄罗斯是一个地跨亚欧两大洲的国家；三顶王冠象征着国家是统一的俄罗斯联邦；金球和权杖象征国家的统一神圣不可侵犯；在鹰胸前是一个小盾形，上面是一名骑士和一匹白马，代表首都莫斯科。

---

① 黎然. 俄媒：中国人不再是俄罗斯最大劳务移民群体 [N]. 参考消息, 2016-07-01.

4. 国庆

每年的 6 月 12 日是俄罗斯国庆节。1990 年 6 月 12 日，俄罗斯联邦最高苏维埃通过并发表了主权宣言，宣布俄罗斯保留退出苏联的权利，主权独立，这一天便被定为俄罗斯的国庆节。1994 年将 6 月 12 日定为俄罗斯独立日，2002 年颁布实行的《劳动法》将其改为"俄罗斯日"。

5. 国花——向日葵

苏联人民酷爱向日葵，将向日葵定为国花。苏联解体后，俄罗斯仍然把向日葵定为国花。向日葵是向往光明、给人带来美好的希望之花，俄罗斯人就像向日葵一样，有旺盛的生命力，坚守人生信念，不为世俗潮流而改变，坚持不懈地为梦想而奋斗。

第二节 历 史

一、俄罗斯民族的摇篮——基辅罗斯（9—13 世纪）

俄罗斯民族的祖先是古代斯拉夫人。斯拉夫人的故乡大致是在喀尔巴阡山以北、维斯瓦河和第聂伯河之间的地区，即东欧大平原的西南部。后来他们不断向周围扩展，西达易北河，东至顿河、伏尔加河上游，北抵波罗的海，南到黑海。约在公元 1 世纪，斯拉夫人逐渐形成东西两大支，即东斯拉夫人和西斯拉夫人。在欧洲民族大迁徙期间，东西斯拉夫人大批南移，进入多瑙河流域和巴尔干半岛。约至公元 6—7 世纪，又形成南方斯拉夫人。

基辅罗斯是 9 世纪下半叶东斯拉夫人在东欧平原建立的一个早期封建制国家，它是第聂伯河中游的东斯拉夫部落联合的结果。后来的俄罗斯族、乌克兰族和白俄罗斯族是在基辅罗斯的基础上形成的。988 年弗拉基米尔大公在位时，罗斯举行了受洗仪式，从拜占庭接受了东正教，罗斯被纳入欧洲文明之中，这一事件具有重大历史意义。

由于封建化加深和缺乏明确的王位继承制度，自 11 世纪后半期到 13 世纪初，罗斯分裂成许多独立的公国，较大的有弗拉吉米尔—苏兹达尔（在其领土上兴起莫斯科公国）、加利奇—沃伦（乌克兰的发源地）、波罗茨克—明斯克（白俄罗斯的发源地）和诺夫哥罗德。此后罗斯人的发展中心转移至东北部莫斯科一带。

二、异族统治——金帐汗国（1243—1480 年）

东方草原的蒙古部落在成吉思汗时期逐渐强大，1206 年蒙古国家建立。蒙古建国后不久，先后进行了三次大规模的西征，建立起庞大的帝国，在俄罗斯人历史上产生了巨大影响。在第二次西征（1236—1242 年）中，成吉思汗的孙子拔都率领的蒙古军队征服罗斯。1243 年拔都建立金帐汗国，定都萨莱（现在的阿斯特拉罕），东北罗斯和西南罗斯都在它统治之下。蒙古政权统治罗斯长达两个半世纪。

在金帐汗国统治期间，蒙古人并没有摧毁罗斯各公国原有的政治结构。金帐汗对罗斯的统治主要是利用当地王公继续维持封建政权，采用人质、拉拢、离间、杀害等手段，迫使他们效忠。蒙古人的统治使罗斯在两个半世纪的时间里与西方完全脱离，其政治制度、军事组织和战术、文化及社会生活，甚至语言、服饰，都打上了蒙古的烙印。

三、莫斯科公国的兴起和中央集权国家的形成

1. 莫斯科公国的兴起

莫斯科公国是俄罗斯的雏形。1283 年，处于东北罗斯中心地带的莫斯科公国建国。莫斯科公国借助蒙古贵族的支持而发展起来。莫斯科大公对金帐汗忠心耿耿，尽心尽力为金帐汗收取贡赋，逐渐成为罗斯诸国中最强大的国家。莫斯科公国的崛起也离不开东正教的支持，14 世纪初，东正教俄罗斯地区总主教的驻节地自基辅迁至莫斯科，标志着莫斯科成为俄罗斯地区的政治中心与宗教中心。

2. 俄罗斯中央集权国家的形成

在 15、16 世纪，随着商品经济的发展，各地区之间的联系不断加强，再加上反对外族侵略斗争的需要，罗斯各公国逐渐以莫斯科为中心形成中央集权的统一国家。其成员包括当时罗斯所有的大城市，后来伏尔加沿岸、乌拉尔和西伯利亚的民族也加入进来。

随着金帐汗国瓦解，大罗斯版图不断扩大。正是在大罗斯发展壮大的这一时期，罗斯的称谓被俄罗斯所取代，大罗斯演变为俄罗斯（即成长壮大的民族）。1472 年伊凡三世（1462—1505 年在位）娶了拜占庭末代皇帝的侄女索菲亚，莫斯科公国开始以拜占庭帝国的继承人自居。伊凡三世的孙子——伊凡四世（1547—1584 年在位）是第一个获得沙皇（恺撒）称号的大公。15 世纪末至 16 世纪初俄罗斯中央集权国家的形成，沙皇专制制度的巩固和发展，在俄罗斯乃至欧洲历史上具有重要意义。

四、罗曼诺夫王朝与彼得一世改革（1613—1917 年）

1613 年米哈伊尔·罗曼诺夫在贵族们的拥戴下成为新沙皇，建立了罗曼诺夫王朝。该王朝持续了三百年，经历了 18 个沙皇的统治，末代沙皇尼古拉二世在 1917 年发生的二月革命中被推翻。在此期间俄国由东欧一个闭塞的小国发展为世界强国。

彼得一世（即彼得大帝）统治时期（1682—1725 年在位）是俄国历史上的剧变时代，彼得一世效法西方，在政治、军事、经济、科学、文化等方面实行了一系列改革，提高了俄国的实力，带领俄国进入历史新纪元。

彼得一世在位期间，俄国的领土大大扩充，西伯利亚和远东的广袤土地、伊若拉地区、爱沙尼亚、拉脱维亚及立陶宛的部分地区（波罗的海沿岸）、乌克兰东半部、白俄罗斯和克里木半岛都被纳入俄国版图。

五、苏联时期（1922—1991 年）

1. 十月革命

1917 年 11 月 7 日（儒略历 10 月 25 日），俄国爆发十月社会主义革命，布尔什维克党领导人民群众推翻资产阶级临时政府的统治，建立了列宁领导的布尔什维克党为首的苏维埃政权，为 1922 年苏联成立奠定了基础。一战后，斯大林成功地把苏联改造成了一个工业和军事强国。

2. 苏联和第二次世界大战

1939 年，第二次世界大战爆发。1941 年 6 月法西斯德国进攻苏联，苏联开始卫国战争。经过莫斯科会战、斯大林格勒战役、库尔斯克战役等，苏联人民打败了凶残的法西斯德国，赢得了第二次世界大战的胜利。

3. 苏美对抗

苏联在 20 世纪 50—80 年代与美国等西方资本主义国家进行全面的对峙，史称"冷战"。二战结束后，苏联成为社会主义国家的中心，以莫斯科为首的"世界社会主义阵营"成为国际舞台上一股强势力量。1955 年苏联与其他社会主义盟国建立了华沙条约组织（简称"华约"），同以美国为首的北大西洋公约组织（简称"北约"）相抗衡。

苏联共产党在执政的 70 多年里，使落后的苏联晋身强国之列，使人民生活水平得到了改善，但斯大林时代的大镇压严重败坏了共产党的声誉，并且斯大林之后的苏联领导人在改革运动中迷失了方向，改革以失败告终。1991 年 12 月苏联解体，苏联总统戈尔巴乔夫宣布辞职，以俄罗斯总统鲍里斯·叶利钦为首的新领导集体掌控了俄罗斯政权。伴随着苏联解体，苏美冷战就此结束。

六、俄罗斯联邦（1991 年—　）

1. 叶利钦执政时期（1991—1999 年）

俄罗斯联邦实行总统制，叶利钦为首任总统。苏联解体不仅是一种制度的解体，也是一个大帝国及其势力范围的解体，原苏联的各组成部分需要在另一种秩序下重新调整"经济空间"与"政治空间"，重建一种关系格局。

从体制转轨的角度看，叶利钦时代的特点是"破旧"有力而"立新"无术，不仅经济一直没有走上市场经济的正常发展轨道，而且政治上也未能建立完善的民主法治秩序，以完成向民主的过渡。此时，俄罗斯处于转型期危机之中。

2. 普京时代（2000 年—　）

1999 年 8 月，鲍里斯·叶利钦任命弗拉基米尔·普京为俄罗斯联邦政府主席（总理）。2000 年 3 月 26 日，普京当选为俄罗斯联邦总统，并在 2004 年第二次当选总统和 2012 年第三次当选总统。

普京主政以来，顺应民心，调整了叶利钦时代的一些错误政策。其新政府的执政理念是：以经济发展为中心，强化国家执政能力，平衡社会矛盾，平息政治纷争，实现强国目标。普京执政之后的强国方针成效显著。

大国的政治经济制度的转型是一个历史过程。新秩序的建设不可能在短期内完成，无论在政治上还是经济上的转轨都是如此，因此，俄罗斯的强国之路依然任重而道远。

第三节　国　家　体　制

一、俄罗斯联邦宪法

《俄罗斯联邦宪法》是 1993 年全民公决通过的新宪法。该宪法确认了苏联剧变、俄罗斯独立的事实；规定了俄罗斯的 5 项原则：共和制、民主制、联邦制、法治制和社会福利制。宪法第二章（17～64 条）规定了人和公民的权利与自由。

二、联邦制与自治

俄罗斯是典型的联邦制国家，由单一制下的行省制度向联邦制转变而来。联邦体制基于宪法和条约，一是从 1990 年 5 月开始联邦中央和联邦主体签订双边条约，明确划分了联邦中央和各地区的权限，确认了地方政府对地方事务的支配权和对联邦事务的参与权，大大拓宽了地方政府独立自主决定本地区发展政策的空间；二是 1993 年通过新宪法，确定和巩固了现实存在的民族区域实体和行政区域实体并重的形式多样的联邦主体模式，使得俄罗斯联邦制度在法律上最终确立。联邦主体享有较大的自主权。宪法规定，各联邦主体一定行政区域单位（区、市、市辖区、镇、村居民点）内居住的居民，直接或者通过其选举产生的地方自治机关，自主地解决地方性事务。

三、国家机构

《俄罗斯联邦宪法》规定，俄罗斯联邦实行三权分立原则和总统制。俄罗斯联邦议会是俄罗斯联邦国家权力机关的独立组成部分，是俄罗斯联邦的代表与立法机关。它由联邦委员会（上院）和国家杜马（下院）两院组成。它对总统、政府和司法机关具有监督权。联邦委员会主要职能是批准联邦法律、联邦主体边界变更、总统关于战争状态和紧急状态的命令，决定境外驻军、总统选举及弹劾、中央同地方的关系问题等。国家杜马的主要职能是通过联邦法律、宣布大赦、同意总统关于政府首脑的任命等。

联邦总统是国家元首。俄罗斯虽然实行三权分立，但总统权力极大，总统有权解散议会，而议会只有指控总统犯有叛国罪或其他十分严重罪行并经最高法院确认后才能弹劾总统。

俄罗斯法院是制约总统和议会、平衡行政、立法、司法权力关系的一个机构。它有权对政府首脑颁布的行政命令和议会制定的法律作违宪性审查，即看它是否符合宪法，并有权宣布违反宪法的行政命令和法律无效。俄罗斯司法机关主要有联邦宪法法院、联邦最高法院、联邦最高仲裁法院及联邦总检察院，不允许设立特别法庭。联邦委员会根据总统提名任命联邦宪法法院、联邦最高法院和联邦最高仲裁法院法官以及联邦总检察长。

四、选举、政党和群众组织

1. 选举

《俄罗斯联邦宪法》规定，联邦总统和联邦会议国家杜马议员由公民直接选举产生。依据联邦各主体立法机关法律，地方自治机构也由选举产生。和西方国家相比，俄罗斯现行的选举制度历史并不长，刚刚实行十多年，但是，它在选举实践活动中已得到不断的改进和完善。

宪法规定，联邦委员会共 178 名议员，由每个联邦主体的权力代表机关和权力执行机关各一名代表组成。国家杜马由 450 名代表组成，每 4 年选举一次。2008 年俄罗斯修改宪法，将国家杜马的任期由 4 年延长至 5 年。条例中还规定，采用多数选举制和比例选举制相结合的混合选举制，在国家杜马的 450 个席位中，一半议席按比例制原则从各党派中选举产生，党派得票率门槛设定为 5%；另一半议席则在"单席位"选区中选举产生，即在全俄设立 225 个选区，每个选区得票最多的候选人当选国家杜马议员。

俄罗斯选举法特别有利于规模较大的政党。选举法规定，任何政党和运动要想进入国家杜马，就必须在选举中获得 5%以上选民的支持，后来这一得票率又提高到 7%，这一规定大大限制了小党进入议会的机会，导致进入议会下院的党派数目不断减少。现在是由统一俄罗斯党领跑俄罗斯国家杜马选举。

2. 政党

俄罗斯实行多党制。目前在俄罗斯司法部正式登记注册的比较大的政党和运动有 200 多个，但多数政党和运动缺乏群众基础，其中只有 4 个进入国家杜马。俄主要政党有统一俄罗斯党、俄罗斯共产党、俄罗斯自由民主党和公正俄罗斯党，这 4 个政党被称为议会政党。

统一俄罗斯党成立于 2001 年，几乎垄断了俄罗斯从中央到地方所有的优质政治资源，其实力令其他政党难以企及。在 2016 年 9 月 19 日国家杜马选举中，支持现任总统普京的统一俄罗斯党在 203 个选区胜出，按比例获得 140 个议席，总共获得了 343 个议席，稳居第一。俄罗斯共产党和自由民主党分别以 42 席和 39 席分列二、三位，公正俄罗斯党以 23 席屈居第四。而其他的政党，或没有突破"5%"的门槛，无法进入国家杜马，或仅有一位议员凭借选区胜出当选，不足以影响政局。俄罗斯逐渐形成了统一俄罗斯党一党独大，共产党、自由民主党、公正俄罗斯党此消彼长，小党逐渐被淘汰的政党格局。

四大议会政党具有不同的政治倾向和意识形态：统一俄罗斯党是第一大党，其意识形态是俄罗斯保守主义，主张在保持国家稳定的条件下，通过渐进的改良和创新实现国家现代化、复兴俄罗斯；俄罗斯共产党信仰共产主义，其目标是在俄罗斯建立社会主义；公正俄罗斯党信奉社会民主主义，其目标是现实的、民主的、高效的社会主义，更加关注民生问题和社会福利；俄罗斯自由民主党尽管标榜爱国主义、自由主义和民主主义，但具有强烈的民族主义色彩。[①]尽管四大议会政党在政治倾向和意识形态方面存在差异，但也有不少共同之处，比如都主张爱国主义，在涉及俄罗斯民族和国家利益问题上立场基本一致。

3. 群众组织

苏联解体后，俄罗斯社会组织得到发展。据俄罗斯国家杜马（下院）统计，目前在俄罗斯境内共有约 45 万个各类非政府、非营利性社会组织。其存在的法律形式有消费合作社、社区与宗教协会、基金会、创设组织、草根组织、农民协会、国家社团等。其中最具影响力的是创设组织，占总数的 43.6%；其次是社区与宗教组织，占总数的 27.7%；消费合作社占 11.4%；其他类型占 17.3%。俄罗斯非政府组织主要类别有企业慈善机构、私人基金会、中介组织和社区组织。[②]就性质而言，工会已经从苏联时期的官方组织还原成社会组织，目前俄罗斯最大的工会组织是俄罗斯独立工会联合会（简称"独立工联"）。

---

① 李兴耕. 俄罗斯四大议会政党的意识形态比较研究［J］. 中共天津市委党校学报，2010（5）：85-89.
② 石欧亚. 俄罗斯非政府组织［J］. 国际资料信息，2007（8）：1-2.

第四节 外交政策

一、外交环境的改变

苏联解体后,俄罗斯作为一个政治和经济大国开始跻身于世界政治舞台。俄罗斯联邦的政治安全格局发生了重大变化,在俄罗斯的对外政策中,与原苏联领土上建立的各个组织(独联体、集安组织、上合组织、欧亚经济共同体、关税同盟和统一经济空间)的合作占据特殊地位。

俄罗斯对西方国家的战略也实现了根本性的转变。俄罗斯对外政策的目标是通过同西方的一体化,同西方国家结成盟友,树立俄罗斯的大国新地位,以重新发挥其大国的作用。因此,俄罗斯把美国、西欧放在外交最优先的位置。1991—1995年,俄罗斯国内激进自由派奉行向"向西方一边倒"的外交政策,在重大国际事务上紧紧追随美国的脚步。但是,以美国为代表的西方国家担心俄罗斯东山再起进而称霸世界,并没有把俄罗斯当作"兄弟伙伴"。而西方各国吸收俄罗斯参加以它们为主导的各种机构,其目的是限制和改造俄罗斯,利用俄罗斯控制原苏联的巨大核武器库和稳定独联体,防止独联体爆发如斯拉夫那样的武装冲突而损害其安全利益。因此西方各国继续通过裁军谈判削弱俄罗斯的军事力量,阻止其现代化,并企图通过各种军事合作措施来改造俄罗斯军队和军工企业,同时,还以高薪搜罗俄罗斯军事科学和军工企业的高科技人才。西方国家通过北约东扩、发动科索沃战争、对独联体国家进行政治和军事渗透等手段,构筑"弧形战略防御线",不断挤压俄罗斯的战略空间,使俄罗斯的国家利益受到严重损害。

对此,叶利钦及时调整外交政策,加大多极化外交力度。面对北约的咄咄逼人之势,强硬的普京政府则选择用"铁拳"给予回应。

二、俄罗斯与独联体

俄罗斯属于独联体国家,发展与独联体国家的关系是俄罗斯外交政策中的"绝对优先方向"。独联体是由苏联大多数共和国组成的进行多边合作的独立国家联合体。1991年12月成立时,除波罗的海三国外,其他12个苏联加盟共和国均为独联体正式成员国。土库曼斯坦、格鲁吉亚、乌克兰分别在2005年、2009年、2014年退出,到2018年为止,独联体还剩9个国家:俄罗斯联邦、白俄罗斯共和国、摩尔多瓦共和国、亚美尼亚共和国、阿塞拜疆共和国、塔吉克斯坦共和国、吉尔吉斯斯坦共和国、哈萨克斯坦共和国和乌兹别克斯坦共和国。

对独联体成员国的外交在俄罗斯对外政策中占有特殊地位。由于地缘政治因素,维持与独联体国家的传统友好关系无疑有助于俄罗斯维护自身的经济和安全利益。经济是独联体国家合作的优先领域,政治是俄罗斯对独联体政策的焦点,俄罗斯力图充当独联体在国际上的代言人。苏联解体后,原苏联各加盟共和国都变成了享有完全主权的国际法主体,并得到国际社会的普遍承认,但俄罗斯仍把独联体各成员国看作自己的势力范围,力图凭借其特殊地位和传统影响推行以俄罗斯为中心的外交政策。

三、俄罗斯对外文化政策和机构

俄罗斯对外文化政策的宗旨在于促进俄罗斯和世界的文化交流。俄罗斯在主权平等、相互尊重利益和互惠互利的基础上开展国际合作。俄罗斯执行对外文化政策的主要机构有以下几个。

（1）俄联邦独联体事务、俄侨和国际人文合作署。它由苏联时期的苏维埃社会友谊联盟转化而来，其基本职能是促进俄联邦与后苏联空间中其他国家之间的文化交流，保障俄侨在国外的基本权利不受侵害。

（2）俄罗斯国际科学与文化学术交流中心。它是在莫斯科注册的学术组织，致力于国际科学、文化与教育方面的交流与合作，成功举办多次国际学术会议。俄罗斯国际科学与文化学术交流中心协助俄罗斯高校与中国多所高校签订友好协议，联合制订学生培养方案，同时为中国学生进入俄罗斯高等院校学习，取得学士、硕士和博士学位提供全方位的服务。

四、中俄关系

1. 历史往来（至1949年）

中俄关系源远流长。中俄两国拥有4 300多千米的共同边界，是山水相连的邻邦。13世纪蒙古西征使中国与罗斯有了最早的接触。蒙古人把先进的中国文化带到罗斯诸公国，但这个时期的联系是通过人员往来、商品贸易和文字传输等形式表现出来的，而且中国文化在俄国的传播是偶然和少量的。

中俄两国从17世纪中叶到19世纪中叶往来逐步增多。在此期间，两国除几次比较严重的边境冲突外，其余大部分时间两国边境基本保持相安无事的状态，两国经济文化关系发展平稳。1689年签订的《尼布楚条约》是中俄文化交流史上重要的里程碑，拉开了中俄两国正式外交关系的序幕，为两国人员往来和经济文化交流提供了法律依据。在早期的中俄文化交流中，俄国东正教传教士团起了特殊和重要的促进作用。为逐步蚕食中国东北地区，俄国从1715年开始派遣东正教传教士团来北京，此后每十年派遣一次，每次大约派遣十人，其中四人为宗教人员，六人为学习汉语和满语的留学生，前后共派遣二十次。1727年中俄签订《恰克图条约》，中俄文化交流全面展开。1861年俄国在北京正式设立公使馆。1887年清政府在圣彼得堡正式设立驻俄公使馆。

在晚清时期，沙俄侵占中国大片领土。1860年前后，俄中签订《瑷珲条约》《北京条约》等一系列不平等条约，割占中国东北约100万平方千米的土地。1900年6月，俄国与英、日、法、德、美、意、奥组成八国联军向北京进犯，并进一步蚕食中国东北的土地。

20世纪二三十年代，由于共产国际的指导和大革命的推动，中国共产党陆续派出一批骨干赴苏联学习军事和政治理论，以此推动中国革命发展。二战时期，中苏两国军民都为世界反法西斯战争的胜利做出了重大贡献。在苏联对华援助的同时，亲历卫国战争的中国人也用各种形式协助苏联抗击法西斯侵略。

2. 1949年后的中苏关系

1949年10月1日，中华人民共和国成立，中苏随即建立了外交关系。由于同属社会主义阵营，中苏关系密切。1950 年 2 月 14 日，中苏在莫斯科签订《中苏友好同盟互助条约》。

苏联对中国的援助主要集中在中华人民共和国成立初期，除接收中国留学生外，苏联还派遣了大量的专家和顾问援助中国的经济建设。朝鲜战争期间，苏联向中国提供了许多军事援助。

由于意识形态上的分歧，从 1959 年开始，苏联共产党与中国共产党进行了一系列的辩论和争吵。1960 年中苏关系急剧恶化，苏联援助也大大减少直至终止。1962 年，中国与印度发生军事冲突，苏联一方支持印度。1969 年，中苏在边境爆发小规模军事冲突，其中包括珍宝岛事件，两国一度处于战争边缘，中苏关系处于低谷，只存在名义上的外交关系。1985 年，戈尔巴乔夫上台之后，开始实行较为缓和的外交政策，得到中国方面的积极回应。1989 年，中苏恢复党际关系，戈尔巴乔夫访华，双方关系恢复。1991 年，苏联解体。

3. 中俄关系（1991 年—   ）

自苏联解体后，中俄关系开始新纪元：由起初的正常化到睦邻友好，再到 1996 年中俄建立战略协作伙伴关系。普京任内俄罗斯与中国的关系在战略协作伙伴关系的基础上继续发展，中俄两国高层领导会晤制度化成为长效机制。当前中俄战略上互相需要，经济上相互补充，国际事务上相互协调，不仅有力地推动了两国关系的不断发展，同时促进了双边贸易的发展。

中国在俄罗斯对外贸易伙伴中名列前茅。中俄两国经贸合作早在 20 世纪 90 年代早期就已经开始启动。两国贸易额从 1991 年的约 40 亿美元增加到 1992 年的 60 亿美元、1993 年的 78 亿美元，2016 年中俄贸易额约为 700 亿美元。根据中国海关总署发布的报告，中俄 2017 年前 4 个月的贸易额约为 250 亿美元，同比增长逾 26%。其中，中国对俄罗斯出口商品 116 亿美元，从俄罗斯进口商品 130 亿美元。俄罗斯对华出口商品增长幅度超过三分之一。[①]

4. 中俄间文化和教育交流

中俄人文合作涉及教育、文化、卫生等多个领域。近二十多年来中俄两国文化交流迅速发展，合作规模和水平不断攀升。

1992 年中俄在北京签署《中华人民共和国政府和俄罗斯联邦政府文化合作协定》，成为指导两国在文化领域开展合作的纲领性文件。在协定框架内，两国文化部陆续签订了 10 个文化合作计划，有力推进了两国文化全面交流与合作。2000 年中俄教文卫体合作委员会成立，随着合作领域的不断扩大，2007 年更名为中俄人文合作委员会。委员会下设教育、文化、卫生、体育、旅游、媒体、电影、青年合作等 8 个领域的合作分委会和档案合作工作小组。两国先后成立了多个工作合作机制并签署了系列文件，从国家政治和法律层面有力促进和保障了中俄文化关系的发展。自 2006 年起，中俄连续在两国元首和总理互访机制下互办大型国家级活动，如中俄"国家年""语言年""旅游年""青年友好交流年""媒体年"等，有力地促进了两国人民的友好交往，推动双方各领域务实合作。俄中双方分别于 2009 年和 2012 年在北京和莫斯科互设了文化中心。两国文化中心积极运作，每年举办大量文化活动，使两国人

---

① 丁楠. 俄媒：中俄贸易额大幅增长　俄对华实现贸易顺差［N］. 参考消息，2017-05-14.

民的关注和参与度不断提高，为切实增进人民间相互了解和友谊搭建了重要平台。

孔子学院为中俄文化交流做出了贡献。2006年俄罗斯首所孔子学院在远东国立大学成立。"一带一路"倡议提出后中国和俄罗斯之间交往日益密切，越来越多的俄罗斯人开始对中国文化和中国语言感兴趣，至2017年，俄罗斯共有18所孔子学院。10年来，各地孔子学院因地制宜，结合当地情况开展汉语和文化推广活动。

教育交流是中俄人文交流的重要组成部分。根据2012年12月签署的《中俄人文合作行动计划》，两国扩大留学生交流规模，鼓励两国青年到对方国家教育机构学习。从2014年起，两国每年互派不同领域和界别的青年代表互访，形成青年交流的长效机制；吸引两国青年实施各类中俄合作项目和活动，建立多层次的青年交流网络。2015年中国在俄罗斯留学人员已达2.5万人，俄罗斯在华留学人员数目不断攀升，已达1.5万人。在此基础上，双方提出2020年双边留学总规模达到10万人的目标。

第五节 经　　济

一、经济发展特征

苏联解体后，俄罗斯经济下滑严重，财政状况已完全失控。在经济体制上，俄罗斯由集权的计划经济体制转向市场经济体制。这一过程包括两个阶段，第一个阶段是叶利钦时期实行"休克疗法"激进式向自由市场经济转轨，但8年的经济改革并未达到预期目标。第二个阶段是普京时期调控的市场经济，构建了市场经济的基本框架。1996年俄罗斯私有企业在整个企业中占的比例是70%，它们生产的GDP也占到了70%。因此俄罗斯基本上建立了以私有化为主体的私营、集体、个体合资、股份公司多种经济成分的多元化的市场经济基础。实行普京新政以后，俄罗斯从20世纪90年代后期开始出现经济转机，从1999年至2006年，经济年均增长6%，经济总量增加了70%，人均收入也得到了普遍的提高。2007年，俄罗斯还清所有债务。2012年8月22日，俄罗斯正式成为世界贸易组织（WTO）第156个成员，也成为最后一个加入世贸组织的主要经济体。俄罗斯的市场经济地位得到了欧盟和美国的肯定。

但是俄罗斯经济发展中存在严重的两极分化，黑手党与官僚勾结，偷逃税款，牟取暴利，经济结构的调整任重而道远。俄罗斯经济的竞争力主要源于其强大的资源出口。石油贸易在俄罗斯经济中占到了40%，普京利用石油在国际上进行交往，实现了俄罗斯国家利益的最大化。2003年俄罗斯的GDP增长7.3%，国际因素，比如，石油、原材料价格上涨的因素就占了其中的3.8%。2013年俄罗斯经济已出现增长衰减态势，GDP年增长率只有1.3%。2014年以来，俄罗斯经济持续低迷，普京称之为俄罗斯"遭遇了严峻的经济挑战"。

二、经济困境

2013年以来俄罗斯经济迅速坠入衰落的困境。自2014年俄罗斯经济陷入深刻危机，2015年出现严重的衰退，甚至有俄罗斯经济面临崩溃之说。据俄罗斯联邦统计局公布的经济数据显示，2015年俄罗斯国内生产总值（GDP）较上年萎缩了3.7%，俄罗斯居民实际收入下降了4%，财政赤字为1.95万亿卢布（约合250亿美元）。从危机以来至2016年经济发展的特点看，走出低谷、开始缓慢复苏是俄罗斯未来几年经济发展的基本态势。俄罗斯经济困境出现的原因主要有以下几个方面。

第一，增长缺乏动力。如今俄罗斯经济呈现了在低度衰退状态下一定的稳定性，而且有向好的迹象，但是拉动经济最重要的三大杠杆，即投资、消费、净出口依然处于较深度的衰退中，而且未来经济不确定性因素依然会产生较大的影响。因为对经济的不确定性预期，俄罗斯吸收到的外资不多。

第二，经济结构性矛盾。主要表现在：①经济发展严重依赖能源出口。自苏联解体以来，俄罗斯一直深陷能源经济困境。出口资源成为俄罗斯政府保障财源、维系公共开支和政权稳定的最便捷的手段，其国民经济已对能源产业形成了严重的"惯性依赖"。最近两三年国际大宗商品特别是石油和天然气价格暴跌，俄罗斯经济陷入深刻危机。②加工工业对GDP贡献率下降。从20世纪90年代初占35%左右下降到2002年的15%，2013年的14.8%。体现一个国家工业发展水平的机械制造产品的进口占俄罗斯进口总额的一半，也说明了其经济对外依赖严重。③基础设施不发达。交通运输和通信行业对GDP的贡献率从2003年的10.7%下降到2013年的8.5%。④科研机构和高科技产业发展不足。俄罗斯参与国际高科技产品市场的比例只有0.35%～1%，只及美国的1/130，而且低于亚洲发展中国家的水平。高科技产品出口仅占工业出口的2.3%，相当于美国的32.9%。[①]

三、社会市场经济

1. 理论基础和宗旨

俄罗斯社会市场经济摒弃自由放任的市场经济，强调国家在经济建设中的作用。国家调节经济的实质就是要保护一切所有制形式的积极性，保障经济秩序，保障市场的有效运转，建立一种全国统一开放的市场经济。

社会市场经济的核心是建立一个"平等、公平、合理的福利社会"。尽管俄罗斯经济萧条，但它的社会福利仍然令人羡慕。俄罗斯建立了全民社会保障体系，其覆盖项目涉及生育、医疗、工伤、失业、养老等。俄罗斯联邦和各联邦主体、地方政府，将三分之一的财政支出用于教育、医疗、救济等社会领域，从而建立和维持了一套完善的社会福利体系，让退休者、失业者、儿童、学生等弱势人群，也分享到经济增长的成果。政府出台的各种补贴、救济项目共有几百项之多。2003年的社会优惠政策所需要的资金高达2.8万亿卢布，相当于政府全部预算的68%。总之，俄罗斯的社会保障体系涵盖了全体民众。

2. 生态社会市场经济

俄罗斯有丰富的能源资源。自1991年苏联解体以来，作为苏联最大继承者的俄罗斯，其严重依赖能源经济的格局始终未能扭转，俄罗斯重工业、军事工业对自然环境和自然资源造成的污染和破坏比较严重。在生态灾难、政治解体和经济低迷的历史教训面前，生态问题已不容忽视，保护环境迫在眉睫，俄罗斯将在生态可持续的基础上发展经济。为此，俄罗斯

---

① 徐向梅.2016年俄罗斯经济发展特点[N].中国社会科学报，2017-01-13.

采取了一系列经济、技术、行政、法律等措施治理污染，改善环境，在生态法领域确认和规定了"环境保护优先原则"。2002年颁布的《俄罗斯联邦环境保护法》是环境保护领域的基础法律。俄罗斯政府于2012年发布"2012—2020年国家环境保护计划"，预计拨款超过100亿美元，致力于提高环境质量、保护生物多样性、保障南极科考、提高环保领域的国家监督和检验水平。为减少对环境的污染，利用生态税对环境保护的有效调节作用，确保有足够的资金用于恢复环境生态功能，1991年颁布的《自然环境保护法》规定征收自然环境污染税，征收规定限度内和超过规定限度污染物质的排放和抛弃费、废弃物的置放和其他污染费。1998年的《俄罗斯联邦税收法典》正式将自然环境污染税定名为"生态税"。

俄罗斯政府历来重视环境保护。自2008年起，政府将6月5日设为生态保护工作者日，每年的这一天全国各地都要举办形式多样、丰富多彩的庆祝活动。此外，俄罗斯还宣布2013年为环境保护年，2014年提出了至2020年的俄罗斯环境保护计划。普京签署总统令，将2017年设定为俄罗斯生态年。

四、重要工业部门和工业中心

由于俄罗斯靠近北极圈，气候极其寒冷，农业天然条件极差，因此，轻工业（消费品工业）落后。俄罗斯继承了苏联的遗产，重工业和军事工业实力都很强。俄罗斯工业主要是大型重工业、森林工业、军事工业和油气开发等。

俄罗斯重工业和军事工业世界首屈一指。重工业的核心即机器制造业，当前俄罗斯已成为拥有高度发达的机械化农业的工业强国。俄罗斯主要出口商品是石油和天然气等矿产品、金属及其制品、化工产品、机械设备和交通工具等。俄罗斯现在的武器出口量一直紧随美国，处于世界第二位，中国每年从俄罗斯进口大量诸如航空发动机、军用预警直升机和战斗机等武器设备。俄罗斯著名的战斗机生产厂有苏霍伊公司、米格飞机制造集团、俄罗斯礼炮公司、俄罗斯土星科学生产联合公司等。

俄罗斯的工业中心和工业区分布不均。俄罗斯工业建立在丰富的矿产资源的基础上，因此，工业主要分布在内陆的矿产产区，即东欧平原、乌拉尔山以西以及远东地区。欧洲部分主要有以莫斯科和圣彼得堡为中心的两大工业区，这两个工业区的主要工业部门有机械、化学和多种轻工业。莫斯科工业区工业门类齐全，以汽车、飞机、火箭、钢铁、电子为主，拥有两万多家工厂，工业总产值居全国首位，其机械制造业（机床、汽车、电机、仪器、钟表等）总产值占全市工业总产值的一半以上，轻工（服装、制鞋）、纺织、化工、食品加工和印刷业也很发达。第二次世界大战以后，俄罗斯的工业建设向东发展，在乌拉尔山区建立了以钢铁工业和机械工业为主的乌拉尔工业区，在西伯利亚平原南部建立了以重工业和军事工业为主的新西伯利亚工业区。

第六节 社 会

一、社会结构

自从1991年俄罗斯实行全面的政治经济转轨以来，社会财富的重新分割逐渐改变了人们的社会经济地位，俄罗斯的社会结构发生了很大变化。在20世纪90年代中期激进改革中大多数人受挫,沦为"穷人",少数人暴富,成为"富人"。此后,又有人逐渐从"穷人"群体脱颖而出,通过"小本经营"获得了中等收入,从而跻身所谓的"中间阶级"。根据人们的生产资料的关系不同、在社会劳动中的作用不同以及收入方式和数量的不同,俄罗斯社会的阶层划分如下。

上层是由旧权贵阶层转化而来的新权贵阶层,如在私有化过后出现的大企业主,核心代表是金融工业集团,他们在改革风潮中暴富,这个"顶尖"阶层占人口总数的6%～7%。在俄罗斯,110个最富有的人占有了这个国家35%的财富,其生活观念和消费方式极为豪华、奢侈。

中层是由各种社会职业群体中物质生活相对有保障的"小康"人士组成,主要包括中小企业主、经理、专业技术人员以及众多种类的体力劳动者,占人口总数的20%～30%。

多数人在经济衰退的威逼下沦为"下层阶级",具体包括传统工业部门的部分工人、部分农民、无业人员和退休人员等。下层人数占人口总数的40%。

底层主要从事非专业性的劳动,收入最少,人数占人口总数的12%。

此外,还有处于社会生活边缘的"游离阶层",如难民、盲流等,他们处在社会的最底层,占人口总数的7%～9%。

当今俄罗斯的社会结构具有如下特点:分化速度快,贫富差距大,知识分子阶层严重分化,中产阶级尚不稳定。[1]

俄罗斯与西方发达国家的社会结构对比明显不足。发达国家的中层阶级占人口总数的50%～70%,而俄罗斯的中层阶级仅占人口总数的20%～30%,下层人口则占40%以上,上层只占6%～7%,呈金字塔形。因此,俄罗斯需要健全社会福利制度,逐步缩小贫富差距和社会阶层间的财富地位悬殊,以期建立一个相对公平、合理的社会。

二、俄罗斯公务员制度

苏联解体后不久,俄罗斯建立了公务员制度。1993年俄罗斯通过了《联邦国家公职条例》(以下简称《条例》)。《条例》规定了国家公务员制度的原则、国家职位分类、公务员的义务和权利、公务员的任免,这是俄罗斯在国家干部和人事行政管理制度方面的重大改革。1995年《俄罗斯联邦国家公务员原则法》正式确立了公务员的法律地位。

公务员需要为国效忠,为民众服务,远离腐败行为,为此,2012年俄罗斯公布了新的反腐败法律《审查公务员消费占收入比例法》,要求政府公务员对高消费行为进行申报。公务员需要申报超过最近三年直系家庭收入总和进行的一次性消费(或投资)的事项,并说明资金来源。如果他们无法证明资金合法来源,法院可以判决没收其投资财产。如果公务员隐瞒消费,不进行申报,可以将其开除公职。用法典对公务员行为进行规范约束,对政府雇员的不端行为施以重典与提高他们的收入待遇相结合,成为近期俄罗斯政府在公务员队伍建设上的新举措。公务员在俄罗斯是收入最高的群体之一,工资高、福利好,相对于普通民众来说,公务员生活稳定、衣食无忧,是最理想的职业之一。

---

[1] 王立新. 试析转轨以来俄罗斯的社会结构 [J]. 今日东欧中亚,1999(05):1-3.

三、俄罗斯民族主义和排外

1. 民族主义思想和理论

俄罗斯民族主义思想是在俄罗斯民族国家形成和发展中产生的。俄罗斯民族起源于东斯拉夫人。15 世纪在与蒙古征服者斗争、争取独立的战争中,各个族群开始逐渐形成了统一的意识,俄罗斯民族形成。东正教在宗教精神上强化了俄罗斯民族及俄罗斯民族意识。俄罗斯民族具有强烈的使命意识,即认为俄罗斯民族生来对世界负有特殊的责任,他们是高于其他民族的民族。因此,俄罗斯民族形成之初,就有一种强烈的民族自豪感和优越感,认为自己的语言、文化、人种是世界上最优秀的。19 世纪后,俄罗斯民族主义者从沙文主义和种族主义立场出发,宣扬"俄罗斯民族优秀论",认为俄罗斯民族是"上帝选拔的民族"。

俄罗斯民族主义表现在思想领域就是大俄罗斯主义和泛斯拉夫主义。大俄罗斯主义是俄罗斯民族的大民族主义思想及其在民族关系上的反映,实际上是把俄罗斯民族作为主导民族,对其他民族进行强制俄罗斯化。泛斯拉夫主义是以俄罗斯为中心的奴役各斯拉夫民族的民族主义理论,鼓吹各斯拉夫民族联合起来,建立以俄罗斯为中心的斯拉夫联邦。泛斯拉夫主义代表人物谢·乌法罗夫说:"自从我们的国家建立以来,我们俄国人这个盛名,已经而且正在被千百万人在他们的社会生活中反复传诵,难道我们对俄国人这个名声不感到更光荣吗?"

俄罗斯民族主义表现在社会政治领域是地方民族主义,如车臣危机等民族冲突。这里所指并非某一个民族要求独立的政治主张或分离运动,而是指整个俄罗斯国家公民的政治认同。大俄罗斯主义与地方民族主义相互影响,彼此消长,构成了一个互动体系。

俄罗斯民族主义的主要内涵包括:疆域的扩大和军事的强盛培植起来的强国自尊意识;长期对外封闭造成的孤立自得意识;专制主义传统熏陶出来的顺从权威意识。在这些意识中"强国自尊意识"是最核心和最主要的意识。

2. 俄罗斯排外性

俄罗斯民族是一个排他性很强、兼容性比较差的民族。即认为本民族高于其他民族,是最优秀的民族,歧视和排斥其他民族。这种排外性源于俄罗斯民族在形成和发展过程中所形成的民族主义。目前俄罗斯国内排外情绪非常明显,这种排外主要表现为以下几个方面。

在经济上,排斥外来经济成分。在俄罗斯,外国企业和外国移民是不受欢迎的。俄罗斯人一般把经济困难、就业难的原因归结于国外企业和移民的进入。

在政治上,社会各阶层的排外思想与行为。近年来,俄罗斯的排外思潮不断高涨,由社会精英主导的排外情绪影响到上至国家政府机构,下至普通民众,几乎所有的政党、社会集团都高举民族主义旗帜,以排外政策作为自己的主要政治纲领。一些政客宣扬俄罗斯民族的主导作用,强调俄罗斯文化的优越性,拒绝接受外族人及其文化。

随着俄罗斯加入世界贸易组织,普京政府开始有意识地控制排外言论和打击极端排外行为。但只要俄罗斯民族的优越感一直存在,歧视和排斥外族的言论和行为就不会根除。[①]

[①] 于涛. 俄罗斯排外性的根源和当代表现 [J]. 学理论,2013(09):147-148.

四、俄罗斯民族精神和俄罗斯人的性格

1. 俄罗斯民族精神的两面性——双头鹰精神

俄罗斯民族精神有一个根本性的特征，即"两极性"，亦即"对立面的融合"。正如国徽中的双头鹰一样，俄罗斯民族有着奇妙的双重性格，充满心理和性格矛盾。如俄罗斯人非常剽悍，英勇善战，但同时，俄罗斯人又多愁善感，犹豫彷徨。俄罗斯人有时非常懒惰，有时又非常勤奋。其他民族的性格经常会体现出左右摇摆的不稳定性，但不像俄罗斯人性格的摆幅如此之大。为什么俄罗斯人会把两种相互对立、相互排斥、互不融合的性格并位，且能有机地糅合在一起？

俄罗斯民族性格中这种二元对立，或者说是矛盾性格或双重人格，是在特定的历史文化环境中逐渐形成的。有两个原因：一是地理上的东西方之间的矛盾；二是社会结构中上下阶层之间的矛盾。俄罗斯思想家别尔嘉耶夫指出："东方和西方两股世界之流在俄罗斯发生碰撞，俄罗斯处在二者的相互作用之中，俄罗斯民族不是纯粹的欧洲民族，也不是纯粹的亚洲民族。俄罗斯是世界的一个完整部分，是一个巨大的东西方，它将两个世界结合在一起。在俄罗斯精神中，东方和西方两种因素永远在相互角力。"① 双头鹰的两头分别雄视东西两个完全相反的方向，蕴涵着俄罗斯国家兼有东西方文化的渊源，反映着这个民族丰富的、矛盾的品格。它可以将无限的深邃和非凡的崇高与低贱、粗鄙、自卑混杂在一起，它还可以使绝对自由与奴性的驯服相融合。别尔嘉耶夫指出："俄罗斯是世界上最无国家组织、最无政府主义的国家——无政府主义是俄罗斯的精神现象，它表现为各种不同的形式，既属于我们的左派，也属于我们的右派。"但它同时又是世界上最国家化、最官僚化的国家，是它建立了世界上最庞大的帝国。

俄罗斯民族精神在不同历史时期和不同社会制度下发挥了不同的作用。俄罗斯人以尚武的、值得敬佩的战斗精神，打败拿破仑，击破了拿破仑不可战胜的神话；打败希特勒德国，取得卫国战争的伟大胜利；与美国抗衡。尤其是与奥斯曼土耳其帝国的长期战争，是曾经称霸欧亚大陆的奥斯曼土耳其帝国崩溃的一个重要原因。虽然在苏联解体后国家出现了极大的危机，但强人辈出的俄罗斯民族必定会重整旗鼓，至少尚武传统使得他们绝不会轻易屈服。

2. 非理性

重感性、轻理性是俄罗斯民族最显著的性格特征。俄罗斯民族是一个非常情绪化、爱走极端的民族。别尔嘉耶夫写道："俄罗斯可能使人神魂颠倒，也可能使人大失所望，从它那里永远可以期待意外事件的发生。"俄罗斯人给我们的感觉常常是大胆任性、率性而为。

非理性在生活中的具体表现比比皆是。俄罗斯人嗜酒世界闻名，无论男女老幼，对酒都是一样痴迷。也许是为了抵抗西伯利亚的寒冷，以伏特加（一般是 40 度）为代表的烈性酒更是成为俄罗斯人的最爱。俄罗斯人均日消费 100 克酒。据世界卫生组织 2012 年披露的一组数据显示，俄罗斯高达 30.5%的死亡人口与酒精有关，这一数据远远高于其他国家。俄罗斯人秉持道德优先原则，他们讲究良知、良心，轻视规则、法律。不管是帝俄封建时期，还

---

① 别尔嘉耶夫. 俄罗斯思想［M］. 雷永生，邱守娟，译. 北京：生活·读书·新知三联书店，1996.

是苏联社会主义时期，俄罗斯一直都不是一个"法治"的社会，它强有力的领导人和精英文化在某种意义上标志着一种"人治"。

与此相关，俄罗斯人崇尚浪漫。在莫斯科的大街上行走，最明显的感受是，到处是花店。每逢节日，特别是三八妇女节，简直是鲜花倾城。如果那天你恰巧出门，绝对能享受到视觉的盛宴，地铁通道里满眼见的是怀抱鲜花的男士，无论尊卑，无论长幼，都急匆匆地赶去为自己的妻子、女儿、母亲或心爱的女人送花。俄罗斯人酷爱空想，相信奇迹，他们的文艺作品对此多有体现。[①] 俄罗斯人的非理性有时表现在其不负责任、推卸责任上。俄罗斯人迟到时，永远说是"交通原因"，并且已经成为一种惯性。服务性机构休息时，门上总是挂着"由于技术原因"的牌子。总之不管什么，都不是他们自己的原因。

非理性对俄罗斯人的影响是双重的。从积极方面来说，非理性某种意义上是感性的一种体现，这使得他们感情充沛、想象丰富，故而俄罗斯民族在文学艺术上取得了很高的成就，为世界文化艺术留下一笔巨大的财富。而且他们习惯于出奇制胜，有时会达到意想不到的效果。

从消极方面来说，非理性在政治上和社会生活上产生了很多矛盾，比如领导人在政治事件中的处理方式及表现，"人治"胜过"法治"等，都造成了不少的负面影响。在20世纪60年代的第十五届联合国大会上，为了表示对发言者的不满，苏联领导人赫鲁晓夫竟以皮鞋敲打讲台，这一举动迅速被当时的新闻媒体炒得沸沸扬扬。

3. 共同性

俄罗斯人思维的一个重要特征是共同性，这是与个性自由直接矛盾的因素。具体表现在民族性格上是俄罗斯人的集体主义、平均主义，以及反个人主义、反资产阶级思想。俄国作家托尔斯泰称这种共同性为"蜂群因素"：俄罗斯人有一种贴在一起的需求，像蜜蜂一样。俄罗斯人总是对祖国满怀依恋，对故土、乡音、同胞无限眷恋。在人际关系中，俄罗斯人有无可扼制的与亲近之人交往的需要。这不仅仅是要交换信息，而且是敞开心扉，进行无所顾忌的谈话。在俄罗斯，陌生人相遇的一刻就可能感到亲切，在这里没有外人，每个人都是兄弟。

共同性特征源于俄罗斯民族的历史承传，源于自古以来的村社共同生活，源于浸润在俄罗斯民族生活中，深刻影响其道德、社会和法律观念的东正教的"同一性精神"。

4. 极端性

俄罗斯人凡事好走极端，非此即彼，没有过渡，讲究纯粹。平稳的、适度的、从容的生活与俄罗斯人无缘。这在某种程度上也与早期俄罗斯民族所处的恶劣自然环境有关。俄罗斯夏天美好而短暂，使他们不得不提高工作效率，在短时间内完成大量工作，而后是秋冬时节大段的闲暇时光。因此，俄罗斯人习惯于在短时间内集中力量拼命地工作，然后是无休止地"闲"。中庸一词在俄语中是贬义的。与拒绝平庸相连，俄罗斯民族富于创造性，他们经常用一个词——"自然力"，俄罗斯原始的大自然，赋予其人民不竭的生命力和创造力。[②] 俄罗斯人在独处的时候工作效率最高。

---

① 白晓红. "谜一样的"民族——俄罗斯[N]. 光明日报，2012-06-07.
② 同上。

五、社会保障体系

俄罗斯建立了全民社会保障体系,涉及教育、医疗、住房、救济等社会公共领域。俄罗斯于 20 世纪 90 年代初开始医疗制度改革。《宪法》《俄联邦公民医疗保险法》《国家社会救助法》是俄罗斯免费医疗制度的法律基础。俄罗斯政府实施的主要社会保障政策有:一是由国家财政拨款制度转为社会保险制度;二是由国家财政负担的免费医疗制度转为由国家与居民共同负担的医疗制度。所有俄罗斯境内的常住居民均须参与强制医疗保险,保险费由国家及企业共同承担。强制和自愿医疗保险缴费是俄罗斯医疗保障体系的主要资金来源,一般情况下,医疗保险费占投保者收入的 13%。苏联时期的医疗待遇等级制度已被取消。无论是高收入者还是低收入者,其所享受的保险项目和医疗待遇都一样。

普京执政后,继续推进医疗制度改革,重点是扩大资金来源,保证医疗保险基金有可靠的来源。具体措施有:一是 2002 年开征"统一社会税",把原来的三种国家预算外基金——退休基金、社会保险基金、强制医疗保险基金合在一起。其中医疗保险缴费率为劳动报酬的 3.6%,其中 0.2%上缴联邦医疗保险基金,3.4%纳入地方医疗保险基金。二是提取部分社会保险基金,用于医疗卫生事业拨款。到 2011 年年底,俄罗斯境内共计有 1 个联邦强制医疗保险基金,84 个地区强制医疗保险基金,107 个有法人地位的医疗保险公司和 246 个下属分支机构,8 200 多个合同医疗机构。参加强制医疗保险的居民有 1.423 亿人,其中 5 880 万人为有工作的居民,8 350 万人为无工作居民。[①]

俄罗斯也进行养老制度改革。苏联解体后,俄罗斯政府为了适应经济发展的需要,1990 年通过《养老金法案》和《俄罗斯联邦社会主义共和国国家退休基金法》,为养老制度改革奠定了法律基础。1997 年起,俄罗斯政府开始吸纳世界银行的"多支柱"养老保险改革思路,养老保险制度形成了"三支柱"的体系:社会养老保险(仅提供给无力缴纳养老保险费的特困人群,政府的救助措施)、强制养老保险(为所有退休工人建立个人账户,提供养老保障)、补充养老保险(它是私人管理的退休计划,所有工人都可以自愿参加)三个支柱。目前,统一社会税按工资总额的 35.6%征收,其中 28%用于养老基金,4%用于社会保险基金,3.6%用于强制医疗保险基金。由此,俄罗斯初步改变了过去主要依靠国家预算拨款的状况。俄罗斯养老保障制度的一系列改革完善了养老保障体系,改善了老年人口的福利待遇,使俄罗斯老年人口的生活水平有了较大幅度提高。[②]

俄罗斯健全了失业救济制度。1991 年的《居民就业法》规定:对失业人员要负责进行安置,对在政府进行正式登记的失业人员进行失业救济。失业救济的主要形式是向失业人员定期发放失业救济金。根据莫斯科居民就业局的规定,领取失业救济金的期限一般不超过 1 年。同时,建立劳动者保护法规,对企业解雇工人做出严格规定。此外,建立失业救济金,在失业救济金的发放上,俄联邦政府作了详细的规定。如失业者必须服从就业部门提供的培训和就业机会;失业救济金的数额按最后工作岗位的平均工资发放,但两年内不得超过 365 天等。再者,建立居民就业基金,为落实居民就业政策和就业计划提供财政上的保证。

---

① 陆南泉.俄罗斯医疗保险制度改革[N].东方早报,2013-05-28.
② 童伟.俄罗斯养老保障制度[N].学习时报,2013-07-01.

俄罗斯政府有生育、住房等补贴。为了鼓励生育，解决多子女家庭面临的生活困难，俄罗斯政府规定，自 2007 年 1 月 1 日起，育有多个孩子的家庭享有"母亲津贴"的权力，可获补贴 25 万卢布（约 7.5 万元人民币），用于改善住房条件，增加父母中一方的储蓄退休金，或用于孩子的教育。女性员工产假从之前的 3 年延长至 4 年半。为帮助解决中低收入群体的住房需求，俄政府制定了一系列房改和保障措施：对低收入群体进行租房补贴，对于符合条件的中低收入群体由政府提供购房和建房补贴等。俄罗斯在制定住房保障制度时加强对青年家庭等特殊群体的住房保障。俄罗斯于 2002 年 8 月 28 日制定了"青年家庭住房保障计划"，为青年家庭提供住房按揭贷款首付款或者自建住房费用等。补助方式包括货币补贴和优惠利率贷款等。政府尤其是地方政府参与程度较高。对于没有孩子的家庭，政府补助不低于住房均价的 35%，金融机构提供资金近 45%，家庭出资 20%。对于有孩子的家庭，政府补助不低于住房均价的 40%。在小孩出生时，青年家庭可另外获得不少于 5%的附加补助。得益于一系列住房保障优惠措施，俄罗斯人口结构压力得到了一定程度的缓解。随着经济增长，俄罗斯各地每一个季度都会调整"人均最低生活标准"，用于评估居民生活水平以及作为制定补助金、补偿金及其他社保支付的款项。

第七节 文化与宣传

一、中小学和职业教育

俄罗斯是一个有着与时俱进的教育体制的教育发达国家。俄罗斯的中小学教育历来被认为是世界上最全面的学校教育之一。俄罗斯设有教育部，各邦的教育体制、结构、内容差别不大。在 2001 年，俄罗斯将义务教育从 1993 年的 11 年延至 12 年（7—19 岁）。在义务教育阶段，普通中小学生接受为期 12 年的免费教育和免费医疗保健服务，5 年级以下的小学生有免费早餐和午餐优待，学校组织的课外活动一律免费。每个俄罗斯儿童年满 7 周岁入读 4 年制小学（7—11 岁），读完小学后是 5 年制中学（11—16 岁），9 年级毕业后是 3 年制高中（16—19 岁）。俄罗斯中学生毕业后，可根据自己的情况选择参加不同科目的考试。不打算进入高校的毕业生只需参加俄语和数学两门必考科目的考试即可毕业。想继续深造的学生，则根据所报考高校院系的要求，参加其他科目的考试，选考科目包括文学、物理、化学、生物、地理、历史、社会学、信息学、外语（英、法、德、西班牙语任选其一）。大学入学考试全国统一，相当于中国的高考，高考在统一标准阅卷的同时，赋予了学生和部分学校一定的自由度。各高校根据国家统考成绩进行招生，大多数高校不再进行额外考试，但部分一类大学可就某些专业进行补充考试。

俄罗斯依照《联邦教育法》，推行"大职业教育"。俄罗斯将职业教育分为四个层次：初等职业教育、中等职业教育、高等职业教育和大学后职业教育与补充职业教育。1996 年，俄罗斯政府改组了中央一级的教育行政管理机构，将高等教育委员会与教育部合并为普通教育与职业教育部，统管各级各类教育。四个层次的职业教育分别由该部下设的相应管理机构负责。在国家的扶持下，俄罗斯职业教育发展迅速。以首都莫斯科市为例，其所属各类职业教育院校共有 130 多所，大多数是综合性职业技术学院。2004 年，4 家职业学校合并成为莫斯科第八综合性技术学院，目前共培养了 5 万多名熟练工人与技术能手。[①]职业教育为经济发展提供了人力支持。

二、高等教育和科研

俄罗斯的高等教育十分发达，在许多方面可以与欧美国家的高等教育媲美。俄罗斯的高等教育已有几百年的历史，1724 年由彼得大帝创办的圣彼得堡大学是俄罗斯历史上的第一所大学。1992 年以后，俄罗斯实行国立与私立大专院校并举的教育体制，俄罗斯公立大学占大学总数的 90%~95%，私立大学只占 5%~10%。俄罗斯高校可分为四类：①综合类大学，如莫斯科大学、圣彼得堡大学、俄罗斯人民友谊大学；②艺术类大学，如圣彼得堡列宾美术学院、莫斯科柴可夫斯基音乐学院、莫斯科文化艺术大学；③技术类大学，如莫斯科鲍曼国立技术大学、俄罗斯国立门捷列夫化工大学、精密机械和光学学院、莫斯科建筑大学、莫斯科国立工业大学、莫斯科航空学院；④医科类大学，如莫斯科谢东诺夫医学院、莫斯科国立医科大学、莫斯科国立口腔医科大学。一流大学平均有 50%的学生是全免费，如莫斯科大学等一流大学 90%的学生学费全免。政府负担所有公立大学学生 40%的学费，另外 60%的学费根据学生入学考试的分数决定减免额度。俄罗斯高等教育的一个突出特点是把"教育、生产、科研一体化"作为一个重要的发展目标，从而形成"以教育和科研为中心"的传统高层次人才培养模式。

俄罗斯现行的高等教育有新旧两套体制。实行旧体制的高等学校，有学制两年的不完全高等教育（相当于中国的大专学历），学制四年的基础高等教育（相当于中国的本科学历），学制三年的大学后教育（获得副博士学位，相当于中国的博士学历），最高为国家博士（相当于中国的博士后）。实行新体制的院校基本与国际上通行的学位体制接轨，分为三个层次：学士 4 年，硕士 2 年，博士 3 年。

俄罗斯大学具有良好的传统和极高的国际声誉。俄罗斯的综合国力与昔日的苏联无法相比，高校财政状况捉襟见肘，但它的普通高等教育仍然不断培养出大批科技精英。今日俄罗斯在核能、航空、航天、航海、军事技术、数学、物理、化学、电子技术、通信、信息等领域仍然在世界上名列前茅。苏联素有科技大国之称，苏联解体后，俄罗斯继承了苏联科技潜力的 70%。20 世纪以来，已经产生了十多位诺贝尔奖获得者。谢苗诺夫获得 1956 年诺贝尔化学奖，巴甫洛夫、梅契尼科夫分别获得 1904 年、1908 年诺贝尔生理学奖及生理学或医学奖。在社会科学领域内，俄罗斯文学有着悠久的历史。文学巨匠普希金、莱蒙托夫、屠格涅夫、陀思妥耶夫斯基、托尔斯泰、契诃夫等人的作品直接影响着俄罗斯社会的发展。帕斯捷尔纳克、肖洛霍夫、索尔仁尼琴分别于 1958 年、1965 年和 1970 年获得诺贝尔文学奖。康托罗维奇在 1975 年获得诺贝尔经济学奖。这些成就也是俄罗斯保持大国地位的重要保障。

近些年来，俄罗斯人才流失问题非常严重。据俄罗斯联邦统计局数据显示，2015 年，350 万人离开俄罗斯，人数是 2010 年的 10 倍。离开俄罗斯的人群主要是工程师、教授、学

[①] 张晓东. 俄罗斯：职校生成了"香饽饽"[N]. 人民日报，2013-08-19.

者和教师等高素质人才，他们中的大部分前往美国、德国、加拿大和芬兰。

俄罗斯的科研基地有 3 大类：科学院系统、大学科研系统和部门科研系统。科研机构均是独立自治的团体，最重要的科研机构有俄罗斯科学院、俄罗斯国家研究中心协会、库尔恰托夫核能研究中心、俄罗斯电力动力研究所、哈巴罗夫斯克科技情报中心、远东造船技术研究所、全俄植物保护研究所、俄罗斯科学院西伯利亚分院细胞遗传研究所。

三、宣传媒体

如今的俄罗斯报纸总数已达 8 000 多种，报纸和期刊达 3 570 种。俄罗斯报业模式以全国性日报为主，其中对政治、经济影响较大的报纸有：《共青团真理报》《莫斯科共青团报》《俄罗斯报》《论据与事实》《消息报》《每日商报》。在众多的报纸中，《俄罗斯报》是俄罗斯国家政府机关报，在报界具有权威性。《共青团真理报》是俄罗斯很有信誉的"主流八卦报纸"，以报道独家消息而出名。除日报外，俄罗斯还有数目繁多的周报，其中影响较大的有《总结周刊》《政权周刊》《剖面周刊》《星火周刊》《新时代周刊》。《星火周刊》（1899 年创刊）是俄罗斯出版时间最长的周刊，经历了沙俄、苏联、俄罗斯三个时代，是俄罗斯最有民族特色的周报。

俄罗斯负责对外宣传的机构主要有三家："今日俄罗斯"电视台（Russia Today，RT）、"今日俄罗斯"国际通讯社和塔斯社（TASS）。"今日俄罗斯"电视台是俄罗斯唯一以多语种全天候报道本国和全球新闻的国家电视台，包括英语、西语和阿拉伯语三个外语频道，一个纪录片频道，以及面向美国受众、在华盛顿工作室独立制作的美国频道，被称为"俄罗斯版 CNN"。目前，"今日俄罗斯"电视台在 100 多个国家有 6.3 亿观众，它的 2 000 多名员工在世界各地用俄语、英语、阿拉伯语和西班牙语等 4 种语言进行 24 小时的连续播放。在英国，"今日俄罗斯"电视台有 200 万观众，是除半岛电视台之外最受欢迎的外国英语频道。在美国，"今日俄罗斯"电视台也是仅次于 BBC 的第二个最受欢迎的外国电视台。塔斯社是俄罗斯最主要的通讯社，是世界五大通讯社之一。目前在俄罗斯及独联体国家有 74 个分社，在其他 59 个国家有 62 个分社，总社设在莫斯科。

第八节 风俗习惯

一、社交与礼仪

1. 礼节

在人际交往中，俄罗斯人素来以热情、豪放、勇敢、耿直而著称于世。俄罗斯人在社交时，非常注重彼此的称谓。在正式场合，他们通常采用"先生""小姐""夫人"之类的称呼。俄罗斯人非常看重人的社会地位，因此对有职务、学衔、军衔的人，大多以其职务、学衔、军衔相称。依照俄罗斯民俗，在用姓名称呼俄罗斯人时，可按彼此之间的不同关系，具体采用不同的方法。只有与初次见面的人打交道时，或是在极为正规的场合，才有必要将俄罗斯人姓名的三个部分连在一起称呼。

俄罗斯人惯于和初次会面的人行握手礼，但对于熟悉的人，尤其是在久别重逢时，他们则大多与对方热情拥抱。在迎接贵宾之时，俄罗斯人通常会向对方献上"面包和盐"，即将大圆面包放在铺有绣花面巾的托盘上，面包上面放一撮盐，由少女献给尊贵的客人。这是给予对方的一种极高的礼遇，来宾必须对其欣然笑纳。与俄罗斯朋友吃饭时，不要点太多菜，以免造成浪费，注意不要大声说话以免干扰餐厅其他客人。在剧院、音乐厅等文化娱乐场所也不要大声喧哗，俄罗斯观众一般是交头接耳，像说悄悄话似的，不会影响其他观众。在出门之前务必注意自己的着装。在俄罗斯去餐馆就餐被看作是庆祝节日，因此不能穿着牛仔裤和运动鞋等休闲装。如果请俄罗斯客人去餐馆或其他地方就餐，千万不要认为客人会自己付账，这方面俄罗斯人与西欧人截然不同。

2. 宴请

如果受俄罗斯人邀请共进午餐或做客，一定要带点小礼物。至于带什么礼物并不重要，可以是糖果、鲜花或烈性酒，也可以是艺术品或图书。俄罗斯人的住宅都铺设地毯，进屋先脱衣帽和鞋子，向主人及其他人问好。在主人家里，先向女主人鞠躬问好，坐在主人指定的位置上。

俄罗斯民族粗犷豪放，朴素实诚，其传统饮食简单粗豪。在饮食习惯上，俄罗斯人讲究量大实惠，油大味厚。他们喜欢酸、辣、咸味，偏爱炸、煎、烤、炒的食物，尤其爱吃冷菜。总之，他们的食物在制作上较为粗糙。俄罗斯饮食有"五大领袖"、"四大金刚"和"三剑客"之说。"五大领袖"为面包、牛奶、土豆、奶酪和香肠，"四大金刚"为圆白菜、葱头、胡萝卜和甜菜。"三剑客"为黑面包、伏特加、鱼子酱。

俄罗斯人用餐非常讲究。用餐之时，俄罗斯人多用刀叉。吃西餐时，左手持叉，右手持刀，面包用手拿。举杯饮酒时用右手。嚼东西时不能嚼出声来。用来吃鱼的刀叉不能用来吃肉或奶酪，啤酒杯不能用作葡萄酒杯，各类酒杯不能混合使用。若同时饮用啤酒与葡萄酒，宜先饮啤酒，否则被视为有损健康。吃水果一般削皮。在宴会上需"绅士"一些，照顾身旁的女士，并且不能用匙直接饮茶。通常，俄罗斯人吃饭时只用盘子不用碗。参加俄罗斯人的宴请时，宜对其菜肴加以称道，并且尽量多吃一些，俄罗斯人将手放在喉部，一般表示已经吃饱。

3. 送礼

送什么样的礼品取决于个人的愿望、与朋友关系的近远或友人的爱好，常送的小礼品如皮包、围巾、手套、皮带、香水、化妆品、书、酒等，不必挑选贵重的礼品。然而并非所有的物品都能当礼品，如手帕，按照俄罗斯的习俗，手帕是用来擦眼泪的，因此不宜作为礼物。

最常见和最好的礼物是鲜花。俄罗斯人送花很讲究，首先一定是鲜花，花束的花朵必须是奇数，如 1、3、5、7，奇数在俄罗斯被视为吉祥的数字，花朵成双的花束是用以悼念亡者的。男人向女士送花时，先左手持花，说一些感谢、祝贺的话，然后把花挪至右手，再送到女士的手中，女士接过花后，会立即插进花瓶里，并放在显眼的地方。

俄罗斯人收到礼物时，会当着客人的面把礼物的包装纸或者盒子打开。俄罗斯人看到礼品时，会真诚地表示自己的谢意。俄罗斯人忌讳别人送钱，认为送钱是一种人格侮辱。

4. 小费

小费是接受服务并对服务方的额外酬谢，俄罗斯大多数服务场所需付小费。坐火车卧铺必给列车员小费，如果不给，列车员可能会不开厕所门和开水间的门。去洗手间也需要给小费。除快餐店外，一般在饭店或者餐厅里就餐时都要给小费，因为服务人员的大部分收入来自于小费。小费数额视客人对服务人员的满意程度而定，一般是餐费的 10%~15%。去俄罗斯旅游，住五星级酒店，行李员帮客人拿行李，客人需要准备 200 卢布小费，对打扫卫生的服务员需要给 100 卢布左右的小费。

二、节日

俄罗斯可能是世界上节日最多的国家之一。依据节日的来源，俄罗斯的节日有以下几类。

苏联节日：2月23日的苏联红军节，后改为俄罗斯建军节，并将日期改在2月22日；5月9日纪念苏联卫国战争的胜利，后改为胜利节；11月7日苏联国庆节，后改为军人荣誉日。

传统节日：送冬节、桦树节（夏）、丰收节和迎冬节。

东正教节日：东正教节日繁多，其中复活节最为重要。东正教还有十二大节日：圣诞节、主领洗节、主进堂节、圣母领报节、主进圣城节、主升天节、圣三主日、主显圣容节、圣母安息节、圣母圣诞节、举荣圣驾节、圣母进堂节。

俄联邦新节日：主要包括6月12日的国庆节和12月12日的宪法节。

此外，俄罗斯还有一系列国际性节日，如妇女节、劳动节、儿童节；行业性节日，如宇航节、印刷节、无线电节、边防战士节、矿工节、厨师节、建筑工人节，等等。

俄罗斯一年中的主要节日见表 2-1。

表 2-1　俄罗斯一年中的主要节日

日　　期	节　　日
1月1日	新年
2月22日	建军节
2月底至3月初	送冬节
5月9日	胜利节
6月12日	国庆节
11月7日	军人荣誉日
12月12日	宪法节

1. 谢肉节（送冬节）

谢肉节起源于多神教时期的俄罗斯春耕节。俄国人往往将此节日视作新年的开始。大约从公元2世纪起俄国人就已经庆祝这一节日。东正教传入俄罗斯以后，教会将节日的日期改到了大斋戒之前。因为在大斋戒中不得吃肉，所以这一周又成为人们向肉食品告别的日子，因此称为谢肉节。2002年，莫斯科市宣布该节日为城市节日，2005年，谢肉节被确定为全俄罗斯联邦的节日。

谢肉节一般在 2 月的最后一个星期日或 3 月的第一、第二个星期日举行。今天陈旧落后的祭祀仪式已消失，谢肉节已演变为"俄罗斯之冬狂欢节"，又称"送冬节"。人们用自己喜爱的方式欢度送冬节，欢庆春天和春耕即将到来。

按照民间习俗，送冬节为期七天。第一天是迎春日；第二天是娱乐日；第三天是美食日；第四天是醉酒日；第五天是岳母晚会日，岳母在这一天要宴请新婚的女婿；第六天是小姑子相新嫂子日，这天未婚女子要拜访未婚夫的姐妹们；第七天是送冬和宽恕日，人们互相串门，请求对方宽恕自己的言行。

节日期间各地会有丰富多彩的文体表演和各具特色的游艺活动，还要进行规模巨大的化装游行。作为全民性的狂欢活动，节庆期间民众戴着各种面具，穿着奇装异服，有的装扮成国王，有的装扮成贵妇，有的装扮成神父和武士……游行结束后还要评选出最佳服装奖。除此之外，人们还喜欢乘坐用花环、彩带、铃铛装饰的三匹马拉的雪橇，奔驰在白茫茫的田野上，欣赏大自然的美景。

2. 复活节

在俄罗斯，复活节是最为重要的东正教节日，是"节日中的节日"。这个节日来源于《圣经》中关于耶稣复活的记载，为纪念耶稣复活而设，日期并不固定，一般在三月底四月初举行。

复活节庆典非常隆重。人们在节日里准备各种菜肴，摆宴席，烤制圆柱形大甜面包和甜奶渣糕，染彩蛋。人们在节日里互赠彩蛋，因为彩蛋被喻为永恒的生命。复活节前夕（星期六晚上），在耶稣像前点起油灯，供上圆柱形面包及各种颜色的鸡蛋。晚上教徒手持蜡烛和彩蛋到教堂门口排队。夜间 12 点整，圣门敞开，内有教士喊："耶稣复活了！"人们都跟着喊："耶稣复活了！"并且互相拥抱、接吻、交换彩蛋。然后教士把少量的面饼和葡萄酒分给教徒吃，把面饼称为耶稣的"圣体"，葡萄酒称为"圣血"，谓之领"圣餐"。据说，吃了"圣餐"的人会得到幸福。

三、习俗

1. 结婚

俄罗斯是东正教国家，因此，婚礼一般都在教堂举行。婚礼由神父祈祷开始，然后唱圣歌，向新婚夫妇敬酒，新郎新娘三次同饮一杯酒。再给新人们献上婚礼冠，新人相互挽手，接受神父的祝福并交换订婚戒指。

俄罗斯有一种奇特的婚礼习俗。在婚宴上会有人大喊"苦啊！苦啊！"每当有人带头喊时，在场的所有人便会齐声附和，这时新人便会站起来，当众深情地一吻。没过几分钟，又会有人大声叫"苦"，新郎新娘便又站起来，再次用甜蜜的吻来平息亲友们的叫"苦"声……这样的"程序"在婚宴上至少要重复十几次亲友们才会罢休。因为按照俄罗斯人的说法，酒是苦的，不好喝，应该用新人的吻把它变甜。

2. 出生与洗礼

在东正教国家，婴儿出生后第八天要进行洗礼，这一礼仪在俄罗斯也相当盛行。洗礼一般在教堂进行。洗礼时父母不能在场，由神父和教父母主持。

洗礼时神父口诵经文，开始祈祷，然后从教父手中接过婴儿，往其额头上注水，或将其浸入水中。然后给婴儿戴上项链、十字架，祝福婴儿平安、健康。男孩一般有两个教父、一个教母；女孩有两个教母、一个教父。过去，教父母一般是有名望的长者或富裕者，他们的直接责任是送孩子参加洗礼，对孩子进行照顾、监护，担负孩子的教育责任。在洗礼时，神父负责为新生儿命名。洗礼完毕后，举行洗礼宴席，主人用肉面汤、鸡肉、米粥款待客人。

3. 生日

由于传统上对出生的重视，所以俄罗斯人十分重视每年一次的生日。除了国家节日之外，生日被作为"节外之节"加以隆重庆祝。

过生日时，不仅好友聚集，还要摆一桌生日宴。朋友们以玫瑰、牡丹、石竹、郁金香和其他礼品祝贺。用餐时，大家共同为过生日者的父母干杯。庆祝生日也分成"大庆"和"小庆"，小孩满周岁、成人满50岁和50岁以后每过10年为"大庆"。

4. 习俗禁忌

俄罗斯人喜欢花，尤其是被视为"光明象征"的向日葵。被邀请做客，或者过年、过节、过生日时，赠送鲜花是必不可少的，赠送的鲜花宜为单数，切不可送双数花朵，双数花朵是被认为送葬礼时给死人准备的。另外，送给年纪大的女士要送颜色鲜艳一点的花，如玫瑰红或者大红色的花，显得有活力。而送年轻姑娘，一般选择浅色花，如粉色花、黄色花等，表示纯洁。但情人节玫瑰一定是红色的最好。

在数字方面，俄罗斯人最偏爱"7"，认为它是成功、美满的预兆。对于"13"与"星期五"，他们则十分忌讳。俄罗斯人主张"左主凶，右主吉"，因此，他们也不允许以左手接触别人，或以之递送物品。俄罗斯人讲究"女士优先"，在公共场合，男士往往自觉地充当"护花使者"，不尊重妇女的人，到哪里都会遭受白眼。与俄罗斯人交谈时，不宜涉及政治矛盾、经济难题、宗教矛盾、民族纠纷、苏联解体、阿富汗战争以及大国地位等问题。

第三章

英　国

大不列颠及北爱尔兰联合王国（United Kingdom of Great Britain and Northern Ireland），简称英国，又称联合王国（United Kingdom），本土位于欧洲大陆西北部的不列颠群岛，被北海、英吉利海峡、凯尔特海、爱尔兰海和大西洋所包围。其国际域名为.uk，国际区号是+44。英国的国土由英格兰、苏格兰、威尔士（此三者在大不列颠岛上）以及北爱尔兰四个部分组成，国土面积24万多平方千米，人口6600多万（2017年），首都是伦敦。

英国是西欧最早建立的民族国家之一，1688年的"光荣革命"使英国确立了较西欧其他国家更为优越的君主立宪政体，不久之后又率先完成了工业革命，国力迅速壮大，成为当时世界上最强大的国家，号称"日不落帝国"。在两次世界大战中，英国都是主要的参战国，且最后都取得了胜利，但实力也受损严重。到了20世纪下半叶，大英帝国解体，资本主义世界霸主的地位被美国取代。不过，现在的英国仍是一个在世界范围内有着重大影响力的大国。

英国是全球最富裕、经济最发达和生活水准最高的国家之一。英国的农业高度集中、高度机械化，1%的劳动人口能够生产出满足大约60%的人口的食品需要。英国拥有大量的煤、天然气和石油储备，能源生产大约占总GDP的10%，这在工业国家中算是非常高的。银行业、金融业、航运业、保险业以及商业服务业占GDP的比重最大，而且处于世界领先地位，首都伦敦更是世界数一数二的金融、航运和服务中心。虽然英国仍是欧洲重要的军火、石油产品、计算机、电视和手机的制造地，不过其工业的重要性已在不断下降。

关于英国的伟人，2002年英国广播公司举办了一个票选活动，在全国范围内选出了100位伟大的英国人，这些人不论在历史上还是在现当代，都是被公认的杰出英国人，如杰弗利·乔叟、威廉·莎士比亚、艾萨克·牛顿、托马斯·莫尔、托马斯·潘恩、迈克尔·法拉第、温斯顿·丘吉尔等，他们在各自的领域为英国乃至世界的发展与进步做出了杰出的贡献，值得被所有人铭记。

作为世界上第一个建立起资本主义政治、经济制度的国家，以及世界上第一个发起并顺利完成工业革命的国家，英国对人类文明的发展与进步所作出的贡献有目共睹，其表现至少在如下四个方面尤为突出：其一，早在中国宋朝（1215年）的时候，英国人就制定了《大宪章》，以限制君主的权力，强调法治与司法公正，为后世留下了宝贵的优良传统；其二，英国1688年的"光荣革命"以及其后通过的《权利法案》，进一步限制了君主的权力，实现了君主立宪，也是世界上真正意义的议会政治的开端；其三，英国率先启动的工业革命，是整个西方物质文明高度繁荣的基础所在。而且，自瓦特发明蒸汽机开始，直到今天人类仍在不断发展的宇宙航空、飞机、计算机、电视、手机等新科技，从本质上看都是一脉相承的，正是因为有了英国工业革命时人们的思想革命，禁忌得以打破，心灵得以解放，人的想象力才可以自由飞翔，人的创造力才会被无限激发；其四，英国人民为世界贡献了一种通用性的世界语言，即英语。

自2016年6月起，英国人开始了举世瞩目的脱欧公投活动，以决定是否留在欧洲联盟的阵营中。382个投票所的统计结果表明，主张留在欧盟的得票率为48.11%，主张脱离欧盟的得票率为51.89%。此次公投活动不可避免地会影响到英国的经济利益和国际地位，但英国作为有重大影响力的国际大国，其未来在国际社会中的地位是否会被动摇？

… 第三章 英国

第一节 综 述

一、地理概貌

英国位于欧洲大陆西北部的不列颠群岛，被北海、英吉利海峡、凯尔特海、爱尔兰海和大西洋所包围。它的东面是北海，面对的是比利时、荷兰、德国、丹麦和挪威等国；西面与爱尔兰相邻，横隔大西洋与美国、加拿大遥遥相对；北过大西洋可达冰岛；南穿英吉利海峡航行33千米即可到达法国。

英国国土面积约24万平方千米，居欧洲第11位。英国地形的基本特征是西北高，东南低。其西北部主要是高原地形，而东部和东南部则主要以低地平原为主。

"英格兰"一词源自"盎格鲁人"，其原名"Engla-lond"意为"盎格鲁人之地"，位于大不列颠岛的东南部，苏格兰以南，威尔士以东，还包括怀特岛、锡利群岛和沿岸各小岛，是英国面积最大、人口最多、经济最发达的一个部分。在历史上，英格兰与苏格兰之间以哈德良长城为界。英格兰大多地势平缓，以平原、丘陵和沼泽地居多，尤其是其东部沿海地区，更是土地肥沃，宜于农耕。

苏格兰位于大不列颠岛的北部，约占据大不列颠岛土地面积的1/3，以高原、山地为主，兼有众多湖泊和岛屿。大不列颠岛上最高的山峰——班尼维斯峰即坐落于苏格兰。

威尔士的地形也是以山地居多，地势崎岖坎坷，公路交错纵横，坎布里安山脉纵贯全境，北部的斯诺登山海拔1 085米，是英国第二高峰。威尔士大部分濒临大海，底河河口两侧的海岸是高峻的山崖，船只无法靠岸。威尔士境内有1/4的土地被列为国家公园及天然保护区，湖泊、河流均有威尔士的独特特点，吸引着众多的旅游爱好者去那里度假休闲。

北爱尔兰位于爱尔兰岛的东北部，首府是贝尔法斯特。地形中间低平，周围多山，境内的主要河流是班恩河，河流上游的内伊湖，面积约396平方千米，属冰蚀湖。

二、气候

英国属于典型的温带海洋性气候，终年受西风和海洋的影响，气候温和湿润，适合植物生长。英国四季寒暑变化不大，通常最高气温不超过32℃，最低气温不低于-10℃，1月平均气温4℃～7℃，河流极少结冰；7月平均气温13℃～17℃，比较凉爽，早晚外出需加外衣。年平均降水量约1 000毫米，北部和西部山区的年降水量超过2 000毫米，中部和东部则少于800毫米。每年2月至3月最为干燥，10月至来年1月最为湿润。英国雾气较重，主要是岛国的潮气所致。英国虽然气候温和，但天气多变，一日之内，时晴时雨。

三、人口和居民

根据2017年的统计数据显示，英国的总人口为6 602.2万。英国的居民主要有英格兰人、苏格兰人、威尔士人和爱尔兰人，其中以英格兰人（盎格鲁-撒克逊人）为主体民族。

四、民族性格

英国人的性格可以用很多词来形容，如深沉含蓄、功利务实、传统保守、勇敢不屈、傲慢排外等，但在英国人身上体现最为明显的是其保守、理性、孤傲的国民性格。

英国人的传统主要是指英国人重视传统、强调秩序、偏好温和渐进的发展方式。这种保守性格在政治上体现得尤为明显：保守主义是英国政治思想的重要一翼，它注重维护现存制度体系，均衡、协调各方的势力，在守成的基础上进行逐步的变革。这不仅体现在英国以不流血的"光荣革命"变革政治统治制度，更体现在英国政府推行各种改革逐步完善各项制度的过程中。即便是在政治民主高度发展的今天，英国还保留着君主和皇室家族，这不仅是因为君主已经成为一种英国政治文化不可缺少的象征，更在于英国人对传统的依赖和尊重。保守主义同样是英国外交思想的显著特征，历史上英国长期推行的"大陆均势"政策即反映了英国人对强权、霸权和剧变局面的排斥心理。

英国人的理性气质体现在务实功利的生活态度上。他们所崇尚的理性带着一种功利的气息，实用大于理论，效果才是真理。英国人的理性精神是与他们的实用主义传统结合在一起的。理性精神与实用主义的结合促使英国人追求一种相对的完美，因此当原则与现实严重冲突时，英国人会去改变原则以增进实利，而不是如法国人那般为追求绝对完美而牺牲实际利益。

受地理环境的影响，英国人先天就具有内向、排外的岛国情结，再加上其曾以较小的体量创造出控制世界四分之一领土的辉煌历史，由此在英国人的性格中就加入了傲慢自大的因素。

英国人的孤傲性格首先表现在看待自己与欧洲的关系上。历史上英伦诸岛曾多次被大陆民族（罗马人、盎格鲁-撒克逊人、诺曼人）所征服，在中世纪时又与大陆王朝有着复杂的领土关系，并一度试图建立跨海峡的帝国。随着近代民族国家的成长，英国人越来越倾向抽身于大陆事务。在岛国情结的影响下，英国总是在欧洲大陆发生战争或纠纷时采取置身事外的态度。这种国民性格在英国加入欧共体的过程中体现得最为明显。虽然英国于1973年加入了欧共体，但至今尚未完全融入其中，而且也不是欧洲一体化发展的主角。民族的发展历程和海岛民族特性使他们把自己定位为欧洲大陆的"他者"或朋友，由此造成不列颠人对欧洲观念、欧洲身份认同的缺失。英国的部分史学家甚至认为大不列颠岛的发展不在欧洲历史的主线上，故英国同欧洲的关系应该用"with"而不应该用"of"来表示，即英国与欧洲是并列关系，而非从属关系。

此外，大部分英国人还具有自我嘲笑的幽默感。英国人很幽默，不过都是一些自我嘲弄的幽默。他们喜欢嘲笑自己的错误、自己的缺点、自己的尴尬境地等。英国人的这种生活态度是多年形成的，对别人并没有什么恶意。

五、语言

英国名义上没有官方语言，实际上以英语为主要语言。此外，还有威尔士语、爱尔兰盖尔语、阿尔斯特苏格兰语、苏格兰盖尔语、康沃尔语等，是英国各地区的官方语言。世界各地移民到英国的人也讲自己的家乡语言，如孟加拉语、汉语、印地语、旁遮普语和乌尔都语。英国是印度以外印地语使用者最多的地方。

六、宗教信仰

基督教新教是英国的国教。但在英国，每个人都享有宗教信仰自由，因此，在英国人的生活中，不同的宗教信仰都会受到尊重。根据 2011 年的统计调查，英国的基督教徒占宗教人口的 59.3%，穆斯林占 4.8%，印度教占 1.5%，犹太教占 0.5%。

基督教新教教徒主要分英格兰教会（亦称英国国教圣公会，其成员约占英成人的 60%）和苏格兰教会（亦称长老会，有成年教徒 59 万），穆斯林是英国最大的非基督教团体（超过 150 万人），此外，印度教、锡克教、犹太教和佛教等也拥有大量信徒，并且数量在不断增长。

七、移民和外国人法

英国不是移民国家，因而对于外国移民的限制是十分严格的。虽然在二战之前一直没有相关的成文法律出现，但在二战后复杂的国内外形势下，尤其在 1962 年至 1971 年间，来自亚洲和非洲的英联邦成员国公民移居英国的数目大增，引起了政府的恐慌，英国开始逐步加强对外国人士移民英国的控制。在此背景下，《1971 年入境法案》应时而生。该法案引入了"土生土长"（Partiality）的概念，规定只有和不列颠岛屿（British Islands，包括联合王国、海峡群岛和曼岛等）有够紧密联系的人才拥有居留权，即在联合王国定居和工作的权利。

虽然 1971 年的法案其后又经过多次修订，但今日英国国籍法的主体是《1981 年英国国籍法案》。它确立了当前多类型的英国国籍，即有英国公民、英国海外领土公民、英国海外公民、英国国民（海外）、英籍人士和受英国保护人士。其中只有英国公民有在英国的居留权。

八、国家象征

1. 国歌

英国国歌的名称为《天佑女王》，是一首爱国歌曲，其作者姓名不详。这首歌没有官方承认的版本，实际上从来没有一条御令或法律宣布其为官方版国歌。一般而言，只会演唱第一段，很少有演唱两段的时候。

有人建议用另一些著名的爱国歌曲，如用英格兰非官方国歌《希望和光荣的土地》、英格兰非官方第二国歌《耶路撒冷》代替《天佑女王》作为联合王国国歌，但引起了争论。

《天佑女王》
作曲：不详
作词：不详

上帝保佑女王，
祝她万寿无疆，
神佑女王！

常胜利，沐荣光；
孚民望，心欢畅；
治国家，王运长；
神佑女王！
扬神威，张天网，保王室，
歼敌人，一鼓涤荡。
破阴谋，灭奸党，
把乱盟一扫光；
让我们齐仰望，神佑女王！
愿上帝恩泽长，
选精品，倾宝囊，
万岁女王！
愿她保护法律，
使民心齐归向，
一致衷心歌唱，
神佑女王！

2. 国旗

英国国旗呈横长方形，长与宽之比为 2∶1，习惯上被称为"米字旗"，由深蓝底色和红白色"米"字组成。旗中带白边的红色正十字代表英格兰守护神圣乔治，白色交叉十字代表苏格兰守护神圣安德鲁，红色交叉十字代表爱尔兰守护神圣帕特里克。此旗产生于 1801 年，是由原英格兰的白底红色正十旗、苏格兰的蓝底白色交叉十字旗和北爱尔兰的白底红色交叉十字旗重叠而成。

3. 国徽

英国的国徽即英王徽，其中心图案为一枚盾徽，盾面左上角和右下角为红底上三只金狮，象征英格兰；右上角为金底上半站立的红狮，象征苏格兰；左下角为蓝底上金黄色竖琴，象征北爱尔兰。盾徽两侧各由一只头戴王冠、代表英格兰的狮子和一只代表苏格兰的独角兽支扶着。盾徽周围用法文写着一句格言，意为"心怀邪念者可耻"；下端悬挂着嘉德勋章，饰带上用法文写着"天有上帝，我有权利"。盾徽上端为镶有珠宝的金银色头盔、帝国王冠和头戴王冠的狮子。

4. 国庆

在君主立宪制国家英国，按历史惯例，国王的生日为英国国庆日，现伊丽莎白二世的生日为 4 月 21 日，但由于伦敦 4 月气候欠佳，因此将每年的 6 月第二个星期六定为"女王官方诞辰日"。

5. 国花——玫瑰花

在打了整整 30 年的玫瑰战争（1455—1485 年）中，交战双方分别以红、白玫瑰作为标帜，战争大大削弱了旧贵族的力量，此后，英国人把玫瑰花作为国花以纪念这一事迹，也把它作为皇室的徽帜。玫瑰色泽艳丽，象征着爱情。对英国人而言，国花称之为"Tuder

Rose",是独一无二的红白玫瑰的合成词,既是都铎王朝的纹章和都铎王室的象征,又代表着高贵与永恒。

第二节 历 史

一、早期英国的历史变迁(公元前1世纪至11世纪初)

根据考古学家的判断,大约在公元前3500年,大不列颠岛上就有人类活动的痕迹。不过大不列颠首次被载入史册是在公元前1世纪。

公元前1世纪,罗马共和国的统帅恺撒曾两次率部渡过海峡,侵入大不列颠南部,但他们并没有长期占领,而是在劫掠了大量的奴隶和财富后,很快就撤离了。此后,罗马人对大不列颠还有多次征服,并建立起对大不列颠的统治,但其范围仅限于南部和中部地区。5世纪前半期,日耳曼人中的朱特人、盎格鲁-撒克逊人等不断侵入大不列颠,法兰克人又征服了高卢北部,于是罗马与大不列颠的联系被切断。在民族大迁徙的压力下,罗马军团被迫撤出,日耳曼人入主大不列颠。

以盎格鲁-撒克逊人为主体的日耳曼人征服大不列颠后,建立了许多小国,经过长期征战和兼并,到6世纪末7世纪初,形成了"七国分立"的局面,其中埃塞克斯(东撒克逊)、威塞克斯(西撒克逊)和苏塞克斯(南撒克逊)三国是撒克逊人占主导地位的王国;东盎格里亚、麦西亚和诺森伯利亚三国则是盎格鲁人占据主导地位;最后一个肯特王国可能是以朱特人为主的王国。从5世纪中叶到9世纪初,大不列颠七国并立,战端频仍,被称为英国历史上的"七国时代"。公元829年,威塞克斯国王爱格伯特统一了其他王国,并将这个统一的国家称为英格兰。

从8世纪末开始,以丹麦人为主体的斯堪的纳维亚人(又称北欧人、维京人)屡屡入侵英格兰。879年,阿尔弗烈德大帝和丹麦人订立条约,将英格兰东北部划归丹麦管辖,称为"丹麦区"。10世纪初,阿尔弗烈德大帝的后继者逐渐收复丹麦区。11世纪初,丹麦人卷土重来。丹麦人占领期间,英国封建化过程加速。丹麦王卡纽特大帝死后,1042年,阿尔弗烈德后裔爱德华三世为英国国王。

二、英国封建王朝的建立及其沿革(11—17世纪)

爱德华死后无嗣,法国诺曼底公爵威廉于1066年率军入侵,同年10月进入伦敦,加冕为英王威廉一世(1066—1087年在位),史称"征服者威廉"。威廉加冕后建立起的强大王权对巩固封建秩序起到了积极作用。

1215年6月,无地王约翰被迫与封建主妥协,接受了《大宪章》。《大宪章》本质上是一个封建性文件,是保护封建领主利益的,但也有保护市民贸易自由这样具有进步意义的条款。《大宪章》的意义在于:一是确认法律高于国君;二是保障人权的一些条款,经过几百年的实践,变成宪法程序的普遍程式,构成近代英国宪法的基础。但约翰不久就否认宪章,君臣之间内战不断。

1337—1453年,英国和法国为了领土扩张和王位争夺而爆发了战争,战争断断续续进行了 116 年，是迄今世界上持续时间最长的战争，史称"英法百年战争"。当时又是黑死病流行的时代，在战争和疫病的双重打击下，英法两国的经济大受创伤，民不聊生。英格兰几乎丧失了所有的法国领地，但也使英格兰的民族主义兴起。战争结束时，英国已走上中央集权的道路，之后英格兰对欧洲大陆推行"大陆均势"政策，转往海外发展。

1380 年，英王理查二世（1377—1399 年在位）为征集英法百年战争的战费，增收人头税，引发了一场大规模的农民起义。起义于 1381 年 5 月爆发，领袖是泥瓦匠瓦特·泰勒，史称"瓦特·泰勒起义"。起义虽遭失败，但震撼了英国的封建农奴制度。

14 世纪末，英国农奴制实际上已经解体。15 世纪时，绝大多数农奴赎得人身自由，成为自耕农，他们在法律地位上分为自由领有农和公簿持有农。货币地租成为地租的主要形式。封建主阶级也发生变化，从富裕农民、占有土地的商人以及中小贵族中产生出了新贵族，他们采用资本主义经营方式进行土地经营，旧贵族的统治陷入危机，封建骑士制度日趋解体。经过 1455—1485 年的红白玫瑰战争，旧贵族力量得以大大削弱，为资本主义生产关系的发展创造了有利条件，得到新贵族和资产阶级支持的亨利七世即位（1485—1509 年在位），开始了都铎王朝的统治。

1603 年，女王伊丽莎白死后无嗣，苏格兰国王詹姆士六世继承英国王位，称詹姆士一世（1603—1625 年在位），开始了斯图亚特王朝的统治（1603—1649 年，1660—1714 年）。16 世纪后半叶到 17 世纪前半叶，英国的资本主义经济迅速发展，经济实力日益强大的资产阶级和新贵族越来越不能忍受封建王权的专制统治。但詹姆士一世和查理一世无视这些变化，坚持"君权神授"，致使矛盾激化。

三、从英国内战到第一次世界大战前夕（1641—1914 年）

1. 英国内战

面对国王查理一世的倒行逆施，1641 年 11 月，议会向国王提出《大抗议书》；翌年 1 月，国王企图逮捕议会反对派首领未遂，国王遂逃出首都。同年 8 月，国王在诺丁汉向议会宣战，拉开了英国内战的序幕，此即传统认识上的英国资产阶级革命。

1645 年 6 月，克伦威尔组建了一支新型军队——新模范军，主要由信仰清教的自耕农和手工业者组成。新模范军在纳斯比战役中击败王党军队。1649 年 1 月 30 日，查理一世被斩首。1653 年 4 月，克伦威尔驱散议会，12 月建立护国政府，实行军事独裁。

1660 年 2 月，斯图亚特王朝复辟。1688—1689 年，"光荣革命"爆发，它所颁布的《权利法案》限制王权，扩大议会权力，奠定了英国君主立宪制的基础。此后，英国议会君主制逐渐形成和发展。

2. 工业革命

18 世纪 60 年代，英国工业革命从棉纺织业的技术革新开始，以瓦特蒸汽机的改良和广泛使用为契机，到 19 世纪 30、40 年代机器制造业机械化的实现，工业革命基本完成。英国工业革命的主要表现是大机器工业代替手工业，机器工厂代替手工工场。革命的发生并非偶然，它是英国社会政治、经济、生产技术以及科学研究发展的必然结果，使英国社会结构和生产关系发生重大改变，生产力迅速提高。这次革命从开始到完成，大致经历了一百年的时间，其影响范围不仅扩展到西欧和北美，推动了法、美、德等国的技术革新，而且还扩展到东欧和亚洲，俄国和日本也出现了工业革命的高潮。

3. 殖民扩张

英国的殖民地在 19 世纪猛烈扩张。1801 年合并爱尔兰，英国的正式名称变成大不列颠及爱尔兰联合王国。对亚洲的侵略继续扩大。大英帝国指由英国本土及其治下的自治领、殖民地、领地、托管地和保护国共同构成的大帝国，是有史以来领土面积最大的国家和最大的环球殖民帝国。帝国在 19 世纪初达到鼎盛，有 4 亿～5 亿人口，占当时世界人口的四分之一；领土约 3 367 万平方千米，占世界陆地总面积的四分之一，被称为"日不落帝国"。

19 世纪中叶，英国发动两次侵略中国的鸦片战争，参与镇压中国太平天国运动；镇压 1857—1859 年印度民族大起义，强化对印度的统治。1867 年，加拿大成为英国第一个自治领地。

四、两次世界大战之间的英国

19 世纪 70 年代以后，英国逐渐失去了工业垄断的地位。20 世纪初，后起的德国成为英国的主要竞争对手，英国压力骤增。面对严峻的形势，英国政府积极扩充军备，尤其是海军建设投入力度更大。

为了对付德国，英国被迫放弃了 19 世纪以来奉行的"光荣孤立"外交政策，1907 年以后，英、法、俄"三国协约"实际上已经形成。1914 年 8 月，第一次世界大战爆发。1917 年，英国最终击败德国的"无限制潜艇战"，维护了本国的制海权。1918 年 11 月，第一次世界大战结束。战争中英帝国参战人员阵亡总数达 50 万以上。大战以德国为首的同盟国的失败告终，受到重创的英国国际地位开始下滑。

为解决英国本土与自治领间的相互关系问题，英国于 1926 年 10 月召开了帝国会议，被迫承认自治领在内政和外交方面拥有独立地位，在法律上与英国平等。但由于各自治领在防务上需要英国军队、特别是英国海军的保护，以及英国和自治领在经济上的密切联系，它们仍承认自己是英帝国的成员，并宣布效忠于英王。

1931 年 12 月 11 日，英国议会通过了英联邦宪章，即《威斯敏斯特法案》。法案规定：白种人统治的自治领加拿大、澳大利亚、新西兰、南非与英国组成英联邦；自治领是"独立和平等的主权国，共同拥戴英王为国家元首"。自此，英帝国对自治领的政治控制遭到削弱。

1939 年 9 月，德国进攻波兰，二战爆发，英国对德宣战。1940 年 4 月丘吉尔组成战时联合内阁。丘吉尔上台后，立即组织敦刻尔克撤退，把国民经济纳入战时轨道，并迅速扩充军备。1940 年 7—9 月在德国发动的"不列颠空战"中，英国空军有效地打击了敌人。1944 年 6 月英美军队在法国诺曼底登陆，1945 年 5 月 8 日德国投降。

五、二战后英国的曲折发展

第二次世界大战之后，英国虽为战胜国，但也元气大伤，它在战争中损失了大约 120 万兵力，消耗了大量国民财富，对外贸易濒于停顿，黄金储备几近枯竭。丘吉尔在 1943 年的德黑兰会议期间就曾哀叹："我的一边坐着把一条腿搭在另一条腿上的巨大的俄国熊，另一边是巨大的北美野牛，中间坐着的是一头可怜的英国小毛驴。"实际上二战后的英国已降到二流国家的地位，不能再依靠自己的力量在欧洲和世界舞台上指手画脚，而且在经济上、政治上、军事上都不得不依附于美国，唯美国马首是瞻。

1947年，英国参与拟定并接受了美国援助欧洲的"马歇尔计划"，经济逐步得以复苏。第二次世界大战后，一直由英国保守党和英国工党轮流执政。1979年5月，保守党的撒切尔夫人成为英国第一位女首相，并于1982年、1987年实现连任。为了使英国经济恢复活力，撒切尔政府采取国有企业私有化的政策，开始推动部分企业私有化，在振兴经济方面取得了不小成绩。自1981年下半年到1989年年底，经济持续8年低速增长，通货膨胀率一度明显下降，失业现象有所缓和。与此同时，工党政府还实施了一些改善劳动人民状况的措施，英国步入福利国家的行列。

随着战后英国国力的衰落，殖民体系瓦解，海外领地纷纷独立，英联邦日趋松散。面对战后形成的两极体制，英国于20世纪60年代中期调整其外交国防政策，将防务重点放在欧洲。1973年英国参加欧洲共同体，自此欧洲在英国外交中占有"优先地位"。英国主张加强同西欧的关系，支持欧共体，赞成建立共同体统一大市场，但反对建立超国家的"欧洲联邦或邦联"，对欧共体、社会宪章持保留态度。与此同时，英国并未放弃向美国靠拢，在重大问题上积极支持和配合美国的政策主张。1991年以后，随着东欧剧变、苏联解体，战后两极体制的终结，英国积极调整外交政策，以期在新格局中继续发挥大国作用。

作为欧盟的一员，英国在融入欧盟的过程中却表现消极，一直扮演着"拖后腿"的角色，英国保守党内部也有欧洲怀疑派，认为欧盟内部的政策可能会损害到英国的利益，欧债危机的蔓延使英国的疑欧之心快速发酵，也加快了"脱欧"脚步。2016年6月24日，英国"脱欧"公投结果落定，英国将脱离欧盟。2017年2月8日，英国议会下院投票正式通过政府提交的"脱欧"法案，授权首相启动"脱欧"程序。英国退出欧盟，在短期内或许对英国有利，但从长远来看，失去欧盟成员国资格的英国难以依托欧盟在欧洲和世界事务中发挥重要作用，其国际地位和影响也会大打折扣。

第三节 国家体制

一、不成文宪法

英国也是世界宪法的母国，但如今的英国却没有一部成文的宪法，英国的宪法是700年来习惯法的总和，属于不成文宪法。英国宪法不是把国家的基本制度和原则系统集中地规定在一个书面文件之中，而是分别由许多宪法性文件、宪法性惯例和判例加以规定，而这些宪法性法律、宪法性惯例和判例则是在不同历史时期所颁布的，或是在长期国家管理活动中形成的。英国不成文宪法的渊源有四方面：其一，自13世纪《大宪章》起，至1972年《欧洲共同体法》为止，长达600多年间所颁布的包含宪法内容的大量制定法，较重要的达100多件；其二，长期积累下来的有关保护公民基本自由和限制政府权力的普通法判例；其三，宪法惯例，诸如政府的集体进退和大臣的个人责任、首相的选定和职权、反对党的重要地位等；其四，著名学者和法官的著作，如早期的 A. 菲茨赫伯特（1470—1538年）和布莱克顿，17、18 世纪的科克和布莱克斯通，19 世纪的 W. 巴哲特（1826—1877 年），20 世纪初的 A. V. 戴西（1835—1922 年），以及晚近的 W. I. 詹宁斯等人的著作。与其他国家的宪法相比，英国宪法具有更强的适应性。

二、单一制与地方自治

英国是单一制国家。英国分英格兰、威尔士、苏格兰和北爱尔兰四部分。英格兰被划分为 43 个郡，苏格兰下设 29 个区和 3 个特别管辖区，北爱尔兰下设 26 个区，威尔士下设 22 个区。英国实行高度集权的政治体制，地区一级政府是中央政府的办事机构，只能执行中央政府赋予的一些职能。但是，中央与地方也存在一定程度的分权，地方政府在处理本地区事务中具有自治权，中央有权监督地方政府，但不直接干预地方性事务。如苏格兰、威尔士议会及其行政机构全面负责地方事务，外交、国防、总体经济和货币政策、就业政策以及社会保障等仍由中央政府控制。1997 年上台的工党政府进行了大刀阔斧的分权化改革，在苏格兰（1999 年）、威尔士（1999 年）和北爱尔兰（1998 年）三个地区建立了地区议会，地方议会及其行政机构取代了以前作为内阁成员的苏格兰和威尔士事务大臣的大部分职能，因此英国又有了"地方自治之乡"的称谓。

三、国家机构

英国议会是最高司法和立法机构，由君主、上院（贵族院）和下院（平民院）组成。上院议员包括王室后裔、世袭贵族、终身贵族、上诉法院法官和教会大主教及主教。下院也叫平民院，议员由普选产生，采取最多票当选的小选区选举制度，任期 5 年。

英王为联合王国和某些英联邦国家的名义元首，并无实权，只是作为统治的象征，形式上主持议会开幕和任命首相及其他重要官员等。

英国实行内阁制，由女王任命在议会选举中获多数席位的政党领袖出任首相并组阁，向议会负责。首相的职权无明文规定，权力较大。政府与首相共进退。如议会通过不信任提案，政府全体辞职，或解散议会重新大选。2007 年 5 月，英内政部改组，分为内政部、司法部两个独立部门。内政部专责安全、反恐、移民，打击犯罪、毒品、反社会行为及建立身份证制度等事务；新成立的司法部取代宪政事务部，并接管原内政部监狱、缓刑及审判等事务。

在英国，没有独立的司法体系。大法官既是全国首要司法官员，又是上院议长，而且是内阁阁员，一身兼具立法、司法和行政三种职能。英国不设最高法院，上议院行使最高上诉级法院的职权；没有司法部，其检察系统也不如大陆法系国家那样规模庞大、职权广泛。皇家检察院于 1986 年成立，隶属于国家政府机关，总检察长和副总检察长是英国政府的主要法律顾问，皇家检察院负责受理所有由英格兰和威尔士警察机关提交的刑事诉讼案。

四、选举、政党和群众组织

（一）选举

英国的普选制始于 1832 年议会改革，是世界上较早实行普选制的国家，它的一整套选举制不仅对英国自身的代议民主政治体系具有十分重要的意义，而且对其他国家，尤其是西方国家的代议民主政治体系，也有十分广泛而深远的影响。

英国目前实行的是直接选举制,即由选民直接选举议员,这种选举制度透明度较高,而且可以使选民的意志直接反映在最高权力机构的产生过程中。此外,英国的选举实行自愿投票原则,候选人或政党组织可以拉票,但不能向选民施加压力。英国的选举主要涉及以下两个方面的问题。

一是选区划分方法。在二战以前,各个选区的人口与议员数的比例相差很大。丘吉尔政府为了确保各选区享有平等的代表权,建立了英格兰、苏格兰、威尔士及北爱尔兰四个常设边界委员会,目的在于定期复查选区,根据人口或其他情况的变化,对议席分配作必要的调整。在选区的划分上,除了地域和人口两个因素外,还有一个很重要的因素,即每个选区产生多少名议员。在此问题上,英国目前实行小选举区制(或称单名选区制),即每个选区只选出1名议员,选民一人一票,获选区选票总数的多数候选人即可当选。

二是选举制度。当代西方国家的选举制度主要有两种:一种是多数代表制;另一种是比例代表制,多数代表制又可以分为相对多数代表制和绝对多数代表制。英国目前实行的就是相对多数代表制,也可以称为简单多数制。得到选区总选票的相对多数的候选人即可当选。这种选举制度对大党候选人极为有利,但不利于小党的候选人和独立候选人。

(二)政党

英国的政党体制从18世纪起即成为宪政中的重要内容。截至2014年8月,英国主要政党有以下三个。

1. 保守党(Conservative Party)

议会第一大党。领袖特蕾莎·梅,2016年7月当选。保守党前身为1679年成立的托利党,1833年改称现名。1979—1997年曾4次连续执政18年。2010年5月英国大选后,保守党重获执政地位,与自民党组成联合政府。支持者一般来自企业界和富裕阶层。主张自由市场经济,严格控制货币供应量,减少公共开支,压低通货膨胀,限制工会权利,加强"法律"和"秩序"等。

2. 工党(Labor Party)

议会第二大党。1900年成立,原名劳工代表委员会,1906年改用现名。1997—2010年连续执政13年。2010年5月大选失利,成为反对党。2010年9月,埃德·米利班德当选新领袖。

3. 自由民主党(Liberal Democrat Party)

议会第三大党。1988年3月由原自由党和社会民主党内多数派组成,领袖尼克·克莱格,2007年12月当选。自由民主党政治主张居中偏左,在很多问题上与工党立场相近。主张通过减税还富于民,提高个税起征点;呼吁限制金融城过度扩张,对银行家薪酬课以重税;承诺公平教育,保护公民权利和自由;倡导宪政改革,提出减少议员议席,在选举制度上采用比例代表制;支持欧洲制宪,主张加入欧元区,反对进行英欧关系公投。2010年5月大选后,与议会第一大党保守党达成协议,组建联合政府,获得5个内阁位置,首次成为执政党。

英国其他政党还有:苏格兰民族党(Scottish National Party)、英国共产党(Communist Party of Britain,CPB)、威尔士民族党(Plaid Cymru)、绿党(Green Party)、英国独立党

(UK Independence Party)、英国国家党（British National Party），北爱尔兰一些政党如北爱尔兰统一党（Ulster Unionist Party）、民主统一党（Democratic Unionist Party）、社会民主工党（Social Democratic and Labor Party）、新芬党（Sinn Fein）等。

（三）群众组织

英国最大的群众组织是"英国职工大会"，20世纪90年代初，英国共有工会成员一千余万人，是西方各国中最强大的一支工人运动力量。英国有近100个工会，有的按产业组成，有的按行业组成，还有的按白领和蓝领组成。其中较大的工会组织有六个：运输和一般工人工会，会员100万人；混合机械和电信工人工会；一般与市政工人工会，会员85万人；全国与地方政府官员工会；制造金融工会，会员65万人；公共雇员工会，会员65万人。各工会无论大小都有自己的全国性机构，并都召开一年一度的代表大会，英国所有的工会都参加全国总工会，组成英国职工大会。英国职工大会的主要权力机构是总理事会，总理事会成员由所有下属工会组织组成，一些人数众多、影响较大的工会在总理事会中占有较多的席位，其他席位根据人数多少分配。

除工会组织以外，从小型的社区组织到全国甚至国际的大型民间组织，英国的民间组织无处不在。英国民间组织的主要活动领域包括扶贫救济、教育援助、宗教慈善、卫生健康、社会及社区福利、历史文化艺术遗产保护、环境保护和生态改善、动物保护、业余体育运动、促进人权与和解、为无家可归的人提供住处、科学研究及普及等。1998年，英国首相布莱尔签署发布了"政府与志愿及社区组织合作框架协议"，在黑人与少数民族志愿组织、咨询和政策评估、政府采购、志愿活动、社区等五个方面确立了合作原则，适度放宽一些政府补助的政策限制，对促进社会组织在提供公共服务、参与社会治理方面发挥更大作用产生了积极的影响。

第四节　外　交　政　策

一、外交环境的改变

英国为联合国安全理事会常任理事国，是世界上少数几个核大国之一，也是北约、英联邦等100多个国际组织的重要成员国。在外交政策方面，英国的基本主张是同美国加强关系，实现共同利益；重视发展与其他大国的关系，努力改善同中国、俄罗斯、印度等大国的关系；努力维系同英联邦国家的传统联系，保持和扩大在发展中国家的影响；积极参与全球事务，保持强大的国防力量；强调自由贸易；加强在环境保护、人权、可持续发展等问题上的国际合作，并将人权问题作为其外交政策的核心。

然而，随着两极体制的解体和东西方军事对抗的消失，美、欧共同的敌人已不复存在，军事安全因素在国际事务中的作用相对下降，经济因素变得更为重要。美国、欧盟作为世界上最大的两个经济体，将日益体现为竞争关系。扩大后的欧盟，是唯一能够挑战美国的经济力量。欧洲推行一体化的重要目的之一，就是通过欧洲联合来增强与美国竞争的能力。作为世界上唯一超级大国的美国，热衷于推行"单边主义"的外交政策。美国这种独断专行的行为，导致美欧关系出现前所未有的裂痕，且有愈演愈烈之势。英国政府如果继续亦步亦趋，追随美国,一则将会损害自身的形象,削弱英国作为世界事务中一支独立势力的地位,二则会引起欧洲国家的不满,进而成为英国进一步融入欧洲的制约因素。如何恰当地处理英国同美、欧之间的关系,怎样在使英国进一步融入欧洲的同时,又保持与美国的亲密关系,始终是英国外交面临的两难选择。随着欧洲一体化的持续深入,以及美、欧竞争的不断加剧,英国最终将不得不在美、欧之间做出选择。

二、英国与欧洲联盟

第二次世界大战后国际形势发生重大变化,英国政府受"三环外交"构想的影响,关注的中心不在欧洲。尽管美国支持欧洲一体化并敦促英国参与其中,但无论是工党政府还是保守党政府都不愿参与欧洲大陆国家的一体化进程,他们认为这是对国家主权的制约。由于一系列原因英国终于在 1973 年 1 月正式加入欧洲共同体,结束了与欧共体的对立状态,说明英国对欧洲一体化的态度有所转变。然而,加入欧共体后的英国始终是欧共体内一个难于合作的伙伴国,自 20 世纪 80 年代末期以来,在欧共体中英国处于一种自我选择的孤立状态。在英国与欧盟的关系发展中,由于英国追求所谓的国家利益,在欧盟框架内要求最大限度地维护国家主权,是英国政府对欧洲保持距离的一个持续性因素。

1994 年,英国在若干欧盟的政策决议上与其他成员国发生冲突,如在欧盟扩大后的多数表决票数问题上,英国与其他成员国发生争议,试图阻止有效多数票的变更;在科孚岛首脑会议上,英国使用否决权拒绝被英国认为是具有强烈联邦主义倾向的比利时首相德哈内担任执委会主席。此后,英国国内的疑欧派从后座议员发展到包括部长级议员,并以布鲁日集团为核心形成党内有党的权力集团,前财长诺曼·雷蒙特甚至公开提出了退出欧盟的政策主张。2008 年金融危机之后欧债危机的蔓延,不仅使英国的疑欧之心快速发酵,也加快了"脱欧"脚步。与之相对应,欧盟其他国家民众对英国的"不可靠"也日渐不满,认为英国作为欧盟的一员,在融入欧盟的过程中却表现消极,一直扮演着"拖后腿"的角色:它不仅否决欧元,不参加欧盟的危机救助方案,不为缓解危机出力,还反对一切金融监管政策,因此英国"出局"对欧盟的发展来说反而是好事,其他成员国在整合过程中受到的阻力会更小。双方的相互信任已经降到历史低点。

2013 年 1 月 23 日,英国首相卡梅伦正式就英国与欧盟关系前景发表讲话。卡梅伦承诺,如果他赢得预定于 2015 年举行的大选,会在一年内批准所需法律,制定与欧盟关系的新原则,然后就"脱欧"问题举行全民公投,让人民有机会选择继续留在欧盟或退出欧盟。2016 年 6 月 24 日,英国脱离欧盟。

有分析认为,如果英国与欧盟就此分道扬镳,势必会导致双方利益受损,出于利益角度的考虑,"脱欧"实难真正实现。在经济和贸易上,双方相互依存度极高,一旦英国退出欧盟,不仅英国受损,欧盟其他成员国也将蒙受交易成本上升的巨大损失。在政治上,英国是安理会常任理事国之一,在其他国际组织和机构中也占有重要地位,欧盟对其还多有借重之处,如果欧盟真有争当世界一极的雄心,在国际事务中还少不了英国的帮衬。同样,一旦欧盟能够从当前的危机中脱困,仍能在相当一段时期内保持其作为世界第一大经济体和最大的发达国家集团的地位,这对于英国来说也是可以利用的巨大资源。

三、英国对外文化政策和机构

英国对外文化关系总的政策方针是：推动对外文化交流和英国文化在全世界的传播。具体的政策目标和措施则体现在作为对外文化关系管理和职能部门的英国外交部对外文化关系司和英国文化委员会的宗旨中。

1. 外交部对外文化关系司

外交部对外文化关系司负责在具有重要战略意义的国家和地区促进文化、教育、国际关系拓展和交流。第二次世界大战结束后，英国政府更加重视文化外交对于保持其大国影响力的支撑作用，于是成立了外交部对外文化关系司。该司的宗旨是：通过支持英国文化委员会和英国广播公司国际台的工作，促进世界各国对英语的使用和对英国文化的理解与尊重；扩大奖学金计划的影响力；保持或增加私营部门对奖学金计划的支持；确保外交政策和重大外交活动中包含文化内容；不断提高对外传播信息服务的质量和有效成果，开发更有效的信息反馈机制以衡量其影响。

2. 英国文化委员会

英国文化委员会成立于 1934 年，是一个独立的非政府性质的机构。其目的是进一步向海外介绍英国情况，推广英语学习，从而在教育、科技和文化等方面与其他国家保持密切的联系。目前，英国文化委员会在 80 多个国家设有代表处，拥有雇员 4 000 人左右。该会由代表英国政府、高级院校、艺术、科技、工业及工会运动的委员会领导，其日常工作由科学、工程技术、医学、农业、兽医、英语教学、图书馆、出版、法律、戏剧、舞蹈、美术及音乐等咨询委员会协助，主要宗旨和目标是：增进国外对英语文化和文明的广泛了解，通过鼓励和学习使用英语，扩大对英国文学及英国对音乐、美术、科学、哲学思想和政治实践所做出贡献的了解；鼓励英国与其他国家间的文化和教育交流，支持海外学生自由来英国，在各类学校、技术研究所和工厂学习，支持英国学生到国外从事各种学习；为保持和加强所有自治领与英国文化传统的紧密联系提供机会；确保英国教育在英国直辖殖民地和属地的连续性。[①]

冷战时期，英国确立以英语世界、英联邦和欧洲为重点的文化输出方向。冷战结束后，英国实行精英文化与大众文化并重的战略，在世界各地开展大型文化主题活动，着力打造其"充满活力和创意、多元包容、自由开放"的新型国际形象。

四、中英关系

1. 历史上的往来（至 1949 年）

正当清政府加强它的闭关政策的时候，英国作为当时拥有广大海外殖民地的第一个资本主义强国，随着蒸汽机的使用，近代工业得到了突飞猛进的发展，从而带动了海外贸易的进一步开拓。因此，开辟新的商品市场便成为英国资本家极为强烈的要求。自从英国产业革命以后，英国开始在中国的对外贸易中占有绝对优势，奠定了早期中英关系的基础。

---

① 范中汇. 英国文化［M］. 北京：文化艺术出版社，2003.

为了进一步扩大对华贸易，在东印度公司的怂恿和资助下，英国政府决定派遣使节到中国，以期通过外交途径来达到打开中国市场的目的。1793 年秋，马戛尔尼率团到热河觐见乾隆皇帝，双方就觐见的礼节进行了一番争论后，9 月 14 日，英使在万树园觐见乾隆，呈递国书。乾隆不仅设宴款待，而且"叠加赏赉，用示怀柔"，甚至连已回舟山的管船官役人等 600 余，"亦优加赏赐，俾得普沾恩惠，一视同仁"。9 月 17 日，英使臣参加了乾隆帝 83 岁庆典"万寿节"，21 日离开热河返回北京。

马戛尔尼使团回国后，英王乔治三世曾于 1795 年致信"天朝大皇帝"，"多谢大皇帝赏脸与贡使及随从人等"，一再表示"我彼此虽隔重洋，但俱要望通国太平无事，百姓安宁，是以彼此都要通好，相依相交"。乾隆接到信后，复函英王，对他的态度表示"高度称赞"，并且表示："如果在我把国政交给我儿子后，有信给我，我将把它转交给下任皇帝处理，由他处理有关外国事务。" 可是，后来事态的发展并没有如英王所许诺的那样"彼此通好""相依相交"。

进入 19 世纪后，英、法之间争夺殖民地的战争日益激烈，波及中国海域。1802 年，英国的 6 艘兵船以法国欲占澳门为由，进入鸡颈洋，意窥澳门。1808 年，英国 10 艘兵船在安南失利，借称大西洋地方被法国占据，闯入鸡颈洋西，并强行在澳门登陆。英国兵船这种无视中国领土主权的行径，给中英关系蒙上了一层阴影。

为了打开中国的大门，进入中国市场，英国先后发动了两次鸦片战争，签订了一系列不平等条约，极大地震动了沉睡中的中国。1900 年 6 月，英国又伙同俄、日、法、德、美、意、奥诸国，组成八国联军，向北京进犯，镇压义和团；进占北京后，于 1901 年 9 月迫使清政府签订了《辛丑条约》，巨额战争赔款大大加重了中国人民的负担。

第二次世界大战期间，在太平洋战场上，面对穷凶极恶的日本法西斯，中英两国军队携起手来，共同对敌。在此过程中，尽管由于英国的利己主义行为导致了中英之间的分歧，但总体来说双方能够求大同、存小异。

2. 1949 年后的中英关系

1949 年 10 月 1 日，中华人民共和国成立。1950 年 1 月 6 日，英同外交大臣贝尔致函中国外交部部长周恩来，表示承认新中国，并愿意在平等互利及互相尊重领土主权的基础上建立外交关系。原因有以下几点：首先，英国在中国有 10 亿多美元的庞大投资；其次革命的胜利不可逆转，英国应采取现实主义的外交政策；其次，与中国建立外交关系有利于保护英国在东南亚及香港的巨大利益。经过艰难发展，1954 年 6 月 17 日，中英达成互派代办的协议，中英关系得到改善，相互之间的贸易额增加，但由于我国台湾问题双方政治关系长期停滞不前。

1971 年中英两国在北京就建立大使级外交关系举行谈判。1972 年 3 月 13 日，中英两国签署了建立大使级外交关系的《联合公报》，公报确认互相尊重主权和领土完整，互不干涉内政和平等互利的原则，决定将驻对方首都的外交代表由代办升格为大使。

20 世纪 80 年代初，中国政府提出了"一个国家、两种制度"的战略构想。1982 年 9 月 22 日，英国首相撒切尔夫人访华，与邓小平等中国领导人就解决我国香港问题举行了会谈。1984 年 12 月，撒切尔夫人再访中国，两国共同签署了关于我国香港问题的中英联合声明。中英两国通过谈判解决我国香港问题，在全世界引起了巨大反响，成为国际事务中和平解决国与国争端的楷模。

1986年10月，英国女王伊丽莎白二世对中国进行国事访问，这是历史上英国国家元首第一次访华，受到邓小平等中国领导人的热情接待，标志着中英两国关系朝着积极的方向发展。在筹建我国香港特别行政区的过程中，中英双方通过谈判达成了多项协议，对保证我国香港的长期稳定繁荣起到了积极作用。

1997年7月1日，中英顺利完成香港回归的政权交接，1998年，两国政府首脑成功互访，并建立了全面伙伴关系。此后，江泽民、温家宝、胡锦涛先后访问英国，英国首相布莱尔、布朗、卡梅伦也对中国进行正式访问，两国关系稳定发展，同时带动了中英贸易的发展。2015年9月，英国财政大臣奥斯本访问中国，希望英国成为"中国在西方最好的伙伴"，同中国签订了多项投资协议。2015年10月，中国国家主席习近平对英国展开国事访问，习近平访英期间同英方领导人就双边关系和共同关心的国际问题交换了意见，扩大了共识，为两国关系未来发展绘制了新的蓝图。

3. 中英间文化和教育交流

李约瑟在近代中英关系史及文化教育交流史上是一位具有特殊地位的人物，他在抗战时期来华，领导中英科学合作馆，所从事的文化教育交流活动是中英文化与教育交流的一座丰碑，为中英之间的文化交流奠定了基础。

1972年中英建立全面外交关系，两国政府于1979年签订文化合作协定。在此框架下，中英自1984年开始，定期签署政府间文化交流执行计划。2012年，中英启动了中国与欧盟国家第一个高级别人文交流机制。2014年6月，李克强访英时，中英两国政府发表联合声明，宣布2015年为"中英文化交流年"。这是中英双方在政府层面举办的第一个文化交流年。整个"中英文化交流年"将分为两个部分：3月至6月由英国大使馆/总领事馆文化教育处在中国举办主题为"新世代"的英国文化季活动；7月至10月由中华人民共和国文化部在英国举办主题为"创意中国"的中国文化季活动。其中，英国文化季在华举办了超过30场活动。

2005年6月，中国孔子学院总部（国家汉办）与伦敦大学亚非学院签署协议，合作建设英国第一所孔子学院——伦敦孔子学院。经过十余年中英双方的共同努力，两国高等院校的合作不断深化，英国孔子学院的数量也逐年增多，目前已达到29所，在欧盟国家中居首位。这29所孔子学院各有特色，为加深英国各界对现代中国的了解搭建了桥梁。例如，伦敦中医孔子学院是全球第一家以中医为主题的孔子学院，伦敦商务孔子学院是全球第一家商务孔子学院。这些特色鲜明的孔子学院不仅帮助英国学生学习汉语，更为他们从不同角度理解中国文化提供了条件，创造了便利。

2015年10月19日至10月23日，习近平对英国进行国事访问，标志着中英两国文化交流达到了一个新的高度。

第五节 经 济

一、经济发展特征

第二次世界大战后，英国殖民地纷纷独立，殖民体系土崩瓦解，英国经济也患了所谓的"英国病"，主要表现为经济发展缓慢，英镑危机频繁，通货膨胀与失业并发，从而使英国经济实力有所下降。"走走停停"是西方经济发展中常见的现象，但对英国来说，情况比其他工业发达国家更为严重、更为突出。具体表现在以下方面。

二战后，得益于美国"马歇尔计划"的美元滋润，加之战时为了赢得战争而取得的科技成果催生了一系列工业部门，英国经济迅速恢复。

20世纪五六十年代，英国经济发展的步伐开始减慢，进入了低速增长时期。进入70年代，由于受到石油危机的影响，原油价格大幅度上升，再加上高消费低投资的经济政策，英国进入了较为严重的经济滞涨期；到了八九十年代，英国经济转入复苏阶段；自1997年以来，英国首相布莱尔提出了关于经济、社会发展的"第三条道路"新理念，并尤其重视科技，大力发展知识经济，英国开始进入经济发展的繁荣阶段。

现阶段英国经济发展的特点是：经济发达，继续保持增长态势；能源资源丰富，产业部门齐全，经济区域布局亦更趋合理。

二、20世纪90年代以来的经济持续增长

近年来，英国经济正经历着150多年来最长的持续增长时期，自1992年以来，每个季度都有增长。在通货膨胀、利率和失业率方面都保持较低水平的情况下，英国成为欧盟中最强的经济体之一。根据国际货币基金组织的统计，英国的人均国内生产总值在欧盟国家中位列第十二名。

英国经济的持续增长，首先应得益于撒切尔夫人当政时期的经济政策调整。在撒切尔夫人执政的11年间，一反传统的经济政策——凯恩斯主义，转而推行以现代货币主义为中心的新经济政策，为治疗长期困扰英国经济的"英国病"开出了"药方"，这就是"撒切尔主义"。即尝试运用货币手段，通过控制货币供应量来抑制通货膨胀。据此，撒切尔夫人采取了三条压制通货膨胀和刺激经济的辅助措施：第一条措施是掀起了私有化的浪潮，改革国企，大力推进私有化，推行"人民资本主义"；第二条措施是削减福利开支，调整社会保障制度，改革福利国家；第三条措施是打击工会力量，改革劳资关系。实践证明，撒切尔夫人的这副"药方"对治疗"英国病"效果明显，英国经济开始成功走上了复苏的道路。

1997年布莱尔任英国首相，使"只会花钱的工党"变成了"会赚钱也会花钱的工党"。他制定了一系列的经济政策，保证了英国经济的持续、平衡、健康地发展，如重视科技，加大科技投入，大力发展知识经济；制定法律法规，规范市场；鼓励竞争，发展高新技术产业；综合运用财政和货币政策，保证经济健康发展等，保证了英国经济自20世纪90年代以来的持续增长，国力也不断增强。

三、自由竞争的市场经济

1. 理论基础和宗旨

坚持以货币主义为主的紧缩政策，有计划、有步骤地推行国有企业的私有化，放松政府管制，强调市场机制的主导作用，鼓励自由竞争，并通过实行减税等措施，刺激投资和消费，积极引进外资，以调动生产和投资的积极性。这是英国自撒切尔夫人以来，所一直秉持的经济理论与发展策略，也是英国自20世纪90年代以来保证经济稳步持续增长的基础。

在英国，政府虽然一直在刻意削减社会福利开支，却并不影响它的高福利国家的特性，其社会福利开支一直占到GDP的25%~26%。英国的社会福利可以覆盖到所有在英国居住

的人。即使是在英国的难民，也可以享受到很舒适的福利住房和生活必需品。

2. 可持续发展的低碳生态经济——产业绿色化

经济发展与环境污染之间的矛盾早在工业革命时期就已经突出地摆在了英国人的面前。为保护环境，实现经济的可持续发展，英国政府采取了多方面的措施，最终使这一问题得以完满解决。

首先，在法律层面，英国政府先后出台了多项法律，如1956年的《清洁空气法》《制碱工厂法》；1974年的《控制公害法》；1989年的《烟雾污染管制法》；1990年的《环境保护条例》；1995年的《环境法》；2004年的《能源法》；2008年《气候变化法》；等等。这些法律、法规的制定，既有效地改善了英国的环境状况，又保证了英国低碳经济发展的可持续性。

其次，在政策层面，英国政府制定了一系列的经济政策，规范、引导人们行为，以实现低碳生活和经济发展的可持续性。如1998年，推出了对经济困难家庭购买环保原料给予5%增值税减免机制；2001年提出了主要针对工商部门和公共部门的气候变化税；2006年由政府设立了节能信托公司，它是以推广家庭节能减排措施为主的私人公司，通过企业融资，居民能够申请400~2 500英镑的款额来购买太阳能电池等小型科技产品，以提高家庭使用环保能源的积极性。此外，英国政府还在交通、建筑、医疗、公共卫生等领域出台了一系列的政策，使低碳生活、生态经济得以全方位覆盖。

最后，在文化教育层面，政府一方面利用传播媒体对公众进行环境保护方面的宣传，使环保成为社会公众的共识，把实现节能减排目标变为英国民众的一种理念和价值追求，倡导政府公共部门、社会各团体以及国民积极响应环保活动；另一方面，在各级各类学校教育中，大力开展节约能源资源和环境保护的教育，培养人们的环保意识。

现在在英国，无论是企业还是个人，无论是成年人还是少年儿童，节能环保的理念都已融入了他们的日常行为和生活习惯之中。

3. 高工资、高税收、高福利

英国是老牌的资本主义国家，也是经济发达国家，伴随着近20年来持续不断的经济增长，英国人迈入了名副其实的高工资社会。但同时，英国人的赋税也非常高，其税收的最低起点一般为33%，最高税率则可达80%；而且，在英国收入越高，则赋税越高，这也是英国的一个传统：富人多缴税，理所当然，无人喝彩；一旦逃税，必被千夫所指。如此的社会和司法氛围，有其历史的积淀和传承。至于富人创造财富的积极性是否会因此而被削减，则要追问政府的政策安排是否足够聪明和妥当。最富的人缴纳最高比例的收入所得税，这在英国社会早已成为共识。

英国还是一个高福利的国家。英国人享有的福利政策很多，主要有：儿童和孕妇福利、伤残和患病福利、退休福利、寡妇福利、失业福利、低收入人士福利，以及社会基金等。比如儿童福利，如果你承担起照顾孩子的责任，你就有权领取儿童福利，直至孩子16岁。如果16~18岁的孩子仍在非高等教育机构就读，也有资格领取儿童福利。你的第一个孩子每周可领取20.3英镑，其他孩子每人每周可领取13.4英镑。

四、重要工业部门和工业中心

英国是世界上最早的工业化国家，其工业发展在今天仍居于世界领先地位。英国主要工业部门有采矿、冶金、化工、机械、电子、电子仪器、汽车、航空等。以化工为例，英国拥有世界第六大、欧洲第四大化学工业。根据英国国家统计局数据，2005年英国化工企业共3 767家，占英国制造业企业总数的2.5%。就业人数为21.4万人，占英国制造业就业人数的6.6%；营业额511亿英镑，在英国制造业中占11%；产业增加值169.5亿英镑，占英国制造业增加值的11.4%；资本性支出15.3亿英镑，占英国制造业资本性支出的13.1%。2006年，英国化工产品进口为305.7亿英镑，占英国制造业产品进口的10.4%；出口为371.9亿英镑，占英国制造业产品出口的16.9%。以增加值计算，药品、药用化学制品和植物性制品部门是英国化工业最大的工业类别，2005年创造的增加值达74.5亿英镑，占全部化工业的43.9%。

生物制药、航空和国防是英国工业研发的重点，也是英国最具创新力和竞争力的行业。

英国自布莱尔上台执政始，就特别重视科技投入，加大力度发展知识经济，故而其高科技产业也特别发达。如英国电子产业在欧洲一直居于领先地位，年销售额超过400亿英镑，位居世界第五，从业人数约25万人，电子类企业约1万家。英电子产业在研发设计等高端领域具有较强优势，特别是在半导体集成电路设计、嵌入式系统芯片技术、第三代（3G）移动通信技术、射频（RF）技术、天线设计、数字无线电和混合信号设计等领域。

作为世界上最早的资本主义工业国，英国有传统的老工业区和新兴工业区之分。传统工业区主要分布于英国北部和西北部，有曼彻斯特工业区、伯明翰工业区等。这些工业区在第二次世界大战之后，由于工业部门设备陈旧落后，工业发展缓慢。不过在经过政府有意识地改造之后，这些工业区已重新焕发生机。

近些年，英国新兴的机械、电器电子、仪器制造、化学工业，特别是飞机制造、汽车制造等工业发展较快。新建工业大多数集中在首都伦敦和伯明翰等城市，电子工业以苏格兰中部和泰晤士河沿岸较为集中。20世纪70年代后，北海大陆架海底石油大规模开采，使英国从石油进口国一跃而成为石油出口国。以石油开采业为基础的炼油、石油化工、石油机械等工业迅速发展，形成了沿海的石油工业中心。原有的采煤、钢铁等老工业部门多已关闭、调整和改造。英格兰是全国面积最大、人口最多、经济最发达的地区。以首都伦敦为中心的东南部地区是英国经济的核心区。从泰晤士河口至伦敦之间的河流两岸，汽车制造、宇航、电器电子、炼油等工厂林立。中部的伯明翰是汽车制造、金属加工、电器、化工等多种工业中心。

第六节 社　　会

一、社会结构

当代英国社会的阶级和阶级结构在二战后发生了巨大的变化，阶级在某些方面的重要程度降低，阶级与政治关系不再那么明显和密切，但是，今日英国社会仍然是一个阶级社会，一般意义上的阶级仍然占有重要地位。

资本家阶级在英国通常被称为上层阶级，在英国各主要阶级中规模是最小的，占到5%～10%，近几十年来，英国上层阶级尽管也经历了许多变化，但是同工人阶级和中产阶级相比，它更多地保留了传统的特征，其统治地位并没有因社会和经济结构的重大变化而发生根本性动摇，反而显得愈加牢固。

上层阶级有一个历史演变过程,即由"旧上层阶级"演变为"新上层阶级"。新上层阶级主要包括六种形式的资本家,即企业资本家、食利资本家、金融资本家、执行资本家、经营资本家和跨国资本家。整个资本家阶级的最根本特征,是他们都占有大量财富和资本,对生产资源、资本拥有所有权和控制权。

"中产阶级"是指从事脑力劳动,或技术基础的体力劳动,主要靠工资及薪金谋生,一般受过良好教育,具有专业知识和较强的职业能力以及相应的家庭消费能力;有一定的闲暇,追求生活质量,对其劳动、工作对象一般也拥有一定的管理权和支配权的阶级。目前,中产阶级在规模上超过工人阶级而成为英国规模最大的一个阶级。在英国,个人年收入超过2.5万英镑(约合4万美元)、有房有车且受过良好教育的都属于中产阶级。中产阶级典型的职业包括会计师、建筑师、教师、社会工作者、经理、专业的IT工人、商人、工程师和公务员。在约6 100万人口中,中产阶级人口占60%~75%。缴纳个人所得税最多的不是处在金字塔顶端5%左右的富人,也不是年收入低于2万英镑的工薪阶层,而是中产阶级,他们贡献了全国个人所得税的70%左右。近几年,随着经济衰退、企业倒闭,导致许多白领职工失业,英国的中产阶级队伍萎缩,其中有些人甚至变成了贫民。

所谓的"底层阶级",是指在经济、政治、社会、文化各方面处在劣势和被排斥地位、特别容易受到伤害的那部分人,他们实际上是工人阶级的下层,主要包括两个群体:一是国家福利依赖者;二是严重贫困者,但其首要特征是失业时间长。[①]BBC与英国多所大学联合研究调查指出,英国贫富差距拉大,其中处在社会最底层的"朝不保夕者",又称为不稳定型无产者(Precariat),是英国社会中一个最贫穷的阶级,这些人就业和收入都不稳定,占英国人口总数的15%。

二、英国的公务员制度

英国的公务员制度源于英国的文官制度。英国的文职官员被公认为是世界上最优秀的官员队伍之一,廉洁与高效为其赢得了良好的声誉,也成为世界各国公务员制度建设的样板与楷模。英国是实行公务员制度较早的国家,1870年英国政府颁布公开竞争考试制度的枢密令,英国文官制度正式建立。其后逐步建立了公务员考试录用、晋升考核、调整工薪、职业培训、奖励惩处、辞职辞退、退休养老等制度。

在英国,"公务员"一般是指服务于中央政府的高级公务员,地方政府的公务员则被称为地方政府雇员。在英国要想成为一名公务员需要满足四大条件:一是文凭过硬,最好是名牌大学毕业生,因此,英国公务员很多都是剑桥、牛津等名牌综合性大学的优秀毕业生。二是要参加一年一度非常严格的国家公务员资格考试,难度比考大学还要大。三是社会经验要丰富,一般大学应届毕业生很难被直接录用。四是应考者的风度、相貌、谈吐和气质要好。

与考试难度相对应的是英国公务员的待遇也非常优厚。英国的公务员工资出现过不正常的增长,很多公务员工资要比企业员工高很多,甚至比首相的工资还高,为此,英国政府采取措施,削减公务员工资,宣布将减少高级公务员的薪俸以节省开支,任何高级公务员的薪资不可高于首相的薪资。

---

① 崔树义. 当代英国社会阶级结构研究[D]. 济南:山东大学,2005.

为进一步拓宽人才选拔的途径，如今英国公务员委员会与国内高校联系，举办各种人才招聘会进行宣传，对人才进行选拔，使得优秀青年进入国家公务员队伍，这就是英国的公务员"速成梯队"计划。

三、英国民族主义

1. 英国民族主义的形成

都铎王朝的建立，使英国出现了中央集权的政治体制，它的建立，一方面是人民民族意识觉醒的产物；另一方面也大大推进了民族文化的孕育与发展，促进了共同的民族感情的增长。在这一时期里，民族语言的形成，民族意识的强化，王权国家的建立以及宗教的民族化，为英国民族国家的建立创造了重要条件。17世纪英国资产阶级革命爆发并取得了胜利，标志着英国民族国家的形成。"光荣革命"及其后所颁行的《权利法案》，使英国成功建立了君主立宪制度，英国彻底地从一个王权国家转变为一个民族国家。从此以后，英国成为一个资产阶级的立宪君主国，近代意义上的民族主义由此形成。

2. 英国民族主义的特征

英国的民族主义看上去远没有后起的法、德等国的民族主义那样令人瞩目，进而被认为是现代民族主义的起源。恰恰相反，英国的民族主义被视为现代民族主义的主流首先是因为在很大程度上英国民族主义是近代以来资产阶级政治解放的产物，它是一种政治和社会的伟大运动。其次，英国的民族主义并非以极端的面目出现，而是表现出深厚的民族自由传统与资本利益逻辑的民族气质。这种新时代的民族主义符合近代以来发展资本主义的客观需要，它通过政治制度与市场经济的潜移默化，深深地影响了欧洲乃至其他国家民族主义的形成与现代化的步伐。再次，英国的民族主义主要体现在它的政治与文化体制方面，英国民族主义中的现代民族意识，孕育和发展了资产阶级的个人自由、政治平等等思想意识，并使它们成为资本主义社会的基本原则。对自由和人民权利的尊重也使英国很早就完成了国内社会的整合。国家的富强和繁荣成为整个民族的共同追求，在此基础上，民族主义为英国的现代化注入了经久不息的力量。

3. 英国民族主义的影响

英国的民族主义在其内部以实现自由与平等和赋予广大公众的权利为目的，在尊重法律的基础上逐渐给予社会和个人以充分的自由，鼓励发展经济，从而使得前工业社会的英国得以保持一种持续的活力，并最终促使英国率先启动工业革命，完成由传统国家向现代民族国家的转变。英国民族主义对近代欧洲的崛起也发挥了重大的作用。作为一种"资本主义精神"，它一方面全面推动了近代欧洲各民族国家的建设；另一方面又激发了民族国家的经济活力，最终促使近代欧洲的民族国家崛起于世界民族之林。

但是，英国的民族主义在完成其推动自身现代化的任务之后，逐渐转变为一种狭隘的民族自私和自负心理，强调文明与种族优越论，企图以西方为模板改造全世界，这一企图终因东方世界民族主义和民族独立的兴起而归于幻灭。同时，在英国民族主义的影响下，近代欧洲的崛起实际上是分散的、起伏的、具有竞争性与强权性的，从而导致在欧洲的崛起过程中，充满着各国之间的明争暗斗、称霸争雄，以致硝烟不断、战火连绵。

四、英国的民族精神和英国人的性格

1. 英国民族精神——强烈的实践精神

英国人具有一种强烈的实践精神,就像其俗称——"约翰牛"一样,"约翰牛"一旦行动起来,就具有超出所有逻辑表达的实践精神,是个不折不扣的实干家。在英国人心目中,一个二流将军抵得上十个莎翁。英国人的自由之根在于行动与实践,而法国人的自由在于学问与理论。正如英国历史学家卡莱尔所说:"英国是一匹沉默的战马,他的史诗写在足迹中,而法国则是有学问的狗自由地狂吠,他们谈论不休。"尽管法国人有无数理论上的陈词滥调,但是在英国人那里,只有深刻的实践。这种实践精神使得英国人格外崇尚经验,以至于 13 世纪的英国神学家罗吉尔·培根说:"经验和实践是知识之源。"16—17 世纪的英国哲学家弗朗西斯·培根则将实践与经验上升为认识论的基本原则。[①]

这种实践精神与经验主义使得英国人特别注重实效与利益,所以有了丘吉尔的那句名言:"没有永恒的敌人,也没有永恒的朋友,只有永恒的利益。"

2. 保守性

英国人的实践精神与经验主义造就了他们保守的性格特点。他们相信,伟大的民族都是保守的民族;旧的东西都是好东西,不宜轻易更改。有人说,英国人需要 20~40 年的时间才能接受美国目前的新生事物,此话虽然有一点夸张,但也不无道理。英国人直到现在也没有采用世界通用的米制(Metric System),而是仍然在使用英里(Mile);英国人直到 1971 年才将货币单位改为十进制。英国是世界上为数较少的保持君主制的国家之一,其保守性可见一斑。当美国人发明中央空调的时候,英国人则以其对身体有害为由,拒绝接受这种新生事物,继续使用壁炉和电炉。

3. 孤傲特质

大部分英国人具有与他人格格不入的孤傲特质。孤傲是英国人明显的性格特征,他们不愿意和别人多说话,从来不谈论自己,感情不外露,更不会喜形于色。其他国家的人很难了解英国人的内心世界。英国人之所以具有孤傲的性格特征,原因可能有二:第一,地域方面的原因。英国是一个岛国,英吉利海峡割断了它和外部世界的联系,使之成为一个相对孤立的区域,因而英国人甚至不把英国看作是欧洲的一部分,而只是同欧洲大陆相并列的一个单元。第二,英国人对本民族的历史感到非常骄傲和自豪,如英国有詹姆斯钦定本圣经,有莎士比亚的戏剧,有欧洲最古老的议会——英国议会,英国还是世界上第一个完成工业革命的国家,等等。特殊的地理位置和与众不同的祖国文明史很大程度上造就了英国人这种孤傲的性格特点。这也使得大部分英国人在外表上显得格外冷淡和缄默,这在上层社会中更为明显。在早晨上班乘坐的地铁中,人们彼此很少说话,大多只是在看自己的报纸,车内鸦雀无声,偶尔能听到下车的人因为不小心踩到别人的脚时说"sorry"的声音。下车后,人们也是各走各路,彼此不会交谈。另外,即使在一起工作多年的同事,也大多不知道对方的家庭住址、家庭成员、兴趣爱好等情况,因为他们很少谈论这些事情。

[①] 周详. 英吉利民族国家精神与英国刑法的特性[N]. 华中科技大学学报(社会科学版),2006(6):19.

当然，不排除也有一部分英国人在孤傲的外表下，隐藏着一颗热情的心。一旦同他们熟悉起来，并有着相同或相近的爱好或话题，人们也可以感受到他们的热情与健谈，从而感受到另一种与众不同的英国人。

五、社会福利保障体系

英国是世界上最早以立法形式建立社会保障制度的国家，也是典型的高福利国家之一。英国的社会保障制度发端于17世纪的工业革命初期，系统建设于20世纪30年代世界经济危机之后、第二次世界大战结束之初。二战后英国颁布了《国民保险部组织法》（1944年）、《国民救济法》（1945年）、《家属津贴法》（1945年）、《国民保险法》（1946年）、《工业伤害法》（1946年）等一系列社会保障法案，形成了福利国家的基本框架。

英国社会保障体系包括社会保险、社会救助、社会津贴三大部分。

社会保险制度是英国社会保障制度的主体，其支出占整个社会保障开支的70%左右。社会保险的种类十分齐全，包括养老、医疗、失业、工伤、生育各大险种，覆盖了社会成员年老、疾病、失业、职业伤害等各种情况造成的生活和身体健康风险。养老保险是社会保险的主体，占社会保险收支的最大份额。养老保险是一个多层次的体系，分为三大支柱：第一支柱为基本保险，由国家主办并承担主要责任，又分为国民养老金和就业关联养老金，前者与就业无关，参保者人人有份，待遇水平相同，后者与缴费年限挂钩。第二支柱为职业年金计划，企业或单位为主承办，国家负责规范和监督，分待遇确定型和缴费确定型两种类型。第三支柱为个人购买的养老基金及商业性养老保险计划。

英国的医疗保险制度是一种筹资和服务相统一的全民保健计划，公共医疗服务机构为全体国民提供基本上免费的医疗卫生服务，经费90%来源于财政，10%由个人负担。医疗服务管理机构分为三级，即国家保健局、地方保健局和地区保健局，地区保健局负责提供具体的管理服务。病人就医首先到家庭医生的办公室进行初步诊断和治疗；家庭医生认为有必要的，推荐到综合或专科医院进行治疗；病人出院后家庭医生再为其提供护理和调养服务。私人医疗机构也提供部分服务，但所占分量很小，仅通过特需和优质服务发挥补充性作用。

失业、工伤和生育保险都采取现收现付方式，就业人员单位及其本人缴纳失业、工伤和生育（后两种保险个人不缴纳）保险费，发生失业、工伤和生育事件，生活生命健康出现风险时，领取相应待遇。

社会救助制度主要是针对生活水平低于社会最低标准的贫困家庭而建立的一种最低生活保障制度。获得救助的家庭需要经过家庭经济调查，证明其收入来源确实不足，确有需要。社会救助的主要对象是低收入者、贫困的老年人、失业者等。

社会津贴制度主要是针对特殊人群的特殊需要建立的补贴制度。津贴的种类繁多，区分细致，既有针对特殊人群的生活津贴，也有覆盖人群范围较为广泛的教育、住房津贴。具体包括残疾人津贴、疾病照顾津贴、工伤津贴、法定产妇津贴、法定疾病津贴、住房补贴、儿童津贴、无劳动能力者生活津贴等，涵盖了各类人群的各类特殊需要。

第七节 文化与宣传

一、中小学和职业教育

英国是一个具有悠久教育传统的国家。它的教育体系经过几百年的变革已相当完善。由于英国是由英格兰、苏格兰、威尔士和北爱尔兰四个相对独立且各具特色的部分组成,因此实际上存在着四个相对独立、各具特色的法定公共教育制度,四个教育制度分别由不同的议会法案来管理,经费和行政也各自为政。英国政府的政策是:四个教育制度所提供的教育机会和保持的教育标准应该大致相同,但是,它们也可以保持各自的传统,并反映其所服务的民族精神。一般意义上讲,英国的教育制度实际上是指英格兰和威尔士的教育制度,因为这两个地区的人口占到英国总人口的近90%。

英国的中小学教育实行的是5~16岁义务教育,5~16岁为法律规定的强制教育阶段,适龄儿童必须入学,由国家负学费、书籍费和其他必要的供应。一般而言,英国儿童从5岁开始接受义务教育,享受全免费的国家福利,学校甚至还提供免费的午餐,所有的家长必须把自己的孩子送到学校读书。小学教育一般持续到11岁,然后进入中学。11~16岁是中学教育的阶段。英国的中学不分初中高中,从中1到中5共5年的时间。英国的中小学也有公立学校和私立学校之分。公立学校的学生免交学费,私立学校的师资和教学设备相对较好,但收费昂贵,故学生多为富家子弟。

在16岁完成了国家法律规定的义务教育后,可以继续学习也可以选择工作。如果想将来攻读学位课程,也就是想进行学术方向的学习,通常还要学习两年,最后参加高级普通教育证书考试,在18岁时完成中学教育。如果选择职业方向,那么学生可以根据自己的特点选择进入职业学校,学习专门的技能和知识。

英国的职业教育分中等职业教育和高等职业教育两个阶段。中等职业教育在综合中学、技术中学和现代中学中实施。综合中学是目前英国中等教育中学校种类的主要形式,学生对未来的道路选择有很大的自主权,既可以在完成基础知识的学习后参加公共考试进入大学,也可以在经过技能性课程的培训后直接就业。现代中学是中等智商的孩子就读的学校。现代中学重视实用性技能培训,所学科目贴近社会需求,课程的设置与高等教育不能接轨,毕业后只能直接就业。技术中学是技术学院的附属物,校舍、教师均由技术学院提供,所以技术中学也主要为技术学院提供生源。如今,技术中学在英国中等教育中的地位已无足轻重。

英国号称"继续教育之乡",他们对继续教育的定义是对16岁离校后的青年所接受的低于学士学位的学术和职业教育与培训。英国目前有继续教育学院499所,主要提供普通教育的第六学级学院105所,主要提供职业教育的学院394所。几乎所有主要的城镇都有继续教育学院。这些继续教育学院主要为当地的成年人和16岁(即受过11年义务教育的学生)以上的青年人提供继续教育和培训。继续教育学院针对不同工作岗位的需要和职业资格证书的不同级别,开设不同的职业技术课程,低级的水平相当于中等技术教育,高级的水平相当于高等教育。学生通过不同的职业技能培训,得到国家认可的职业资格证书,进入劳动力就业市场或提高自身水平和能力。

此外,英国还有许多提供某些专门职业训练的学校和学院,如克里斯汀现代教育学院、时装中心学院、伦敦旅馆学院、Vidal Sassoon 美发学校等。这些学校培养专门职业所需技能。

二、高等教育和科研

英国是世界上高等教育最发达的国家之一，拥有世界最顶尖的高等教育，是近现代高等教育体制的发源地。英国高等院校根据其性质、特点和学位授予情况的不同而分为不同类型。目前共有大学 90 多所，学院 123 所，高等教育学院 50 所。

英国的大学都是独立的法人实体，均有学位授予权，可自主设置不同课程，并根据开设课程授予各级学位。除白金汉大学为私立大学以外，其他大学均为公立大学。

英国的许多高等院校在世界大学排名中居于前列，具有很强的实力，如牛津大学和剑桥大学，此外还有伦敦政治经济学院、帝国理工学院、伦敦大学学院、爱丁堡大学等。在 2017 年泰晤士报公布的世界大学排名的前 200 名中，英国占 32 所；前 100 名中，英国占 12 所；前 10 名中，英国占 3 所。

在英国，未经授权而设立学位或相应学历属违法行为，得到学位授予权的依据是皇家许可状或议会法案。要获得学位授予权，高等院校必须表明他们对保证质量的承诺，并且拥有相应的体系来确保学术质量。高等教育质量保障署（QAA）公布的规章中对于学校应该达到的标准有详尽的说明。英国学位可分为学士学位（Bachelor Degree）、硕士学位（Master Degree）和博士学位（Doctor of Philosophy）。

英国本科学士学位学制一般为三年，但有些大学的某些特殊专业要求读四年或以上，如医科。在英国人眼里，医科和法律专业是最难考取也是最难读的专业（这两种学科的共同点是"人命关天"）。硕士学位可分为授课式的硕士学位和研究式的硕士学位。授课式的硕士学位课程一般为一年，研究式的硕士学位，通常需要两年的时间，主要在导师指导下从事论文写作工作。硕士阶段授予的学位有文学硕士、理学硕士、法律硕士或工商管理硕士等。

英国的博士学位也有两种类型：Ph. D.（泛指学术研究型博士学位）和高级博士学位。大部分的学科领域颁发的博士学位为 Ph. D.。一般需要经过 3 年的课程学习和研究，并提交学位论文，有时也要书面考试。高级博士学位（如文学博士 Dlitt、理学博士 DSc、法学博士 LLD）则是对那些在特殊学科领域内做出了突出贡献的人授予的，获得者通常是在学术方面有独到之处的高水平专家，并曾出版过大量的学术著作。

英国是世界高科技、高附加值产业的重要研发基地之一，其科研几乎涉及所有科学领域。英国顶尖科研机构包括：英国皇家学会、英国皇家工程院、英国医学科学院、英国社会科学院、爱丁堡皇家学会、爱尔兰皇家科学院以及威尔士学会。英国获国际大奖的人数约占世界的 10%，迄今为止已涌现出 90 多位诺贝尔科学奖得主，居世界第二。英国在生物技术、航空和国防方面也具有较强的竞争力。

三、宣传媒体

由于英语在当今国际交流中的主导地位，以及英国在国际社会中的独特角色，所以英国的宣传媒体非常强大，其新闻产品和英文节目跨越和占据了世界传媒版图上的大部分角落，并享有着不可撼动的地位。英国主要的通讯社有 3 家，分别是 1850 年成立的路透社、

1868年创办的新闻联合社以及由法新社和《金融时报》联合经营的AFX新闻有限公司。

英国现有1 400余种报纸，其中全国性的报纸12家，单这12家全国性报纸的期刊量就达到1 500万份。其中发行量最大的报纸是《太阳报》《镜报》和《每日邮报》。最大的新闻国际公司为默多克所有。默多克的3家时报和星期日报纸分别占全国总发行量的32%和39%。镜报集团起先为雷特·罗伯特维尔所有，现由一个银行联盟和其他的金融组织执行行政管理，分别占时报和星期日报纸市场发行量的22%和26.5%。

英国纸质媒体主要是跨新闻、娱乐和商业界限的各种周刊、双月刊和月刊。现在已有的杂志约7 000种，并且仍然有新杂志出现。杂志同报纸一样，所有权大都集中在几家大的出版公司手中。具有规模的380家出版社，每年营业额占全国图书出口的95%以上，其中有40家出版社每年出书100种以上。出版社主要设在伦敦，其次是爱丁堡、格拉斯哥、牛津、剑桥。主要的大型出版社有培根曼出版公司、朗曼出版集团公司、麦可米伦出版公司等。主要的政府出版机构是皇家出版局。著名的大学出版社是牛津大学出版社、剑桥大学出版社。全国各类出版社每年出书4万种左右。

英国有4家广播电视公司。其中英国广播公司（BBC）始于1922年，由一些无线电广播器材制造商联合成立，通过征收执照费和广播器材的销售利润支撑财政运转，国家也拨一部分款项，基本是半官方的电视公司。在英国无线电广播中，BBC迄今仍保持着统治力量，收听率达到了人口总数的56%，其节目产出占所有广播节目的30%。另外，BBC不但制作电视节目，也制作广播节目，目前BBC已经拥有了全球1.2亿的听众。此外，英国还有商业独立电视公司ITV、SKY、BSB电视台。广播电台除电视公司办广播以外，另有三个全国性商业电台。

如今，英国的传媒在有序的市场运作下，已经发展到一个相对稳定的阶段。传媒领域的电视、广播、报纸、图书、期刊、音像等不同的媒体产品在细分的市场下合理定位，在稳固的消费群体和完善的组织形式下发展成支柱产业，英国已成为世界信息、传媒强国。

第八节 风俗习惯

一、社交与礼仪

1. 礼节

英国人待人彬彬有礼，讲话十分客气，"谢谢""请"等字眼不离口。对英国人讲话也要客气，不论他们是服务员还是司机，都要以礼相待，请他们办事时说话要委婉，不要使人感到有命令的口吻，否则，可能会使你遭到冷遇。英国人对于妇女是比较尊重的，在英国，"女士优先"的社会风气很浓。如走路时，要让女士先行；乘电梯时，让妇女先进；乘公共汽车、电车时，要让女士先上；斟酒时，要给女宾或女主人先斟；在街头行走时，男士应走外侧，可在发生危险时，保护妇女免受伤害；丈夫通常要偕同妻子参加各种社交活动，而且总是习惯先将妻子介绍给贵宾认识。英国人请客吃饭，除非特别声明他付账，一般都是各付各的账。所以，英国人请吃饭，实际上是请你和他一起吃饭，陪他聊天，免得他一个人孤独，就好比我们大学时代一起去食堂一样，而不是我们中国人的主人付账式请吃饭。按英国商务礼俗，宜穿三件套式西装，打传统保守式的领带，但是勿打条纹领带，因为英国人会联想到那是旧"军团"或老学校的制服领带。英国人的时间观念很强，拜会或洽谈生意，访前必须先预约，准时很重要，最好提前几分钟到达。他们相处之道是严守时间，遵守诺言。

2. 宴请

英国人的宴请方式多种多样，主要有茶会和宴会，茶会包括正式茶会和非正式茶会。英国人在席间不布菜也不劝酒，全凭客人的兴趣取用。一般要将取用的菜吃光才礼貌，不喝酒的人在侍者斟酒时，将手往杯口一放就行。与客人告别可相互握手，也可点头示意。

一般来说，英国人的午餐比较简单，对晚餐比较重视，视为正餐。因此，重大的宴请活动，大都放在晚餐时进行。

英国商人一般不喜欢邀请客人至家中饮宴，聚会大都在酒店、饭店进行。英国人的饮宴，在某种意义上说，以俭朴为主。比如说，要泡茶请客，如果来客中有三位，一定只烧三人份的水。英国对饮茶十分讲究，各阶层的人都喜欢饮茶，尤其是妇女嗜茶成癖。英国人还有饮下午茶的习惯，即在下午 3~4 点钟的时候，放下手中的工作，喝一杯红茶，有时也吃块点心，休息一刻钟，称为"茶休"。主人常邀请你共同喝下午茶，遇到这种情况，大可不必推却。在正式的宴会上，一般不准吸烟。进餐吸烟，被视为失礼。

如果你被邀请到别人家做客，就要考虑这样几个情况。比如，该在什么时候到主人家？如果不是谈正经事，只是个社交聚会，早到是不礼貌的。女主人正在做准备，她还没完全准备好你就到了，会使她感到非常尴尬。晚到 10 分钟最佳。晚到半小时就显得太迟了，需要向主人致歉。至于何时离开没有一定之规，但在主人家待到太晚是很不礼貌的。如果只是邀请你共进晚餐和聊天，那么你最好在晚上 10~11 点之间离开，或者餐后 1 小时告别。如果你被邀请留下来住几天或度周末，在离开之前应特意买束花送给女主人，这会使她非常高兴。另外，离开后的第二天要发一封便函向主人致谢，并随附一件小礼品，如一盒巧克力或一些鲜花。

3. 送礼

去英国人家里做客，最好带点价值较低的礼品，因为花费不多就不会有行贿之嫌。礼品一般有雪茄、名酒、鲜花等。在英国，服饰、香皂之类的物品未免会涉及个人的私生活，故一般不用来送人。菊花在任何欧洲国家都只用于万圣节或葬礼，一般不宜送人；白色的百合花在英国象征死亡，也不宜送人。盆栽植物一般是宴会后派人送去。在接受礼品时，英国人常常当着客人的面打开礼品，无论礼品价值如何，或是否有用，主人都会给以热情的赞扬表示谢意。苏格兰威士忌是很通行的礼品，烈性威士忌则不然。

4. 小费

在英国，接受了某种服务后，有付给服务人员小费的习惯。小费的金额没有确定的标准，一般是所消费金额的 10%~15%，当然也可更高或更低。例如，在英国的酒店，给行李员大概 2 英镑就可以了；如果入住的酒店是 5 星级的，当然要多给一点；是否给其他员工小费则全凭自愿，因为大多数酒店已经把服务费算在了酒店的费用里，故可以不必另外再给。

在餐厅就餐时，小费的数额一般是所消费金额的 10%；如果服务特别好，可以给到 15%，不过这不是很常见。有时账单上会有"Service charge not included"，说明价格不含小费，这时需要付多少小费就可以自己决定了。

交通服务一般也要付小费。例如，在伦敦，并没有规定要给出租车司机小费，不过人们通常会付多于车资的完整的金额，如乘坐打表的出租车，费用是 20.1 英镑的话，人们一般就会给 21 英镑。如果乘坐的是提前预约的微型出租车（Minicab），或者是接机、送机而又帮着搬运行李，则给到 2～3 英镑比较合理。另外，如果乘坐传统的黑色出租车，小费一般是车资的 10%左右。当然，这些都是可选择的，如果觉得服务好，就可以给，对方是不能要求你付小费的。

二、节日

英国有很多节日与活动。据统计，每年英国全国性和地方性的节日有 106 个之多。英国有法定的公共假日，不包括周末双休日和带薪休假，一年总共 10 天，圣诞节、复活节、银行春假（又叫降灵节，是基督教第三大节日）和银行暑假。如果圣诞节和复活节正好赶上周末，节日期间集中休息的时间大概有七八天。除了公共节假日外，英国还有许多风格各异的地方性节日，如每年 5 月的布莱顿艺术节、5 月下旬的切尔西画展、每年 6 月中旬的怀特岛节，等等。

英国一年中主要的节日见表 3-1。

表 3-1　英国一年中主要的节日

日　　期	节　　日
1 月 1 日	新年
2 月 14 日	情人节
3 月 17 日	圣帕曲克日
每年春分月圆之后第一个星期日	复活节
4 月 1 日	愚人节
4 月 21 日	女王诞辰日
5 月 1 日	五月节
11 月 1 日	万圣节
12 月 25 日	圣诞节

1. 复活节

在英国，复活节是非常重要的宗教节日，仅次于圣诞节，它也是英国的国定假日。彩蛋是复活节的象征，同时也是春天的象征，寓意新生命的开始和耶稣复活。复活节期间，人们有交换和吃彩蛋的传统习俗。在英国，传统的复活节彩蛋由真蛋制成，多为鸡蛋。人们将鸡蛋煮熟后，用水彩在上面描画出五颜六色的图案，鲜艳的颜色代表着春天和光明。如今，这种传统的复活节彩蛋已经被空心的巧克力蛋代替了。关于彩蛋，英国复活节还有一个古老而传统的游戏，即"滚蛋"游戏。参加游戏的人将自己的彩蛋由山头滚下，到达山底时如果还没有摔裂，就算获胜。一直到今天，英格兰北部的许多地方仍在延续着这个传统，比赛谁的彩蛋可以在斜坡上滚得最远。此外，彩蛋还有另一种玩法，即参加游戏的人每人各持一枚彩蛋，相互撞击，谁的彩蛋先碎了就算输。复活节的另一个象征物是兔子，因为它具有极强的繁殖能力，人们视它为新生命的创造者。复活节的兔子和彩蛋也因此成为节日期间抢手的商品。

2. 五月节

每年 5 月 1 日的五月节又称五朔节，是英国的传统节日，它与国际劳动节和基督教并没有联系，它是一个非常古老的节日，在罗马时代即已存在。5月1日在英国的祖先——凯尔特人的历法中是夏季的第一天，它原是春末祭祀"花果女神"的日子。在度过漫长的寒冬后，当5月1日这天到来，英国古人就要庆祝太阳终于又普照大地，并祈求风调雨顺，五谷丰登。人们用老牛拉绳，在村庄的草地上树起高高的"五月柱"，上面饰以绿叶，象征生命与丰收。所有的村民尤其是青年男女都围着"五月柱"翩翩起舞。姑娘们更是一早就到村外林中采集花朵与朝露，并用露水洗脸，她们认为这样可使皮肤白嫩。小女孩还把拾来的花草编成花环。17世纪的清教徒认为这种欢乐不合教义，曾一度禁止这项活动，还砍倒了"五月柱"。到了1660年王政复辟后，这项活动才又恢复过来。1989年，英国有些村庄还有"五月柱"。"五月柱"是用挺拔的树干如杉树等做成，上面漆成五颜六色，顶上挂着花环，花环上拴着长长的各色彩带。孩子们在这一天手持彩带围着柱子欢跳，有时带子缠在一起，难解难分。有的村庄还按照古老的风俗，在五月节这一天选出一个少女做"五月皇后"。为"五月皇后"举行加冕仪式，也是五月节的活动之一。

3. 圣诞节

圣诞节是为纪念耶稣的诞生而设定的，在西方大多数国家一直都是最为重要的节日，英国也不例外。圣诞节应该算是英国最盛大、最有趣的节日了。早在节日到来之前，大街上、教堂里、公园广场上，就可以感受到节日的气息，到处都是圣诞树和五彩灯。

圣诞拉炮是英国人庆祝圣诞节时不可或缺的物品。据说第一只圣诞拉炮是1850年伦敦的一个糖果小贩制作的。现在流行的圣诞拉炮是由硬纸板制成的一个筒，形状如同一个特别的水果糖。两个人一人拉一头，纸筒断裂时会发出小小的爆炸声。拿到大头的人获得其中的小礼物，礼物或许是一顶皇冠状的纸帽子，或许是一个写着笑话、谜语或脑筋急转弯故事的纸条。圣诞大餐或派对之后，客人们通常都会玩圣诞拉炮。

圣诞树当然是庆祝圣诞节的必备物品。英国最有名的一棵圣诞树位于伦敦的特拉法加广场（鸽子广场）。自从1947年开始，挪威首都奥斯陆每年都会赠送一棵圣诞树给英国，表示对英国在第二次世界大战期间支援挪威的感谢，圣诞树成了英国和挪威之间友谊的象征。每年的11月，挪威人都会举行有奥斯陆市市长、英国驻挪威大使等亲自参加的砍树仪式。所选择的树树高一般在20~25米，树龄在50~60年。运送到伦敦之后，每年12月的第一个星期四傍晚，特拉法加广场上都会为这棵圣诞树举行专门的亮灯仪式。特拉法加广场的圣诞树经常被当作英国圣诞节的标志。

三、习俗

1. 结婚

英国人在教堂举行婚礼仪式时，新郎给新娘戴戒指是一项不可缺少的活动。人们甚至认为不戴戒指的婚姻是无效的。它象征着丈夫对妻子的纯真爱情，同时妻子也表示接受并忠实于这份爱情。金戒指象征爱情的纯真，银戒指意味着情感温柔。英国人同西方各国一样，订婚戒指是金制的而不镶嵌任何宝石，结婚戒指应加装饰物，至于戒指的质量则根据个人的经济条件而定。订婚、结婚戒指可戴在同一无名指上，也可以用结婚戒指取代订婚戒指。

英国人结婚要穿礼服，新娘身着白衫、白裙，头戴白色花环，还要罩上长长的白纱，手持白色花束。总之，英国人崇尚白色，它象征爱情纯洁、吉祥如意。戴头纱的习俗可以追溯到公元前 10 世纪,当时两河流域就已盛行女子戴头纱。在古希腊,举行结婚仪式时不仅新娘要戴亚麻或毛织品的头纱,而且一对新人都要戴上花冠。到了罗马时代,不同宗教信仰的人要戴不同颜色的头纱以示区别。中世纪以后,宫廷贵族中出现了用珍珠装饰的花冠。尔后,发展成为白色头纱,并且尺寸日益延长,并遍及欧洲各地。

一旦完婚,新郎新娘从教堂里出来时,人们要向新人祝贺,这种祝贺不是亲吻、拥抱和握手,而是向他们撒五彩缤纷的纸屑。撒纸屑的习俗起源于撒麦粒:1491 年,国王亨利七世携王后到布里斯托尔旅行,途中被一位面包师的妻子看到,于是她通过窗户向他们撒麦粒,并高呼:"欢迎你们,陛下!祝你们幸福、长寿。"这成为一段佳话,到 16 世纪时,这一习俗已广为流传,人们向新郎、新娘撒麦粒,有时还染成各种颜色。麦粒象征着丰收和生活富裕,同时也祝贺新婚夫妇幸福长寿,子孙满堂。

度蜜月也是英国各地青年结婚的重要内容之一。他们把积攒下来的钱用于旅游,而结婚后去旅游便称作度蜜月。这原是古代的习俗,在新婚之时一定要饮用一种用蜂蜜特制的饮料,这种饮料象征家庭美满、爱情甜蜜和生活幸福。而这种饮料从结婚开始要连喝 30 天,因此就把新婚第一个月称作蜜月了。

2. 出生与洗礼

根据基督教教义,人是生而有罪的,故新生儿出生后需要接受洗礼,以去污除垢,保持新生命的纯洁。洗礼一般有全身浸入圣水中的"浸礼",也可浸入半身或身体的一部分,后来发展为用圣水象征性地滴于婴儿头部的简约仪式。新生儿接受宗教洗礼,在英国也曾是老百姓生活中相当常见而又相当重要的大事,不过随着越来越多不同信仰的外来移民涌入英国,以及英国普通民众自身的原因,这一宗教仪式有日趋减少之势,以至于英国老百姓把看威廉王子夫妇的儿子乔治受洗这件事当作稀罕事来关注和议论,足见去宗教化在英国社会已变得相当明显。这样的趋势究竟是好是坏,就连英国人自己也说不清楚。

3. 生日和上学

在英国,有几个生日对人们来说是很重要的,比如 18 岁、21 岁、30 岁、40 岁等一些整岁数的生日,这样的生日人们一般都会举办一些晚会。而商店里也会有各种各样的卡片销售,很有个性和代表性,卡片上和生日礼物上大多印有重要年龄的数字,感觉很亲切和贴心。参加生日晚会不用穿太正式和太休闲的服装,穿着大方得体就好。英国人过生日是全天庆祝。过生日时,要在蛋糕上插上蜡烛,然后与祝寿者共同分享蛋糕。在学校里,过生日的孩子常被抓住胳膊和脚脖举起来,意味着将来会长得很高。

在英国,年满 5 岁的孩子就要正式上小学了。开学一般是在 9 月份,从早上 9 点上到下午 3 点多,中午在学校吃午餐,要遵守学校各项规则。孩子们在上学之前一两个月就开始倒"时差",以养成良好的习惯,准时起床、吃饭、睡觉等,将来上学时适应起来就容易许多。

4. 习俗禁忌

在英国人的眼里,百合和菊花这两种花象征着死亡,英国人是十分忌讳的。英国人平时十分宠爱动物,其中猫和狗是他们较喜欢的动物,不过对于黑色的猫,他们却十分厌恶。此外,他们也不喜欢大象。另外,如果不小心碰洒了食盐或是打碎了玻璃,英国人也会觉得非常倒霉。在色彩方面,英国人偏爱蓝色、红色与白色,这是他们国旗的主要颜色。英国人所反感的颜色主要是墨绿色。英国人在图案方面忌讳甚多：人像、大象、孔雀以及猫头鹰等图案都会令他们大为反感。在握手、干杯或摆放餐具时，无意之中出现了类似十字架的图案，他们也认为是十分晦气的。英国人忌讳数字"13"与"星期五"。当二者恰巧碰在一起时，不少英国人都会产生大难临头之感。对"666"这样的数字组合，他们也十分忌讳。在英国，"左撇子"被视为"笨人"，走路时人们一般先伸出右脚。

  与英国人打交道时，还有以下禁忌：一是忌讳当众打喷嚏；二是忌讳用同一根火柴连续点燃三根香烟；三是忌讳把鞋子放在桌上；四是忌讳在屋子里撑伞；五是忌讳从梯子下面走过。

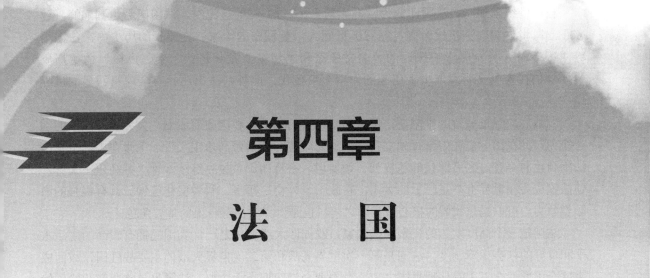

第四章

法　国

法兰西共和国（French Republic），简称法国，位于西欧，其国际域名为.fr，国际区号是+33。法国人口约 6 690 万（2017 年），国土面积 672 834 平方千米，是欧洲国土面积第三大国、西欧国土面积最大的国家。法国是一个本土位于西欧的半总统共和制国家，海外领土包括南美洲和南太平洋的一些地区，首都巴黎。

自中世纪末期起，法国即成为欧洲大国之一。19—20 世纪时，法国国力达到巅峰，建立了当时世界第二大殖民帝国，是 20 世纪人口最稠密的国家。在漫长的历史中，法国培养了很多对人类发展影响深远的著名文学家和思想家，尤其是伏尔泰、卢梭、孟德斯鸠等，他们在人类文明发展史上所起的作用无可替代。此外，法国还具有全球第四多的世界遗产。

二战后，经过短暂的徘徊期，以戴高乐为首的第五共和国政府成立，大力提升法国的综合实力，并在国际交往中奉行独立自主的外交政策，即"戴高乐主义"，主张在国际上发出法国自己的声音。之后继任的蓬皮杜、德斯坦、密特朗、希拉克继续奉行"戴高乐主义"，使法国成为在世界上举足轻重的大国，在政治、外交、军事、科教文化等领域具有极强的国际竞争力，可以说是欧盟的核心成员国之一，也是世界政治舞台上的重要角色。

法国是一个高度发达的资本主义国家，欧洲四大经济体之一，其国民拥有较高的生活水平和良好的社会保障制度。法国是第一次世界大战和第二次世界大战的主要战胜国，故而成为联合国安理会五大常任理事国之一，对安理会议案拥有否决权。法国也是欧盟和北约创始成员国、《申根公约》[①]和八国集团成员国，是欧洲大陆主要的政治实体之一。

法国是一个拥有灿烂文化艺术和旅游资源的文明古国，置身于法国尤其是巴黎的街头，人们会感受到浓浓的、怡然自得的文化气息。法国的宗教氛围，法国的绘画、雕塑、音乐和建筑，法国的哲学、文学和美学，法国的葡萄酒、香水和时装，法国的"自由、平等和博爱"，以及其敢于创新的精神，无不是它丰富而充满魅力的文化的组成部分。

浪漫情怀是法国得以著称于世的又一亮丽名片。这种浪漫情调弥漫于法国的咖啡馆、餐厅以及各式各样的品牌小店中。当然，最能完美诠释法国风情的地方，莫过于香榭丽舍大街。在这条仅 1.9 千米长的大道上，人们能够随时感受到它深厚的历史文化积淀；协和广场上的方尖碑和星形广场上的凯旋门，承载着多少关于征服与被征服、光荣与屈辱的历史记忆；而在其高端、繁华的商业区里，在那些世界一流的时装、香水店以及各种世界顶级的品牌商店里，又装载着多少世俗男女的梦想。

近几年，法国的经济发展一直停滞不前，在经济总量上先后被英国和中国超过，国际经济地位逐渐下滑。那么，一直想要称雄欧洲大陆的法国，在未来是否能够继续它的"光荣与梦想"呢？

---

① 1985 年 6 月，德国、法国等五国在卢森堡边境小镇申根签署了《关于逐步取消共同边界检查》协定，又称《申根协定》。主要内容：在协定签字国之间不再对公民进行边境检查；外国人一旦获准进入"申根领土"内，即可在协定签字国领土上自由通行；设立警察合作与司法互助的制度，建立申根电脑系统，建立有关各类非法活动分子情况的共用档案库。此后奥地利、意大利、西班牙和葡萄牙先后加入《申根协定》，但奥、意两国在 1997 年加入时仅部分执行协定内容。

第一节 综　　述

一、地理概貌

法国本土面积为 553 965 平方千米，若包括海外领土面积则为 672 834 平方千米。边境线总长度为 5 695 千米，其中海岸线为 2 700 千米，陆地线为 2 800 千米，内河线为 195 千米。法国位于欧洲西部，与比利时、卢森堡、瑞士、德国、意大利、西班牙、安道尔、摩纳哥接壤，西北隔拉芒什海峡与英国相望，濒临北海、英吉利海峡、大西洋和地中海四大海域。地中海上的科西嘉岛是法国最大的岛屿。

法国的地势特点是东南高西北低，平原占总面积的三分之二。主要山脉有阿尔卑斯山脉、比利牛斯山脉、汝拉山脉等。法意边境的勃朗峰海拔 4 810 米，是欧洲最高峰。

河流主要有卢瓦尔河、罗讷河、塞纳河。

二、气候

法国大部分地区的气候为温带海洋性气候，特点是全年温和多雨，降水分配较均匀。法国南部靠近地中海的临海地带，受副高和西风带交替控制，夏季炎热少雨，冬季则温和多雨。法国东南部为阿尔卑斯山脉西端，为高山气候，气温随高度变化较大。

三、人口和居民

根据法国数据统计研究机构 INSEE 公布的法国人口调查报告，法国 2017 年 1 月 1 日共有 6 690 万居民，同比 2016 年增长了 265 000 人，上涨幅度为 0.4%。但是出生率在继续下降，2016 年的新生儿比 2015 年少了 14 000 人。

法国的主体民族是法兰西人，语言属印欧语系罗曼语族，文字使用拉丁字母。其他少数民族有布列塔尼人、巴斯克人、科西嘉人、日耳曼人、斯拉夫人、北非人和印度支那人等。法国官方语言为法语，地方方言有普罗旺斯方言、布列塔尼方言、科西嘉方言和日耳曼方言。法国传统上是信奉天主教的国家，目前仍有 65% 的法国人信仰天主教，其他主要信奉基督教、犹太教和伊斯兰教。约有 12% 的法国人周末仍要去教堂。此外，在婚礼、圣洗和圣诞节等特殊的日子里，法国人一般也要去教堂。

四、民族性格

法兰西民族具有非常鲜明的民族性格。世界上没有哪一个民族像法兰西民族这样同时拥有理性与感性这一对矛盾体，没有哪个民族像法兰西民族这样具有激进主义传统，也没有哪个民族比法兰西民族更加注重思想和原则。

首先，法兰西民族是理性与感性的双重结合体。法国人的个性是以自我为中心的，但并非自我的无限扩张。对国家和集体组织的依赖并不会因为他们的个性需求而有任何减弱。因此，法国人随时都在国家和个人之间权衡徘徊。而法律则充当了感性与理性即自我的个性与国家的组织性之间的平衡器。法国人好幻想，热衷抽象理念，追求完美理想的实现，于是非常情绪化、冲动、狂热，不安于现状，求新求变，但又缺乏实干才能，往往热闹一阵之后见无实效，很快便茫然不知所为，转而又寻求权威以建立新的秩序。拿破仑制定民法典正是顺应了这个特殊民族在特殊时代环境下的心理要求。

其次，法兰西民族具有激进主义传统。激进主义是法兰西政治文化的重要表现，它贯穿于法国的政治和社会运动，并渗透到社会生活、政治体制和人们的心态之中。200多年来，法国的政体形式经历了君主制、帝制和共和制的多次交替演变，其政体形式显示出变动频繁和形式多样的特点。法国自1789年大革命以来多次改变政治体制，到1875年才确立议会制共和政体，这种政体到第五共和国又演变为半议会半总统制共和政体。近代以来，法国相继实行过多部宪法，而尤以1870年以前的宪法变动尤为频繁，从1789—1870年，法国共制定过11部宪法，平均7年左右一部。这种情况在世界各国历史上是绝无仅有的。

再次，法兰西民族重视思想和原则。法国人喜欢将一切事物用各种理论去一一加以规范，对于法则、规律的探求有着特殊癖好，这被称为唯理主义。这种唯理主义认为，经验是局部的、含糊不清的，不足为凭；唯有理性才能给予他们确定的、普遍的知识。理性的力量通过逻辑演绎这一工具体现出来。

最后，法兰西民族高傲浪漫。法国人绅士斯文，浪漫温柔，彬彬有礼，素质较高，但他们的高傲也是出了名的，因为他们对于自身的认同感非常强大。由于这个国家在艺术、哲学、文学、音乐、语言、饮食和价值观方面都有举世称誉的贡献，因此法国人的民族自豪感特别强，同时充满了浓厚的文艺气息。

五、语言

法语是法国的通用语言，也是官方用语。在西部的布列塔尼人中，一些农村居民以布列塔尼语为其口语，不过这种口语在布列塔尼地区的城市中则很少用到。科西嘉人日常生活中也讲当地的两种方言：一种与意大利托斯卡方言相近；另一种与撒丁岛北部方言相近。法国人一贯为自己的语言感到自豪，法语成为法国人的一种民族文化情结，因此，对于当今颇为流行的大语种英语，法国人很不以为然。目前，世界上约有6 700万人使用法语，除法国外，法语也是比利时、瑞士和海地等国家的第一语言，是加拿大、阿尔及利亚、黎巴嫩、毛里求斯、摩洛哥等国家的第二语言。二战后，强大的美国继续在世界各地传播英语，使法语的地位持续下降，法国人对此愤愤不平，在力所能及的地方全力抗击英语文化势力。

六、宗教信仰

法国的国教是天主教，天主教拥有教徒4 500多万，占人口总数的85%，分布在全国17个教省，90个教区。其余还有东正教、伊斯兰教和犹太教等。法国的东正教徒大约有53万人，其中仅巴黎就有约30万人。伊斯兰教在法国是仅次于天主教的第二宗教，全法约有穆斯林200多万人，其中有约75万人集中在马赛。

七、移民和外国人法

法国是一个传统的移民国家，历史上先后有过三次移民浪潮，法国是继美国、加拿大之后的第三大移民国家。150 多年来，其他国家在受到高生育率的影响时，法国已经开始采取措施从国外吸引人才防止人口出现负增长。法国的移民最初主要来自比利时、波兰、西班牙和葡萄牙等欧洲国家。从 20 世纪 50 年代开始，来自非洲的移民增加。目前，来自亚洲，特别是南亚的移民增加。1946 年法国组建了国家移民局来招募外国人来法国工作。1974 年法国开始限制入境移民的数量，对于外国移民也有较为严格的限制。自 20 世纪 90 年代起，面对日益严峻的移民形势，为了限制入境移民数量，促进社会融合，法国政府不断出台移民措施，包括成立移民治理机构，继续限制难民申请人数，促进移民融入法国社会。

根据法国移民法规定，接受以下三类移民：一是高技能与专业人才。包括企业家、高级管理人员、各类高级专业人士、艺术家、运动员等。二是外国雇员，即外国公司在法国的子公司或分支机构中的中层工作人员。三是投资移民。创造或保持不少于 50 个就业机会，或者投资不少于 1 000 万欧元，可以获得法国 10 年居住身份，期满可以获得法国国籍。

随着社会经济文化的开放和交流，来自世界各国的移民络绎不绝，与此同时，移民问题在法国也越来越被社会关注。2016 年 4 月，法国内政部部长克洛德·盖昂在法国电视 1 台发表讲话时指出，为了打击非法移民和调节合法移民人数，法国计划每年减少 2 万名合法移民名额，即从现在平均每年的 20 万下降到 18 万。此外，盖昂还指出，外国移民没有能够积极融入法国，"24%的非欧洲国家移民处于失业状态，是法国平均失业率的 2 倍多"。

不过，法国雇主协会对法国内政部收紧移民政策的计划持保留意见。该协会主席帕里佐在法国《世界报》上发表文章说："让法国继续做一个开放的国家吧——迎接多样文化、利用多种文化的融合……我不认为应该把减少就业移民当成一个问题对待。"

八、国家象征

1. 国歌

《马赛曲》是法国的国歌。拿破仑在 1804 年称帝之后，下令取消《马赛曲》的国歌地位；1815 年路易十八复辟，改国歌为《巴黎的王子回来了》。1830 年爆发七月革命，在巴黎战斗的街垒上，《马赛曲》重新响起。1879 年，法国政府重新定《马赛曲》为国歌。

《马赛曲》
作曲：鲁热·德·利尔
作词：鲁热·德·利尔

前进，祖国儿女，快奋起，
光荣的一天等着你！
你看暴君正在对着我们举起染满鲜血的旗，
举起染满鲜血的旗！
听见没有？凶残的士兵，
嗥叫在我们国土上，

他们冲到你身边,
杀死你的妻子和儿郎。
武装起来,同胞,
把队伍组织好!
前进!前进!
用肮脏的血做肥田的粪料!

这一帮卖国贼和国王,
都怀着什么鬼胎?
试问这些该死的镣铐,
究竟准备给谁戴?
究竟准备给谁戴?
法兰西人,给我们戴啊!
奇耻大辱叫人愤慨!
是可忍孰不可忍,
要把人类推回奴隶时代!
武装起来,同胞,
把队伍组织好!
前进!前进!
用肮脏的血做肥田的粪料!

什么!这一帮外国鬼子,
在我们家乡称霸!
什么!我们高贵的战士,
竟被雇佣兵殴打!
竟被雇佣兵殴打!
难道要我们缚住双手,
屈服在他们脚底下!
难道我们的命运要由卑鄙的暴君来管辖?
武装起来,同胞,
把队伍组织好!
前进!前进!
用肮脏的血做肥田的粪料!

发抖吧!暴君,卖国奸人,
无耻的狗党狐群!
发抖吧!卖国的阴谋,
终究要得到报应!
终究要得到报应!
全车都是上阵的战士,

前仆后继有少年兵，
法兰西不断出新人，
随时准备杀敌效命！
武装起来，同胞，
把队伍组织好！
前进！前进！
用肮脏的血做肥田的粪料！

法兰西人，宽宏的战士，
要懂得怎样斗争！
宽恕可怜的牺牲品，
他们后悔打我们，
他们后悔打我们。
可是那些嗜血的暴君和部耶（注：保皇党军官）的同党，
这一伙虎豹豺狼，
竟然撕裂母亲的胸膛！
武装起来，同胞，
把队伍组织好！
前进！前进！
用肮脏的血做肥田的粪料！

祖国神圣的爱，
请指引和支持我们报仇！
亲爱的自由，请你和你的保卫者同战斗，
你的保卫者同战斗！
但愿在你雄伟的歌声中，
旗开得胜建奇功。
让垂死的敌人看看：你的胜利，我们的光荣！
武装起来，同胞，
把队伍组织好！
前进！前进！
用肮脏的血做肥田的粪料！

2. 国旗

法国国旗呈长方形，长与宽之比为 3∶2。旗面由三个平行且相等的竖长方形构成，从左至右分别为蓝、白、红三色。法国国旗的来历有多种说法，其中颇具代表性的说法是：蓝色代表圣马丁长袍的颜色，象征自由；白色代表纪念民族英雄圣女贞德，象征平等；红色代表圣但尼军旗的颜色，象征博爱。

3. 国徽

长期以来，法国没有正式的国徽。根据 1958 年法国宪法规定，法国国徽暂定为法国的蓝、白、红三色国旗。传统上，法国采用大革命时期的一枚黑、白两色的椭圆形纹徽作为国家的标志，纹徽的中心图案是一支代表正义与权威的束棒，庄严地宣告法兰西共和国的自由、独立和主权。束棒两侧交叉着象征和平与胜利的橄榄和月桂枝叶，掩映着饰带上书写的法国大革命的口号：自由、平等、博爱。纹徽下悬挂着一枚光荣勋章，象征 1789 年法国大革命的光辉将永载史册，彪炳千秋。

1999 年 9 月，利昂内尔·若斯潘内阁决定将"蓝白红三色旗、玛丽安娜、'自由、平等、博爱'、共和国"这些元素进行整合，作为各政府机关的统一形象标识。头像是贞德，上面的小写字是：自由、平等、博爱。下面的大写字是：法兰西共和国。

4. 国庆

7 月 14 日是法国国庆日。1789 年的 7 月 14 日，巴黎人民攻占了象征封建统治的巴士底狱，推翻了君主政权。1880 年，7 月 14 日被正式确立为法国的国庆日，法国人每年都要隆重纪念这个象征自由和革命的日子。这一天法国的标志性建筑埃菲尔铁塔为火树银花所映衬。

为庆祝国庆节，法国每年都会在香榭丽舍大街上举行大规模的阅兵仪式。7 月 14 日上午，大街戒严。空军机群飞抵凯旋门上空，阅兵开始。编成队列的飞机掠过香榭丽舍大街，机尾喷出红、白、蓝三色烟幕，宛如一面巨大的法国国旗在空中舒展。当飞机通过协和广场的总统阅兵台上空后，陆军、海军分列行进，向总统敬礼。入夜，凯旋门上空明亮的红、白、蓝三色探照灯光柱交叉摇曳，映照着门洞的巨大国旗；地面上节日的灯火与天空中缤纷的焰火交相辉映；爆竹声与狂欢的乐曲声、欢呼声连成一片，使节日庆祝达到最高潮。

法国每年为国庆节的庆祝活动要用去 50 吨火药，10 亿支爆竹。从费用来看，半个小时的焰火要花费 2 000 万法郎，由此可知，整个庆祝活动所耗费用相当可观。

5. 国花——鸢尾花

鸢尾花被视为法国的国花。鸢尾花种类繁多，花形特殊，色彩丰富，每年的 4—5 月为盛花期。鸢尾花象征着圣洁和幸福。在法国国徽上的香根鸢——金百合花的图像是三片花瓣，象征着宗教中的圣文、圣子和圣灵三位一体。鸢尾花代表典雅、高贵、圣洁的气质。

第二节 历 史

一、从高卢时期至查理曼帝国（至公元 10 世纪）

远古时期，在法兰西的土地上就有人类居住。迄今为止，已在法国发现从旧石器时代到铁器时代各个时期相当系统的人类文化遗迹，包括 40 万年前的人类颌骨化石，法国西南部拉斯科等地洞穴里发现了约 2 万年前的人物雕刻和动物壁画，法国西部发现了约 4000 年前的布列塔尼巨石墓碑和土坟，以及各种式样的生产工具与艺术创造。

公元前 1000 年左右，克尔特人自中欧山区迁居于法兰西。罗马人把该地称为高卢，把当地居民称为高卢人。418 年，西哥特人在阿基坦建立起王国。443 年，勃艮第人在索恩河与罗讷河流域建立王国，不列颠人则占领今日的布列塔尼。451 年，匈奴人在阿提拉的率领下入侵高卢，后被罗马与蛮族（包括法兰克人）联军击败，高卢完全被蛮族诸王控制。公元

5世纪后期，定居在默兹河与埃斯科河之间的法兰克人，在国王克洛维率领下大举西侵，先后击败罗马军事长官西阿格里乌斯和阿拉曼人、西哥特人。481年，法兰克人占领了除勃艮第王国和地中海沿岸外的全部高卢，并移驻巴黎，建立了法兰克王国。

8世纪初，东法兰克与西法兰克之间的争夺激烈。东法兰克宫相查理·马特在北方恢复秩序，732年在普瓦蒂埃击退阿拉伯人的入侵，重新统一法兰克王国。751年，查理·马特的儿子丕平（751—768年在位）在教皇支持下正式即位，建立加洛林王朝。768年，丕平之子查理继承王位。在他统治期间，连年出征意大利、西班牙、日耳曼等地区，到800年，他已把过去罗马帝国统治下的广大西欧地区置于自己控制之下，并由教皇为他加冕，查理成为西方皇帝，史称"查理大帝"，其国称为查理曼帝国。

公元843年，根据《凡尔登条约》，查理曼帝国一分为三，其中西法兰克王国即为现在法国的前身。从克洛维到雨果·卡佩的500年间，蛮族入侵、内外战争连绵不断。封建自然经济的盛行，领主权力的扩大，贵族离心倾向与独立性的加强，造成了法国长期生产落后、封建割据与国家分裂的局面。

二、封建制度的兴衰（10—18世纪）

中世纪中期，法国农业、手工业、商业均有所发展，人口也逐渐增长，至14世纪20年代，人口已达1 600万。在交通要道和集市出现了许多新兴城市，从11世纪起，一些城市发动公社运动，通过武装起义或以金钱赎买方式取得了自治权。随着城市的兴起，出现了一个新的社会阶级——市民阶级，他们成为与特权等级（教士、贵族）有别的第三等级。同时，商品货币关系的发展加强了国内的经济联系，为国家统一创造了有利条件。

卡佩王朝初期，王室直接控制的领地只限于塞纳河和卢瓦尔河之间的一段狭长地带，各大公国、伯国恃势割据，俨如独立王国。腓力四世统治时期，加强吏治，整饬军队，因坚持向教会征收财产税而与教皇发生冲突。

1328年，查理四世死后，因卡佩家族嫡系无男嗣，由卡佩家族的旁支瓦卢瓦家族的腓力六世继承王位，建立了瓦卢瓦王朝。1337年英法"百年战争"爆发。1358年，法国北部又发生了扎克雷起义。战争后期涌现出民族英雄贞德，虽然她被出卖遇害，但民族统一的趋势已不可阻挡。1453年，"百年战争"以法国胜利而告终。

到15世纪末，最后几块贵族领地——勃艮第、比卡第、布列塔尼、普罗旺斯、鲁西永并入法兰西王国的版图。

从16世纪起，资本主义生产关系开始在法国产生和发展。新航路的开辟使法国对外贸易的重点从地中海转到大西洋，17世纪起，法国向北美、中美、非洲、印度扩张殖民地。16世纪上半叶，英法百年战争的创伤尚未愈合，瓦卢瓦王朝的法兰西斯一世和亨利二世又发动了侵略意大利的战争，并与神圣罗马帝国皇帝查理五世争夺德法边境土地，从而揭开了法国与哈布斯堡家族长期争霸斗争的序幕。1559年意大利战争结束，法国取得加来和梅斯、图尔、凡尔登3个主教区的统治权。1589年，波旁王朝的第一个国王亨利四世（1589—1610年在位）继位后，极力恢复和平，休养生息，其后经过红衣主教黎塞留和马扎然的整顿，到路易十四亲政时期，法国专制王权进入极盛时期。

路易十四加强封建中央集权统治，削弱地方贵族的权力，并大力促进资本主义工商业的发展。同时，路易十四与哈布斯堡家族的长期战争，使法国东部边疆延伸到斯特拉斯堡。路易十五统治时期（1715—1774 年在位），虽然经济有所发展，但专制王权日趋衰落。

1774 年路易十六即位，新兴资产阶级日益感到政治地位与经济实力的不相称，他们对关卡制度、行会条例和不公平的征税制度极为不满，特别反对贵族和教士的特权。代表资产阶级利益的启蒙运动蓬勃发展起来，他们抨击天主教会和专制王权，传播科学知识，宣扬民主、自由、平等、理性。法国封建制度陷于严重的危机之中。

三、从大革命到二战前

1789 年开始的法国大革命是法国历史上重要的分水岭，它结束了 1 000 多年的封建统治，开始了资本主义确立和发展的重要时期。从法国大革命到巴黎公社建立（1789—1871 年）将近一个世纪的时间里，共进行了 5 次革命（1789 年、1830 年、1848 年、1870 年、1871 年），故而可以称之为法国历史上"革命的世纪"。

1789 年法国革命的历史任务是推翻封建专制统治，废除封建制度，建立资产阶级政权，发展资本主义。自 1789 年至 1794 年，革命是沿着上升路线发展的，其间经历了君主立宪制、吉伦特派共和国和雅各宾派民主专政 3 个阶段。

1794 年 7 月，反对罗伯斯庇尔的各派力量联合起来，发动"热月政变"，颠覆了雅各宾派的统治。自此时起，法国革命进入了稳定国内外局势、巩固大革命果实的阶段。拿破仑就是应这一历史要求而出现在法国历史舞台的。1799 年 11 月，拿破仑发动"雾月政变"，夺取了政权。1804 年，拿破仑称帝，改共和国为法兰西第一帝国，限制民主自由，加强中央集权，颁布《民法典》，从法律上维护和巩固了资本主义所有制和资产阶级的社会经济秩序，推动了法国资本主义发展。拿破仑一世对西班牙和俄国的侵略战争遇到强烈的抵抗，1814 年被反法联军打败后退位，1815 年 3—6 月，拿破仑一世再次当权"百日"后，在滑铁卢遭到彻底失败。不过，复辟的波旁王朝并没有在历史潮流面前倒行逆施，而是颁布了《宪章》，保证不改变大革命确立的经济秩序和资产阶级自由权利。1830 年七月革命爆发，推翻了查理十世，代之以七月王朝，政权落入大资产阶级手中。

19 世纪 30 年代，工业革命在法国兴起，法国掀起了建筑铁路的热潮；19 世纪 30—40 年代，工人运动如里昂工人起义、共和运动、民主运动此伏彼起，最后汇成一股巨流，形成了 1848 年的革命浪潮，法兰西第二共和国应时而生。1848 年的革命使资产阶级各个阶层都参加了政权，与此同时，工人也提出了自己的要求，引起资产阶级的恐惧。1848 年 6 月，巴黎工人起义，遭到残酷镇压，同年 12 月，路易·波拿巴利用农民对拿破仑一世的迷信，当选为法国总统。1851 年 12 月 2 日，路易·波拿巴发动政变，翌年称帝，为拿破仑三世，建立法兰西第二帝国。在第二帝国统治的 18 年中，法国工业革命取得巨大进展。但同时，从 19 世纪 60 年代起，共和运动、民主运动和工人运动也持续高涨。1870 年 9 月初，拿破仑三世在普法战争中的溃败引起了"9 月 4 日革命"，巴黎人民推翻帝制，宣布共和，成立了法兰西第三共和国。

巴黎人民从 1871 年初起就呼吁建立公社。第一国际巴黎支部的左派领导人与工人联合起来，成立了国民自卫军中央委员会。1871 年 3 月 18 日，国民自卫军中央委员会在人民支持下夺取政权。3 月 18 日—5 月 28 日，巴黎工人阶级推翻了资产阶级统治，建立了自己的政权——巴黎公社。在阶级力量对比过分悬殊的情况下，巴黎公社旋即被镇压。

自1870年之后，法国经济持续发展；1900—1913年，垄断组织在法国相继出现，银行资本的集中尤为突出，成为仅次于英国的资本输出国。

普法战争后，法国对外政策的主要目标是对德复仇和进行殖民扩张。为了摆脱自己的孤立地位，法国先于1892年与俄国缔结军事同盟，1904年又与英国缔结了协约。经过第一次世界大战残酷的厮杀，法国所属的协约国最后取得了胜利。法国虽然是战胜国，收复了阿尔萨斯和洛林，夺取了德国的一些殖民地，但自己也损失惨重。战后经济严重困难，政局不稳。1914—1940年，法国内阁变更了45次之多。在1926—1929年普恩加莱统治时期，法国出现了暂时繁荣和稳定局面。不过，1934年2月6日，几万名法西斯武装暴徒借反对斯塔维斯基贪污案①之名，在巴黎举行示威，冲向议会大厦波旁宫。达拉第政府被迫辞职，共和制再度面临危机。

四、二战后的法国

1939年9月1日，德军突然入侵波兰，第二次世界大战正式爆发。法国实行全国总动员，并于9月3日对德宣战，但在战场上，法国却连遭打击，节节败退。以至于1940年6月22日，法国曾经的一战英雄贝当元帅与德国签订投降协定，法兰西第三共和国覆灭。同年7月，贝当在法国中部的维希建立了傀儡政府。1944年8月，在盟军和法国抵抗运动的打击下，维希政府宣告瓦解。

从第三共和国覆灭到第四共和国建立，中间经历了抗击德、意法西斯的战斗和制订新宪法的斗争。其间，戴高乐将军领导的抵抗运动迅速发展，1944年6月成立了临时政府，团结国内和殖民地反法西斯力量继续抗战。在同盟国和法国共产党领导的抵抗运动的配合下，1944年8月25日收复巴黎，接着光复全国。

对于战后法国应建立什么样的共和国问题，各派政治力量分歧很大：以共产党为代表的左翼要求制定一院制的民主宪法；戴高乐派要求削弱议会，加强总统权力；以人民共和党为代表的第三势力则坚持恢复第三共和国时期的议会制度。1946年1月，戴高乐辞职；同年10月，法国通过第四共和国宪法，宣告法兰西第四共和国成立。第四共和国基本上保留了第三共和国时期的政治制度，不过，它也通过了几个复兴计划，完成了设备更新，从而使得工业生产迅速增长，人民生活逐渐富裕。在对外关系上，法国接受马歇尔计划，1949年成为北大西洋公约组织的成员国；1957年，根据《罗马条约》，法国与联邦德国、意大利、荷兰、比利时、卢森堡建立了西欧六国共同市场，拉开了欧洲联合的大幕。

1959年1月，戴高乐就任法国总统，进入法兰西第五共和国时期。在1958—1969年戴高乐执政期间，法国奉行独立自主的外交方针，1959年，从北大西洋公约组织收回对法国舰队的指挥权，禁止美国使用法国基地，令美国人十分狼狈；1960年，法国爆炸了第一颗原子弹，成为继美国、苏联、英国之后又一个拥有核武器的国家；1963年，戴高乐拒绝签订美苏禁止核扩散条约，同德意志联邦共和国恢复邦交，提出"欧洲人的欧洲"的口号，否

---

① 1933年法国发生的政治事件。S.A.斯塔维斯基是法籍俄国人，因长期从事投机诈骗活动，发行大量伪债券而暴富。1933年年底事机败露，翌年年初其诈骗和曾先后贿赂1200名政界人士的罪行被公之于世，成为轰动一时的丑闻。

决与美国有特殊关系的英国加入西欧共同市场；1964 年，法国与中国恢复外交关系；1966 年，法国军队全部退出北大西洋公约组织，迫使该组织总部撤离法国，迁往布鲁塞尔。

1981 年 5 月，社会党人 F.M.M.密特朗当选为法国总统。在同年 6 月举行的国民议会大选中，社会党赢得 55%的议席，从而成为法国第一大党。1986 年、1993 年、1997 年法国三次出现左翼和右翼共同执政的"左右共治"的政治局面。2002 年 5 月，右翼上台，结束了第三次"左右共治"，希拉克成为除戴高乐之外权力最大的总统。在从希拉克到萨科奇（2007 年上台）的右翼政党执政期间，通过政治、经济、社会领域的改革及外交政策的调整，稳定了国内政治局势，改善了法国与美国关系，也使法中关系更上一层楼。

2017 年 3 月，法国 2017 年大选候选人名单正式出炉，法国 2017 年总统选举共有 11 人拿到了法律要求的 500 张市长支持票，从而获得候选资格。2017 年 4 月 23 日，法国内政部公布的初步统计结果显示，在法国总统选举首轮投票中，"非左非右"的"前进"运动候选人埃马纽埃尔·马克龙和极右翼政党"国民阵线"候选人玛丽娜·勒庞得票领先，进入总统选举第二轮投票。2017 年 5 月 7 日，39 岁的"政治新人"马克龙以超过 65%的投票率，大幅领先对手勒庞，当选法国总统，成为法兰西第五共和国近 60 年历史上最年轻的总统。

第三节 国 家 体 制

一、1958 年宪法

法国现行宪法是法兰西第五共和国宪法，1958 年 9 月经公民投票通过，10 月 4 日生效，是法国历史上第 16 部宪法。这部宪法于 1960 年、1962 年、1963 年、1974 年和 1976 年先后进行了多次修改。该宪法的最大特点是大大削弱了议会的权力，扩大了总统的权力，使法国现行制度兼具议会制和总统制的特色。宪法规定，总统是国家权力的核心，除拥有任命高级文武官员、签署法令、军事权和外交权等一般权力外，还拥有任免总理和组织政府、解散国民议会、举行公民投票、宣布紧急状态等非常权力。

目前施行的《1958 年宪法》共有八十八条，其中某些法律法规，对于法国主权的完整和社会的和平稳定具有重大意义，如"共和国和依自由决定的行为通过本宪法的海外领地的人民组成共同体"；"法兰西是不可分的、世俗的、民主的和社会的共和国。它保证所有公民，不分出身、种族或者宗教，在法律面前一律平等。它尊重一切信仰。"

二、中央集权型单一制国家

法国是一个中央集权型的单一制国家，即由若干行政区域构成单一主权国家的国家结构形式。其特点是具有单一的宪法和国籍，有统一的国家最高权力机关，国家主权高度统一；中央权力高于地方。法国国家政权分为中央级、大区级（22 个）、省级（100 多个）、城市（市镇）联合体级、市镇级（36 000 多个）。在法国，市镇建制早在 1884 年就已正式确立。目前市镇数量已达 36 000 多个，但有 2 万个市镇的人口不足 2 千。由于许多市镇人口太少，法国中央政府曾在 20 世纪 70 年代通过一项法案，允许市镇之间进行合并（不是强制），但推行的结果，大约只有 500 个市镇之间愿意相互合并，更多的市镇则不愿合并。

法国主要采用行政途径加强中央与地方的联系，被称为"垂直式行政统制"，通过委派共和国专员下达中央的指令，监督地方行政。在法国，兼职在维持中央和地方关系方面起着很独特的作用，如吉斯卡尔·德斯坦既是总统，又是圣玛利亚市的地方议员。据统计，1980 年法国参议员中 54%同时是市长，57%是省议会议员，这样有利于上下沟通。

三、国家机构

法国的政体形式是民主共和制，具体为议会制总统共和制，又称半总统共和制。作为国家元首的总统掌握着重要的全国最高行政权力。

法国总统由选民直接选举产生，国会仅能从立法上对其实施影响，但不能利用不信任案迫使其辞职。从某种意义上说，在半总统制下，总统的权力要更大些，因为半总统制国家的总统拥有解散议会、提议举行公民投票，甚至可以在国家出现紧急状态时行使非常权力，而总统制下的总统一般不具备这些权力。

另外，法国的民主共和制又具备议会制的两个特点：内阁由在议会中占多数的政党组成；政府向议会负责。

法国议会实行两院制，由国民议会和参议院组成，拥有制定法律、监督政府、通过预算、批准宣战等权力。国民议会共有 577 名议员，任期 5 年，采用两轮多数投票制，由选民直接选举产生。本届国民议会于 2017 年 6 月选出，议长为弗朗索瓦·德·鲁吉。参议院共 348 席，由国民议会和地方各级议会议员组成选举团间接选举产生，任期为 6 年，每 3 年改选一半。本届参议院于 2014 年 9 月改选产生，右翼获得多数席位，议长是热拉尔·拉尔歇，属共和党。

法国的司法分为两个相对独立的司法管辖体系，即负责审理民事和刑事案件的普通法院和负责公民与政府机关之间争议案件的行政法院。

普通法院有三类：①专门法庭（包括儿童法庭、负责处理雇主和职工之间纠纷的劳资调解委员会、审理商人之间或商业公司之间争端事件的商务法庭和社会保险法庭）。②民事法院。③刑事法院（包括判决轻微犯罪案件的警察法庭、判决轻罪案件的轻罪法庭、判决重大刑事案件的重罪法庭）。

普通法院系统纵向上又分为四级：初审法庭、大审法庭、上诉法院和终审法院。终审法院是最高一级司法机关，负责受理对 35 个上诉法院所作判决的上诉。现任院长是居伊·加尼韦（Guy Kanivet）。

行政法院是最高行政诉讼机关，下设行政法庭。行政法院对行政法令的合法性作最后裁决，并充当政府在制定法律草案方面的顾问。

法国没有独立的检察组织系统，其职能由各级法院中配备的检察官行使。检察官虽派驻在法院内，但行使职能时独立于法院。检察官的管理权属于司法部。最高法院设总检察长 1 人，检察官若干人；上诉法院设检察长 1 人，检察官若干人；大审法院设检察官 1 人，代理检察官和助理检察官若干人。

四、选举、政党和群众组织

（一）选举

《1958 年宪法》第 6 条第 1 款规定：共和国总统由总统选举团选举之，任期 7 年；选举团由议会议员、省议会议员、海外领地议会议员，以及市议会选出的代表组成。1962 年 10 月 28 日通过公民投票对上述宪法条款提出修正案，修改后的宪法第 6 条规定：共和国总统由普遍的直接的选举产生，任期 7 年。法国现行的总统选举制度就是根据 1962 年的宪法修正案确立的。由总统选举团选举改为普遍的直接选举，这是法国总统选举制度的一个重大改革。关于修改宪法第 6 条的理由，戴高乐在 1962 年 9 月 20 日的电视广播演说中说："由选举团选举总统的方式不能表达法国人对总统的信任，为了使今后的总统有充分的能力和义务担负最高责任，为了使共和国继续有很大的可能保持巩固、有效和得人心，总统必须直接得到全体公民的授权委任。"法国总统选举采取"多数两轮投票制"。按宪法第 7 条规定，总统候选人在第一轮投票中要取得超过 50%的绝对多数有效票才能当选；如果第一轮没有人取得绝对多数票，则由第一轮中得票最多的两个候选人参加第二轮竞选。2002 年之后法国总统任期 5 年，可连选连任一次。

法国的国民议会议员由直接选举产生，总量不得超过 577 名，任期 5 年，可连选连任。2007 年，参加国民议会议员选举的每名候选人竞选经费总额不得超过一个上限，即（380 000+所在选区居民数×0.15）欧元。政治组织可以资助候选人的竞选活动。公民个人也可以提供资助，但每个公民资助不得超过 3 000 欧元。在所有资助中，现金部分不超过其竞选费用上限的五分之一。凡在第一轮投票中得票超过 5%的候选人，国家为其报销部分竞选费用，但报销额不超过竞选经费上限的 50%。

参议员选举中的选民资格与国民议院选举的选民资格完全一致。除只有 30 周岁以上的法国公民才能参加参议员竞选外，参议员候选人资格与国民议院议员的也基本类似。根据有关规定，选区内的省长、大区长官、法官、中央高级行政官员等在当地掌握相当权力的人，在任期内及离任后 6 个月至 3 年内不享有被选举权，以免他们利用自己的权力影响选举的公正性。与国民议会议员的直接选举方式不同，参议员是由选举人团间接选举产生。每省为一个选举人团，由本省选出的国民议会议员、省议会议员以及市镇议会代表组成。由于参议院的功能之一是代表地方政治或行政地方的利益，所以市镇议会的代表们在选举人团中占较大比例。在海外领地中，每个海外领地选举一名参议员。从整体上看，参议院选举的方式是一种混合制选举，即多数制与比例制的混合。

（二）政党

法国是典型的多党制国家，政党在国家的政治生活中一直扮演着重要的角色，其主要政党有以下几个。

（1）"共和国前进"运动：执政党，也是国民议会第一大党。前身为马克龙于 2016 年 4 月领导创建的政治团体"前进运动"。核心创始成员大多来自社会党改革派和民间社会，后又陆续吸纳了大量来自右翼温和派、中间派等派别的人士，成员数量和政治影响力迅速扩大。2017 年更名为"共和国前进"运动。主张超越传统左右翼理念分歧和党派之争，兼容并蓄，博采众长。经济政策上奉行右翼自由主义，倡导改革创新、促进就业、增强市场活力、刺激经济、减轻税负；社会政策上奉行左翼价值理念，重视民生教育，维护社会公平正义；外交政策上坚持以独立自主为核心的"戴高乐-密特朗"主义，以欧盟为重点，以法德轴心为抓手，努力捍卫欧洲一体化，平衡发展同世界各大国关系，努力维护法国在欧盟内部和国际舞台上的地位和影响力。2017 年 6 月 19 日，法国内政部公布的国民议会选举最终结果显示，总统马克龙创立的"共和国前进"运动与中间派政党"民主运动党"组成的联合阵营收获350个议席，成功获得法国国民议会绝对多数。

（2）共和党：在野党，参议院第一大党，属中右翼政党，原称人民运动联盟，2015年5月更改为现名。共和党的前身系2002年总统大选中的竞选联盟，核心为原保卫共和联盟（戴高乐党），并吸收了自由民主党和法兰西民主联盟的主要力量。党员约20万人，多为职员、官员、自由职业者、商人、农民和工人等。在2017年6月的立法选举中，该党与独立民主联盟组成的中右翼联盟获得了131席。

（3）社会党：属中左翼政党。前身是1905年成立的"工人国际法国支部"，1920年发生分裂，多数派另组共产党，少数派则保留原名。1969年改组成立社会党，1971年与其他左翼组织合并，仍用现名。党员约20万人，多为公职人员和知识分子。该党主张维护劳工利益，同时采取务实的经济政策；对外主张维护法国独立的核力量，推动欧洲一体化建设，并加强南北对话。在2017年6月的立法选举中，该党与左翼激进党等组成的左翼联盟仅获45席。

（4）国民阵线：极右翼政党，成立于1972年10月。党员约7.5万人，多为中小工商业者。1986年议会选举中首次进入国民议会。代表法国民族主义思潮，强调"要把法国从欧洲控制和世界主义中拯救出来"，呼吁"进行一次反对新共产主义和世界主义的十字军讨伐"。2014年，国民阵线在3月的市镇选举中赢得10多个市镇执政权；在5月的法国欧洲议会选举中，得票率超过25%，位居各党之首。2015年12月，国民阵线在大区议会选举的首轮投票中，以28%的得票率力压传统两大政党，居全国第一。

（5）共产党：现有党员约7万～8万人，多为工人、雇员、教员和手工业者等。1920年12月成立。二战后初期达到顶峰，最多时拥有党员80多万人，曾是法国第一大党。但此后在法经济结构发生深刻变化和国内外政治风云变幻的背景下，法共应对乏力，力量和影响不断下降，逐渐沦为边缘小党。2017年总统选举中，该党与"不屈的法国"组成极左翼联盟，在6月的立法选举中，极左翼联盟获27席。

（6）民主运动党：中间派政党，成立于2007年5月，党员1.4万人。现任主席弗朗索瓦·贝鲁，2007年12月当选。该党致力于通过建立负责任的民主政权，以维护共和价值观，促进经济、社会可持续发展。在2017年总统和立法选举中，与"共和国前进"运动结成中间派联盟，内阁成员和议会席位获得重大突破。

（三）群众组织

自近代以来，法国就有相当完善的工会组织。但是，近些年来，法国工会有多元化与碎片化的特征。目前，法国工会包括以下几种类型：第一种工会组织包括两大工会联合会，即法国总工会和法国民主劳工联合会。成立于1859年的法国总工会，又称为法国劳工总联盟，拥有会员约70万人，是法国最大的工会组织。法国民主劳工联合会是法国第二大工会组织，成立于1964年，目前有会员60万人左右，属于右派工会。第二种是中间工会组织，即工人力量总工会。成立于1948年，目前拥有的会员人数为25万。第三种是两个规模较小的工会联合会，即法国基督教劳工联合会和独立工会联合会。第四种是行业性的、会员较少的工会，如法国干部总工会——干部工会联合会，主要成员来自干部阶层。第五种是最近出现的组织，成员不多，但它以"团结"为口号要求获得工会联合会的身份。第六种是教育界占主体的工会联合会,即统一工会联合会,该组织中也有少数其他的国家或地方职员。上述工会组织共有大约 200 万成员。

在 20 世纪 70 年代末,工会的入会比例超过 20%,这是法国工会力量的顶点。十几年后所有工会联合会都失去了一半的会员,工会的入会比例一直维持在 8% 左右。衰退在 20 世纪 90 年代初触底,此后法国的工会力量与合法性开始艰难复苏。

由于有比较完善的工会组织,法国的民间团体并不太多,不过在法国的每个居民区中,一般也会由居民选举产生一个政府管理部门,政府管理部门的负责人也是由居民选举产生的。管理部门中有许多社会服务机构,分别负责教育、文化、体育等社会服务,每个居民区也会有一个居民委员会,居民可以通过居民委员会自愿组织社区项目。

第四节 外 交 政 策

一、外交环境的改变

二战后,法国由于在二战中对纳粹德国的绥靖政策,以及在战争中的惨败,导致战后的国际地位一落千丈。但高傲的"高卢公鸡"力图恢复自己在世界上的强国地位,选择了追随美国,发动了一系列的战争,如侵越战争、英法与埃及的苏伊士运河战争等,还力图恢复在非洲殖民地的统治。只是世界局势已今非昔比,法国日益衰落。

戴高乐上台后,果断地抛弃了追随美国的政策,转而奉行独立自主的外交方针,被称为"戴高乐主义",并先后退出了北约军事组织,提出了核威慑理论,促进整个欧洲走向联合,更于 20 世纪 60 年代与中国建立了正式外交关系。由此,法国昔日的大国地位逐步得以恢复。

法国的基本外交政策:倡导多边主义,反对单边主义;致力于欧盟一体化建设,尤其是政治和防务建设,继续发挥法国在其中的核心作用;重视大国关系,注意加强同新兴国家的政治、经济、文化联系;努力保持并发展与非洲国家的传统关系,推动发达国家增加对非洲的援助;广泛参与国际事务和热点问题的解决;帮助法国企业开拓海外市场;保持和提高法国文化的国际影响力。

二、法国与欧洲一体化

法国是欧洲一体化最主要的倡导者和欧洲联盟的主要创始会员国之一。在欧洲一体化过程中,法国起到了极为关键的作用,也在某种程度上达到了法国所期望的政治经济目标。

二战后,面对苏联和美国两个超级大国,欧洲人认识到只有联合起来,才能够保证自身的利益。而在欧洲联合的道路上,正是法国人迈出了第一步。当初西欧联合的关键所在是如何处理法国与德国的历史关系问题。为了化解法德间的仇恨,实现民族和解,1950 年 4 月,有"欧洲之父"之称的法国政治家让·莫内起草了欧洲一体化历史上的第一份原始文件,主张将法德两国的煤钢生产部门置于一个共同机构的领导之下,一方面可以防止德国重新武装,同时也向欧洲其他国家保持开放。同年 5 月 9 日,法国外长罗伯特·舒曼在伦敦公开发表以让·莫内计划为蓝本的《舒曼宣言》,并且迅速得到德国、比利时、荷兰、卢森堡、意大利等国政府的积极支持和响应。1951年4月18日，上述6个国家在法国正式签署《巴黎条约》，决定建立欧洲煤钢共同体，通过让渡一定的国家主权，将成员国各自煤钢部门的生产和销售活动交由一个超国家的高级机构统一负责，从此便开启战后欧洲经济一体化的第一步。

在法国的倡议下，煤钢共同体6国于1957年3月25日再次签订《罗马条约》，分别组建欧洲经济共同体和欧洲原子能共同体，欧洲经济一体化全面展开。在已有的欧洲一体化框架内，戴高乐所代表的法国力图树立一个大国的领导者形象，通过优先发展同德国的双边政治关系，为在欧洲一体化发展中建立法德轴心奠定基础。而在这一法德轴心模式中，他实际上是要利用德国的经济实力来施加法国的政治影响力。

欧洲共同体成员国于1985年6月在米兰召开部长理事会议期间，一致通过了由共同体委员会主席、法国前财政部部长雅克·德洛尔提交的《关于完善内部市场的白皮书》。1986年2月，在卢森堡举行的共同体首脑会议上，成员国正式签署了《单一欧洲法令》。该法令提出要在1992年年底之前，把共同体建成一个商品、服务、人员和资本自由流动的内部统一大市场，《单一欧洲法令》从1987年7月开始在12个成员国全面生效。到1992年年底，欧洲共同体的内部统一大市场已经基本建成，除了人员自由流动还存在一些障碍没有完全实现之外，其他阻碍成员国之间商品、服务和资本自由流动的各种壁垒已被铲除，共同体内部大市场进一步完善。从1993年开始，欧洲共同体拥有了一个包括3.4亿人口和237万平方千米面积的庞大市场，共同体的国民生产总值高达5.3万亿欧洲货币单位，一举超过日本，仅次于美国。显然，欧洲共同体已成为世界多极化格局中的强有力一极，法国也基本达到了以区域集团为后盾来提升自己经济实力以及国际政治地位的双重目的。

经过反复磋商和谈判，欧洲共同体12国于1991年12月在荷兰的马斯特里赫特举行首脑会议，通过了《欧洲联盟条约》，又称《马斯特里赫特条约》，条约于1993年11月开始生效，欧洲经济共同体遂演变成为目前的欧洲联盟，成为在欧洲一体化进程中的一个新的里程碑。伴随着欧盟的不断扩大，可以相信，作为欧洲地区传统大国的法国，一定会在欧洲一体化的曲折进程中继续扮演重要角色，并充分发挥其主导和轴心作用。

三、法国对外文化政策和机构

法国是世界舞台上首批明确制定对外文化政策的国家之一。这些文化政策主要以发扬法国文化，扩大法国国际影响力为主要目的。面对经济全球化带给法国的强烈冲击，法国对其文化政策也进行了相应的改革，从宣扬法国文化，到扩大法国影响力，逐渐转变为寻求文化的多样性。法国执行对外文化政策的主要机构有以下几个。

1. 法国对外文化服务部

在两次世界大战期间，法国外交部下属的对外文化事宜办公室开始发展壮大。在1920年，对外文化办公室重组，分成三个部门，并更名为法国对外文化服务部，主要负责文化作品、大学交流和艺术交流活动事宜。到了第二次世界大战前夕，该部门活动资金已经占据了法国外交部20%的预算。其中绝大部分资金用于法语语言教学和大学交流活动。

2. 对外文化管理局

1945年，法国成立了对外文化管理局，这也是第一次法国政府在官方文件中提到文化事宜。在经历了二战的挫折之后，法国政府致力于重建法国在世界舞台上的地位，加强对法语语言和文化在全世界传播和发展的支持，如在世界各地扩建法语中学和法语培训中心等。在经历了反殖民运动以及人民民主运动之后，法国的对外文化政策得到了新的推动和发展，由于失去了对原有殖民地在政治和军事上的控制，法国政府希望能在文化领域加强和原有殖民地的联系。因此，在对外文化政策方面，除了加强原有的语言和文化交流之外，法国政府将重点放在了技术合作上。

从 20 世纪 80 年代开始，法国开始进行对外文化政策的改革。法国文化事务部部长雅克·日高提出各国文化是互相依存的，因而需要国家间的文化交流活动。他提出的对外文化政策改革包括文化交流中广泛使用新技术（当时主要是指无线电广播）；加强法语国家文化的世界推广（法国文化的传播必须在法语语言之前）；对外文化交流的专业人才的招募和培训；等等。直至今日，法国政府仍在不断地调整对外文化政策，以适应新的国际形势。

四、中法关系

1. 历史上的往来（至 1949 年）

据现有可查的史籍记载，中法关系应追溯到 13 世纪来华的法国宗教人士。1253 年，天主教方济各会士鲁布鲁克奉法国国王路易九世之命出使蒙古，成为中法外交关系的肇始。1685 年，六位"国王的数学家"耶稣会士入华，掀起了中法文化交流的新高潮。在 1552—1800 年，在华的耶稣会士共有 168 名，为中法文化交流做出了重要贡献。

鸦片战争后，中法两国于 1844 年在广州签署《中法五口通商章程》，即所谓的《黄埔条约》，此后法国又于 1856 年和 1859 年与英国组成英法联军，发动第二次鸦片战争。1885 年，中法战争爆发，清政府不败而败。1900 年，法国参加了八国联军的侵华战争。总的来说，这一时期的中法关系是殖民主义、炮舰政策和不平等条约的阶段。

在两次世界大战期间，中国和法国建立了同盟关系。一战时期，中国虽未直接出兵参战，却派遣了大量劳工赴欧，其中在法国的有 3 万多人；一战后，一批中国青年学生赴法国勤工俭学，回国后成为宣传马克思主义的主体，如蔡和森、周恩来；二战时期，两国都处在反法西斯战争的最前沿。1949 年新中国建立后，中法关系开始了新的篇章。

2. 1949 年后的中法关系

1964 年 1 月 27 日，中法两国建立大使级外交关系，法国也是西方大国中第一个与新中国建立大使级外交关系的国家。建交后，两国关系总体发展顺利。这是一种新型的大国关系，是建立在自由平等、互惠互利和彼此尊重的基础上的中法关系。中法关系的发展，虽然受两国国内和国际局势的干扰，不时出现一些曲折，但在两国人民和政府的共同努力下，中法关系不断得到加强。以 1964 年中法建交为契机，两国的友好往来和经济文化交流在最初的两年里很快得到发展。1964 年 2 月，中国艺术代表团应邀访问法国，获得巨大成功，受到法国人民的热烈欢迎。同年 9 月，首届法国技术展览会在北京开幕，使中国技术界人士第一次看到了西方先进的工业技术。"文革"期间，中法关系一度受到损害，处于停滞状态。1970 年 7 月，应中国政府之邀，法国贝当古代表团访华。20 世纪 70 年代后期至 80 年代末，随着中国的改革开放和国际多极化趋势的出现，中法关系有了全面发展。除了良好的政治关系以外，中法经济贸易和科技合作也有了突飞猛进的发展，签订了一系列发展经济和合作的长期协定，中法贸易额逐年增加。1986年两国贸易额达10.5亿美元，创建交以来的最高纪录。

20世纪80年代末90年代初，中法关系出现波动，直至1993年巴拉迪尔政府成立后，着手改善对华关系，使中法两国关系在经历曲折后翻开了新的一页。1994年两国共同签署了《中法联合声明》，决定进一步加强两国经贸合作及文化、教育、科技交流，为中法两国建立面向21世纪的全面伙伴关系勾画了美好的前景。

2008年，中法关系因涉藏问题出现重大波折。2009年4月1日，中法发表新闻公报，中法关系逐步恢复良好发展势头，各领域合作进展顺利。2012年5月，奥朗德总统上任后，两国关系继续稳定发展。

3. 中法间文化和教育交流

1978年改革开放后，中法文化交流也翻开了新的一页。近40年间，在艺术、教育、学术研究以及其他文化领域方面的交流越来越频繁。

首先，两国设有政府文化混合委员会。2002年11月，双方签署了两国政府关于互设文化中心及其地位的协定，巴黎中国文化中心同月在法揭牌，2004年10月，法国文化中心也在北京正式揭牌。此后，中法两国的文化交流日益活跃。2005年12月，中法两国发表青年交流联合声明，双方将在2006年至2007年互派400名青年到对方国家参观访问。2006年，四批各100名法国青年艺术家、企业家、科技和社会工作者访华。2007年，四批各100名中国青年公务员、社会工作者、艺术家、企业家和科技工作者访法。2010年11月胡锦涛访法期间，宣布今后5年邀请500名法国青年访华。2011年11月开始至今，三批共约100余名法国青年访华。

其次，中法双方签有教育交流与合作协议，定期举行磋商会议。至今，双方已有120多对高等院校和20余对中学建立了校际交流关系。两国每年互换65名奖学金学生。截至2014年，中国在法各类留学人员达3.8万人；法国在中国各类留学人员约7 600人。两国均有一批大学和中学设置教授对方语言的课程。中国电视台、电台开办法语教学节目。2003年9月，中法签署互认学历和文凭协议。2005年，两国签署创建中法博士生院意向书，并于2006年3月正式成立中法博士生院。截至2013年，中国在法国本土和海外省开设了16所孔子学院和3所孔子课堂，并在法国9个学区、23所中小学开设中文国际班。汉语已成为法国第五大外语，约有4.5万学生学习汉语。法国法语联盟也在中国建立了16所分支机构。2010年11月胡锦涛访法期间，双方商定2011年中法举办"语言年"。2011年7月，贺国强访法期间，出席了中法"语言年"法国汉语年启动仪式；2011年9月，法国外长朱佩访华期间，出席了中法"语言年"中国法语年启动仪式。

由法中两国首脑共同倡议，创立于2006年的"中法文化之春"活动至今已主办了十余届，活动旨在通过视觉艺术和舞台艺术等表现形式全面推进中法文化的交流和互动。

第五节 经　　济

一、经济发展特征

二战后，法国经济满目疮痍。但是，借助于马歇尔计划和国内经济改革，法国迅速实现了经济的复苏。1949 年法国的工业生产已达战前水平,从 20 世纪 50 年代到 70 年代,法国经济发展迅速,国内生产总值年均增长率为 6.2%,是一个高度发达的资本主义国家。目前,法国是仅次于美国的世界第二大农产品出口国,第三产业在法国经济中所占比重逐年上升,其中电信、信息、旅游服务和交通运输部门业务量增幅较大,服务业从业人员约占总劳动力的 70%。

二、法国经济发展的"黄金三十年"

在第二次世界大战后的几年中,法国经济从主要是以农业经济为主的国家,转变成为世界一流的现代工业经济大国。特别是在 1945 年至 1975 年这三十年间,法国更是迎来了其经济发展的"黄金三十年"。在此期间,法国经济快速增长,其人均国内生产总值远远高于美国和英国,并且建立起了高度发达的社会福利体系。法国人重新拥有世界上最高的生活水平,工资也大幅上升。而且,许多农村人口迁移至城市,法国进入城市化社会。不过自 1973 年石油危机爆发之后,法国经济增长开始减缓,"黄金三十年"也于 1975 年结束。

法国"黄金三十年"出现的原因,很大程度上取决于政府推行的经济政策。

首先,调整经济结构,制订发展国民经济总体计划。在 1947—1980 年,共制订了七个"五年计划",通过计划实现对国民经济的控制。

其次,大力发展对外贸易。在此期间,法国对外贸易的增长速度超过国民生产总值的增长速度,在资本主义国家中占第四位。1977 年的对外贸易总额达 34.1 亿美元,进出口产品结构也发生了有利于经济发展的变化。

再次,法国重视教育和科学研究,加大培养技术人才的力度;建立了青年培养制度,改革发展技术教育系统,注重技术成果的转化;同时,加大科研经费投入,是当时西方国家科研经费投入最多的国家之一。其科研经费占国民生产总值的比重由 1960 年的 1.25%提高到 1967 年的 2.16%。科学技术的发展促进了劳动生产率的不断提高,1951—1975 年法国工业劳动生产率年均提高 4.3%。

最后,法国在战后推行了国有化运动,先后把控制国家经济命脉的能源、交通运输等方面的企业收归国有,增强了政府干预经济的能力,确保经济的有序发展。

三、社会市场经济

1. 理论基础和宗旨

法国是市场经济国家,同时又有国家干预经济的历史传统。由于 1789 年法国大革命的深远影响,法国拥有着为数众多的国有企业,其比重在欧洲各国中居首位。正因为法国经济的这一特点,战后法国政府选择了计划与市场相结合的"混合经济"管理体制,既强调发挥市场经济的作用,又强调国家实行计划调节来限制市场自发的破坏作用。法国总统戴高乐曾经指出:"竞争和集中是法国经济必须遵守的法则。"法国在制订经济发展计划时,坚持实行"协调原则",由政府官员同产业组织、有关专家、工会代表等各界人士共同讨论,协商制订。

20 世纪 70 年代以后,伴随着经济发展环境的变化,法国政府对计划体制进行了重大改革。20 世纪 80 年代,开始探索对国有企业实行战略重组,以循序渐进的方法,对国有企业实行了股份制改造。目前，股份制已经成为法国绝大多数国有企业最基本的资产组织形式。

2. 生态农业与绿色能源——产业的可持续性

法国是欧洲农业大国，其农业发展的一个重要特征就是注重生态农业的发展，其发展也一直居于欧洲前列，相关技术标志更被欧盟借鉴而成为欧洲生态农业的技术蓝本。在生态农业的快速发展中，包括政府、行业协会、专业组织在内的有关方面各司其职，相互配合、协调，其成功经验值得借鉴。

20世纪80年代，"生态农业"一词正式出现在法国的法律中。与传统农业相比，生态农业综合了现代科技和管理手段，在生态和经济上实现了良性循环，既保证了环境和可持续发展，又达到了经济利益最大化的目的，是发展和振兴农业的一个最佳理想途径。

1958年，第一个生态农业组织"GAB"在法国西部诞生；1961年法国生态农业协会（AFAB）成立。到20世纪70年代末，国家生态农业生产协会（FNAB）和国家生态农业企业协会（SYNABIO）也相继成立。1981年，法国正式将生态农业相关标准写入法律，1985年又制定法律规定，正式命名"生态农业"（Agriculture Biologique，AB），出台"AB"标识，生态农业由此走上了发展的快车道，"AB"标识也迅速在该领域占据主导地位。

法国政府一直对节约能源和发展可持续能源格外关注，并专门成立了法国环境和能源管理署。根据该部门发表的资料显示：法国多年来控制能源消费和发展可持续能源的努力已取得初步成效，可持续能源生产成为潜力巨大的行业，2007年的营业额为330亿欧元，并创造了22万个工作岗位。如今法国由可持续能源生产的电力，已占国内电力消费的较大比重。水电电力、风能电力、太阳能光伏电池和热能发电的总量迅猛增加，开始运用城市垃圾循环、农业垃圾、地源热泵以及生物质能源生产电力。可持续性工业活动为上述能源生产提供了坚实的设备支持。法国政府还鼓励家庭和公司安装节能设备，使用可再生能源，以此支持可持续能源工业的发展。

法国人有很强的环保意识，保护环境的理念和行动体现在每一个生活细节中。比如，垃圾分类，巴黎的每个住宅小区都有三个垃圾桶，黄色的用于可回收垃圾、绿色的用于不可回收垃圾、白色的用于回收玻璃酒瓶。在法国，环境意识从儿童时期开始培养，即使是一、二年级的小朋友，在街上看到乱丢的垃圾，他们也会捡起来丢进垃圾桶。在大城市，开车并不时髦，特别是年轻人，他们既不追求拥有私家车，也不以开车出行为荣。相反，大家最喜欢的出行方式是地铁或公交，环保又便捷；也有越来越多的人选择骑自行车，环保又健身。

3. 低工资、高税收、高福利

法国一直是世界上经济发达的国家之一，但法国雇员的工资水平却并不似人们想象的那么高。

法国平均工资低于欧洲平均水平，和德国的薪酬水平对等，但德国的生活成本比法国要低。法国最富有的人和最穷的人之间存在巨大的不平等。根据法国国家统计局2010年对人均资产的调查，法国最富有的50%的人口拥有全国93%的资产，而剩余50%相对贫困的人口只拥有7%的资产。10%最富有的法国人拥有法国人总资产一半以上的财富，而10%最贫穷的法国人拥有的财富只有总数的0.1%。尽管普通员工的年平均净工资在2011年和2012年间有所增长，但在此期间，法国人的购买力却没有同样的增长。工资比物价上涨更慢（工资的增长为1.5%，而物价的增长为2%）。

此外，法国的赋税相当高，高收入者的赋税可达 40%之多，当然低收入者的赋税很低甚至没有。法国人除了工资收入之外，还有各种各样的补贴。也就是说，法国的福利水平也比较高。以法国公务员为例，他们除了每年可领 13 个月的工资外，还享受着不少于 25 种的各类补贴，有些补贴的名目简直是莫名其妙甚至是滑稽可笑，如自行车补贴、服装补贴、穿鞋补贴、买内衣补贴、服装丢失补贴等，这些补贴一般能占到工资的 13%，高级管理人员则可占到 50%。[①]

除了各类补贴外，有关法国福利的"神话"有很多，其中最广为流传的是公民从出生到死亡可以享受 400 多个名目的福利保险。其实，这个表述并不准确，因为有些福利从公民还没出生就已经开始了。仍以法国公务员为例，尽管公务员的薪资数额算不上高，但作为世界上福利最好的国家之一，为了维护公务员的尊严以及社会地位，法国政府采取了一系列保障措施。在福利方面，公务员的孩子免费入托，政府提供相当于市价 25%左右的低租金房，退休金按照最后半年工作薪金平均数的 75%发放。再加上公务员还享受安家费、入学补贴、公休、病假、产假、社保等优厚的福利待遇，因此在理论上，可以有效降低公务员腐败发生的可能。另外，同所有实行高福利政策的国家一样，庞大的社会福利开支也是长期压在法国政府肩头的一个重担，并日益困扰着法国财政。

四、重工业部门和工业中心

法国是世界上最发达的工业国家之一，在核电、航空航天和铁路方面居世界领先地位。核电设备能力、石油和石油加工技术居世界第二位，仅次于美国；航空和宇航工业仅次于美国和俄罗斯，居世界第三位；钢铁工业占世界第六位。汽车工业是法国的支柱产业之一，是战后发展非常迅速的一个工业部门，是世界上六个主要汽车生产国之一，产量居第四位。汽车产品的一半以上供应出口，两大本土集团是标志—雪铁龙集团和雷诺集团。法国的航空航天工业在世界上占有重要地位，出口额仅次于美国与俄罗斯，居世界第三。目前，法国不仅能够制造出多种型号的军用与民用飞机，而且在研制与生产人造卫星、宇航设备、战略导弹等方面具有较高水平。法国积极同其他西欧国家合作，著名的"空中客车"就是由法国、德国、英国、西班牙四国联合生产的。

法国已建立了比较完整的工业体系，这个体系分为新旧两大类。纺织、食品、化妆品等轻工业部门是法国传统并且是优势工业部门；二战后兴起的机械制造、汽车、飞机、造船、电子、钢铁、炼铝、炼油、石油化工、人造纤维、塑料、核能、宇航等新兴工业部门发展迅速、门类齐全、布局均衡。法国的煤炭资源严重不足，所以法国积极开发核能，是世界上使用核能最多的国家之一。

法国的工业区主要分布在巴黎盆地、洛林煤矿和里尔煤矿间的钢铁工业区、地中海沿岸的福斯—马赛工业区，工业中心有巴黎、敦刻尔克、福斯和马赛等。具体而言，法国的汽车工业主要集中在巴黎、里昂、斯特拉斯堡、圣艾蒂安等；航空航天工业主要分布在巴黎、图卢兹、波尔多、马赛、特尔贝斯等；电力工业主要在布列塔尼、卢瓦尔河流域和罗讷河地区比较集中；化学工业主要分布在里昂、巴黎、南锡等。

---

① 王蔚. 法国公务员工资及福利待遇述评［J］. 北京理工大学学报，2005（2）.

第六节 社 会

一、社会结构

据法国《费加罗报》网站 2014 年 4 月 17 日报道，法国不平等监测台已发布了新的标准来定义不同的社会阶层：社会上层、中上层、中层、中下层及底层。

根据这一标准，法国的贫困人口约占全国人口的 30%。贫困人口即法国社会的中下层和底层，监测中心负责人路易斯·毛林指出，如果一个单身者每月的收入低于 729 欧元，那么他就会被认为是穷人；对于一对没有孩子、收入低于 1 423 欧元的夫妇，以及一对有两个孩子、收入低于 1 921 欧元的夫妇来说，他们都是贫困人员，属于社会的底层；对于一个单身、收入超过 1 183 欧元的人，或者是一对没有孩子、收入超过 2 251 欧元的夫妇，以及有两个孩子、收入超过 3 100 欧元的夫妇来说，他们都被认为是穷人，但是处于社会的中下层。

法国的中产阶层占总人口的 50%。官方没有正式给中产阶级下定义，法国不平等监测台认为，中产阶级是位于 30% 的贫困人口和 20% 的富裕人口之间的一个群体。对于单身来说，收入在 1 183~2 177 欧元就是中产阶级；而对于一对没有孩子的夫妇来说，收入在 2 251~4 280 欧元才是中产阶级；对于一对拥有两个孩子的夫妇而言，要想成为中产阶级，收入必须在 3 122~5 567 欧元。

处于社会中上层的人约占到法国总人口数的 20%。在富人阶层中，单身者的收入必须超过 2 177 欧元；而对于一对没有孩子的夫妇而言，他们的收入要超过 4 280 欧元；对于有两个孩子的夫妇来说，收入则要超过 5 567 欧元。对于富人群体而言，他们的收入要超过中产阶级的两倍。如果一个单身者每个月的收入超过 2 917 欧元，那么他就可以位列最富有人群的前 10% 了。但是对于一对拥有 3 个孩子的夫妇来说，要想跻身前 10% 的富人阶级里，每个月的收入就要超过 7 535 欧元，这是相当有难度的。

二、法国的公务员制度

二战后，法国政府设置了公职管理总局（后更名为行政与公职总局）和国立行政学院，建立了统一的高级公务员录用、培训和任用的制度。1946 年通过国家《公务员总章程》，改革公务员队伍结构，实行公务员分类管理等，逐步建立了统一、完备的公务员制度。法国的公务员制度以职位分类代替品位分类，公务员职位按地位和任职资格的高低依次分为甲、乙、丙、丁四个类别。各种职位的标准、责任和报酬有明确规定，为公务员的招收、考核、晋升、工资福利、退休以及编制预算等提供了客观依据。

法国公务员的招收按照机会平等、公开竞争考试、择优录用的原则进行。鉴定是公务员的考核形式和晋升依据。鉴定权属于行政首长，每年进行一次，内容包括公务员的健康状况、专业知识、工作能力、守时值勤情况、整洁状况、合作精神、服务精神、积极性、工作速度、工作方法、洞察力、组织力、指挥监督力、考察力等 14 项。晋升分晋级和晋职，晋级主要是根据公务员的资历晋升工资。晋职是根据公务员的政绩与才能晋升职务。晋职的途径有选拔、考试或考核。

截至 2014 年年末，法国共有公职人员 560 万人，也就是在每 1 000 个法国人中有 84 人属于公职人员，占到了法国总工作人数的 21%，英国的公务员占比比法国低 4.5%，而德国公务员占总劳动人口的比例只有 9.6%。因此，相对于其他发达国家，法国的公务员比例明显偏高。由于法国公职人员覆盖的范围较广，单就工资水平而言，似乎并不高，但正如法国民众所言："公务员是法国人非常向往的职业，就是'铁饭碗'，虽然收入不高，但每年可领 13 个月的工资，还享受着不少于 25 种的各类补贴。"

三、法国的民族主义

1. 法国民族主义的形成

法国是一个具有浓重民族主义传统的国家。美国著名历史学家斯塔夫里阿诺斯指出："民族主义是近代欧洲历史上的一种现象。它并没有以可辨认的形式存在于中世纪……直到 18 世纪西欧资产阶级开始分享或获得全部权力时，才呈现其近代的形式。"[1]法国大革命彻底推翻了封建贵族制度和君主专制制度，在整个欧洲甚至整个世界影响深远，极大推进了现代民族主义的形成和民族国家的建立。正因为如此，有学者认为，法国大革命是现代民族主义诞生的重要标志。[2]故而，就法国而言，其民族主义的正式兴起是在 18 世纪启蒙运动期间，而法国大革命的爆发，则标志着法国近代民族主义的形成。

2. 法国民族主义的两重性

法国的民族主义是在反对封建专制制度的启蒙运动和法国大革命背景下形成的，在革命中摧毁了王朝国家，确立了民族国家的理论原则，并在此基础上形成了民主主义的民族主义理论，这种理论同大革命带来的"自由、平等、博爱"的普世价值观紧密相连，是一种"共和的""开放的"民族主义，因此，使法国的民族主义成为以"自由、平等、博爱"为价值观，以"民主"为基本特征的民族主义。

与此同时，随着近现代法国一些大的危机的出现，另一种"排外的""封闭的"民族主义也不时涌现。如普法战争后、第二次世界大战以后以及 21 世纪以来出现的法国民众反对欧洲宪法等。这两种民族主义并不是非此即彼的关系，两者之间往往存在着过渡、融合甚至是妥协。这两种民族主义思潮时而冲突对立，时而合二而一，时而"共和"民族主义占据优势，时而"沙文"民族主义甚嚣尘上。总而言之，它们都深刻地影响了法国的内政外交、社会面貌和思想理念。

近年来，法国面临经济衰退、高失业率、欧盟修宪等一系列国内、国际的政治经济问题，法国民族主义传统中"封闭的""排外的"诸多特点重现端倪，以极右翼政党"国民阵线"快速崛起为代表的民粹主义—民族主义回归成为当下法国民族主义的主要特征，引起了世界的广泛关注。

---

[1] 斯塔夫里阿诺斯. 全球通史——1500 年以后的世界 [M]. 吴象婴, 梁赤民, 译. 上海：上海社会科学院出版社, 1996.
[2] 姜鹏. 民族主义与民族、民族国家——对欧洲现代民族主义的考察 [J]. 欧洲, 2000 (3): 6.

四、法兰西民族精神和法国人的性格

1. 理性主义

法国人注重思想,崇信理论,他们要求思维的明晰性和准确性。法国人在行动时,必定先有一个周密计划或者系统理论作依据,以便决定是否行动和怎样行动。譬如,法国人研究机器,必定更看重图纸、原理和计算公式。法国革命中,法国人勇猛摧毁旧制,不单为了清除政治的腐败,还为了实现启蒙思想家的抽象理论所昭示的理想。法国人的行动,不会只求获得一个切实的效果,还期望发现一项法则,获得一种规律,以便在将来的行动中有所依凭。因为法国人注重理论,当原则与事实严重冲突,需要做出抉择之时,法国人宁可坚持原则而牺牲实际利益。由于过于偏爱思想,行动不免受到牵制,自然优柔寡断。

2. 尚武精神

法兰西民族有尚武传统。戴高乐在《法国和它的军队》中说:"法兰西是用刀剑开辟的。"法国的尚武精神源于贵族等级和法国大革命的传统。在等级社会中,贵族的使命是以利剑保卫王权;大革命中的全民皆兵更是使法国人人成为军人,开创了国民军队的先河。从1880年起,法国政府每年国庆日都在凯旋门和香榭丽舍大道上举行盛大的阅兵式以示国威和军威,这一传统一直保留至今,足以说明法兰西民族的尚武精神。尚武精神的负面表现为民族沙文主义,作为民族自大和民族侵略的代名词,沙文主义也是法国的"特产"。

3. 浪漫多情

法国人是天生的梦想家、浪漫派。法国人没有英国人的一本正经,没有德国人的严肃,也没有美国人近乎滥情的热情与幽默。法国人天生流淌着祖先高贵血统给予他们的别人学不来的浪漫。法国人大多长相俊俏,男人调皮,女人多情。在著名的香榭丽舍大道上到处是热吻的恋人,法国人之间以吻代礼的习惯也是其他国家不能比拟的。在这个国家诞生了无数的科学家、文学家、政治家,其中法国文学灿烂至极,使法兰西散发着无穷无尽的文化底蕴,这些都与法国人的浪漫有着密不可分的关系。

五、社会福利保障体系

法国的社会福利保障体系向来以完善、严密而闻名于世。即便在富裕的西欧各国中,也处于较领先的水平。法国为其公民特别是老龄、失业、伤病等弱势群体建立了一张完善而严密的保护网,充分体现了其平等、博爱的社会传统和价值理念。法国主要的社会保障制度有以下几个方面。

1. 养老保险制度

根据法律,法国公民只要工作满42.5年,同时年满65岁,就能拿到全额的退休金。退休金的金额按照42.5年的职业生涯中收入最高的20年的平均收入的一半计算。政府官员会被强制购买补充退休金,其金额甚至可以达到和基本退休金相当的地步。非工资收入者也有养老金制度。农民、手工业者及自由职业者既可接受强制性保险,也可自行参加选择性社会保险,待到年老体衰时即可领取养老金。

2. 失业保险

法国的失业保险分强制性失业保险和社会援助两种类型。前者覆盖所有雇员，后者的保障对象则是因各种原因而失业的失业者和需要援助的人。当领取失业保险的权利终止后，公民可获得政府提供的社会援助，资金来源为政府的财政拨款。

3. 疾病和生育保险

疾病和生育保险是社会强制性保险，覆盖范围是全体居民，包括在法国居住的外国人。该保险可分为三种：医疗保险、农业社会互助会、自由职业者医保全国基金会。

4. 工伤保险

工伤保险的覆盖范围是雇员、学生和非工资收入者，保险资金全部由雇主承担，享受条件是申领者年龄必须在 60 岁以下，且伤残前 12 个月内须受雇达 33 天。超过 60 岁的工伤受害者，工伤抚恤金转为养老金或按本人要求处理。

5. 家庭津贴

凡在法国居住，有一个以上子女的家庭，不论是本国人还是外国人，都有权领取家庭津贴。家庭津贴的资金来源是雇主和政府。家庭津贴名目繁多，有子女津贴、最低家庭收入津贴、单亲家庭津贴、孤儿津贴、儿童入学津贴、住房津贴等项目。

第七节　文化与宣传

一、中小学和职业教育

法国在教育方面实行中央集权制。法国认为教育是国家的事业，因而国家应该直接干预。

国家级政府机构中设立国民教育部管理领导全国的教育，负责制定教育规划、政策、分配教育经费、规定公立学校的教学大纲、学制、招生制度以及文凭发放标准等。地方教育行政机构最高的是学区。全国 101 个省划分为 27 个学区，学区派出督学领导各省的教育；法国地方教育行政机构地位特殊，自成体系，不受地方行政长官的领导。

根据法国教育法，法国目前实行 10 年义务教育，即从 6 岁到 16 岁的青少年必须接受相应等级的教育。幼儿园属于学前教育，为非义务教育，通常从 2 岁半到 6 岁。虽然法国的幼儿园不属于义务教育阶段，但却是免费的。这样确保了整个教育体系有一个良好的开端。

法国的小学是法国义务教育的起点，一般来说从 6 岁开始到 10 岁结束。法国的小学是五年制，五个年级分别如下。第一年（6 岁）：小学预备班，简称 CP；第二年（7 岁）：基础一年班，简称 CE1；第三年（8 岁）：基础二年班，简称 CE2；第四年（9 岁）：中级一年班，简称 CM1；第五年（10 岁）：中级二年班，简称 CM2。法国小学生必须修读的课程包括法语、人文知识（历史、地理及外语或本地方言）、数学、自然科学、体育健康、艺术（音乐及美术）以及公民教育和集体生活。法国小学通常一周只上课四天：周一、周二、周四、周五，每天上课 6 小时。

法国的初中一般从 11 岁开始到 14 岁或 15 岁结束。法国初中的四年包括第一年：六年班（中学预备班）；第二年：五年班；第三年：四年班；第四年：三年班。法国初高中的年级是根据离学生参加法国高考所剩的年数来命名的。到了高中则继续以"二年班""一年班"命名，全球其他国家都鲜有类似的命名，这也是法国的特色。

法国的高中（16～18岁）既是义务教育的结束点，也是高等职业教育的开端，但法国义务教育的上限不是依据学段，而是依据年龄，即16周岁。按16周岁计算，义务教育一般到高一结束。在义务教育阶段，实施基本免费教育。但实际上，高二、高三的学生虽然超出了16周岁，其教材费也由国家承担。法国的高中分为三个年级，命名延续初中的年级，以倒数命名：第一年（高一）二年班；第二年（高二）一年班；第三年（高三）毕业班。根据学生所选择的专业方向，法国的高中分为普通及技术高中、职业高中、农业高中以及国防高中。法国学生在普通高中从高二开始分科，选择不同的"系列"参加相应的高考。参加普通高考的学生一般会有三个选择：文学系列、经济与社会学系列、科学系列。而就读技术高中或职业高中的学生选择则高达十多种，包括管理学、酒店学、公共卫生、工业设计，等等。

学生在参加高考之后，获得中学业士文凭，可根据自身的选择报考大学或各种职业学院。

法国的高等职业教育对技能型人才的培养起到了关键性作用。高等职业技术教育主要指获得中学会考文凭、在学士水平层级上的人才培养。它涵盖高级技术员班（设立在高中）、大学技术学院、大学职业学院、法国工商会下设的高等商业和工程学校等。高中开办的高级技术员班设在技术高中，学制2年，要求学生在扎实掌握基本文化与技术知识的基础上，特别强调专业课和实际技能，两年中实践课约6～9个月。高级技术员班的毕业生具有比较扎实的文化素质和水平较高的专业技术，就业率高，而且可以继续学习，有四分之一的毕业生选择进入普通高校深造。

大学技术学院是短期高等教育机构，招收获得高中会考文凭者或同等学力者，要经过成绩审查并面试，合格者一般仅为10%。大学技术学院既可以招收技术高中的学生，也可以招收来自高中普通班的学生。大学技术学院的学制两年，目标是培育生产、应用研究和服务等领域的高级技能型人才，两年中大约有6～12周的教学实习课，学生毕业后可获得"大学技术文凭"。毕业生不仅可直接就业，而且可在大学继续深造。

大学职业学院是设在大学内的高等教育机构，招收修满大学一年级课程或大学预备班或同等学力者，学制3年。大学职业学院是为满足法国企业对具体专业的要求而于1992年创办的，培养介于高级技术员和高级工程师或高级雇员之间的企业职员。大学职业学院与企业签订培训合同，学生在企业要实习几个月至一年，并需掌握两门外语。

为适应本国劳动力市场的需要而设立的学徒培训中心是法国职业教育的又一重要形式。学徒培训中心由地方政府、工商行业、企业或企业协会主办，属于半工半读或工学交替的职业教育机构，招收接受义务教育后16～25岁青年。学制一般为1～3年，毕业生可获得"职业能力证书"或其他文凭。

二、高等教育和科研

法国的高等教育分为综合性大学、高等专业学院、高等技术学校和承担教学任务的科研教育机构4类。在2011—2012学年，法国拥有83所大学以及226所名校，在校大学生234万。

法国的著名高校有巴黎大学、格勒诺布尔第一大学、斯特拉斯堡第一大学、里尔第一大学、里昂第一大学、综合理工大学、国家行政学院、巴黎高等商业学院以及巴黎高等师范学院等。巴黎大学是法国历史最悠久、规模最大的综合性大学，公元 13 世纪初即已具雏形，经多次改组和调整，现分为 13 所大学，约 30 万学生。因索邦大厦是该校主要校址，因此索邦成为巴黎大学的代名词。

其实，法国更负盛名的是"Grande Ecole"，一般称高等学府，普通高中毕业生经过高中会考后，还需在预科班就读两年以上才能参加淘汰率极高的考试，进入高等学府。高等学府实行三年学习制度，毕业文凭等同于硕士。法国企业和科学界领袖大多出自此类学府。

法国也是科技大国，法国的科研水平一直居世界前列。法国国家科研中心是法国最大的科学技术研究机构，也是欧洲最大的基础研究基地之一。该机构成立于 1939 年，隶属于法国国民教育、研究与技术部。科研中心研究的范围包括自然科学和人文社会科学的所有领域，以基础研究为重点，同时也重视开展一些应用性研究。近年来尤其关注跨学科的研究，如健康、能源、环境等课题。法国科研中心学科门类齐全，所有学科都纳入 8 个学部进行分类管理。这 8 个学部是核物理与粒子物理学部、物理与数学学部、信息与通信科学技术学部、工程科学学部、化学学部、宇宙科学学部、生命科学学部以及人文与社会科学学部。另外，科研中心还有国家核物理与基本粒子物理研究所、国家宇宙科学研究所两个国家级研究所。

三、宣传媒体

法国最著名的通讯社是法新社，全称法国新闻社，是世界主要的通讯社之一。法新社于 1835 年创立，原名哈瓦斯通讯社，1944 年 9 月重建并改用现名，是与路透社、美联社和合众社齐名的西方四大世界性通讯社之一，而且法新社是这四大通讯社中资格最老的一个。1956 年，法国政府确定了法新社的独立地位，但其财政管理仍由国家控制。法新社在国外有 110 家分社，辐射 165 个国家，向全球约 7 000 家报纸、2 500 家电台和 400 家电视台供稿。

法国国家广播公司成立于 1975 年，下设 6 个广播电台：国内综合台、新闻台、文化台、音乐台、蓝色台、7 号台。此外，还有国家广播公司和地方共同投资的 17 家独立的地方台。为加强对外宣传，国家广播公司专设独立的法国国际台，以 17 种语言全天对外广播，几乎覆盖全世界。1982 年，政府通过法令，取消国家对电台的垄断，允许私人和团体设立电台。截至 2014 年，法国全国私营电台近 1 300 家，主要有卢森堡电台、蒙特卡洛电台、欧洲一台等。

法国现有 5 家全国性国营电视台：法国 2 台、法国 3 台、法国 4 台、法国 5 台（教育台）、法国 Ô 台（文化交流台）；3 家全国性私营台：TF1、TV6、CANAL+（收费台）；几十家中央或地方的有线电视台，主要通过 ADSL 和 TNT（数字地面电视）方式播出，另可接收大部分国际卫星电视频道。TV5 和法国国际台 France24 是覆盖世界上大部分地区的法国电视台。法国的电视一台（TF1）隶属于法国布依格集团，是一家私人电视台。

法国主要的报刊有：《费加罗报》《世界报》《法兰西晚报》《解放报》《巴黎日报》等。地方报纸主要有：《西部法兰西报》（它是法国发行量最大的报纸）、《北方之声》、《独立报》、《阿尔萨斯消息》（DNA）。主要周刊有：《快报》《观点》《新观察家》《巴黎竞赛画报》《费加罗杂志》等。法国约有 6 000 家出版社，其中 51 家的图书出版量占全国图书出版总量的 83%。

第八节 风俗习惯

一、社交与礼仪

1. 礼节

在社交场合，法国人与客人见面时，一般以握手礼居多，少女向妇女常施屈膝礼。男女之间、女子之间在见面时，还常以亲吻面颊来代替握手。法国人还有男性互吻的习俗，两个大男人见面，一般会当众在对方的脸颊上分别亲一下。

在法国一定的社会阶层中，"吻手礼"也颇为流行。不过施吻手礼时，嘴不应接触到女士的手；也不能吻戴手套的手；不能在公共场合吻手；更不得吻少女的手。

与法国人打交道，约会必须事先约定，并且准时赴约，但是也要对他们的"姗姗来迟"事先有所准备。法国商人往往相当拘礼和保守。法国当地人对其他任何人（包括其他地方的一些法国人）说法语的方式都感到走样，听不入耳。

法国人社交习俗总的特点可以用几句话来概括：法国人很直爽，性格大多较开朗；谈吐幽默又风趣，特别善于交往；"女士优先"成为普遍风尚；忌讳询问个人私事，秘密一般不对他人讲述；注重礼节和礼仪，乐于助人。

2. 宴请

在法国，即使相识很久，法国人也不会轻易邀请别人到家里做客。不过，若有这类邀请，给女主人送上鲜花（不要送玫瑰花或菊花）或巧克力之类的小礼品将会很受欢迎。

在享用法餐时，绝不可端起盘子吃东西，可以拿在手上的餐具只限于杯子类，两手允许放在餐桌上，但不要将两肘支在桌上。放刀叉时，应将其一半放在碟子上，一半放在餐桌上。

一般来说，在法国人的餐桌上酒水贵于菜肴。而在正式的宴会上，则有"交谈重于一切"之说。这是因为法国人视宴请为交际场所，所以他们举行的宴会大都时间较长。在用餐时只吃不谈是不礼貌的。还有，如果在法国餐厅吃饭，千万别抱怨侍者上菜速度太慢，他们这样做完全是为了你和你的朋友有足够的时间聊天，而且这样做还有一个更大的好处，就是可以防止你吃得太快被噎着。

3. 送礼

法国人对送礼有自己的看法。他们认为"礼貌是至关重要的"，故而赠送礼品的适当与否要特别注意，包装更要尽善尽美。法国人很浪漫，喜欢知识性、艺术性的礼品，如画片、艺术相册或小工艺品等，因为这样的礼品可以表达出送礼人对接受者的高雅品位的赞美。在选择及赠送礼品上，法国人的高雅、文明、别具一格等特性得到了充分的体现。而赠送笨重、铺张的礼物则被看作是不善交际的表现。

法国主要的送礼节日是圣诞节和新年。12 月 24 日，孩子们将鞋子放在圣诞树下或者靠近烟囱的地方，等待大人们塞满果品和小玩意儿。家庭成员之间一般也互赠礼品。兰花、盛开的杜鹃等鲜花是经常用来送人的佳品。新年前夕,家人和朋友之间互赠的礼品就更多了。受邀请的客人带着鲜花、食物和其他礼物来参加聚会,女主人则照例为每位客人预备一份小礼物或纪念品。

4. 小费

法国也有付给服务人员小费的习惯。如在餐馆用餐,付小费的金额应是用餐金额的15%;无须付小费给出租车司机,如果司机的服务非常好,可以给他一个整数车费而不必找零。不过,也有人认为应该根据服务的质量,多付给司机 10%~20%的车费作为小费。在理发店理发,给小费没有任何规矩,小费也不包含在收税条目里。不过如果长期在一家理发店理发,那最好也不要太吝啬,适量的小费是应该的。在法国住旅馆不一定要付小费,但客人也可留些小钱在床头柜上,不过最好还是当面给,要不然会被人家当作遗失物还回来。

二、节日

法国有自己独特的风俗习惯和宗教信仰,他们一般会过一些宗教性节日和民俗类节日。宗教性的节日如复活节、圣女贞德节等;民俗性的节日如圣诞节、新年、劳动节、万圣节等。法国人对节日非常重视,每个节日来临前都会提前做好准备。法国一年中主要的节日见表 4-1。

表 4-1 法国一年中主要的节日

日 期	节 日
1月1日	新年
1月6日	三王来朝节
3月	狂欢节
4月1日	愚人节
5月1日	五一国际劳动节
每年春分月圆之后第一个星期日	复活节
7月14日	国庆节
8月15日	圣母升天节
11月1日	万圣节
11月25日	圣喀德琳节
12月25日	圣诞节

1. 国庆节

法国的国庆节是每年的 7 月 14 日。法国 1880 年议会通过立法,确认攻克巴士底狱日为国家的国庆节,以此来纪念法国资产阶级大革命。国庆节是法国最隆重的民众节日之一。每年 7 月 14 日,全国放假一天。节日前夕,家家户户都挂起彩旗,所有建筑物和公共场所都饰以彩灯和花环,街头路口架起一座座饰有红、白、蓝三色布帷的露天舞台,管弦乐队在台上演奏着民间流行乐曲。在 13 日和 14 日的晚上,狂欢的人群纷纷涌向街头,脖子上围着红、白、蓝三色彩带,随着音乐跳起欢快的卡马尼奥舞及其他民间舞蹈。政府会在这天举行阅兵式,晚上一般还会有焰火晚会。

2. 遗产日

法国的遗产日是每年 9 月的第三个周六和周日。遗产日纪念活动是从 1984 年正式开始的，该节日最初的活动是在每年 9 月的第三个周日举办，在当时的文化部长雅克·朗的推动下，诸多深宫中的历史文化遗产敞开大门向公众开放，目的是让更多的人了解、热爱进而保护人类历史和文化遗产。该节日最初名称为"国家文物开放日"，到 1992 年，开放时间为周六和周日两天。

3. 圣喀德琳节

每年的 11 月 25 日，是圣喀德琳节，也被视为法国的感恩节。这是个地道的巴黎地方节日。在这一天，巴黎 25 岁尚未婚嫁的年轻姑娘们会梳妆成圣喀德琳的形象。这些庆祝圣喀德琳节的姑娘们在圣女雕像前献上花圈，圣女雕像位于与其同名的大街上。这一天会做出许多黄色和绿色的小帽子，一个比一个新颖。在较大的女装店内，人们欢乐地跳舞，喝香槟。

4. 圣诞节

圣诞节是法国最为重大的宗教节日之一。相传，被视为"圣父"的上帝之子耶稣生于 12 月 25 日，基督教徒为了纪念这位"圣子"的诞生，将这一天定为圣诞节。节日前夕，亲朋好友之间要互相寄赠圣诞贺卡，以表节日的祝贺和问候。如同中国的春节一样，法国的圣诞节是个合家团聚的日子，节日前，身在异地的人们纷纷赶回家里过节。要说圣诞节最为快乐的，还是孩子们。12 月 24 日晚上 11 点左右，天真的孩子们满怀希望地将新袜子放到壁炉前，等待着"圣诞老人"将礼物放到袜子里或是圣诞树下。在法国，按规定全国从 12 月 25 日起放假两天，但事实上，如同大多数欧美国家一样，从 12 月 24 日开始，节日的庆祝活动就达到了高潮，全国停工停产，学校里也从不在这一天给学生安排课程，加上周末及随之而至的元旦，假期可达 10 天左右。

三、习俗

1. 结婚

法国法律规定，男子年满 18 岁，女子年满 15 岁即可以结婚。法国人有一个传统习俗，结婚前很多家庭会举行隆重的订婚仪式，在订婚仪式上相爱的男女向亲朋好友宣布，成为未婚夫妻，并相互允诺不久便会结婚。订婚时女方一般会收到男方的订婚戒指和礼物。但是订婚只是文化习俗，不具有法律的保障，任何一方都可以在结婚前反悔。订婚到结婚，一般有 1 年的时间，双方的家庭一般都会为结婚而忙碌地做着各种准备。

法国人的婚礼最大的亮点在新娘的婚纱上。选择婚纱很费功夫，法国有不少婚纱店和各种式样的婚纱，价格不一。法国新娘比较理性，选择的婚纱既美丽，又符合自己的经济能力。有的法国人更节约，不愿意花很多钱买只穿一次的婚纱，于是去婚纱店租婚纱。同样，新郎和新婚夫妇家人也是婚礼上的主角，他们的服饰也很重要。男人相对容易，燕尾服（法国新郎很多人穿燕尾服，包括男女双方的父亲）或西装就可以了，女人服饰就比较复杂，新郎新娘的母亲一般选择典雅庄重的服装，新郎新娘的姐妹们则选择漂亮时尚的连衣裙或晚礼服，她们在婚礼喜宴时也都很漂亮。法国有很多专门的结婚礼堂，婚宴的时间一般安排在注册登记或者举行宗教婚礼的同一天晚上。结婚礼堂有美丽的庭院，布置得美轮美奂，在露天的花园里放满各种小吃、水果、饮料和酒水，盛装的客人边吃、边喝、边聊，气氛轻松随意。这样的场合可以见到不少老朋友，也可以结识很多新朋友。

婚宴之后一般还有舞会，法国人在婚礼上尽情地载歌载舞，抒发自己的快乐。婚礼常常是通宵达旦，有的人早走了，有的人玩到最后，反正新人和家人一定要等到最后一位客人离去才能回家。

婚礼结束后，大部分新婚夫妻会去蜜月旅行，甜甜蜜蜜地享受二人世界的温馨和浪漫。

2. 出生与洗礼

法国人信仰最多的宗教是天主教，信仰人数大约占到总人口的 65%。天主教徒家庭的孩子出生后，按照教规，都要经受"洗礼"，以洗脱人类"原罪"，保持新生命的纯洁。同时，新生儿在接受洗礼时，也会按旧例领取一个教名。洗礼仪式结束后，招待大家的宴席或茶会一般也不会少。

3. 生日和上学

法国人过生日也同大多数西方国家一样，喜欢把自己的亲朋好友召集在一起，举办一个生日派对。大家向过生者送上生日祝福和自己准备的小礼物，一起为过生日者唱生日歌，然后大家在派对上共享欢乐，共享生日蛋糕。

法国孩子一般在五六岁开始上小学，这也是义务教育的开始。法国小学的校历将 9 月作为新学年的开始，且规定每个星期三不上学。法国人对孩子首次入学非常重视，因为他们认为这是孩子学习阅读、写作的开始，并将拿到人生的第一份成绩单。

4. 习俗禁忌

在法国送花时要格外注意，送花的支数不能是双数，男人不能送红玫瑰给已婚女子。在送花的种类上也应注意：在当地送菊花是表示对死者的哀悼，因而平时送菊花是犯忌讳的。

法国人把每一种花都赋予了一定的含义，所以选送鲜花时需格外小心：玫瑰花表示爱情，秋海棠表示忧虑，兰花表示虔诚，郁金香表示爱慕之情，报春花表示初恋，水仙花表示冷酷无情，金盏花表示悲伤，雏菊花表示我只想见到你，百合花表示尊敬，大丽花表示感激，金合欢表示信赖，紫丁香表示我的心属于你，白丁香表示我们相爱吧，倒挂金种表示心里的热忱，龙头花表示自信，石竹表示幻想，牡丹表示害羞，白茶花表示你轻视我的爱情，红茶花表示我觉得你最美丽。

此外，法国人认为鲜艳的色彩是高贵的，因而很受欢迎。在法国人的心目中，蓝色是"宁静"和"忠诚"的色彩，粉红色是积极向上的色彩。但法国人忌讳核桃，厌恶墨绿色，忌用黑桃图案，商标上忌用菊花。法国人还视孔雀为恶鸟，并忌讳仙鹤（认为它是蠢汉与淫妇的象征）、乌龟，认为杜鹃花、纸花不吉利。

法国人认为"13"这个数字以及"星期五"都是不吉利的，甚至能由此引发什么祸事。如果你对老年妇女称呼"老太太"，她们是很不高兴的。法国人还忌讳男人向女人送香水，因为这有过分亲热和图谋不轨之嫌。他们还不愿意别人打听他们的政治倾向、工资待遇以及个人的私事。如果初次见面就送礼，法国人会认为你不善交际，甚至认为你很粗俗。

第五章

德　国

德意志联邦共和国（The Federal Republic of Germany）简称德国，位于中欧，其国际域名为.de，国际区号是+49。德国人口约 8 200 万（2017 年），国土面积约为 35.7 万平方千米。德国是位于欧洲中部的议会制和联邦制国家，由 16 个联邦州组成，首都柏林。

德国在 1870—1871 年普法战争中第一次形成统一的民族国家。德国是 20 世纪两次世界大战的策源地和战败国。二战后，德国于 1949 年分裂为德意志民主共和国和德意志联邦共和国两部分。1990 年，"两德"终于实现统一。

德国是欧盟的创始会员国之一，也是联合国、北大西洋公约组织和八国集团的成员国，是当今世界强国之一。德国是现今 27 个欧盟成员国中人口最多的国家。

随着经济的持续发展和政治地位的提高，德国的著名企业公司不断向海外发展，其中戴姆勒、西门子、保时捷、汉莎、大众、巴斯夫、拜尔、蒂森、博世、宝马等公司在海外的知名度不断提高，在中国也几乎家喻户晓。

一提起德国的伟人，中国人首先想到的是科学共产主义的奠基人马克思；一提起罪人，就会想起臭名昭著的希特勒。此二人在中国乃至全世界几乎家喻户晓。德国的历史并不长，但是，它孕育过的伟人之多，对欧洲乃至世界历史进程影响之大，很少有国家能与之匹敌。例如，诗人和作家歌德、席勒、海涅；作曲家巴赫、贝多芬、莫扎特；哲学家康德、费尔巴赫、黑格尔、马克思、恩格斯、韦伯；科学家爱因斯坦、普朗克、伦琴、科赫、西门子、本茨；政治家俾斯麦、艾伯特、阿登纳，等等。因此，不少人把德国称为思想家和诗人的摇篮。

毋庸置疑，德国人在给人类文明做出杰出贡献的同时，也曾给世界，特别是给欧洲人民带来了深重的灾难。以歌德和席勒为代表的德国人在魏玛时期曾创造过光辉灿烂的文化，而以希特勒为代表的民族败类在二战期间犯下了人类历史上空前绝后、骇人听闻的种族灭绝罪行。魏玛和奥斯威辛成了德意志民族正负面的典型。

有人说，德国人易走极端，既是天使，又是魔鬼，并时而会出其不意地创造奇迹。20 世纪两次世界大战初期，德国军队运用了闪电战术，势如破竹地席卷了大半个欧洲，创造了"军事史上的奇迹"；第二次世界大战后，德国人在战争废墟上，以惊人的速度，在短短的 10 多年中创造了"经济史上的奇迹"；20 世纪 80 年代末、90 年代初，德国人举国上下，齐心协力，出乎世人意料，仅用了一年的时间，竟把两个社会制度截然不同的国家合并在一起，完成了举世瞩目的重新统一大业，一举创下了"政治史上的奇迹"。随着欧洲一体化进程的加快，特别是欧元的启动，德国是否还能创造奇迹？21 世纪将是欧洲的德国还是德国的欧洲？

第一节 综　　述

一、地理概貌

德国位于斯堪的纳维亚半岛和阿尔卑斯山脉之间，地处欧洲中部，面积约为 35.7 万平方千米，居欧洲第七位。德国因其特殊的地理位置，故有较多的邻国。它共与 9 个国家接壤，东邻波兰、捷克，南毗奥地利、瑞士，西接荷兰、比利时、卢森堡、法国，北接丹麦，并濒临北海和波罗的海。

德国的地形分为北德平原、中德山地、西南德梯地和山地、南德高原和阿尔卑斯山区。由于德国地势南高北低，除多瑙河及其支流外，其他河流均由南向北注入北海和波罗的海。

德国主要河流有莱茵河、多瑙河、易北河、威悉河。德国的所有河流几乎都与运河连接，较著名的有中德运河、多特蒙德—埃姆斯运河、北海—波罗的海运河、莱茵—美茵—多瑙河运河。较大的湖泊有博登湖和基姆湖。德国最大的岛屿是吕根岛，位于波罗的海海岸。最高的山峰是楚格峰（海拔 2 962 米），位于阿尔卑斯山东部。

二、气候

德国属温带气候，一年四季气候宜人，雨水充足，夏秋日照较多，七月平均气温为 14℃～19℃，一月平均气温为-5℃～1℃，既无酷热的夏天，也无严寒的冬天。由于雨量充足和气温适中，德国是个天然森林国，其森林面积约占土地面积的三分之一。

三、人口和居民

德国人口约 8 200 万（2017 年），绝大多数是德意志人，另有少数索布人、佛里斯兰人、丹麦人和吉卜赛人。此外，还有 920 万外籍人。

四、民族性格

德意志民族最早是由许多日耳曼人部落组成。在长达近 2000 年的德意志民族的历史上，分裂主义和地方民族主义一直占优势。长期以来，各邦国为争夺德国和欧洲的霸权展开了旷日持久的战争。规模较大的战争有三十年战争（1618—1648 年）、反拿破仑的德意志民族解放战争（1813 年）、德意志统一战争（1864—1871 年）以及两次世界大战等。

这些战争造就了德意志民族的刚毅性格，不畏强暴，敢于斗争的精神。加上其他一些因素，久而久之，产生了一种强烈的民族自豪感和种族优越感。在特定的历史条件下，强烈的民族主义演变成社会沙文主义，最终发展成一种异端邪说——"雅利安种族论"，并成了德国帝国主义和法西斯主义发动两次世界大战的"理论"基础。

德国人给人的印象是勤劳勇敢，有事业心和进取心，有较强的组织性和纪律性；他们对待生活严肃，对待工作认真，对待事业踏实；他们有高度的责任感和自觉性，热情好客，表里一致。德意志民族是一个有较高文化素质和道德修养的民族。

五、语言

德国的官方语言为德语，北德汉诺威地区的德语被称为标准德语。德国面积虽小，但各地方言甚多，特别是南德，如巴伐利亚的方言尤为难懂。目前世界上有 1 亿多人使用德语。除德国外，以德语作为母语的国家和地区有奥地利、列支敦士登以及瑞士大部分地区。

六、宗教信仰

德国大约有 1/2 的人信奉新教，其余 1/2 的人信奉罗马天主教。少部分人信奉犹太教、伊斯兰教等。德国北部地区大多数人信奉新教，南部则信奉罗马天主教，中部是两种教派的混合区。

七、移民和外国人法

德国不像美国、加拿大、澳大利亚等是移民国家,因此,它制定了严密的法律,限制外国人移民、定居德国,取得德国国籍。德国国籍不是按国际惯例取决于本人出生地,而是取决于本人的血统。因此,出生在德国的和长期生活在德国的外籍人的入籍问题长期以来得不到解决。自 2005 年起,"外国人法"由居留法、移民法和政治避难法组成,外国人入籍法才开始有较大幅度的松动。2014 年,德国有 20.3%的人拥有移民背景,其中 920 万人持有德国护照。

自 20 世纪 80 年代末以来,每年有几十万人在德国申请政治避难。在 2015—2016 年的欧洲难民危机中,德国奉行宽松的避难政策,接收的难民数量远远超过欧洲其他国家,在某种意义上,承担了欧洲的"道义领导权",德国总理默克尔也因坚决捍卫避难权成为"圣母",被《时代》周刊和《金融时报》评为年度人物。①

八、国家象征

1. 国歌

德国国歌的歌名为《德意志之歌》,共有三节。由于历史原因和战后领土的变动,第一节和第二节歌词内容已被禁唱。在官方场合下,只允许唱第三节歌词。

《德意志之歌》

作曲:约·海顿

作词:霍·冯·法勒斯雷本

> 统一、法权和自由,
> 德意志祖国神圣宗旨!
> 让我们兄弟般地团结起来,
> 为实现此宗旨而努力奋斗!
> 统一、法权和自由,
> 这是幸福的可靠保证!
> 德意志祖国在幸福的光辉下繁荣,
> 愿祖国繁荣昌盛!

2. 国旗

德国国旗呈长方形,长宽之比为 5∶3,旗面自上而下由黑、红、金三个平行相等的横长方形相连而成。黑、红、金三色象征着泛日耳曼民族争取统一、独立、主权的雄心。黑色象征严谨肃穆,红色象征燃烧的火焰,金色象征真理的光辉。

---

① 伍慧萍. 德国能否在难民危机中再次指导欧洲[J]. 同济观点,2016(1):26.

3. 国徽

德国的国徽是一只红嘴和红爪的黑色雄鹰,其底框为金黄色。自古以来,德国人对雄鹰的崇敬都是虔诚而深沉的,雄鹰始终被看作是一种圣洁的神鸟,人们相信它会给德国带来幸福、恩宠和力量。

4. 国花——矢车菊

德国人民酷爱花草,尤其喜爱矢车菊。地处中欧的德国最适宜矢车菊的生长,德国人用它象征德意志民族爱国、乐观、顽强、俭朴的特征,因为被认为有吉祥之兆,所以被誉为"国花"。

第二节 历 史

一、从日耳曼人到法兰克王国(至公元 10 世纪初)

德意志民族的祖先是古代日耳曼人。大约在 3000 年前,他们就已居住在斯堪的纳维亚半岛、现今德国北部、波罗的海海滨和沿海岛屿上。

从公元 3 世纪起,日耳曼人部落开始结成部落联盟,其中较大的有法兰克、盎格鲁、萨克森、勃艮第等。这些部落联盟为日耳曼民族的形成奠定了基础。

公元 4 世纪,日耳曼人由于受到匈奴人和其他外族的驱逐,开始成群结队地涌向南部的西罗马帝国。公元 476 年,在日耳曼人的大举入侵和帝国境内奴隶起义的双重打击下,西罗马帝国灭亡了。日耳曼人在原帝国的领土上建立了许多王国。

在诸多的日耳曼王国中,法兰克王国对欧洲大陆的影响最大。查理大帝(742—814 年)是法兰克王国历史上,也是欧洲历史上最著名的国王之一。至 9 世纪初,法兰克王国的版图大为扩展,其领土包括今天西欧和中欧的法国、德国、意大利等国,从而成为法兰克帝国。

由于经济上、文化上和语言上没有统一的牢固基础,查理大帝死后,法兰克帝国分裂成三部分:莱茵河左岸讲罗马语(拉丁语)的西法兰克王国即后来的法国,莱茵河右岸讲日耳曼语的东法兰克王国即后来的德国,和南部的意大利王国。法兰克帝国的分裂为以后法国、德国和意大利的建立奠定了基础。

二、德意志国家的建立和帝国的盛衰(911—1500 年)

东法兰克王国由弗里斯兰、萨克森、洛林、法兰克、施瓦本、巴伐利亚等部落公国组成,大致包括今天的荷兰、联邦德国的东部和中部、瑞士和奥地利。919 年,萨克森公爵海因里希一世(919—936 年在位)取得政权,正式建立了德意志王国。德国部分史学家把 919 年视为德意志史的开端。

海因里希一世的儿子奥托一世(936—973 年在位)于 936 年继承王位,并于 962 年由罗马教皇加冕为皇帝。从此,德意志王国便被称为"罗马帝国",自 16 世纪起,它的全称为"德意志民族神圣罗马帝国"。史称奥托一世建立的"罗马帝国"为德意志第一帝国(962—1806 年)。德国历史上共有三个帝国:第一帝国(962—1806 年),俾斯麦建立的第二帝国(1871—1918 年),第三帝国是纳粹德国(1933—1945 年)。

自 13 世纪后半叶起，皇权开始衰落。1356 年，德皇查理四世颁布的"黄金诏书"使各地诸侯在其统治地区有绝对的君主权，其中包括行政权、关税权、司法权、铸币权等。这样，"德意志民族神圣罗马帝国"的中央皇权已名存实亡。德意志第一帝国只是各自独立的几百个诸侯邦国的结合体。

12—14 世纪，德意志诸侯不断向东扩张，最后把德意志帝国疆域从易北河扩张到奥得河以东的普鲁士和波罗的海东岸地区。其扩张的疆土相当于现今联邦德国领土的 1/2 以上。东部的普鲁士逐渐成为影响德国历史发展的举足轻重的邦国。

三、从宗教改革到德国统一前后（1500—1900 年）

1. 宗教改革和农民战争

16 世纪初，德国教会封建主和世俗封建主穷奢极侈，过着荒淫无耻的生活。罗马天主教教皇把德意志看成是"摇钱树"。教会向农民索取"什一税"，兜售"赦罪符"，使得许多农民背井离乡、家破人亡。

1517 年，神学教授马丁·路德（1483—1546 年）发表了著名的《九十五条论纲》，矛头直指罗马天主教教皇。路德的新教不承认罗马教皇是上帝在地球上的代言人，教徒不需要通过教皇可以直接与上帝取得联系，其途径是其唯一的信仰——《圣经》。

当时，由于人民群众普遍对罗马天主教教会不满，路德的著作起了点火的作用。宗教改革的深入发展最后导致 1524—1525 年声势浩大的农民战争。战争中出现了不少杰出的农民领袖，如托马斯·闵采尔（1489—1525 年）。但由于农民起义是分散的，缺乏集中领导，封建诸侯兼用镇压和欺骗两手，将农民起义镇压下去。

宗教改革和农民战争是德国历史上第一次反封建、反腐败的大规模群众运动。特别是宗教改革打破了罗马天主教教会的一家统治，路德创立的新教开始在欧洲和整个世界范围内广泛传播。因此，宗教改革在德国历史上乃至欧洲和世界历史上具有深远的历史意义。

2. 三十年战争和普奥之争

宗教改革后，德国出现了错综复杂的社会矛盾，主要是路德的新教诸侯和天主教诸侯间的对立和冲突。教派间的冲突终于引发了长达 30 年的战争（1618—1648 年）。丹麦、法国、瑞典、西班牙等国也纷纷参战。这场战争不仅是德国新旧两个教派的诸侯间的一场混战，而且也是在德国领土上进行的第一次欧洲争霸战争。1648 年，战争以缔结《威斯特伐利亚和约》而告终。其结果是：法国夺取了欧洲霸权，荷兰和瑞士最终脱离了德意志帝国，成为完全独立的国家；德意志各邦国保持完整的独立主权地位，帝国分裂成 365 个大小邦国和 1 000 多个骑士国。"德意志民族神圣罗马帝国"，即德意志第一帝国名存实亡。

此时的德意志有两个起决定作用的超级强国，它们是东北部的普鲁士和西南部的奥地利。普鲁士历代国王都致力于经济、特别是军事的发展，使普鲁士成为一个强大的军国主义国家。18 世纪，普、奥两国为争夺德意志霸权，不断发生军事冲突，并发展成当时欧洲的五强（俄国、英国、法国、普鲁士、奥地利）。这也是欧洲五强中没有德意志帝国的原因。

3. 拿破仑占领下的德意志

1789 年，法国爆发了资产阶级革命。封建专制的普鲁士、沙皇俄国、奥地利等国对法国进行武装干涉。至 1806 年，法国军队在拿破仑指挥下击溃了普鲁士军队，并消灭了德国西南部的 112 个封建邦国，成立了"莱茵同盟"。同年 4 月，德意志皇帝弗朗茨二世被迫放弃皇帝称号，皇冠落地，"德意志民族神圣罗马帝国"，即德意志第一帝国（962—1806 年）也就寿终正寝了。

在法国大革命的影响下，普鲁士一些有识开明之士进行了一系列资产阶级改革措施，增强了普鲁士的经济和军事实力，为民族解放战争奠定了基础。1813 年 10 月，"莱比锡各民族大会战"给拿破仑以沉重的打击。翌年 3 月，联军攻克巴黎，结束了拿破仑在德意志和欧洲的统治。

1814—1815 年，欧洲各国代表举行了维也纳会议，重组欧洲政治新格局。1815 年 6 月，德意志境内完全独立的 39 个邦国成立了"德意志同盟"。奥地利宰相梅特涅为同盟会议主席。"德意志同盟"是各邦国之间的一个松弛的邦联组织，39 个邦国仍享有完全独立的主权，但与"德意志第一帝国"时期的 365 个独立邦国相比，"德意志同盟" 向国家统一方向迈出了一大步。

4. 1848—1849 年的德国资产阶级革命

1848 年 2 月，法国再次爆发资产阶级革命。在其影响下，各邦国的市民、学生、工人纷纷举行武装起义，开始了德国历史上第一次声势浩大的资产阶级民主革命。1848 年 3 月，革命风暴席卷全国，各邦诸侯、王公贵族纷纷倒台。同年 5 月，各邦资产阶级代表在美因河畔的法兰克福市保罗教堂举行了首次国民议会，并于 1849 年 3 月通过了"帝国宪法"。议会选举普鲁士国王弗里德里希·威廉四世为帝国皇帝，可是他拒绝接受皇冠，并向革命力量进行反扑，各地起义先后被镇压下去。1848—1849 年资产阶级革命没有完成"自由和统一"的历史使命。

5. 德国的统一和俾斯麦的内外政策

1848—1849 年革命失败后，资产阶级把注意力从政治转向经济。当时发展经济的严重障碍是缺乏一个统一的国内市场。所以，消除分裂、统一德国已成为当务之急。普鲁士宰相奥托·冯·俾斯麦（1815—1898 年）高瞻远瞩，认识到德国的统一势在必行，他实行"铁血政策"，发动三次王朝战争，先后击败了丹麦、奥地利和法国，自上而下地统一了德国。

1871 年 1 月 18 日，俾斯麦在巴黎近郊的凡尔赛宫镜厅宣告统一的"德意志帝国"诞生。史称俾斯麦成立的帝国为德意志第二帝国（1871—1918 年）。此时，国家意义上的"德国"正式诞生。俾斯麦不在德国的领土上，而在法国的首都宣告统一的"德意志帝国"诞生，埋下了日后法、德两国间世仇的祸根。

俾斯麦团结所有邻国、孤立法国、确保帝国安全和欧洲均势的外交政策，特别是他的统一德国的"铁血政策"，使他成为 19 世纪下半叶欧洲政坛的风云人物。

四、第一次世界大战至"两个德国"成立（1914—1949 年）

1. 第一次世界大战期间的德国

由于建立了统一的国内市场，从法国得到巨额战争赔款和洛林的铁矿，并采用了最先进的科学技术，德国在 20 世纪初从一个落后的农业国一跃成为世界最先进的工业国之一。为了争夺市场、重新瓜分世界，欧洲逐渐形成了两个敌对的帝国主义集团：由英、法、俄组成的协约国和由德国、奥匈帝国和意大利组成的同盟国。

1914年8月1日,德国向法、俄宣战,战争正式开始。1918年德国战败,被迫向协约国投降。1919年1月18日,战胜国在法国凡尔赛举行会议,重组欧洲政治新格局。战胜国之所以选定1月18日为会议开幕日,因为正是在这一天,俾斯麦在凡尔赛宫宣布德意志帝国成立。可见法国报仇雪耻之心是多么强烈。巴黎和会于1919年6月签订了"凡尔赛和约"。德国失去了原有领土的1/8和原有居民的1/10,并且失去了所有海外殖民地。德国还必须偿付巨额战争赔款和限制军备。凡尔赛和约对德国的苛刻条文给战后危机埋下了祸根。

2. 十一月革命和魏玛共和国

第一次世界大战快结束时,德国基尔港水兵于1918年11月初举行了反战武装起义。起义很快蔓延到全国各地。1918年11月革命是德国历史上第二次声势浩大的资产阶级革命。革命结束了德国千年帝制,并于1919年建立了共和国——魏玛共和国(1919—1933年)。

自1924年起,德国的经济重整旗鼓,迅速发展,再次超过英、法,居世界第二位。在经济实力增强的同时,德国逐渐恢复了它在欧洲的强国地位。并于1926年加入了国际联盟,即后来的联合国。1924—1929年,德国在内政和外交上经历了一个相对稳定的和平发展时期。对此做出重要贡献的是魏玛共和国第一届总统艾伯特(1871—1925年)和外交部部长施特莱斯曼(1878—1929年)。

3. 德国法西斯主义和第二次世界大战

早在1920年,希特勒(1889—1945年)等人就组织了带有极端爱国主义和民族主义色彩的"德国民族社会主义工人党",即纳粹党。20世纪30年代初,希特勒利用严重的经济危机煽动狂热的民族主义情绪,终于在1933年1月30日夺取了政权,建立了德国历史上的最后一个帝国——第三帝国(1933—1945年)。

希特勒一上台,就取缔除纳粹党外的一切政党,集大权于一身。与此同时,希特勒积极扩军备战,与日本、意大利结成"反共轴心"。1939年9月1日,德国发动了对波兰的进攻,由此导致了第二次世界大战的全面爆发。1945年法西斯德国战败,并于5月8日宣布无条件投降。

五、德国的分裂和统一(1949—1990年)

1. 德国的分裂

二战后,按照反希特勒同盟签订的协议,德国丧失了奥得河和尼斯河以东的所有领土,普鲁士也从德国地图上消失。失去领土总计约11.4万平方千米。居住在这一地区的1 000多万德国人,被迫背井离乡,迁移到奥得河和尼斯河以西。根据协定,苏、英、美、法四国分区占领了德国及其首都柏林。这种分区占领导致了德国的分裂,在1949年9月至10月间先后成立了德意志联邦共和国和德意志民主共和国。

2. 德国的统一

1949年民主德国成立后,德国统一社会党,即民主德国的共产党,成为唯一的执政党。1952年,民主德国封锁了两德边境,从此,两边居民不能自由往来。但是,由四大国共管的东西柏林仍是一个完整的、统一的城市,交通畅通无阻,人员和货物可以自由往来。因此,不少东德人借道西柏林去联邦德国。直至1961年,近3百万人逃亡西方,占民主德国总人口的 18%。

为制止居民出逃，民主德国政府于 1961 年 8 月 13 日在东西柏林交界处的东柏林一侧筑起了一道带有铁丝网、岗哨、地雷区的水泥墙，切断了通往西柏林的所有交通要道，从而阻断了居民外逃的最后途径，同时也切断了与西方世界的联系。

20 世纪 80 年代后期，民主德国爆发了一场严重的政治、经济和社会危机。1989 年 10 月，柏林、莱比锡、德累斯顿等许多城市的群众纷纷走上街头，举行游行示威，示威群众把矛头直指统一社会党，要求该党下台。

1989 年 11 月 9 日晚，德国统一社会党发布了"迁徙自由的新旅行法"，取悦于民。在一片混乱中，人们把此法理解成边境开放法。当晚，柏林墙的通道被打开，成千上万东柏林人犹如潮水般涌入西柏林。柏林墙被推倒成为德国统一大业的开端，11 月 9 日成为德国历史上的重要纪念日。

1990 年 1 月，莱比锡等地再次爆发大规模游行示威，其口号从"我们是人民"转换成"德国，统一的祖国！"为顺应民意，两国政府签订了几个国家统一的条约。按条约规定，民主德国加入联邦德国，即联邦德国的宪法和所有法律适用于统一后的德国。1990 年 10 月 3 日，民主德国加入联邦德国，"两个德国"正式宣告统一。

3. 统一后的德国

为振兴东部经济，西部向东部调拨了大量的公共基金。为减轻国家对东部财经的负担，白 1991 年起，政府向每个西部公民征收附加税，人们称之为"团结税"，相当于西部公民所得税纳税额的 5.5%。政府曾多次应诺，随着东部经济的复苏，"团结税"很快会被取消。然而，至今"团结税"依旧存在。

由于"两个德国"社会制度大相径庭，统一的机遇来得如此突然和出人意料，统一大业又无前人经验可借鉴，因此，民主德国和联邦德国的融合过程进展得很缓慢。现今，"柏林墙"在老一辈德国人的脑海中还或多或少地存在。

第三节 国家体制

一、基本法

德国的宪法称为《基本法》，于 1949 年制定。当时的《基本法》在序言中强调，德意志联邦共和国是一个临时的过渡性质的国家，波恩也是临时首都，因此，德国没有真正意义上的宪法和首都。德国统一后，《基本法》也适用于东部 5 个新州，即整个德国。从此，《基本法》成为德国的永久性宪法，柏林成为德国的正式首都。

《基本法》规定了德意志联邦共和国在任何情况下都必须遵循的 5 项原则：共和制、民主制、联邦制、法治制和社会福利制。《基本法》把公民的基本权利置于首位，它的 1～17 条强调公民权和人权。其基本思想是，国家为了人而存在，而不是像一党专政时期那样，人为国家和领袖而存在。对《基本法》的修改有严格的规定。在任何情况下，《基本法》1～17 条内容不允许修改。只有得到联邦议院和联邦参议院 2/3 以上的议员同意，才能对《基本法》其余条文作修改。

二、联邦制与自治

德国是个联邦制国家，由 16 个州组成。柏林、汉堡与不来梅三市因历史原因直接成为联邦州。由于是联邦制，因此，地方有较大的自治权。州不是省份，从狭义上说，每个联邦州是一个相对独立的权力实体。实施联邦制旨在更好地发挥各地区的特点，试图纵向分散国家权力，防止中央机构滥用职权。各州不仅有自己的宪法、政府、议会和法院，而且还有自己独立的财政预算和管辖的警察力量。

但州的权限是有限的。《基本法》规定，外交、国防、关税、贸易等均属联邦立法范围，各州无权干预。《基本法》还规定，联邦权力置于州的权力之上，如果州的法律同联邦法律有冲突，前者失效。实际上，《基本法》把联邦德国导向为一个中央以立法为主，联邦以管理为主的国家。①

三、国家机构

德国最高权力机构是议会，它由联邦议院和联邦参议院组成。《基本法》规定，每届联邦议院任期 4 年，议员必须由全国人民通过普遍、直接、自由、平等和秘密的方式选举产生。

德国的国家元首是联邦总统。总统的地位和职权相当于立宪制国家的君主，主要行使代表性职权，因此，并无实权。

联邦政府，即内阁，是联邦德国最高行政机构，联邦政府设总理和副总理各一人，联邦总理是联邦德国国家机构中影响最大的实权人物。为确保联邦总理的权力和政府的稳定，《基本法》还制定了对联邦总理的"建设性不信任案"。联邦议院有权对联邦总理表示不信任，并把他赶下台。但是，联邦议院不能以传统的半数以上议员的不信任来迫使联邦总理下台，它必须在表示不信任的同时，提出一名新的联邦总理候选人。因此，这一不信任案具有建设性的意义。

由于实行"建设性不信任案"，联邦德国的政府比较稳定。自德国建国以来，前后担任过联邦总理职务的仅有 8 人。现今的联邦总理安格拉·默克尔自 2005 年以来已是第三次连任，她是联邦德国历史上第一位担任此职位的女性，她同时也是基民盟的主席。在《福布斯》杂志 2014 年和 2015 年世界最有权势女性排名中，她都名列第一。②

联邦宪法法院是德国的最高法院，其主要任务是审核联邦议院和联邦参议院以及各州议会通过的法律是否与《基本法》精神相符，如不相符，它可宣布这些法律无效。它还负责确定某一政党是否违法，如果违法事实确凿，它可宣布取缔该党。另外，它还审理对联邦总统和法官的起诉，以及裁决联邦各机构之间、联邦与各州之间以及州之间的争执案件。

---

① 吴志成. 当代各国政治体制——德国和瑞士 [M]. 兰州：兰州大学出版社，1997.
② Peter Hinterreder. 德国概况 [M]. 法兰克福：莎西埃德媒体公司与德国外交部，2015.

四、选举、政党和群众组织

1. 选举

一般情况下,联邦德国公民每 4 年选举一次联邦议院。由于联邦德国采用的是多数选举制和比例选举制相结合的双重选举制度,因此,选民必须投两次票,议员的半数按多数选举制原则选举产生,称为第一轮选举。全国划分成许多选区,每一个选区选举一名议员,选民直接投票给候选人本人,得相对多数票者当选。其余半数议员按比例选举制原则选举产生,称为第二轮选举。参加竞选的各政党在联邦各州提出本党议员候选人名单。选举时,选民并不是投票给竞选名单上的候选人,而是候选人所属的某一政党。

联邦德国选举法特别有利于较大的政党。选举法规定,凡未得到 5% 以上选票的政党,或在第一轮选举中未得到 3 个议席的政党均不能进入联邦议院,选票一律作废。"百分之五限制条款"限制了小党进入议会的机会。自 1961 年起,选票几乎全部集中在个别大党手中。"百分之五限制条款"对巩固国家政权起着极为重要的作用。

2. 政党

1990 年两德统一后,联邦议院中先后共有七个政党:德国社会民主党(简称社民党)、基督教民主联盟(简称基民盟)、基督教社会联盟(简称基社盟)、自由民主党(简称自民党)、联盟 90/绿党(简称绿党)、民主社会主义党(简称民社党)和左翼党。基民盟和基社盟在联邦议院中组成一个议会党团。因此,人们把两党称为联盟党或姐妹党。

2013 年第 18 届联邦议院大选以来,德国由基民盟/基社盟和社民党组成的大联合政府执政,这是德国政党体系中两个最大政党的联盟。在 630 名议员中,大联盟占了 503 席(基民盟/基社盟 310 席,社民党 193 席)。由左翼党(64 席)和联盟 90/绿党(63 席)组成的在野党仅占 127 席,为 40 多年来最小的议院在野党阵营。[①]

按传统习惯,社会民主党为工人党,代表左派,被称为红色;联盟党和自由民主党代表右派,被称为黑色。联盟 90/绿党和左翼党为左派,被称为绿色。社民党和基民盟/基社盟组成的大联合政府则被称为红黑联盟。

联邦议院中各政党所持的政治观点和意识形态大同小异,它们都以《基本法》为党纲的准则。魏玛共和国时期各党派显明的阶级代表性和由此而产生的你死我活的党派斗争已不复存在。那时的三大党各自代表一种截然不同的世界观:德国共产党主张无产阶级专政下的社会主义;德国社会民主党赞同多党制的议会民主制;德国民族社会主义工人党,即纳粹党,主张法西斯一党专政下的民族社会主义。现今,各政党仅仅在制定和实施某项具体方针政策上有分歧。各政党内部也经常产生意见分歧,并形成左、中、右三个派系。

3. 群众组织

联邦德国最大的群众组织是"德国工会联合会",其下属最大的行业工会是"冶金工业工会"。联邦德国雇主最大组织是"德国雇主协会联邦联合会",其下属最大的雇主协会是"德国工业联邦联合会"。在联邦议院大选前夕,该协会下设的促进协会在工业界进行募捐,

---

① Peter Hinterreder. 德国概况 [M]. 法兰克福:莎西埃德媒体公司与德国外交部,2015.

把巨款赠送给代表雇主利益的政党。

20 世纪 70 年代以来，联邦德国各地此起彼伏成立了许多居民自发组织。自发组织既不同于政党，也不同于群众团体和各类协会。这些自发组织的斗争锋芒主要是针对当局的官僚主义和社会弊病。例如，为保护绿色环境和防止环境污染，居民自发组织起来反对当局建造原子能发电站，反对建造横穿森林的高速公路，反对扩建给城市带来噪音的大型飞机场。最大的环境联合会是"德国环境与自然保护联盟"。

第四节 外交政策

一、外交环境的改变

随着 1990 年两德的统一，40 年来压在联邦德国身上的"三座大山"：战败、分裂和侏儒（"经济巨人，政治侏儒"），随之消失。德国站了起来，作为一个政治和经济大国开始跻身于世界政治舞台。

但是，邻国对德国东山再起，作乱欧洲的恐惧和担忧之心由来已久。众所周知，德国有发动两次世界大战的前科和反犹、排犹的劣迹，因此，当德国统一时，有关欧洲前途的议论——"欧洲化的德国"还是"德国化的欧洲"蜂起一时。德国政府对欧洲诸邻国的这种心态一目了然。因此，在一些国际条约中，德国政府作了许多让步，例如，被迫放弃对失去的奥得—尼斯河以东领土的要求。在政府对外声明中，联邦德国的国家领导人一再强调：德国是我们现今的祖国，统一的欧洲是我们的未来，德国再也不会成为战争的策源地。

二、德国与欧洲一体化

以上诸方面的因素决定了德国执行的是全方位的和平外交政策，其重点是：维护和加强与北大西洋联盟，特别是与美国的联盟。继续从事欧洲的统一事业，实现以欧盟为中心的欧洲统一。

欧盟原有 28 个成员国，2016 年 6 月，英国全民公投，退出欧盟，现今欧盟有 27 个成员国。长期以来，德国一直是欧盟最大的经济体，2014 年，德国的国民生产总值为 38 000 亿美元，仅次于美国、中国和日本，是全球第四大经济体。在世界贸易组织（WTO）的年度排名中，德国仅次于中国和美国，常年跻身全球三大出口国之列。2014 年，德国的外贸平衡出现 1 900 亿欧元盈余，创下新高。[①]德国凭借上述经济实力，在推进欧洲一体化的进程中，如在欧盟机构改革、欧元的建立和启动、欧盟的东扩以及 2015—2016 年的欧洲移民危机中起着举足轻重的作用。

为维护在经济和货币联盟中的核心地位，德国政府不遗余力启动欧元，为此，德国不得不忍痛割爱马克。因此，时任联邦总理的科尔无限惆怅地说，这是他"一生中最暗淡的时刻"。[②]但放弃马克的前提是，欧元必须继承马克的"优良传统"，为此，德国要求欧盟其余

---

① Peter Hinterreder. 德国概况［M］. 法兰克福：莎西埃德媒体公司与德国外交部，2015.
② 德国研究杂志社. 德国研究［M］. 上海：同济大学德国研究所，1999.

国家的中央银行按照德意志联邦银行的模式改建和接受德国的经济、金融和货币体制以及制裁程序。此外，德国还要求按德意志联邦银行模式建立欧洲中央银行，并提议选址在法兰克福市。这一切已如愿以偿。

德国与法国的关系是决定欧洲一体化成败的关键。因此，德国历届政府把改善和法国的关系作为欧洲政策的重点。历史上，德国曾是法国的宿敌。从1870年普法战争至1945年第二次世界大战结束，在短短的75年间，两国为争霸欧洲大陆曾发生过三次大规模战争。因此，德国战后政府竭力开展对法国的修好政策。其主要措施是加入并促进欧洲一体化。在发展欧洲一体化的问题上，法、德两国有着共同的利益。德法轴心被视为欧洲一体化的"支柱"和"火车头"。

三、德国对外文化政策和机构

德国对外文化政策的宗旨在于促进德国和世界的文化交流。德国同近100个国家签订了文化合作协定，执行对外文化政策的主要机构有以下3个。

1. 歌德学院

歌德学院是世界上最大的文化传播机构之一，成立于1951年，在近百个国家设有分院。歌德学院的首要任务是负责国外的德语教学，即把德语作为以文学为中心的"文化语言"来推广，相当于中国的孔子学院。为此，它在国外开设了许多语言班，外国人可通过考试，获"德语作为外国语"证书。

歌德学院也在中国的一些城市开设，如上海、北京分院。歌德学院给考试及格的学生颁发证书，为去德国留学的中国学生提供了方便。除了开设难度不等的德语班和中国德语教师进修班外，它还举办展览会、文学作品朗诵会和讲习班，全面介绍德国文化。

2. 德国学术交流中心

德国学术交流中心旨在推动德国和世界各国的学术交流，有计划地与各国交换留学人员和科学工作者，发展国际上的合作。该机构于1994年在北京设立了办事处，加强了与中国高校的联系和合作，每年向中国高校派选教师和留学生，接纳中国高校学生和教师去德国进修学习和进行科研工作，并向中国学者提供较多的奖学金名额。

3. 洪堡基金会

洪堡基金会是德国最大、名誉最高的官方基金会。35岁以下的青年科学家可用科研成果向该基金会申请奖学金，去德国从事科学研究或业务进修。自2006年起，洪堡基金会推出了一项面向中国申请者的联邦德国总理奖学金项目。

四、中德关系

1. 历史上往来（至1949年）

中国与德国历史交往悠久。第一个来到中国的德国人是科隆传教士布鲁德尔·阿诺尔德。他于1303年来元大都（今北京）传教，标志着两国的往来的开始。

1897年11月，山东曹州巨野县发生群众反教会斗争，打死两名作恶多端的德国传教士，德国借机派兵舰占领胶州湾。1898年3月，清政府被迫与德国签订不平等的《胶澳租界条约》。同年4月27日，威廉二世正式宣布胶州湾为德意志帝国的管辖区。

1900年6月，由英、俄、日、法、德、美、意、奥组成的八国联军向北京进犯，镇压义和团。德军元帅瓦德西（1832—1904年）被任命为联军总司令。八国联军攻占北京后，逼迫清政府于1901年9月签订《辛丑条约》。

两次世界大战期间，中德断交，并处于战争状态。二战后，国民党政府曾在柏林设军事代表团，后因经费困难而撤销。

中德文化交流史上最早的重要人物首推耶稣会传教士约翰·亚当·沙尔·冯·白尔（1592—1666年），又名汤若望。汤若望有渊博的自然科学知识，通晓中文，曾先后在明清两代宫中供职。另一位是著名数学家和哲学家莱布尼茨（1646—1716年），他是向德国人介绍中国文化的开拓者。德国著名大文豪歌德（1749—1832年）一生对中国文化极感兴趣，曾以中国的《花笺记》为题材撰写了14首《中德四季晨昏杂咏诗》，其中"视线所窥，永是东方"诗句表达了诗人对中国文化的倾心。

20世纪以来，中国人在寻找救国之道中发现了德国的哲学。康德、黑格尔、费尔巴哈、马克思、恩格斯等人的学说在中国知识界不胫而走。不少中国人跋山涉水，远渡重洋去德国留学寻求救国真理，其中有周恩来、朱德、王炳南、乔冠华等。"五四运动"以来，德国文学名著，如歌德、希勒和海涅等人的作品和格林童话等被介绍到中国。现代德国作家，两位诺贝尔文学奖获得者，海因里希·伯尔（1917—1985年）和君特·格拉斯（1927—2015年）的作品在中国也颇受青睐。

2. 1949年后的中德关系

1949年10月，中华人民共和国和德意志民主共和国建立了外交关系。1949年，德意志联邦共和国成立之后既不同台湾国民党当局建交，也不同中国政府建交。20世纪50年代和60年代初，中国与民主德国在政治、经济、文化等所有领域保持极为良好的关系，不少学生被派往东德留学。20世纪70年代初，中美关系解冻。受其影响，1972年10月，中国与联邦德国建立了外交关系。建交后，特别是20世纪80年代改革开放以来，两国关系发展迅速，不少学生被派往西德留学。

1989年联邦德国加入西方各国对中国经济制裁和武器禁运的行列。因此，两国关系几乎中断。1992年后，中德关系才开始逐步改善，并走上正常发展的轨道。

自2005年安格拉·默克尔任联邦总理以来，中德关系虽有摩擦，但从总体上看，还是积极向上的。

在经济领域，德国是中国在欧洲的最大经贸伙伴。德国大众汽车公司在中国几乎家喻户晓，西门子在中国市场上的外国机电制造商中居首位。

德国有不少银行在华设立了分行或办事处。德国的几家大银行，如德累斯顿银行、德意志银行和商业银行在北京、上海等大城市都设立了分行或办事处。

3. 中德间文化和教育交流

中德两国政府于1979年10月签订了文化交流框架协定。此后，文化合作和交流活动十分活跃。1988年，歌德学院在北京设立了分院。1994年，德国学术交流中心在北京设立办事处，促进了德中高校间的文化与教育的合作和交流。1985年，德国创建了第一所中文学校——波恩华侨中文学校。1998 年，汉诺威成立"中国文化中心"，编写汉语教材，开办汉语班，包括速成班和汉语语言水平测试班。

为进一步推进中德文化交流，2006 年，德国首所孔子学院在柏林成立。随后，德国各地高校和机构纷纷申办孔子学院。至 2016 年，已有 16 家孔子学院先后在德国各地落户，这些孔院各具特色，有的以语言教学为主，有的更重视学术交流，有的则将文化传播视为重点，等等。10 年来，各地孔子学院因地制宜，结合当地情况开展汉语和文化推广活动。

第五节 经 济

一、经济发展特征

第二次世界大战结束，德国成了一片废墟，经济遭到严重破坏。1946 年，德国西部地区的工业生产仅及战前的 27%，但战后经济恢复和发展迅速。1950 年，联邦德国工农业生产已恢复并超过战前水平。早在 1960 年，联邦德国的国内生产总值就已经超过法国和英国，居西方世界第三位。

2016 年德国经济进入连续增长的第 7 年，就业率达到创纪录水平，国家和社会保险收入增长，联邦的新债已经降到零。[①]

德国经济的竞争力主要源于其强大的创新能力和极高的出口导向。在汽车制造、机械和装备制造、化工和医疗技术等销售强劲的行业，有超过一半的销售额来自出口。2014 年，只有中国和美国的出口额高于德国。德国每年在研发上投资约 800 亿欧元。[②]

二、20 世纪 60 年代经济奇迹的由来

德国经济发展的最重要阶段是 20 世纪 60 年代创造的世人瞩目的经济奇迹。德国之所以能在较短的时间内创造经济奇迹，有以下几个重要原因。

早在第一次世界大战前夕，德国工业已跃居世界第二位。第二次世界大战前，在资本主义国家中，希特勒德国是仅次于美国的世界第二经济强国。战后，大规模拆迁德国工业设备的计划在西占区也没有认真地执行。因此，战后联邦德国的工业生产潜力也是比较强的。这是创造经济奇迹的最重要的物质基础。

从 19 世纪起，德国就十分重视教育和科研，20 世纪德国的科技水平一直遥遥领先。战后，有杰出成就的科学家虽然所剩无几，但德国人的文化素质和技术水平普遍较高。这是创造经济奇迹的人才基础。

1948 年，美国国会通过《1948 年对外援助法》，即马歇尔计划。与英、法两国相比，联邦德国所得美元援助额少得多，但基于其原有强大的物质和人才基础，美元作用却大得多。它犹如给贫困潦倒的德国输入一股强大的血液，为其经济腾飞增加了实力。

战后初期，流通货币激增，而物资严重匮乏，市场上商品奇缺，黑市猖獗。为结束这一

---

① Peter Hinterreder. 德国概况［M］. 法兰克福：莎西埃德媒体公司与德国外交部，2015.
② 同上。

混乱不堪的状况,联邦德国政府实行了币制改革。新货币取代了犹如废纸的旧货币。币制改革后的一夜之间,昔日空荡荡的货架上,突然出现了琳琅满目的商品。因此,人们把 1948 年 6 月 20 日这一天视为经济奇迹的开始日。

战后,德国经济高速发展的另一个重要原因是实施了社会市场经济,它犹如方向盘,使高速行进的"火车"向既定目标驶去。

三、社会市场经济

1. 理论基础和宗旨

社会市场经济的核心是实现一个"平等、公平、合理的福利社会"。为此,它既摒弃自由放任的市场经济,又拒绝由国家操纵的计划经济,力求吸取两种经济制度的优点。

联邦德国福利社会费用占国民生产总值的 30%左右,涉及面很广,主要包括三个方面:社会保险、社会照顾和社会救济,其中最重要的部分是社会保险。通过养老、疾病、失业、事故四大保险系统,使每个公民均能享受生、死、病、老的社会保障。经济利益的公平分配主要是通过国家的税收、财产和公共福利政策;经济权力的公平分配则通过代表工人利益的"企业委员会"、雇主和雇员的企业"共同决定权"和"工资自治"来实现。

2. 生态社会市场经济——产业绿色化

德国政府把产业绿色化称为"生态现代化",并将"社会市场经济学说发展成生态社会市场经济"理论。其主要表现有高污染、高耗能产业的比重下降,低污染、低耗能,即环保产业的比重上升。

德国的环保法律以其严格而闻名遐迩。为减少对环境的污染,早在 20 世纪 90 年代末,德国政府就推出保护环境资源的"生态税"。为保护环境,德国将逐步取消核电站,并为此进行立法。最迟至 2030 年关闭所有核电站。[①]

德国在使用无污染的再生能源领域也是名列前茅,如太阳能、水力和风力。德国人有很高的生态意识,这主要体现在其垃圾回收和循环利用方面。不同颜色的袋子用来放不同类型的生活垃圾,而且要到指定的市政垃圾收集点购买适用的垃圾袋。在超市里也能看到德国人的生态意识。"自备购物袋"是习惯做法,这里的购物袋可不是塑料袋,而是亚麻布做的袋子。[②]

"我经常看见许多同学拿着水杯在盥洗室的水龙头下接水喝,后来德国同学告诉我,他们从小就这样,他们国家的水质很好,许多地方的自来水可以和矿泉水媲美,喝了不会拉肚子也不会生病。"[③]德国超市出售的饮料很多也是用塑料瓶装的,顾客在付款时,一并为塑料瓶支付押金。待顾客喝完瓶里的饮料,把塑料瓶退还给任意一家超市,就能得到之前缴付的瓶子押金,所以,人们在德国的街上看不见随意被丢弃的瓶子。[④]

[①] 德国研究杂志社. 德国研究 [M]. 上海:同济大学德国研究所,1999.
[②] 巴里·托马林. 这就是德国 [M]. 邢延动,译. 北京:商务印书馆国际有限公司,2016.
[③] 朱范. 德国卷 [M]. 武汉:武汉大学出版社,2014.
[④] 同上.

3. 三高政策——高工资、高赋税、高福利

在西方发达国家中，德国雇员的劳动时间最短，假期最长，而工资几乎最高。德国雇员不仅工资高，而且每小时的工资补贴也是首屈一指的。工资补贴包括疾病、工伤、养老、失业等各类保险费用，节假日工资补贴和重大节日的双倍工资，企业各类福利津贴以及公积金补助，等等。德国还是一个高赋税国家，税率之高令人瞠目。高收入者，交的所得税很高，甚至可达50%。低收入者，交的所得税很低，甚至可不交，有的还可得到政府救助。同样工资收入者，有无子女，子女多少，其交的所得税也大不一样。高赋税主要针对高收入者和大型企业，对他们收取高赋税，再把高赋税用于全民的高福利，为创造平等、公平、合理的福利社会打基础。

有阳光的地方必有阴影。德国的高工资、高赋税、高福利的三高政策使企业成本增加，利润减少，国际市场竞争能力下降，对投资环境造成威胁。为逃避高赋税，不少大型企业纷纷去海外投资建厂，此外，高工资和高福利潜移默化地影响了德国工人的劳动素质和道德品质。例如，由于失业救济金较高，有些失业者在寻找工作时挑肥拣瘦。如是短期失业，其失业救济金与原纯工资相差无几，因此失业者不急于寻找新的工作岗位。有不少失业者在领取失业救济金的同时去干黑工。高税率政策使得不少人，特别是妇女宁可做"家庭保姆"，也不愿上班工作，如果工作，夫妻两人的工资税和其他杂税几乎相当于她半个月的工资，甚至更多。可不上税的最低工资制也使得一些人滋长了好逸恶劳的惰性，为了少交或不交税每周只工作几天。

四、重要工业部门和工业中心

德国主要工业部门有汽车制造、机器制造、化学工业、电子和电气工业。德国是仅次于美国和日本的世界第三大汽车生产国。2014年，德国生产的汽车约1 490万辆，其中77%以上出口国外。在德国最大企业名单（按2014年销售额排名）中，为首和居主导地位的都是汽车集团：大众汽车排名第一，戴姆勒和宝马分别位列第二和第四。[①]

机器制造业依旧是德国工业的传统支柱之一。机器制造业的产品品种之多在国际上无与伦比，其中享有盛誉的是高质量的精密仪器、光学仪器和机床。机器制造业中大型或特大型的企业较少，最大的是蒂森。

德国的化学工业有悠久的历史。二战前，德国的化学工业几乎全部由法本集团垄断。战后，该集团分成3家公司，它们是赫希斯特、拜耳和巴斯夫。目前，这3家公司不仅垄断了联邦德国的化学工业，而且成为世界化学工业中实力最强大的垄断企业之一。

电子和电气工业是德国工业部门的佼佼者。德国是欧洲最大的计算机硬件、软件市场，也是欧洲最大的个人计算机生产国。西门子不仅是德国最大的电子电气企业，也是世界最大的电子电气企业，该企业不断扩大国际业务，几乎2/3以上的业务在国外。

德国的工业中心和工业区分布比较均匀。鲁尔是旧工业区，位于德国的西部。在100多年的时间内，以煤钢为主的鲁尔工业区一向是德国乃至欧洲的工业心脏。20世纪末以来，鲁尔区成功地把单一炼钢结构改造成多元化的综合型经济结构。一批新颖的现代化

---

① Peter Hinterreder. 德国概况［M］. 法兰克福：莎西埃德媒体公司与德国外交部，2015.

大学，如鲁尔大学、波鸿大学和科研机构如雨后春笋般拔地而起；公园、花园、绿地、步行街、疗养院、休闲地比比皆是。如今的鲁尔区已成为德国乃至欧洲旧工业区改造的楷模。

其他工业区有：以汉堡和不来梅为中心的北部工业区，以慕尼黑为中心的东南工业区，以斯图加特为中心的西南工业区，以柏林、哈勒—莱比锡为中心的东部工业区。

第六节 社 会

一、社会结构

德国是个典型的阶层社会，通过工会和其他组织共同参与企业管理，雇员和雇主具有平等的共同决定权，共同成为企业的主人。德国社会民主党主张劳资双方应该成为斗争中的伙伴。西方某些政治家把劳资合作称为"无爱情的婚姻"。

阶层社会的另一重要标志是建立全民的社会福利国家，运用社会市场经济学说，逐步缩小贫富差距和社会阶层间的财富地位悬殊，建立一个相对公平合理的福利社会，力图变等级森严的"金字塔型"社会为两头尖中间宽的"洋葱型"阶层社会，并逐渐向理想中的"足球型"社会靠拢。德国社会的阶层划分如下。

上层："洋葱"顶端是联邦德国最富有的独立经营者，如大企业主、大商人、银行家等。他们所占的比例虽小，只有0.5%，但在经济界和政界起着举足轻重的作用。

最下层："洋葱"的底端是联邦德国的最下层，他们是社会边缘层，被称为社会的弱者，受到社会和政府的特别关注和同情，如抚养子女的单身母亲、养老金低微的老人、长期失业者、身残智弱者、刑满释放人员等，约占2.2%。

中层：中层是最大的群体，又可分上、中、下三层。上中层主要是高级公务员，如教授、高级公职人员、自由职业者、律师、会计师、医生、中小企业主等。中中层主要是普通职员、中级公务员。中下层是下级公职人员、店员、熟练技工等。中层所占比例约为59%。

下层：主要是普通工人、下级职员、未受过培训的辅助工等，约占38.3%。

二、德国公务员制度

二战后，联邦德国建立了一套比较完整的公务员制度，它陆续颁布了《联邦公务员法》《联邦法官法》《联邦公务员工资法》等相关条例和实施细则。公务员必须全心全意效忠宪法，应为全民服务。为此，公务员的政治行为受到一定限制，如果公务员成为联邦议院中某政党的一员，他必须在规定的期限内辞去所任公务员职务。现任公务员未经许可不得接受与职务上有关的报酬和赠予，在执行任务时，必须回避与自身或其家属有关的活动。公务员的政治、社会和经济待遇均比工人和职员好。

三、德意志民族主义和排外

1. 极端民族主义的思想和理论

德意志民族国家是在19世纪逐渐形成的。1871年德国统一，标志着民族国家的正式诞生。与欧洲其他国家相比，德国是个迟到的民族国家。民族主义具有积极和消极双重影响。19 世纪，德意志爱国主义发展到民族主义时，德国出现了一批思想家，他们中有的人推波助澜，有意无意地把爱国主义引入极端民族主义歧途。1807 年，哲学家约翰·戈特利布·费希特在《致德意志民族书》的演说中第一次打出民族主义的旗帜。为了唤起德意志反抗拿破仑侵略的民族精神，他强调，法国人和犹太人都是腐朽种族，只有日耳曼人才有中兴的可能。他们的语言是纯洁的，最与众不同。只有在他们的影响下，历史才能展开一个新纪元……[1]思想家黑格尔声称："日耳曼精神就是新世界的精神……日耳曼的使命不是别的，乃是要做基督教原则的使者。"[2]

这些哲学家极力鼓吹日耳曼人，特别是"纯雅利安人种"的优越性。可以说，德国的民族主义在它诞生之时起即已深深地打上了排外的烙印。不言而喻，其中有些人的学说中有合理部分，但其非理性部分和糟粕往往被反犹主义者和种族主义者所利用，成为他们的行动纲领。黑格尔的国家权力至上说、尼采的超人学说、叔本华的权力唯意志论、瓦格纳的排犹仇犹，对本来已高度自我膨胀的德国人和第三帝国来说无疑是一帖迷魂剂，使自命不凡的纯亚利安人变得如痴如醉。

2. 希特勒的"社会主义"的民族主义

希特勒继承了以上理论家的糟粕，把民族主义推向社会沙文主义，并加上了"社会主义"招牌。在 1923 年制定的"二十五条纲领"党纲中，希特勒把党的名称改为"民族社会主义德国工人党"。"二十五条纲领"中有七条涉及反犹的种族主义政策。

希特勒胡说什么"历史是民族和种族生存斗争的过程""所有的历史事件无非是种族争取生存的表述"。希特勒的核心思想是种族和种族生存斗争是人类历史发展的唯一动力。为此，他把人类分成三个范畴：文明的创造者、文明的接受者和文明的破坏者。日耳曼人、德意志人，特别是北欧迁移来的亚利安人才有资格属于第一类人。由于种族有优劣和高低之分，他竭力主张保持种族的血统纯洁性，反对民族的混合，否则优等民族将会退化和衰落。

希特勒给民族主义披上"社会主义"的外衣，因此更具有欺骗性和蒙蔽性。他的"二十五条纲领"中有一系列社会主义要求。例如："取缔不劳而获的收入"和"砸碎利息奴役制"（第 11 条），"工人参与分享大企业的利润"（第 14 条），"我们要求实现……土地改革""废除地租""制止一切土地投机倒把"（第 17 条），等等。由于他的纲领矛头直指腐朽的人剥削人、人压迫人的资本主义制度，不少中下层德国人盲目地追随他，自以为在为实现人类最美好的社会而奋斗。由于德国社会的上层，如大企业家、银行家、金融寡头中的很大一部分人是犹太人，因此，他的反资本主义的矛头主要针对所谓的"吸血鬼"犹太人。

希特勒把德国人心目中的民族英雄用历史红线串连在一起，并不断在全民中进行民族爱国主义的传统教育。他把马丁·路德、俾斯麦、兴登堡等各个时期的民族代表人物联成一串，甚至把歌德也列入进去。大肆为这些"民族英雄"树碑立传，要求青年一代牢记德意志民族的光荣传统和被凌辱的历史，为千载帝国"第三帝国"赴汤蹈火。

---

[1] 威·夏伊勒. 第三帝国的兴亡：上 [M]. 北京：世界知识出版社，1979.
[2] 黑格尔. 历史哲学 [M]. 王造时，译. 北京：生活·读书·新知三联书店，1956.

3. 反犹和排犹——希特勒的"最终解决"

反犹主义有它的漫长历史，德国的反犹思想和实践并不是希特勒及其纳粹党一手凭空制造出来的。希特勒的反犹是欧洲历史上历次大规模反犹排犹运动中最彻底、最坚决、最全面的一次，即希特勒自称的"最终解决"。

1935 年，纳粹党制定《纽伦堡法》，其中的《帝国公民法》规定："德国的公民权仅指具有德意志及其同种血统……为德国人民和德国尽忠服务的人。"在同一天公布的"德意志血统及荣誉保护法"规定："禁止犹太人升德国国旗或出示象征德国的颜色……"①在其他一系列法令中规定，犹太人不再受到法律保护。

1938 年 11 月 8 日深夜，全德各地纳粹党徒有组织地冲击犹太人住处、商店、医院、公墓，大肆进行打、砸、抢。此运动被称为"帝国水晶之夜"。

"纽伦堡法"和"帝国水晶之夜"标志着希特勒用法律与暴力相结合的手段开始有计划地灭绝犹太人。1942 年 1 月 20 日，在柏林郊区召开的万湖会议上，希特勒制定了对欧洲 1 100 万犹太人的"最终解决"方案。此方案的核心内容是从肉体上彻底消灭犹太人。执行者是党卫军，他们把欧洲各国的犹太人成批押运到东欧的几个集中营内，让他们在繁重的劳役中活活累死，剩余的被集体枪杀或在集中营的"死亡工厂"中被毒气杀害。据有关资料统计，1939 年全世界约有 1 500 万犹太人，到 1945 年只剩 900 万。

4. 德国政府和人民对历史的反省

二战后德国，无论是政府还是公众对纳粹罪行的认识和反省都有一个逐步深化的过程，大多数德国人内心深处经历了一个从狂热崇拜到怀疑和直至唾弃的过程。二战后相当长的一段时间内，联邦德国对揭露和反省纳粹德国史持消极回避态度。例如，中学教科书中很少有揭露和批判纳粹政权的内容。这一状况一直延续到 20 世纪 60 年代末。随着议会民主制深入人心，特别在取得"经济奇迹"后，联邦德国政治和文化领域出现了可喜的变化。在议会民主制度和多元化社会下成长起来的一代人无疑要了解其上一辈的真实历史，并对纳粹历史进行了反省和清算。

二战后，联邦德国对受害国及犹太人支付巨额赔款和赔偿。联邦德国两位总理勃兰特和科尔先后向受难的犹太人墓地下跪。这是德国人向受害者求得宽恕的最典型例子。针对 5 月 8 日是德国的"解放日"还是"战败日"之争，1985 年 5 月 8 日，在庆祝二战胜利的 40 周年集会上，联邦总统魏茨泽克在演讲中果断地下了结论："这一点已越来越清楚，今天我们大家都应该说 5 月 8 日是解放的日子，它把我们大家从民族社会主义的独裁统治下解放出来。"②联邦总统代表政府和人民对纳粹政体作了全面的否定。

德国政府十分重视对国民，特别是对年轻人的纳粹史教育，为此采取了以下几个方面的措施：学校以史为镜将纳粹暴行作为历史课教学重点。在一些原集中营和俘虏营旧址上为纳粹受害者建造纪念馆和纪念碑。用法律手段镇压极右势力，取缔一些新法西斯党，禁止使用纳粹党徽、党旗等象征物。联邦宪法法院规定，凡否认 600 万犹太人被纳粹杀害的事实，均

---

① 朱忠武，等. 德国现代史［M］. 济南：山东大学出版社，1986.
② 参见《德国研究》，1997 年第 2 期，第 12 页.

被判处 3 年以下监禁。①

四、德意志民族精神和德国人性格

1. 普鲁士精神——天使和魔鬼

德意志民族是个充满魅力而又极其矛盾的民族，在近代和现代，德国人一再扮演着两个泾渭分明的角色：天使和魔鬼。对德意志民族精神形成起决定性作用的是普鲁士精神。

1871 年，普鲁士宰相俾斯麦统一了四分五裂的德国，把奥地利排除在外，由此开始了德国的普鲁士化，俾斯麦建立的"德意志帝国"实际上是普鲁士化的德国。普鲁士精神和普鲁士气质的核心是推崇勤勉、忠诚、节俭、廉洁、精确、准时、绝对服从、遵纪守法、尽职守责、忠贞不渝。就其民族精神本质而言，并无善恶好坏、进步和反动之分，但在不同历史时期和不同社会制度下可能起截然相反的作用。德国人用普鲁士精神发动过多次侵略战争，他们采用闪电战术，以摧枯拉朽、雷霆万钧之势几乎席卷了大半个欧洲，给欧洲和世界人民带来了空前灾难。此时的普鲁士精神成了尚武的军国主义和法西斯主义的象征。然而用同样的普鲁士精神，他们击破了拿破仑的不可战胜的神话，取得了德意志民族解放战争的伟大胜利。又以同样的精神，他们创造了战后的经济奇迹和 20 世纪 90 年代初的两德统一的政治奇迹。

2. 遵纪守法——秩序高于一切

普鲁士的"顺从意识"和"臣仆精神"造就了德国人遵纪守法的习惯。在企业或部门中，德国人一切按规章办事，下级绝对服从上级，职工以服从为天职。领导则以遵纪守法作为衡量职工工作好坏的标准。这也是导致德国人性格拘泥、呆板、固执的原因之一。②他们的守纪几乎到了刻板僵化和迂腐的程度，有关马路上红灯的笑话足以证明这一点：在乡间道路上，半夜三更驾车，见到红灯停车的，世界上只有德国人。

德国人，特别是北德人办事细心，循规蹈矩，不敢越雷池一步，给人印象缺乏幽默感，古板冷漠和保守，但却令人尊敬。因为他们勤奋好学，遵守诺言，诚实可靠，办事认真。有人将德国人和法国人生活方式作过比较："法国人工作是为了生活，而德国人生活是为了工作。"又有人对德、意两国人截然不同的性格加以精辟概括："意大利人尊敬德国人，但却不喜欢他们。德国人喜欢意大利人，但却不尊敬他们。"③

遵纪守法的最终目的是维护秩序。德国人特别偏爱秩序，为了保障社会生活井井有条，他们制定众多烦琐的规章、制度、法律、法规等。秩序偶有紊乱，德国人的工作效率就会降低。德国人聚精会神工作时，特别需要安静，稍有响声便会使他们的大脑"短路"。

去朋友家做客或应邀赴宴，一定要准时。如果你早到十分钟，宁可开车转一圈或在附近散散步，也不要打扰主人的"秩序"。排队购物或买票的地方都是静悄悄的，甚至在火车车厢内和饭店内也听不到大声喧哗或谈笑声。如果你的声音稍微大一点，就会招来别人的白眼。

---

① 参见《德国研究》，1995 年第 3 期，第 49-50 页；1997 年第 2 期，第 17 页。
② 张暄. 德国［M］. 北京：世界知识出版社，1999.
③ 邱震海. 德国：一个冬天之后的神话［M］. 上海：复旦大学出版社，1997.

笔者一个朋友有个德国儿媳妇，他曾气愤地告诉我，他如要见孙子，必须一周前通知儿媳妇，否则休想见到。德国人的秩序还表现在生活起居、环境布置、工作节奏上。他们的起居室常年保持井然有序，一尘不染。在打扫庭院或大厅时，他们会跪在地上将每一个小角落擦洗一新。大多数外国人一方面讨厌德国人的古板、冷漠性格和烦琐而又头痛的各种规章条例；但另一方面，又欣赏德国人生活的宁静舒适和安全。

3. 诚实正派

德国人办事一丝不苟，不弄虚作假，信守诺言。例如，考场上几乎见不到监考老师。在德国商店购物可以放心，市场上几乎见不到德国制造的产品中有假冒或伪劣商品。"我曾和一位中国同学到柏林游玩，他在一家纪念品商店想买两块'柏林砖'作为纪念。由于'柏林砖'价格不菲，我那同学也很怕受骗上当，于是几次追问店员，这两块砖会不会是假货。商店的售货员一听，就笑着问我们是不是从中国大陆来的，她说，只有来自中国大陆的游客才会提出产品是真是假的问题，她对我同学讲，'德国无假货'。虽有点夸张，但不得不承认在德国买到假货的概率绝对比在中国低得多，而且真货的质量也令世人交口称赞。"[①]德国人非常重视职业道德。在谈生意时，他们一旦许诺，即使是口头许诺，也会不折不扣地执行。德国人的坦率、诚实有时会使人感到尴尬难堪。如果你做报告，为了表示谦虚在开场白中说"报告准备得不够充分，内容考虑不周难免有错误，目的是抛砖引玉"，德国人很可能真的相信你说的话，会直言不讳地劝你不要"抛砖"了。

五、社会福利保障体系

德国实行全民医疗保险制度。一般情况下，医疗保险费占投保者收入的13%。如投保者已有工作，则保险金额由投保者及其雇主对半分摊。保险金额随投保者的收入而定，收入高保险金额也高，收入低保险金额也相应减少。然而无论高收入者还是低收入者，其所享受的保险项目和医疗待遇一样。原先的医疗待遇等级制度已被取消，在德国没有高干病房。医疗待遇的差别仅仅在于病房内的床位数，但这一差别也不是由交付医疗保险金的多少决定的，而是由病人的疾病种类和健康状况所决定的。这一做法充分体现了社会福利国家的社会平等原则。德国的医疗保险制度还体现了"社会共济"原则，家中只要一人投保，全家都可享受医疗保险。即一人投保，全家受益。

德国的养老保险分为三种：法定养老保险、企业补充养老保险和私人养老保险。根据规定，所有职工均需参加法定养老保险。德国法定养老保险最重要的一项是老年养老金。雇员投保额由雇员和其雇主平摊。一般情况下，一个职工在投保45年后，其养老保险金额可达到在职人员净工资的70%，再加上企业支付的补充养老金，可基本上达到在职时的生活水准。

按规定，德国每个雇员均需参加失业保险。投保者如失业，可享受两项服务：一是失业金，它来源于投保者自己交纳的保险费。二是失业救济金，它完全由联邦国库支付。在职职

---

① 朱范. 德国卷[M]. 武汉：武汉大学出版社，2014.

工的失业保险费由雇员和雇主各承担一半。失业初期,投保者可领取失业金。失业者如有一个孩子,其失业金为原净工资的67%,无子女者为60%。一般情况下,失业者可享受一年的失业金,如再找不到工作,则只享受较低的失业救济金。

护理保险是德国一种新的保险制度,其主要目的是保障老年人及病残人员享有需要护理的权利,其设施主要是福利院和老年病康复中心。护理保险费由雇主和雇员平摊。

为了平衡家庭负担,德国政府颁布了《子女生活补贴费法》,每个有抚养义务者都可得到子女补贴。补贴费从孩子出生起发放至16岁,如果上学和接受职业培训,则发放至27岁。如有4个以上孩子的家庭,就可依靠子女生活补贴费维持一般生活水平。

社会最低层的极端贫困者可获得社会救济金,其只保障维持最低生活水平。社会救济方式分钱款救济和实物救济两种。社会救济金来源于国家的税收。

德国租房者受到法律的广泛保护。房主不得随意解除租房契约,也不许擅自增加房租。租房者付不起房租,可以向政府申请住房补贴。不论个人的收入多少,在购房或盖房时,国家都会给予一定数额的资助费用。如今,住房和盖房津贴已成为德国社会保障体制的一个重要组成部分。

第七节 文化与宣传

一、中小学和职业教育

德国是一个资源匮乏的高度发展的工业国家。为了弥补其资源的匮乏,它竭尽全力发展教育事业,提高全民的素质,特别在高科技领域内投入较多的资金,用知识换取资源。

德国不设教育部,教育领域内的立法权和管辖权均属联邦各州。因此,各州的教育体制、结构、内容存在较大的差异。德国实行12年义务教育(6~18岁)。所有公立学校不但免收学费,而且还向学生免费提供部分学习用品,如教科书。

年满6周岁的孩子开始上4年制小学。读完小学后,学生可以自由选择中学类型,大多数学生先上两年定向学校(5年级和6年级),以便有更多时间仔细考虑以后选择哪一类中学。德国中学共有4类,即5年制的普通中学、6年制的实科中学、6年制的综合中学和9年制的完全中学,即文理中学。大约有1/4小学毕业生直接升入5年制的普通中学。毕业后,他们还必须接受双轨制的职业教育。大约近1/3的小学毕业生进入6年制的实科中学,实科中学是介于普通中学和专科学校之间的一种技校。实科中学毕业生可获得"中等学校毕业证书",从而可进入职业专科学校或高级专科学校继续深造。另有近1/3的小学毕业生进入9年制的文理中学,文理中学是德国传统的"高级中学"。只有文理中学的毕业生才有资格进入高等学校学习。德国大学没有高考录取制度。一般情况下,学生只要取得文理中学毕业文凭,就可直接升入高等学校。在9年制的文理中学,学生们接受的是深化的普及教育,尤其到11年级至13年级,课程制取代了传统的班级制,学生有较大的自主学习空间,可以根据个人兴趣选择基础课程之外的重点科目,颇有让学生提前感受大学自由学术之风的味道。[1]另有少数小学毕业生进入 6 年制综合中学，它把普通中学、实科中学和文理中学的特色融为一体，学生可根据各自的智力和兴趣选择课程，调整今后学习方向。

德国职业教育的主要形式为"双轨制"，即企业和学校分别为"一轨"，受教育者在企业是"学徒"，在职业学校则以"学生"身份继续接受普通教育。在这种将传统的学徒培训方式与现代教育思想有机结合的模式下，德国建立校企合作、学以致用、学有所能的教育环境，为社会培养出大批技艺精湛的专门技术人才。[2]原则上，德国不允许任何一个没有接受职业培训的青年走上工作岗位。德国的"双轨制"职业教育在全世界可谓首屈一指，它也是德国经济能持续迅速发展的原因之一。

二、高等教育和科研

德国高等教育具有较长的历史，德国领土上的第一所大学是建于 1386 年的海德尔堡大学。德国高校的种类有学术性高等学校和非学术性高等学校。前者是联邦德国高等教育的最重要支柱，它包括传统综合性大学、综合工业大学、工业大学、新型综合性大学以及以某一专业为主的理工科大学，如医科大学、兽医大学、哲学和神学大学等。非学术性高等学校包括师范大学、艺术大学、音乐大学以及1970 年后建立的许多高等专科学校等。

各类高等学校中，学生人数最多的是传统综合性大学、工科大学和高等专科学校。传统综合性大学和工业大学中有许多类似中国的北大、清华、复旦、交大等名牌大学和重点大学。例如，洪堡大学、海德尔堡大学、慕尼黑大学、哥廷根大学、波恩大学、科隆大学、汉堡大学、柏林自由大学等。在各类大学中，得到迅速推广的却是新型的高等专科学校。它们类似中国的各类大专学校，其学制为 3 年。它们的教学和科研偏重于应用技术。由于这类学校培养的是从事实践的工程师和管理人员，对各地区工、农、商业发展能直接起促进作用，因此，在德国各州受到重视，并纷纷设立。在这类学校学习的学生数已占全国大学生总数的1/3。

德国的各类高等学校都强调学生的自学原则。这是培养学生独立思考、分析和解决问题能力的主要途径。学生可以根据自己的需要，各自拟定出相应的学习计划。例如，他们可以自己决定何时、何地、以何种方式在自己所选择的专业领域内进行毕业考试和取得学位。

德国大学有讲座课、研讨课和练习课 3 种。学生的课程作业和所做的课程报告可以说明学生掌握知识的深度和广度。联邦德国的大学，特别是传统综合性大学，要求学生阅读大量书籍，掌握百科全书式的渊博知识。学生在学习中没有教师编写好的指定教材或统编教材，只有指导教师推荐的大批图书，即开出的书单。

21 世纪以来，德国实行大学学制改革，废除原有的一级高教文凭，即硕士文凭，并与国际教育体制接轨，引入学士学位，颁发学士/硕士一贯制的二级高教文凭。长期以来，德国各界就高校收取学费问题争论不休。当前，德国各州原则上不收学费。为促进学生按常规学时完成学业，减少"胡子大学生"数量，对超课时学习的大学生，实行收取学费政策。

在过去很长时间里，德国被称为思想家和诗人的摇篮。在自然科学许多领域内，德国的

---

[1] 朱范. 德国卷 [M]. 武汉：武汉大学出版社，2014.
[2] 同上。

科研处于世界领先地位。至第二次世界大战前，45 位诺贝尔物理学奖获得者中有 10 个德国人，40 位诺贝尔化学奖获得者中有 16 个德国人。在社会科学领域内，德国文学有着悠久的历史。文学巨匠莱辛、歌德、席勒、海涅等人的作品直接影响着德国社会的发展。歌德不仅是德国古典文学的主要代表人物，也是欧洲文学史上的主要作家之一，他的代表作《浮士德》是欧洲和世界文学史上最主要的文学作品之一。海因里希·伯尔和君特·格拉斯是德国最著名的现代作家。他们分别于 1972 年和 1999 年获得诺贝尔文学奖。

德国的科研基地有 3 大类：高等学校、科研机构和经济界。科研机构均是独立自治的经营单位，最重要的科研机构有"德国研究协会""马克斯·普朗克科学促进协会""弗劳恩霍夫运用科学促进协会""德国学术交流中心""亚历山大·冯·洪堡基金会"。

三、宣传媒体

在西方，有人把宣传媒体称为仅次于议会、政府和司法的"第四种权力机构"。德国不存在出版检查制度。人们通过新闻报道和时事评论等对政府机构的工作有所了解，并同时对其进行监督。德国最主要的通讯社是德新社，总社在汉堡。除了各新闻社外，还有联邦政府新闻与信息局。

德国没有类似中国《人民日报》全国性的报纸，只有跨地区的报纸，其中对政治、经济影响较大的跨地区的报纸有 5 种：《西德意志汇报》《南德意志报》《法兰克福汇报》《世界报》《日报》。除日报外，德国还有数目繁多的周报，其中影响较大的有《时代报》《周刊》《莱茵信使报》。但在众多的报纸中，发行量最高的要数《图片报》，它是大街上的零售报，以图片和大标题为主，是旅行和乘车的消遣读物。

德国是一个报少刊多的国家，数以千计的杂志使出版物丰富多彩。国际知名度较高的新闻杂志有《明镜周刊》和《焦点》。《明镜周刊》以调查为主的新闻文体以及批评性的报道著称。因此，在德国有以下传说：最高政府机关的官员周一上班的第一件大事就是翻阅《明镜周刊》，看他的"丑闻"是否被刊登。此外，《明星》《彩报》等也都是家喻户晓的杂志。

德国的广播电视不归国家管理，设立广播电台的立法权归各州所有。德国除各州电视台外，全国性的电视台有德国电视一台和德国电视二台。"德国之声广播电视台"是德国唯一的联邦级广播电视台，也是德国对外广播电视台。自 1985 年起，德国私人电视台开始崛起，它们的节目几乎覆盖了德国各个角落，比较著名的有"卫星一台""卢森堡广播电视台""德国体育电视台"，主要播放故事片以及新闻频道 N-TV 等。

近年来，德国社会对"主流文化"和"多元文化"进行过多次讨论。"主流文化"是指以德国法律为依据，德意志文化为指导，使外籍移民逐步融入德国社会。"多元文化"是指外籍移民只需遵纪守法，不必放弃原有的宗教信仰和文化传统。但在日常生活中，移民的宗教信仰、文化传统与德国的法律和文化往往会发生冲突。伊斯兰教教徒可实行一夫多妻制，但德国法律只允许一夫一妻制。有一位德国籍的伊斯兰教女教师头戴面纱给德国学生上课，此举引起不少学生家长的非议。德国舆论界对此进行过激烈的辩论。最后占据上风的还是"主流文化"。德国不是移民国家，因此，当宗教信仰与德国的法律发生矛盾时，移民必须把德国的法律放在首要位置。

第八节 风俗习惯

一、社交与礼仪

1. 礼节

德国人在社交时,往往会注意一个称呼问题。与陌生人或长者交往,通常用尊称"您",对朋友、熟人则往往用友称"你"。称谓的变换,标志着两者之间关系的远近亲疏。在商务场合中,不仅要说出对方的头衔,还要多个头衔一起说出来,在过去这么做非常必要。例如,"教授、双料博士施密特先生",这人可能既是一位教授,又同时拥有两个博士头衔。现在的德国年轻人不太在乎这些繁文缛节,越来越多的人见面握握手就完事了。[①]德国人邀请客人,往往是提前一周或更长时间发出邀请或打电话告知被邀请者。在德国,去别人家做客,应事先通知一下被访者,千万别当不速之客。如果有德国朋友约你上饭店,你必须带上餐费。"约"你上餐馆,不等于他"请客"。就餐完毕,不必抢着替他付账。一般情况下,都是 AA 制,各付各的账。如是请客,他会事先告知你的。在德国,看电影迟到是司空见惯的事,但在看戏或听音乐会时迟到,则是令人讨厌的事。德国大学里有一种奇怪的现象——"大学里迟到一刻钟的惯例"。这就是大学生的一种不准时现象,指的是大学里的讲座往往要比课程表上规定的时间晚一刻钟的习惯。

2. 宴请

家里来了客人,用餐就要讲究一些。一般情况下,主人请女客人先坐下,男的要帮女的移动座椅,然后再自己坐下。待女主人拿起餐具时,用餐才算正式开始。此时,主人总会让客人先喝点开胃酒。用餐期间,女主人不断招呼客人吃这吃那,但从不把菜随便放入客人盘中,须征得客人同意后,才能这样做。敬酒时,主人很重视先后顺序,即先给女客人敬酒,如果领导的座位是最后一个,也只能是最后给他敬酒。

就餐时,德国人特别注意"吃相"。如是大块的肉要先用刀切成小块,然后放进嘴里。嚼时不能张开嘴巴,不能嚼出声音,如吃面条时,为了不发出声音,要用筷子把面条轻轻放进嘴里。喝汤时,也要把汤匙送到嘴里,更不要含着食物说话。进入嘴里的食物不能吐出来,所以吃带骨头的鱼、鸡翅膀、鸡腿时,先将鱼翅、鸡骨挑出来,然后再吃。德国人几乎不吃带骨头的鱼。吃葡萄时,德国人不吐皮,甚至连皮带核全咽下。餐桌上还有几则不成文的规矩:用作吃鱼的刀叉不能用来吃肉或奶酪,啤酒杯不能用作葡萄酒杯,各类酒杯不能混合使用。若同时饮以上两种酒,宜先饮啤酒,否则被视为有损健康。

去餐馆吃饭,德国人也从不摆阔,吃多少,点多少,往往是各人点自己喜欢吃的东西,从不浪费,就餐完毕,食盘中几乎没有残留食物。

3. 送礼

在德国,人们不习惯送贵重礼品,但却讲究有纪念意义。如笔者的一个德国教授来家里做客,送给笔者几本德国历史教科书,送给笔者的妻子一条围裙。因常为德国、瑞士和奥地

---

① 巴里·托马林. 这就是德国[M]. 邢延动,译. 北京:商务印书馆国际有限公司,2016.

利的来访客人作"厨师",笔者已收到好几条围裙和擦洗厨房的高级抹布。笔者书架上的德语书籍几乎都是德国、瑞士和奥地利高校老师赠送的。对一般性的邀请,客人只需带上些小礼品,如一束花、一瓶酒、一盒糖就可以了。送给主人的礼物务必撕去礼品上的价格标签,要精心包装后再送。受礼者在接到礼物时,为表示感谢,应当场打开包装,把礼物赞赏一番。

在祝贺朋友新婚或乔迁时,可直截了当地问受礼者需要些什么。有的新婚夫妇甚至会把所需东西列一张清单,送礼的朋友可按清单上所列物品,购来送给新婚夫妇。这看来似乎有些不可思议,但却是一种两全其美的好方法。

除此之外,德国人往往也习惯给护士、投递员、清洁工等送些礼物,以表示对他们工作的感谢。对这些人员,往往只需送些钱,钱更实惠些。人们一般把钱放在信封里,或直接把钱送到他们手里。

4. 小费

还有另一种"送"钱的习惯,那就是付小费。例如,有经验的旅游者一到达客房,就把小费塞到清洁工的手里,这样,他的房间就可保证天天整洁舒适。又如,在海滨度假,如及早把小费塞到出租太阳伞和躺椅等的服务员手中,就可保证随时随地租到所需物品。[①]在餐馆就餐,一般也应给侍者小费,小费一般占客人消费总额的5%。如客人对服务感到特别满意,往往也会多付一些小费。客人可以把账单上的钱凑成一个整数,或单独把小费放在桌上或服务员的盘中。

二、节日

德国的节假日非常多。德国南部的节日比北部多,尤以巴伐利亚州为最多。除了全国都庆祝的新年、复活节、劳动节、圣灵降临节、国庆节、圣诞节外,还有许多不同的地方节日、民间节日、宗教节日、传统节日、舞蹈节日等,如誉满全球的慕尼黑"啤酒节"是世界上最大的啤酒节。

如果节日正好是星期天,也不会为此而多放一天假。德国的节假日可分为日期固定的和日期不固定的两种,有的是全国性的固定假期,有的只是在某几个地区庆祝而已。德国一年中的主要节日见表5-1。

表 5-1 德国一年中的主要节日

日 期	节 日
1月1日	新年
春分月圆之后的第一个星期日	复活节
5月1日	劳动节
复活节后第50天	圣灵降临节
8月15日	圣母升天节
10月3日	国庆节
11月1日	万圣节
11月11日	狂欢节
12月24日	圣诞夜
12月25日	圣诞节

---

① 张暄. 德国[M]. 北京:世界知识出版社,1999.

1. 狂欢节

德国的狂欢节从每年 11 月 11 日 11 时 11 分就开始，一直延续到下一年的复活节前 40 天结束，前后长达 3 个月左右。但它的高潮却是在最后一个星期，在圣灰礼仪日前一天，尤其是在星期日、星期一（也称玫瑰星期一）和星期二。

各地区的狂欢形式不尽相同。狂欢节在慕尼黑、科隆、美因茨以及莱茵地区，即在德国的南部和西南部最为热闹，在德国北部，几乎不庆祝。在这"疯狂"的 3 天中，这些地区的外国人会感到特别惊讶，甚至怀疑自己是否还在德国，因为一夜之间一切都变了样。有的人变成了"电影明星"，有的人则变成了"强盗"，有的人打扮成牛仔或印第安人，有的成了"王子""公主"，有的甚至打扮成国家的总统或总理，连小孩也不例外。

2. 复活节

复活节在每年春分月圆之后的第一个星期日，是一个日期不固定的节日。复活节是纪念耶稣复活的节日。传说耶稣被钉死在十字架上，死后三天复活升天。在德国，复活节是仅次于圣诞节的盛大节日，它是国定假日，也是最古老的基督教节日。

复活节期间，几乎家家户户都要准备复活节兔子和彩蛋。人们互相赠送的复活节礼品就是彩蛋。彩蛋的制作很简单，在鸡蛋的外壳上描上美丽的色彩和花纹，有的甚至用巧克力和糖类做成彩蛋形状。孩子们则相信，彩蛋是兔子送来的，兔子是复活节的吉祥物，是它把彩蛋藏在花园里或房间的角落里的。复活节上午，老老少少都到花园或房间里寻找彩蛋，反映了人们见到春回大地的欢乐心情。有的地区至今还保留着"彩蛋树"这一古老的习俗。人们把成百颗彩蛋串成蛋链，挂在树上庆祝复活节。复活节也是德国人的"春节"，人们往往利用这些假日外出郊游，拜访亲朋好友等。

3. 圣灵降临节

复活节后的第 50 天，大约在 5 月或 6 月是德国的圣灵降临节，它也是一个日期不固定的节日。耶稣死后复活升天后的第 10 天，差遣圣灵降入人间，他的门徒领受圣灵，开始传教。因圣灵降临节已是初夏季节，故人们又利用这一节日外出旅游，探亲访友。

4. 圣诞节

圣诞节是耶稣基督诞生的节日。圣诞节实际上只是每年 12 月 25 日和 26 日两天，但现在人们在节前第四个星期就开始准备了。人们在居室和教堂，甚至在工厂或办公室里都挂起了镶有 4 支蜡烛的枞树枝花环。圣诞节前有四个星期，在第一个星期日点上一支蜡烛，第二个星期日点上第二支。圣诞节前的最后一个星期日，四支蜡烛全被点亮了，这预示着圣诞节马上就要到来了。

12 月初，孩子们会得到一个特殊的、有 24 扇小窗的日历本。孩子们每天打开一个小窗户，并能在小窗内获得一份巧克力糖果，等到把所有的小窗都打开，圣诞节也就到了。现今，孩子们可在网上打开 24 扇小窗的日历本，除了巧克力糖果外，还有数学题。

圣诞节送礼已成为德国过节的重要组成部分，人人都得送礼，但每人也能收到礼物。因此，圣诞节也是商家赚钱的好机会。他们把商店布置一新，还专门开辟专柜，供顾客挑选圣诞礼物。在德国，无论大小城市都有圣诞市场。最著名也是最受欢迎的是纽伦堡圣诞市场。

圣诞树是圣诞节必不可少的物品。德国家家户户的客厅里都摆放着圣诞树。圣诞树四季常青，因此，它也是生命的象征。圣诞树上挂满了各种可爱的玩具，精美的礼品，五彩缤纷的彩带、小彩球和蜡烛。圣诞树下往往堆满了礼品。圣诞之夜，人们围坐在圣诞树前，点燃树上的蜡烛，同唱圣诞歌，这是圣诞节的高潮。圣诞树的烛光，使人们想起耶稣的一句话："我是世界的光芒。"圆圆的小彩球象征着地球，马槽里诞生的孩子就是耶稣。同时，金色和银色的小球也象征着东方国王们赠送的珍贵礼物。据《圣经·新约》记载，耶稣诞生在伯利恒一家客店里。因客店很挤，玛利亚只好将婴儿用布包着让他睡在马槽里。三位东方国王（也称东方三博士）看见伯利恒方向的天空上出现一颗奇星，随星指引，依次分别手捧黄金、乳香、没药，来到伯利恒"朝见圣婴"，献上手中礼物。圣诞之夜，许多家庭都去教堂做弥撒，庆祝耶稣的降临。

5. 慕尼黑啤酒节

慕尼黑啤酒节每年举办一次，也称十月节，从 9 月份倒数第二个星期六至 10 月份的第一个星期日，历时 16 天。德国是个盛产啤酒的国家，巴伐利亚的啤酒产量和销量均占全国之首。德国喝啤酒最多的也数巴伐利亚人。一年一度啤酒节的游客有几百万人，要喝掉六百万升左右的啤酒。

节日第一天的上午，来自巴伐利亚及邻国的游行队伍聚集在一起，人们身穿艳丽的民族服装，在市长和酒厂雇主坐的马车指领下，浩浩荡荡涌向广场。中午 12 时，在 12 响礼炮声和音乐声中，市长用一柄木槌把黄铜龙头敲进一个大啤酒桶内，然后拧开龙头，把啤酒盛在特制的大啤酒杯中。市长饮下这第一杯，著名的十月啤酒节便正式开始了。啤酒节期间除了畅饮啤酒之外，还会举行一系列丰富多彩的娱乐活动，如游戏、演出、音乐会等，给节日增添了喜庆气氛。

慕尼黑啤酒节的另一个特色是特蕾泽大广场上搭起的许多啤酒节帐篷，它们比一般的帐篷装修更大也更豪华。每个帐篷里放有长条木桌和板凳，帐篷的一端还有一个临时舞台，由民间乐队演奏欢乐的民间乐曲。帐篷一般可容纳 3 000~4 000 人，最大的有 7 000 个座位。

三、习俗

1. 结婚

德国是以信奉基督教为主的国家。因此，婚礼一般都在教堂举行。新婚夫妇在教堂接受神父的祝福并互换戒指。

德国还有一种奇特的"闹婚之夜"。在结婚前的晚上，前来祝贺的亲朋好友要在新婚住宅门前拿出陶瓷器皿往地上摔，据说陶瓷制品的碎裂声可以吓跑鬼怪，带来平安和幸福，幸福会像地上的碎片那样无穷无尽，即"碎碎平安"。但绝对不能摔玻璃器皿，因德国有句俗语叫"幸福如玻璃"，如玻璃器皿碎了等于破坏了幸福，是不吉利的。[①]

2. 出生与洗礼

在基督教国家中，新生儿出生后不久要进行洗礼，洗礼是入教的一个重要仪式。基督教认为，人生有罪，须经过洗礼除去污垢，才能变得纯洁，死后才能进入天堂，免去"原

---

① 刘芳本. 德国情［M］. 北京：旅游教育出版社，1992.

罪"。洗礼一般在教堂举行。婴儿正式起名往往与洗礼同时进行。

洗礼时，牧师口诵规定的礼文，婴儿由父亲或母亲抱着站在"圣水"前，牧师口诵完毕后，用手蘸"圣水"滴在孩子的头上。也有将婴儿全身浸入水中的，则称为"浸礼"。洗礼结束后，要庆祝一番，由父母举行一次宴会或茶会，招待参加者。

3. 生日和上学

在德国，生日是除了圣诞节外的第二个送礼日。要是一个人过生日，他常常会把蛋糕或糖果带到办公室与大家一同庆祝；要是在家里过，他就会一天都不关门，所有来给他过生日的客人都会受到款待。[①]

在德国，逢十的生日，德国人称为"圆生日"，则要好好庆祝一番，一般都安排在一个周末。德国人绝不提前过生日。他们认为，提前过生日，提前送礼不吉利。推迟过生日和送礼是可以的。

在德国，儿童第一天上学是一件大事。按习惯，家长都会为上学的孩子准备一个"入学大礼包"，三角圆锥形的"糖果袋"，里面装满糖果，并扎上美丽的彩带，它象征孩子今后的人生旅途是甜蜜的。如今，糖果袋里的内容发生了变化，大多数是各种各样的文具用品。

4. 习俗禁忌

在所有花卉之中，德国人对矢车菊最为推崇，并且选其为国花。在德国，不宜随意以玫瑰或蔷薇送人，前者表示求爱，后者则专用于悼亡。对于数字"13"与"星期五"，德国人极度厌恶。他们对于 4 个人交叉握手，或在交际场合进行交叉谈话也比较反感。这两种做法都被他们看作是不礼貌的。德国人相信，在路上碰到烟囱清扫工，便预示着一天要交好运。向德国人赠送礼品，不宜选择刀、剑、剪、餐刀和餐叉。不宜给孩子赠送刀、剑、枪、炮类玩具。用褐色、白色和黑色的包装纸和彩带包装、捆扎礼品，也是不允许的。与德国人交谈时，不宜涉及纳粹、排外、犹太人等问题。德国人喜欢的话题是足球、德国产品质量、环境保护、旅游等。德国人认为，在公共场合窃窃私语是十分无礼的。

---

① 巴里·托马林. 这就是德国[M]. 北京：商务印书馆，2016.

第六章

西班牙

西班牙王国（The Kingdom of Spain）简称西班牙，其国际域名为.es，国际区号是+34，人口约 4 644 万（2016 年），国土面积 505 925 平方千米，首都马德里。西班牙是一个高度发达的资本主义国家，是欧盟和北约的成员国，也是欧元区第五大经济体，国内生产总值（GDP）居欧洲国家第 6 名，世界排名第 13 位。

西班牙属于经济发达国家，1986 年加入欧共体。由于近年来实施了卓有成效的改革，西班牙不仅成为南欧国家社会和经济改革的"领头羊"，而且成为拉动欧盟经济增长指标和就业率的"火车头"。西班牙是南欧一颗璀璨的明珠。

在欧洲诸多国家中，西班牙可以说是一个独具特色的国家，散发着热情活泼的醇厚魅力。早在 500 多年前，西班牙王国派遣哥伦布率船队远航，第一次发现了美洲新大陆。在日后相当长的时期内，西班牙将拉丁美洲大部分地区据为己有，并使西班牙语成为全世界运用人数最多的语种之一。在世界文坛上的文学经典形象堂·吉诃德、现代抽象主义绘画大师毕加索、刚烈狂放的斗牛兑技、浪漫激越的佛朗明歌舞蹈，都得益于这片西南欧历史文化深厚且丰饶的沃土的孕育。因为濒临大西洋和地中海，西班牙被誉为"出口阳光和海滩的国家"，令众多西欧阴湿地区的人们向往不已，每年蜂拥至此休闲度假。由于皮鞋和橄榄油的大量出口，西班牙也有"皮鞋王国"和"橄榄油王国"的美名。

第一节 综 述

一、地理概貌

西班牙地形以高原为主，间以山脉。海拔 3 718 米的穆拉森山为全国的最高点。中部的梅塞塔高原是一个山脉环绕的闭塞性高原，约占全国面积的 3/5，平均海拔 600~800 米。北部有东西绵亘的坎塔布里亚山脉和比利牛斯山脉。比利牛斯山脉是西班牙与法国的界山，长 430 多千米，有海拔 3 000 米以上的高峰。西班牙南部有内华达山，主峰穆拉森山是伊比利亚半岛的屋脊。

由于山脉逼近海岸，平原很少而且狭窄，比较宽广的只有东北部的埃布罗河谷地和西南部的安达卢西亚平原。

西班牙全国海拔 200 米以下的土地占 11%，海拔 201~600 米占 31%，海拔 601~1 000 米占 39%，海拔 1 001~2 000 米占 18%，海拔 2 000 米以上的占 1%。

西班牙主要河流有埃布罗河、杜罗河、塔霍河、瓜迪亚纳河和瓜达尔基维尔河。最长的是塔霍河，全长 1 038 千米，下游在葡萄牙境内。埃布罗河长 910 千米，全程在境内。这些河流由于跌宕曲折，只有瓜达尔基维尔河下游可以通航，其他河流均无法航运。

二、气候

西班牙中部高原属温带大陆性气候，北部和西北部沿海属温带海洋性气候，南部和东南部属地中海式气候。北部和西部沿海一带雨量充沛、气候湿润，其他大多数地区气候干燥，严重缺水。西班牙西北沿海地区年均降水量 800 毫米，中部及东部沿海地区年均降水量 600 毫米，南部地区年均降水量 300 毫米。

三、人口和居民

截至 2016 年，西班牙人口约为 4 644 万人。西班牙有 20 多个民族。主要有：卡斯蒂利亚人（即西班牙人，约占总人口的 73%），加泰罗尼亚人（约占总人口的 15%）、加利西亚人（约占总人口的 7%）和巴斯克人（约占总人口的 5%）。

四、民族性格

西班牙人的性格是典型的南欧人的性格，热情奔放、乐观向上、无拘无束、讲求实际，与英国人的矜持，德国人的古板，美国人的好动，日本人的认真有着较大的差别。

他们认为人活着不应成为生活的奴隶，而要成为生活的主人，要善于驾驭生活，把生活安排得丰富多彩，才能其乐无穷。凡同西班牙人接触过的人对他们的印象大都是开朗坦诚，容易接近。即使你初次结交一位西班牙人，他也会像老朋友那样无拘无束地同你侃侃而谈。

无论什么事，西班牙人总喜欢亲自去做，尤其是对那些富于挑战和刺激的事，即使做不好或力不从心，也决意要去尝试，失败了也不懊丧。他们认为投入与努力本身就是收获。他们更有一种冒险和勇往直前的勇气，无论是家教，还是社教，都鼓励这种压倒一切困难、自强不息的民族精神。

五、语言

西班牙有四种主要的语言，除了西班牙语为全国的官方语言外，其余三种为地区级官方语言。

西班牙语（又称卡斯蒂利亚语），通行于西班牙全国各地，使用人数占总人口的 74%。加泰罗尼亚语（又称巴伦西亚语），用于加泰罗尼亚、巴伦西亚和巴利阿里群岛，占总人口的 17%。巴斯克语，用于巴斯克地区，占总人口的 2%。加利西亚语，用于加利西亚地区，占总人口的 7%。

西班牙人在经贸往来时一般使用本国官方语言。从事对外事务的政府官员和商人一般会讲英语或法语。全球有 5 亿人说西班牙语，是世界上使用人数第三多的语言，并且是使用国家第二多的语言。

六、宗教信仰

西班牙自从罗马人统治时期就开始信仰基督教。公元 8 世纪至公元 15 世纪的"再征服"战争（光复运动）将阿拉伯人赶出半岛之后，天主教完全控制了整个西班牙。目前仍有 94%的西班牙人信奉天主教。

七、移民和外国人法

西班牙是世界十大移民国家，经联合国调查显示，截至 2013 年 6 月，共有 650 万移民居住在西班牙，约占西班牙人口总数的 14%。从 1990 年至今，西班牙进入了一个移民高峰期，移民人数仅次于美国和阿联酋，居世界第三位。2013 年 9 月 27 日出台了《支持创业者及其国际化法》，并于 9 月 28 日正式实施，该法案就是所谓的"投资移民法"。法案制定了"50 万欧元买房送居留"政策，即购买价值 50 万欧元及以上价值的不动产即可申请西班牙投资移民。2015 年 7 月，西班牙颁布了新移民法案，对有关投资移民规定的进行了更新，对三代移民、身份续签及工作权利等内容进行了一系列的改革，申请条件进一步放宽，受益范围进一步扩大。《西班牙侨声报》社长戴华东分析，西班牙社会存在较多的移民问题，是社会不稳定因素之一，"把移民工作做好了，社会问题自然迎刃而解"。也有专家认为此举意在刺激西班牙经济复苏，减轻政府的财政压力。受老龄化危机影响，西班牙社保赤字居高不下，而此前颁布的投资移民政策并不足以解决这一危机，仍然需要更多的投资和移民。

八、国家象征

1. 国歌

西班牙国歌创作于 1761 年，原名为《皇家进行曲》，阿方索十三世时期（1886—1931 年在位），这首歌首度被填词，但 1931 年政权被推翻后，歌词随之终止使用。随后上台的佛朗哥军事独裁政府（1939—1975 年在位），给国歌换上了另一个版本的歌词，为自己歌功颂德。佛朗哥时期结束后，该歌词被废除。2007 年 6 月，西班牙政府批准西班牙奥委会为国歌征集歌词，并希望以此支持西班牙首都马德里申办 2016 年奥运会，一位马德里失业工人保利诺·库韦罗的歌词曾经入选，但遗憾的是最后被议会否决。因此西班牙国歌至今没有歌词。

2. 国旗

西班牙国旗呈长方形，长宽之比为 3∶2。旗面自上而下由红、黄、红三个平行长方形组成。中间黄色部分占旗面 1/2，左侧绘有国徽。红、黄两色是西班牙人民深爱的传统色彩，象征着人民对祖国的一片赤子之心。

3. 国徽

西班牙国徽中心图案为盾徽。盾面上有 6 组图案：左上角是红底上黄色城堡，右上角为白底上头戴王冠的红狮，城堡和狮子是古老西班牙的标志，分别象征卡斯蒂利亚和莱昂；左下角为黄、红相间的竖条，象征东北部的阿拉贡；右下角为红底上金色链网，象征位于北部的纳瓦拉；底部是白底上绿叶红石榴，象征南部的格拉纳达；盾面中心的蓝色椭圆形中有 3 朵百合花，象征国家富强、人民幸福、民族团结。盾徽上端有一顶大王冠，这是国家权力的象征。立柱的饰带上写着"海外还有大陆"。

4. 国庆

西班牙国庆日为 10 月 12 日，原先是西班牙日，纪念 1492 年 10 月 12 日哥伦布到达美洲大陆这一伟大的历史事件。1987 年起，此日定为西班牙国庆节，每年的庆典仪式上，由国王检阅海、陆、空三军部队。

5. 国花——石榴花

西班牙的国花是石榴花。西班牙人认为，火红的石榴花，色彩艳丽，气味芳香，象征着富贵吉祥和繁荣昌盛，也代表了他们欢乐、热情奔放的性格。石榴花开于初夏，绿叶荫荫之中，燃起一片红火，灿若烟霞。人们借石榴多籽，来祝愿子孙繁衍，家族兴旺。石榴树是富贵、吉祥和繁荣的象征。在西班牙约 50 万平方千米的土地上，不论高原山地、市镇乡村、房前屋后，还是滨海公园，到处都可以见到石榴树。

第二节 历 史

一、从原始时代至公元 13 世纪

据考古推测，早在 80 万年前伊比利亚半岛就有人类居住。公元前 9 世纪左右腓尼基人开始进入伊比利亚半岛。公元前 218 年，罗马人开始进入伊比利亚半岛。罗马人的入侵对现代西班牙的语言、宗教和法律产生了深远的影响，罗马人与当地塞尔梯贝里亚人通婚，从而诞生了罗马西班牙人。罗马人带来了语言、法律、习俗等，西班牙彻底被"拉丁化"。

随着罗马帝国不断走向崩溃，被称为蛮族的北方游牧民族纷纷入侵西班牙。公元 409 年，西哥特人入侵西班牙，从而开始了长达 300 年的统治。在西哥特人的统治下，罗马西班牙人与西哥特人互相通婚。西哥特人在西班牙拉开了封建主义的序幕。为此，西班牙历史上将西哥特人作为西班牙第一个统一国家的缔造者。一个半世纪以后，促使当地人改信天主教，并且使得罗马人归顺了西哥特王国。710 年，西哥特王族在争夺王位的斗争中，把阿拉伯人引入伊比利亚半岛，从而断送了西哥特王国 300 年的基业。711 年 7 月 19 日，由塔里克率领的穆斯林军队大败罗德里戈，西哥特王国灭亡。穆斯林灭亡西哥特王国之后，逐步向整个西班牙扩张。公元 8 世纪中叶，其占领了西班牙大部分领土，开始了长达 700 多年的统治。756 年，阿卜杜勒·拉赫曼一世自立为王，以科尔多瓦为首都，建立了政治上独立于阿拔斯王朝的埃米尔王国。但是其在宗教上仍然承认巴格达的领导地位。在阿卜杜勒·拉赫曼二世统治时期，西班牙进入一个政治文化大发展的伟大而光辉的时代。

公元 10 世纪，阿拉伯帝国分裂。929 年，阿卜杜勒·拉赫曼三世宣布自己为科尔多瓦的哈里发，建立王国，开始与巴格达对抗。在科尔多瓦王国的统治时期，西班牙的农业、工业和商业都很发达，经济实力雄厚。科尔多瓦也成为欧洲重要的政治文化中心之一。但是，科尔多瓦王国的繁荣仅仅维持了一个世纪。

二、海洋强国及其衰落（15—19 世纪）

1479 年卡斯蒂利亚王国和阿拉贡王国合并，共同开展了驱逐阿拉伯人占领的斗争。西班牙人先后收复了托莱多、拉斯纳瓦斯·德托洛萨、塞维利亚、萨拉戈萨、马约尔、巴伦西亚、萨拉多和阿尔赫西拉斯。1942 年 1 月，阿拉伯人在西班牙建立的最后一个王国格拉纳达王国被打败，国王穆罕默德十二世投降，收复失地运动胜利结束。

1492 年是西班牙历史的转折点，这一年西班牙实现了统一。来自意大利热那亚的航海家哥伦布在葡、英、法等国拒绝出资资助其进行冒险后，找到了西班牙国王，其被要求寻找从海上通往印度的通道。1492 年，哥伦布率船队由西班牙的加迪斯出发，开始了他伟大的航海活动。10 月 12 日，哥伦布发现了美洲新大陆，并登上巴哈马的圣萨尔瓦多岛，然后带了几个土著人及一些物品返回西班牙。哥伦布发现西印度群岛后，西班牙逐渐成为海上强国，此后，西班牙殖民者开始了对拉美的征服和占领，许多部落消失，印第安人文明被毁灭。同时，西班牙人在新大陆发现了丰富的金矿和银矿，大量的金银经大西洋运回西班牙。无穷无尽的金银使西班牙暴富起来，拥有了玻利维亚波托西银矿等巨额财富，西班牙也几乎拥有了整个世界。西班牙在16世纪时几乎是在一夜之间跻身世界列强的。

西班牙统一之后，王权、神权以及贵族骑士三位一体的政治权力结构已在西班牙形成。宗教狂热空前高涨，天主教会势力极度膨胀。在王室支持下，天主教会势力以为高举十字架和宝剑，继续对外扩张，建立一个"世界天主教帝国"的时机到了。他们一面积极组织新的十字军东征，进攻伊斯兰教的奥斯曼土耳其帝国，试图把基督教圣地耶路撒冷从穆斯林手中夺回来，重新占领君士坦丁堡，打开通往东方之路，进而征服中国和其他广大亚洲地区，一面全力以赴地投入对美洲的征服。与此同时，西班牙在菲律宾实行殖民统治的同时，在菲律宾建立了天主教教区，强迫当地居民实行基督教化，并企图以菲律宾为跳板，把其殖民帝国的版图扩大到日本和中国。

从1517年卡洛斯一世登上王位至卡洛斯二世1700年逝世，为奥地利王朝时期，也叫哈布斯堡王朝时期，是西班牙历史上最重要的时期之一。1519年卡洛斯一世被选为神圣罗马帝国皇帝（称查理五世），1520年正式加冕。卡洛斯一世是个野心极大的君主，他的愿望就是称霸世界。为了与法国争霸，他与法国进行了长达30年的战争，直至1544年亲率大军攻入法国，逼近巴黎，迫使法兰西斯一世与西班牙缔结城下之盟。卡洛斯一世统治的范围包括西班牙、那不勒斯、西西里、撒丁、奥地利、尼德兰、卢森堡、弗朗什·孔泰、西班牙在美洲和亚洲的殖民地、北非的突尼斯和奥兰等地，成为一个横跨六大洲的"日不落帝国"。至此，凭借其强大的军事实力和从美洲掠夺来的金银财宝，西班牙在卡洛斯一世时期达到鼎盛。至16世纪中叶，卡洛斯的霸业达到巅峰，他已经统治大半个欧洲、大片拉丁美洲和北非部分地区。1556年继承王位的腓力二世是卡洛斯一世的长子。腓力二世也是个好战的国王，他亲率大军与法军大战，在圣金廷大败亨利二世，在勒颁多战役中大败奥斯曼土耳其舰队。1568—1648年，为镇压尼德兰起义，西班牙卷入了"八十年战争"。

16世纪中叶，信仰新教的英国不断壮大，成为西班牙海上霸主地位的主要挑战者。为了争夺海上霸权，西班牙和英国于1588年8月在英吉利海峡进行了一场举世瞩目、激烈壮观的大海战，最终以西班牙惨遭毁灭性的失败而告终，"无敌舰队"几乎全军覆没。从此以后西班牙急剧衰落，"海上霸主"的地位被英国取而代之。这场战役标志着西班牙不可避免地走上了衰落之路。在腓力二世1598年逝世后的近100年中，葡萄牙和尼德兰先后脱离西班牙的统治宣告独立。

1648年，西班牙对法国作战失利，在陆地上的军事优势也宣告结束。此后，在西班牙王位继承战争中，又向英国割让了直布罗陀并陆续丧失了葡萄牙和在意大利与尼德兰的领土。西班牙已由昔日的海上强国沦落为欧洲的二流国家。

19世纪初，拿破仑夺取法国政权后，将扩张的目标对准西班牙。以借路攻打葡萄牙为借口，派军队占领了西班牙，并安排自己的兄弟任西班牙国王。西班牙人民奋起抗法。1808年，西班牙独立战争爆发，西班牙为这场战争付出了沉重代价，丧失了绝大部分的海外殖民地。1837年，伊莎贝拉二世在通过君主立宪的法案之后，决定用"西班牙"一词（源于腓尼基语，意为"野兔"）作为国家的名字，同时也结束了历经300多年的共主邦联模式。

三、共和国时期（19世纪至今）

1873 年，西班牙爆发资产阶级革命，建立第一共和国。1874 年 12 月 24 日王朝复辟。1898 年，美西战争以西班牙的失败而告终，古巴获得独立，西班牙向美国割让了波多黎各、关岛，并廉价出售了菲律宾。至此，除非洲的摩洛哥、西属撒哈拉、西属几内亚等少数地区外，西班牙在海外的殖民地已经丧失殆尽，这个世界最大的殖民帝国彻底崩溃。

美西战争的失败在西班牙国内产生了重大影响并引起人们的反思。西班牙社会各阶层纷纷要求进行政治改革、发展经济、强化教育，以重振国家。在此期间，马克思主义传入西班牙，工人社会党、共产党相继成立，工人运动有了较大发展，人民起义此起彼伏。在 1931 年 4 月 12 日市政选举中，左翼势力获胜，西班牙王朝被推翻，第二共和国建立。1936 年 2 月，由共和党左翼、社会党、共和联盟、共产党等组成的人民阵线在大选中获胜，1936 年 5 月，阿萨尼亚当选共和国总统，卡萨雷斯·吉罗加组阁。然而左右两派冲突不断，反对党领导人卡尔沃·索特罗被暗杀，成为内战的导火线。1936 年 7 月 17 日，梅利亚驻军叛乱，18 日蔓延到全国，佛朗哥取得了驻摩洛哥军队的领导权，西班牙内战爆发。1936 年 9 月，右翼势力——国防委员会任命佛朗哥为政府首相和军队元帅。内战双方均得到了国际支持，著名的国际纵队支持共和派，意、德两国支持右派叛乱军队。1939 年 3 月 28 日，叛乱军队攻占马德里，4 月 1 日内战宣告结束，佛朗哥夺取了西班牙国内政权，西班牙进入了长达 30 多年的佛朗哥独裁统治时期。

在佛朗哥独裁时期，大规模镇压和迫害共产党以及其他左派进步势力。1947 年，他宣布西班牙成为君主国，自封为终身国家元首。在对外关系方面，佛朗哥奉行亲德国、意大利法西斯的外交政策。他的这种做法使得西班牙在国际上处于完全孤立的状态，战后又被排斥在联合国之外。直到冷战爆发后，美国出于自身的利益，主动与佛朗哥改善关系，以换取美国在西班牙建立 4 个军事基地，西班牙的外交孤立得以缓解。1975 年 11 月 20 日，佛朗哥病逝，胡安·卡洛斯亲王，成为西班牙国王。从此，西班牙开始向君主立宪制民主制度过渡，开始了西班牙历史的新篇章。

从 20 世纪 60 年代初开始，西班牙逐步实现了经济改革和对外开放，取消了国家的经济垄断，鼓励私人投资，改革工业结构，加强农业改造，大大发展旅游业，引进外国投资和先进的技术，建立自由市场经济。经过近几十年的发展，西班牙由落后的农业国进入了发达的工业国家行列。1976 年 7 月 1 日，阿道弗·苏亚雷斯·冈萨雷斯成为西班牙首相，西班牙开始向西方议会民主政治过渡，并于 1978 年 12 月正式出台了新宪法。此后，西班牙先后加入了北约组织和欧盟。

第三节　国　家　体　制

一、西班牙宪法

现行的西班牙宪法是 1978 年制定的《西班牙宪法》。新宪法规定：西班牙作为民主法治国家，以自由、公正、平等作为其秩序准则；宣布西班牙是统一的民族，国家主权属于西班牙人民；新宪法赋予了西班牙公民广泛的权利和自由等。最为重要的是，1978 年的宪法解决了两大历史性遗留问题。一是政体，经过多方协商和谈判，最终确立了议会制君主立宪制,国王是虚位君主,君主代表国家但不享有实权,行政权由首相领导的政府行使,参众两院掌握国家立法权。二是中央与地方的关系,宪法第八章中明确规定,国家按地区由市镇、省和自治区组成,建立自治区国家,确立了西班牙的地方自治制度。

1978年宪法是经过一年多广泛政治协商的产物,是西班牙历史上内容最为广泛的一部宪法,它是西班牙融入欧洲一体化的钥匙,开启了西班牙建立现代民主法制国家的进程,至今仍是西班牙的现行宪法。

二、单一制与地方自治

西班牙不是联邦制国家,尽管西班牙各(民族)自治区的权力日益增大,但是并没有放弃单一制的国家结构形式。西班牙国家政权组织,由一些总体性或者中央性的机构(国王、议会、政府和首相、最高法院和宪法法院)和 17 个自治共同体与其自己的机构(主要是议会、政府和主席)共同构成。西班牙的自治区拥有一定的自治权,除国防、外交、海关与关税、对外贸易、外汇管理、财政、司法、劳工、知识产权及医药等事务由中央政府统一管理外,其他方面,如公共建设、医疗卫生、环境保护、旅游、文化教育、交通运输等,均享有自治权。每个自治区或城市均有自己的《自治法》,对其政府、议会、行政安排、权力划分、与中央政府的关系和职能分配等都做出了明确规定。由于历史、民族、文化等的不同,每个自治区或城市的《自治法》的内容也有所不同。自治区或城市议会负责制订、通过自治区或城市法规,选举自治区政府主席或市长,监督自治区或城市政府的工作等。自治区或城市政府由主席(或市长)及下属部长(或市政议员)组成,负责本地区或城市的行政管理工作。西班牙自治共同体具有真正的政治权利,类似联邦制度下的各邦拥有的权利(如德国各邦、奥地利各邦)。这种权利受国家宪法保障,高于其他被认为是非中央集权国家中的自治地区。

三、国家机构

根据西班牙宪法,西班牙为议会制君主立宪制国家,实行立法、行政、司法三权分立。国王为国家元首与武装力量总司令,首相则是政府最高首脑,由议会多数党提名后由国王任命。行政权由政府掌握,立法权则由两院制的议会行使。

西班牙宪法规定,"国王是国家元首,是国家的团结和存在的象征,是使各个部门正常运转的仲裁人和调解人",是国家在国际事务中的最高代表,武装部队的最高统帅。宪法明确规定的国王权限还有:批准和颁布法律,按宪法规定召集或解散议会并举行选举,推荐首相人选,根据首相的提议任命政府成员,代表国家宣战和讲和等。

政府负责治理国家。与其他欧洲君主立宪制国家一样,首相是西班牙政府首脑,由在大选中获得议会多数席位的政党提名,由议会选举候选人,报请国王任命。其职权是负责实施内政、外交、国家经济社会发展和治理等方面的任务。政府有权制定、修改和颁布有关法令,制定和执行国家预算。政府的最高权力机构由首相、副首相和各部大臣组成的部长会议组成。

西班牙的立法机构由参议院和众议院两院组成,行使国家立法权,审议并通过法律、国际条约及国家财政预算、监督政府工作等。

西班牙最高司法权力领导机构为司法权总委员会,它由国王任命的 20 名成员组成,最高法院院长任主席,任期 5 年。检察系统由国家总检察院和地方各级检察院组成。

四、选举、政党和群众组织

1. 选举

西班牙议会的议员由选举产生。众议院由 350 名议员组成,其成员主要为各政党成员,西班牙众议院主要采用比例代表制的选举制度;参议院共有议员 256 人,其中 208 名由各选区按差额选举方式选举产生,另 48 名由各自治区议会作为地区代表任命。两院议员的任期都是 4 年。

西班牙选民的条件是:必须为年满 18 岁并享有一切政治权利的西班牙公民。同时,法律承认侨居国外的西班牙公民的选举权利,并尽可能地为他们行使权利提供方便。

2. 政党

西班牙实行多党制。自 1975 年佛朗哥独裁统治结束后,西班牙开放党禁,各个政党纷纷恢复活动,特别是随着国家民主生活的发展,涌现了许多全国性和地方性政党,出现了政党林立的局面,合法政党多达 200 多个,其中主要政党有:①人民党,原名人民联盟,成立于 1977 年,1989 年易名为人民党,约有党员 58 万人。在成立之初,自称为"民主右派",反对共和制和联邦制,在 2004 年大选中,该党遭到惨败,成为第一大反对党。人民党经过漫长的转型,现在已经基本蜕变为欧洲型基督教民主主义政党。②工人社会党,成立于 1879 年 5 月 2 日,约有党员 40 万人。1939 年佛朗哥上台后转入地下,1976 年 12 月恢复合法地位,1982 年首次获得入选胜利后,连续四次执政。1996 年大选失利,成为最大的在野党。工人社会党是西班牙左派政党,对内奉行改良主义路线,强调发挥市场经济的作用;主张实行各民族和地区自治的联邦共和制,但是承认并接受现行宪法规定的君主立宪制。③加泰罗尼亚民主联盟,成立于 1975 年,是加泰罗尼亚自治区执政党,约有党员 4 万人。该党主张恢复加泰罗尼亚地区的历史机构和权利,实行全面的自治。④共产党,1920 年成立。党员约 6 万人,1996 年与其他左翼党派组成联合左翼参加大选,在众议院获得 21 个席位。⑤巴斯克民族主义党,成立于1895年成立,是巴斯克自治区的执政党,党员约 4 万人。

3. 群众组织

工会是西班牙重要的政治和社会力量。目前实力较强的全国性工会有三个:劳动者委员会(CCOO)、劳动总同盟(UGT)和劳动工会同盟(CGT)。大型地方性工会主要有两个:巴斯克地方工会(ELA—STV)和加里西亚地方工会(CLGA)。西班牙的工会组织在争取和维护劳工权益、协调劳动关系方面发挥了重要作用。

第四节 外 交 政 策

一、外交环境的改变

作为二战时期的中立国,西班牙在佛朗哥时期采取了灵活的外交政策,小心翼翼地同各方保持外交关系,并尽可能地为国家谋求更多的利益。二战后,西班牙政府面对不断变化的国际国内形势,继续推行灵活的外交政策,以谋求利益的最大化。西班牙奉行欧洲主义,坚定不移地推动欧洲一体化及欧盟机构建设;高度重视并深化同美国的关系,注重维持与美洲的传统关系,重视加强与地中海地区和非洲关系,积极开拓同亚洲新兴国家的合作;注重开展经济外交,在欧债危机背景下将促进经济复苏、拉动就业增长作为外交政策的首要目标;注重整合政治、经济、文体、教育、艺术等多方面外交资源,力图打造西班牙国家品牌。今日西班牙与近 200 个国家和地区建立了外交、领事和商务关系。

二、同欧盟的关系

西班牙视欧洲为其对外政策三大传统支柱之首,积极融入欧盟以期在欧盟内发挥更大作用。西班牙认为强大和团结的欧洲是世界进步的保障,欧盟应拥有真正的安全防务政策,在预防和解决国际和地区冲突中应发挥积极有效和可信的作用,根据联合国宪章担负起维护世界和平与安全的责任。为此,西班牙积极致力于欧盟一体化建设,支持并推动通过《里斯本条约》,并于 2010 年上半年担任欧盟轮值主席国,同德国、法国、意大利和葡萄牙建立了政府首脑定期会晤机制。

三、西班牙对外文化政策和机构

塞万提斯学院是直接受政府部门领导的对外文化机构,是成立于 1991 年的非营利性官方机构,它以西班牙文豪、名著《堂吉诃德》的作者塞万提斯的名字命名,其宗旨是与以西班牙语为官方语言的二十几个国家合作,共同推动全世界的西班牙语教学和西班牙其他官方语言的教学,传播西班牙语文化。就其性质而言,塞万提斯学院虽然不是国家机关,但理事会由西班牙国王任主席,现任总统任副主席,来自外交部、文体部、财政部、教育部等重要部门的成员组成决策部门,活动经费也是财政拨款,发展计划与发展目标服务于政府政策与战略。塞万提斯中心组织包括展览、讲座、圆桌会议、文学交流会、音乐表演、戏剧表演和研讨会等文化活动,推动西班牙语的学习与文化传播。目前,塞万提斯学院在 30 多个非西语国家设有机构,分院遍及世界四大洲。

四、中西关系

佛朗哥独裁统治时期,西班牙长期没有正式承认中华人民共和国,直到 1973 年 3 月 9 日才与中国建立正式外交关系。1975 年,佛朗哥逝世,西班牙实行民主化后,西班牙政府重视发展与中国的友好合作关系。中西建交以来,两国在政治、经济贸易、科学技术和文化教育各个领域的友好合作关系不断发展,到 2002 年为止,两国已签署的重要双边合作协定有航空协定、文化协定、发展经济和工业合作协定、科技合作基础协定、避免双重征税协定、投资保护协定、司法协助条约以及两国政府打击有组织犯罪合作协定等。两国政治关系日益密切,双方领导人保持着经常性的往来。2005 年 11 月,胡锦涛访西期间,两国宣布建立全面战略伙伴关系。

第五节 经 济

一、经济发展特征

西班牙是中等发达的资本主义工业国家,经济总量居欧盟第五位。20 世纪 80 年代初,西班牙开始实行紧缩、调整、改革政策,采取了一系列经济自由化措施。以 1986 年加入欧共体为契机，西班牙经济发展出现高潮。

20世纪90年代初，由于出现经济过热现象，西班牙经济增长速度放慢并陷入衰退。90年代中期以来，在西班牙政府采取的宏观调控政策的作用下，经济开始回升并持续稳步增长。1998年5月，西班牙成为首批加入欧元区的国家，此后，西班牙经济年增幅高于欧盟国家平均水平。

近些年来，由于受全球金融危机影响，西班牙金融风险加大，房地产泡沫破灭，失业率飙升，经济急速下滑，社会发展面临严峻挑战。2012年6月，西班牙向欧元区申请近1 000亿欧元的优惠贷款用于救助银行业。

二、20世纪60年代的经济发展奇迹

20世纪60年代是西班牙"经济奇迹"的十年。其间，西班牙发展了一系列基础工业，国民生产总值由1961年的6 600亿比索提高到1970年的25 760亿比索。农业实现了现代化，农业人口在人口总数中的占比由1959年的42.47%降到1969年的26%，农业产值1959年在工农业总产值中占33%，1969年占15%，从此摘掉了农业国的帽子。按人口平均计算的国民收入，50年代仅500美元，1969年增至720美元，1974年已达2 150美元。20世纪80年代，西班牙人均收入已相当于美国的一半，与意大利相近。[1]

三、混合型市场经济

1. 混合市场经济

西班牙的经济成分多样，且各种成分混合在一起，被称为混合型市场经济。尤其在迅速发展的第三产业中，这种混合型的特点更为鲜明。

西班牙是一个典型的高福利国家，其社会福利涉及面之广、社会保险系统之完善、财政投入之多，在欧洲不输于其他国家。在2017年，西班牙政府投入1 793.73亿欧元用于社会福利支出，其中包括养老金1 229.32亿欧元和失业救济金183.18亿欧元。

2. 持续发展的经济部门

西班牙政府认为，旅游业的持续发展要在生态多样性、社会文化的持续性和经济的可持续性三个方面作出努力。在旅游资源开发和利用过程中，他们采取多种形式进行环境保护和治理，全社会参与环境保护的意识非常强。在旅游资源开发中，规划部门进行定量环保研究，分析未来旅游活动可能对环境造成的影响和需要采取的对策。

西班牙在开发、利用可再生、无污染能源方面也取得了突出的成就，如风力发电——西班牙风力资源丰富，可利用的陆地和海洋风能为4万兆瓦，截至2013年年底，风力发电装机容量为22 959MW；2013年风力发电54 478GWh，占全部发电量的20.9%；2013年该行业就业人数两万多人。而根据西班牙电网公司REE公布的数据，2016年西班牙发电量中有40.8%来自可再生能源（远远高于德国的29.5%），其中风电占比高达19.3%，水电占14.6%，光伏占3.1%，光热占2.1%。

---

[1] 吴守琳. 六十年代西班牙的"经济奇迹"[J]. 欧洲研究，1987（1）：12-13.

西班牙生态农业发展前景广阔，发展势头强劲，全国可耕地中用于生态农业的种植面积正在飞速增加，生态产品种类也日益增多，是名副其实的"欧洲粮仓"。

3. 高工资、高赋税、高福利

西班牙人的工资收入较高。根据相关网站总结的数据，如果只看 12 个月的工资，西班牙 2016 年的年度平均工资为 26 710 欧元，也就是说，每月的平均收入约为 2 226 欧元，约合人民币 17 363 元（按汇率 7.8 换算）。另据西班牙国家统计局的统计数据显示，2015 年最常支付的工资数额约为 16 500 欧元，即每月 1 375 欧元，约合人民币 10 725 元。同时，西班牙又是一个高赋税的国家，其税率之高也超出人们的想象，有的甚至高达 50%。在西班牙一份名为《公众意见及税收政策》的报告中指出，82%的被调查者认为高收入者没有缴纳足够的税收，75.2%的被调查者认为政府在打击偷税漏税方面所做的努力不够。与此同时，有超过半数的被调查者认为西班牙的税收过高，并认为民众没有从其缴纳的税收上获取足够的回报。

西班牙属于欧洲高福利国家，凡交纳社会保险的，均可享受免费医疗、领取失业救济金和退休养老金等待遇。西班牙实行全民免费公共医疗，这个机制被称为"国家卫生体系"，全民性、福利性、资金来源的公共性是其三大特点。

四、重工业部门和工业中心

西班牙是欧洲工业较发达的国家之一，主要工业部门有汽车、冶金、能源、石油化工和电力工业。

汽车工业是西班牙的支柱产业之一，世界上最大的六家汽车跨国集团都在西班牙设有工厂。2013 年，西班牙汽车产量为 216 万辆，同比增加 9.3%。西班牙汽车产量的 87%用于出口，2013 年，西班牙汽车出口 187 万辆，同比增加 8.72%，其中 20%出口欧盟国家。

西班牙的造船业早已驰名世界，其共有 35 家造船厂和 16 家修船厂，如包括配套工厂则总共达到 250 家，职工约 4 万人，年销售额共计 15 亿美元。西班牙的 IZAR 集团是世界第九大造船集团，造船产量占西班牙总造船产量的 80%。除造船之外，该集团还涉足修船与改装、动力与推进装置、电子导航和防卫系统等领域。

西班牙的主要工业中心有巴塞罗那、瓦伦西亚等。

第六节 社　　会

一、社会结构

西班牙社会阶层分明。尽管西班牙目前还没有一个公认标准来严格界定中产阶级，但中产阶级已经被视为西班牙社会和经济的中坚力量。然而，贫富分化加剧、中间阶层减少成为当今西班牙社会发展的典型特征。据西班牙银行发布的调查报告显示，2014 年西班牙最富有的 10%的家庭掌握了全国 52.4%的财富。另据西班牙《先锋报》2014 年 5 月 20 日报道，2014 年西班牙财富排名前 100 位的富人资产总数升至 1 644.24 亿欧元，较 2013 年增长 9.2%，占当年国民生产总值 GDP 的 15.6%；而年收入少于 8 000 欧元的穷人数量增至 1 300 万。由于国内经济持续低迷，失业率居高不下、个税阶梯小、薪酬差距大、工薪阶层金融投资少等原因导致富人越富、穷人越穷的状态进一步加剧。时至今日，西班牙是全欧洲除拉脱维亚之外贫富差距最大的国家，高收入人群从 12.7 万人增加到 17.8 万人，1%的西班牙最富有的人口拥有的财富相当于金字塔下层 70%的人口的财富总额。

二、西班牙公务员制度

西班牙公务员制度建立时间不长，佛朗哥统治时期曾于 1964 年颁布《国家文官法》，对公务员制度作了初步规定。1978 年的新宪法对国家公职人员管理制度做出原则规定。1984 年西班牙颁布《国家公务员制度改革措施》，全面实行公务员制度。西班牙是欧共体成员国之一，在经济和政治体制上受西方发达国家影响较大，在国家公务员制度方面也建立了一套比较完整规范的管理体系，如相关法律规定公务员有被提升的权利。公务员职务晋升有两种方式：一种是竞职考试，不涉及学历问题，采用测试和考核相结合的方法在公务员内部公开招聘，竞争上岗；另一种是求职考试，用于进入高一等的公务员行列。

与企业职员收入相比，中低级公务员的工资收入一般高于企业同条件职员的工资收入，高级公务员的工资收入则要低于公司企业同条件的职员工资收入。由于公务员职业稳定，工资固定，只增不减，且有优厚的福利待遇，广大西班牙公民对国家公务员的期望和要求也很高。

三、西班牙地区民族主义

从 19 世纪起，地区民族主义就一直是西班牙政治中的重大问题之一。西班牙民族形成于 18 世纪，从 18 世纪起就存在着各种民族主义的表现。1808 年拿破仑的入侵，引发了民众的爱国热情，在此基础上催生了带有片面性的具有爱国主义特征的民族主义的和地方主义。在 19 世纪后几十年的时间里，西班牙面临着加泰罗尼亚人的民族主义和巴斯克人的民族主义的挑战。由于 19 世纪的西班牙是一个脆弱、贫穷和无能的国家，因此，作为一种社会凝聚力量的西班牙人的民族主义很薄弱，直到进入 20 世纪，地方主义仍然统治着西班牙的社会和政治生活。

1901 年成立的"地区主义者同盟"，是加泰罗尼亚民族主义的政治体现，表明加泰罗尼亚民族主义已经侵入了西班牙政治之中。与此同时，巴斯克民族主义者在 1907 年也占有了毕尔巴鄂市议会。自从 19 世纪 90 年代起，加泰罗尼亚人的民族主义将其愿望具体化为三点：加泰罗尼亚自治、加泰罗尼亚民族统一以及加泰罗尼亚对西班牙国家产生影响。而巴斯克人的民族主义没有西班牙的界线，它想把所有的巴斯克人领土重新合成一个有主权的巴斯克人联邦。尽管在西班牙社会中存在着明显的地方主义，省区制度根深蒂固，地区意识很普及，但除了加泰罗尼亚和巴斯克地区外，政治民族主义和地区主义缺乏足够的社会支持，因此都未发展成为真正的群众运动。

1931 年西班牙第二共和国成立，认为地区民族主义是国家统一的内敌和威胁，试图从制度上解决地区民族主义问题。在此期间，军国主义和反分离主义成为 20 世纪西班牙民族主义的两个主要内容。与这两种思想相伴，西班牙观念得到了热情颂扬，人们对西班牙的命运产生了一种不可思议的信念，西班牙过去的宗教和军国时代得到了赞美。西班牙民族主义发展出了一种民族—军国理论，这种理论视军队为国家统一的象征和脊梁；视天主教为民族的精髓；视一个权威的、强大的、集权的和统一的国家为挽救民族的关键。加泰罗尼亚、巴斯克和加利西亚的民族主义者不是被流放，就是被关进监狱。然而，地区问题并未消失。尽管有警察镇压，地区问题自20世纪50年代末起重新公开化。

1977年，民族主义重新作为地区自治的同义词出现。在巴斯克地区和加泰罗尼亚，民族主义意识日益明显和突出，民族分离主义情绪高涨。1979年加泰罗尼亚自治条例获得西班牙议会通过，正式成为西班牙的一个自治区。2006年6月17日加泰罗尼亚举办地方自治权扩张的公民投票，结果赞成比例达73.9%。

四、西班牙民族精神和西班牙人性格

1. 勇敢、公正——生命的精致与尊严

谈到西班牙民族精神，人们就会想到"斗牛士"精神。它是西班牙中世纪骑士精神的延承和发展，继承了骑士精神中的勇敢、诚实、公正等高贵品质，又融入了直面现实的冷静、理智与智慧元素。因为斗牛本身就是一场华丽的盛宴，是与死亡联系在一起的华丽的游戏。而斗牛士，在死亡面前保持着个人生命的精致和尊严。

2. 乐观随性，自由浪漫

天性乐观、随性自然构成了西班牙人性格的主要部分。不少去过西班牙的人评论西班牙人整天开开心心，"简直就没有发愁的事"。西班牙人从不为未来发愁，信奉"今朝有酒今朝醉"生活哲学的大有人在。不少人爱吃爱玩，会挣钱更会花钱，挣多少花多少，很多人发了工资就去饭馆大吃大喝一顿，或者周末去郊游，去海边或山区远足。西班牙人对生活的看法是：生活就要过得舒服，何必那么紧张。因此，他们的生活节奏不紧不慢，悠闲自在，自由散漫。在欧洲国家中，西班牙是唯一有长时间午休的国家，他们的工作时间表是晚睡晚起晚上班。节日之多，假日之长，堪称世界之最。平时，人们的生活安排得丰富多彩，有滋有味，其乐无穷，可以说是充分享受了人生。

3. 热情奔放，乐于助人

热情奔放，乐于助人，是西班牙人的又一突出特点。如果你遇到困难，或迷了路，在路上向西班牙人问路，他们不仅会热情地向你介绍道路，有的人甚至会亲自驾车为你带路，把你送到你认识的路口。西班牙人助人为乐的特点还表现在他们积极踊跃献血和捐献人体器官方面。据西班牙全国器官移植组织的报告，西班牙是世界上死后捐献器官最慷慨的民族之一。1992年，100万西班牙人中就有11人捐献器官，仅次于法国和美国，居世界第三位。

五、社会福利保障体系

西班牙属于欧洲高福利国家。1978年新宪法对全体西班牙公民享有的社会保障权利给予了充分的法律保证，并以国家大法的形式确立了西班牙的现代社会保障制度。

按现行制度规定，西班牙全体社会成员均有权享受国家规定的医疗、退休和失业等劳动保障。社会保障资金主要来自三个方面，即国家财政的社会保障拨款、所在单位和个人缴纳的保险费。

其中，国家承担30.8%，所在单位（国家机关或企业等）和个人承担69.2%。国家公务

员和企业职工,每月须从工资中扣除一定比例的钱用于缴纳社会保险费,一般为12~18欧元,约占个人工资的1%。

西班牙拥有比较完善的医疗体系,享受医疗保障的人在国家经营或指定的其他医院就医时,可以享受免费医疗服务,包括器官移植这种需要数十万美元的大手术。按照法律规定,所有医院都以不同形式被纳入社会医疗保障体系,从而保证了医疗资源的共享。

1987年,西班牙颁布了私人养老金法,从而确立了三支柱的养老金制度框架。第一支柱是公共养老金,这是西班牙养老金制度的核心。公共养老金制度分为一般计划和特别计划。一般计划覆盖了60%的养老金领取者和75%的社保缴费人口。特别计划主要覆盖自雇者、农业劳动者、渔业劳动者、煤矿劳动者、家庭佣工、政府雇员(军人、司法人员、公务员和大学教授)等职业群体。此外,受公共制度保护的还包括非缴费群体,这一群体的社会福利由地方政府负责保障。第二支柱是雇主养老金计划,主要由大型企业、跨国公司或金融机构提供,通常是通过集体谈判协定建立的。雇主养老金计划于1988年首次引入,分为待遇确定型(DB)和缴费确定型(DC)目前后者居主导地位,覆盖面不足10%的经济活动人口。第三支柱是个人养老金和其他养老储蓄计划,属于自愿性质,覆盖大约25%的经济活动人口。领取养老金的条件是,凡连续15年以上缴纳社会保障费的人,在年满65岁时即可退休领取退休养老金。

失业救济金标准(年满45岁以上的长期失业者)约为318欧元,领取失业保险金的期限为10个月。对于丧失了劳动力的老人和残疾人,国家社会保障部门通过全国社会服务协会,向他们提供医疗、康复、住宿、饮食、旅游、娱乐等方面的社会保障服务。

为加强对弱势群体的保护并使社会福利公平地惠及外来移民,2001年人民党政府、雇主联合会和工人委员会共同签署了《促进和发展社会保障总计划的协定》,进一步明确了加强对产妇、孤儿和鳏寡者的保护并决定提高最低养老金,扩大养老金对外来移民的覆盖。此外,西班牙2007年3月通过了《性别平等法》,目的是为妇女在就业和社会保障领域提供充分平等的社会保护,提高妇女就业率。2007年12月西班牙议会通过了一项社会保障法修订案,旨在巩固社会保障制度,提高应对老龄化问题的能力,使社会保障制度更加适合现代化的需要。该法规定1967年之后的参保者、提前退休者领取退休养老金的最低年龄限制从60岁延长至61岁,最低缴费年限也从15年延长至30年。新法鼓励劳动者推迟退休。

第七节 文化与宣传

一、中小学和职业教育

按照1990年颁布的《教育体制法》,西班牙的教育体制分为幼儿教育、小学义务教育、中学义务教育、学士(大学预科)教育和大学教育五个阶段,即五级教育体制。

幼儿教育是非义务教育,分0~3岁和4~6岁两个阶段,这两个年龄段的儿童可分别进入幼儿园低班和高班。国家开设的幼儿园一律免费。从事幼儿教育的教师必须是持有师范学院幼儿教育专业文凭的毕业生。

西班牙中、小学实行免费义务教育(6~16岁)。小学为6年,中学为4年。西班牙现有三种小学,即学费全免的全公立小学、享受政府补贴的政府赞助型私立小学以及全私立小学。主要的目的是为孩子提供良好的教育，提高孩子个人素质和自我认知能力，学习基本的社会技能，包括听、说、读、写、算，以及社会交往技能，养成良好的学习习惯、审美能力和创造能力。小学开设的科目为：西班牙语和文学（加泰罗尼亚地区还会开设加泰兰语和阿兰语）、外语（英语）、自然、社会、文化、美术、体育、数学、公民教育和人权、宗教（天主教，自愿）。

西班牙的初中实行 4 年（12～16 岁）义务教育。中学生的学习生活相当丰富，教学和课程安排灵活多样，课程分为公共课和选修课。公共课有西班牙语和文学、外语、数学、社会科学、地理、历史、自然科学、形体和视听教育、音乐和宗教。四年级学生开设伦理学，还可从物理、化学、生物学、技术和音乐等课程中任选两门。一、二年级的选修课有第二外语、通信、数学和手工艺。三、四年级的选修课有第二外语、经典文化、一种初级职业课、天文学、形象与表达、合唱、向成人过渡课、文化遗产保护与恢复、可再生能源与环境、妇女和男人的社会作用、信息、本校设置的其他课程。

中学生毕业后可升入大学预科（即普通高中），艺术、自然科学和卫生、人文和社会学、技术中等专业学校或中等职业学校继续学习，也可以就业。

学士教育，又称大学预科教育，为中等教育的最后一个阶段，相当于中国的普通高中，两年制。16～18 岁的初中毕业生如果希望继续升大学或进入高级职业培训学校，须经过考试升入这个阶段的学校，接受学士教育。这个阶段的教育目的是：培养学生更成熟的知识和人格，并使之具有取得广泛知识与技能的能力；为学生升入高等学校或接受高等职业教育做准备；引导学生培养广泛的爱好与兴趣。学士教育分艺术、自然科学与卫生、人文与社会学和理工四类，每一类的课程都不相同。完成这个阶段学习的毕业生可获得准学士学位文凭，并可升入大学或高等职业学校继续学习。学士教育分日校、夜校和远距离教育三种，国家对这三种形式的学士教育的课程安排、课时等，都有不同的规定。

西班牙职业教育分为初级、中级和高级三个阶段。初级阶段，为两年制。16～18 岁的中学毕业生可进入初级职业学校，毕业后可以直接参加工作，经过考试及格者也可以考入中等职业学校。这个阶段为免费教育，培训经费由国家和企业共同提供。中级阶段，也叫 18 岁以上职业培训，为 6 个季度或两个学年。高级阶段，又称为 20 岁以上高等职业培训，也是 6 个季度或两个学年。中等职业学校和大学预科的毕业生均可报考高等职业学校。高等职业学校的毕业生可直接升入大学的相关专业深造。

二、高等教育和科研

西班牙高等教育有着悠久的历史，但发展比较缓慢。西班牙的大学学制一般为 3～6 年，分为三个阶段：第一阶段 3 年，为基础课程阶段，学业完成后，可获得大专毕业证书；第二阶段 2 年，学习专业课程，毕业后授予学士文凭、工程师或建筑师资格；第三阶段为研究生，毕业后可获得相应的学位。

西班牙大学中有 70% 是公立大学，西班牙著名的高等学府主要有马德里康普顿斯大学、马德里自治大学、萨拉曼卡大学以及巴塞罗那大学等。

西班牙的科研能力也十分强大。根据上海交通大学最新发布的 2014 年世界大学学术排名，西班牙在临床医学、药学、自然科学和数学、工程学、技术和信息科学、生物和农业学以及社会科学领域尤为突出；在数学、化学、物理学、经济学和计算机科学等方面也位居世界前列。

西班牙是欧盟国家中科技发展较为落后的国家之一。近几十年来，由于受到国家重视，西班牙科学技术研究有了一定的发展。最重要的科研机构有最高科学研究理事会，能源、环境和技术研究中心，全国农业及食品技术研究院，西班牙地理矿业研究院及西班牙海洋研究院。

三、宣传媒体

西班牙共有报纸 155 种，全国性杂志 170 种，销售量共 420 万。主要报纸有《国家报》《世界报》《阿贝塞报》《先锋报》《加泰罗尼亚报》和《道理报》。西班牙主要的通讯社不仅有创办于 1939 年的官方通讯社埃菲社，还有私营的欧洲通讯社与罗戈斯通讯社。

西班牙广播电视总局统管电台、电视台。全国共有 200 多家电台，主要有西班牙国家广播电台和私营的西班牙广播公司、洲际电台、西班牙人民广播电台。此外还有安达卢西亚、加泰罗尼亚、加利西亚、巴斯克和马德里等地方电视台。

第八节 风俗习惯

一、社交与礼仪

1. 礼节

西班牙人通常在正式社交场合与客人相见时，行握手礼。与熟人相见时，男性朋友之间常紧紧地拥抱。西班牙人很重视信誉，总是尽可能地履行签订的合同，即便后来发现合同中有对他们不利的地方，他们也不愿公开承认自己的过失。如在这种情况下，对方能够善意地帮助他们，则会赢得西班牙人的尊重与友谊。

西班牙人只有在参加斗牛比赛活动时才严守时间，但客人应当守时，即便对方晚到，也不要加以责怪。西班牙人性格开朗、热情，但容易激动，有时发生争吵是很正常的，他们对此习以为常。

西班牙的社交活动大多习惯于安排在晚上 9 点以后，用餐也在很晚进行。在西班牙做客时，服装要整洁，凡出席晚间的家宴、宴会、招待会和比较正式的活动，女士一般穿裙子，颜色不限；男士一般穿深色的西装，白色或红色的衬衫配一条高档的领带。出席白天的活动时，服饰颜色可浅一些。参加年轻人的非正式活动时，着装可以比较随便。做客时到达的时间，以晚 10~15 分钟为宜。

2. 宴请

在西班牙人家中做客，用餐礼仪是十分重要的。首先，要听从主人安排桌次和座位。如果邻座是女士，一定要协助对方先入座，尽可能与同桌的人（特别是邻座）交谈。在西班牙，大部分开胃小吃或头盘菜（如火腿、奶酪、虾等）均可直接用手取食。在吃西餐时，可能会出现不知如何食用饭菜的情况，这时切记不要着急，可以先等西班牙人开始用餐，然后模仿对方即可。如遇到打翻酒水或其他意外情况，一定不要着急，服务员会帮助你处理，但要向左右两边的人说"对不起"。喝汤时一定不要出声；口中有食物时，不要说话；剔牙时，记得用手或餐巾遮口。最后宴请结束时，一定不要忘记向主人表示感谢。

3. 送礼

西班牙人做客时，一般会携带些小礼物，一瓶酒、一盒糖果或一束鲜花。西班牙人是一个十分热情奔放的民族，他们送礼的时候，都会特别注意一些小细节上的东西，就算是再小的礼物，都会用包装纸包起来，有的还会在上面写上祝福的话或者附上小卡片。在交换礼品时，西班牙人通常会当面打开礼品包装，欣赏礼品并表示感谢。

四、节日

西班牙的节日种类繁多，既有全国性节日，更有地区性节日，绝大多数的节庆活动都带有浓重的宗教色彩。

西班牙一年中的主要节日见表6-1。

表6-1　西班牙一年中的主要节日

日　　期	节　　日
1月1日	新年
1月6日	主显节/三王节
春分月圆之后的第一个星期日	复活节
5月1日	劳动节
8月15日	圣母升天日
9月11日	加泰罗尼亚民族节
10月12日	国庆节
11月1日	万圣节
12月6日	宪法节
12月25日	圣诞节

1. 奔牛节

奔牛节是潘普洛纳市的传统节日，始于1591年，每年都吸引数万人参加。西班牙一年一度的奔牛节的正式名称叫"圣费尔明节"，圣费尔明是西班牙东北部富裕的纳瓦拉省省会潘普洛纳市的保护神。奔牛节的起源与西班牙斗牛传统有直接关联。据说当初对潘普洛纳人来说，要将6头高大的公牛从城郊的牛棚赶进城里的斗牛场是件非常困难的事情。17世纪时，某些旁观者突发奇想，斗胆跑到公牛前，将牛激怒，诱使其冲入斗牛场。后来，这种习俗就演变成了奔牛节。

2. 三王节

在西班牙，元旦过后的1月6日便是三王节。西班牙人非常重视三王节，因为这是儿童的节日。三王节是由宗教节日演变而来的。在西班牙的传说中，从东方来了黑脸国王、黄脸国王与白脸国王。他们给人们带来了幸福和欢乐，从此人们安居乐业，平平安安。三位国王到达西班牙那天，都要举行庆祝活动。此节日已经有几百年的历史，后来逐步演变成为儿童的节日，并视为西班牙正式的儿童节。庆祝活动开始后，人们以各种主题装扮起来的彩车，排着长长的队伍，驶入市中心广场。街道两旁人山人海，拥挤得水泄不通。

3. 篝火节

篝火节是西班牙的全国性节日，在每年的 3 月 19 日举行。节日期间来自全国各地和世界各国的游人纷纷到巴伦西亚来观看篝火节盛况，这成为西班牙全国的一大盛事。节日开始之前，巴伦西亚人便着手准备。一些能工巧匠准备材料，制作模型。他们用木料做骨架，用纸板做面，扎成各种模型，再糊上纸，涂上各色颜料。这些模型多取材于历史传说、宗教和神话故事人物，也有针砭当时政治或社会现象的人物形象，有表现本地建筑精华和各式各样的建筑物，有狮子、老虎和猛兽，也有各种小动物以及花鸟虫鱼，等等。

模型制成之后，要搬到市政府广场上展出，由专门的委员会评比，评为第一名者，将被送入博物馆收藏，剩下的将会全部烧毁。

篝火节举办的最后一天，便是举行焚烧模型的活动，这也是篝火节最壮观的活动。到傍晚时分，由身穿篝火节盛装的女孩和乐队在大街上游行，人们拥上街头，尽情欢呼，然后聚在广场周围，等待午夜钟声的敲响。之后，市长会亲自宣布篝火节正式开始，燃放鞭炮。位于广场中心的巨型纸板模型被点燃，霎时间，熊熊大火会将模型吞没，广场上亮如白昼。火熄灭后人们还会进行狂欢，直至很晚才散去。

4. 西红柿节

每年 8 月的最后一个星期三在西班牙巴伦西亚省布尼奥尔镇举行的西红柿节是西班牙重要的民间节日之一，喜欢它的人们将其形象地称为"番茄大战"。这是为庆祝西红柿丰收而举行的狂欢活动。庆祝活动开始时，四辆满载着西红柿的卡车开进镇中心的广场上，成千上万的当地居民和专程赶来的各地游客就脱掉上衣，奋力把成熟多汁的西红柿掷向其他人，游戏规则是西红柿必须捏烂后才能出手，以免打伤他人。为了参加这场大战，许多人穿上最旧或最容易洗的衣服，有的干脆穿上军装，因此被称为"游击队员"。游戏开始不久，西红柿汁就在小镇的街道上形成了一条条没过膝盖的红色河流，而狂欢的人们，连同他们的欢笑也都沉没在红色的海洋之中。

三、习俗

1. 结婚

西班牙居民中，绝大多数人信奉天主教。按照惯例，婚礼由女方父母操办，宗教仪式在教堂里举行，新婚喜宴在家中举行，同其他欧洲国家既有相似之处，也有不同之处。

西班牙法律规定的最低的结婚年龄是男性 14 岁、女性 12 岁，只有达到法定婚龄才被视为具备适合的生理条件和心理条件，才能履行夫妻的义务，承担对家庭和社会的责任。婚礼的宗教仪式一般定于下午 3 点到 5 点之间。应邀参加的男女宾客按约定的时间提前到达教堂，并在教堂大厅通道两侧的椅子上按男女位置落座。婚宴上，不仅饭菜丰盛，而且气氛异常热烈。

西班牙人婚礼上最隆重最热闹的时候，是新郎新娘切结婚蛋糕时。当宴会进行到一定时间，服务人员端来一盘巨大的蛋糕。蛋糕做工精细，表面有用彩色奶油制作的图案和西班牙文的"幸福"字样。同其他欧洲国家婚礼上新郎新娘合力切蛋糕的情况所不同的是，西班牙人的婚礼上,新郎新娘要智斗一番,谁能够巧妙地脱下对方的一只新鞋,谁就是胜利者。据说,在婚礼上取得胜利的人,在今后的生活中就会掌握家庭主宰权。

最后新人会和宾客一起跳舞。而且,热闹欢乐的家庭新婚舞会一直进行到次日天明。

2. 出生与洗礼

西班牙居民中信仰天主教的人数占到 94%,这些天主教家庭的孩子出生后,也会根据天主教教规接受洗礼仪式。所不同的是,在西班牙还有一种比较特殊的、令人心惊肉跳地为孩子"洗礼"仪式——跳婴儿节:婴儿被放在街道中的床垫上,让穿着彩色装扮的人(魔鬼)从他们身上飞跳过去。这个仪式有如一种洗礼,人们相信彩装的"魔鬼"会吸走婴儿的罪过,并保佑他们远离疾病和厄运。旁观者也会咒骂"魔鬼",来赶走接下来一年的厄运。"魔鬼"跳完后,大家会在婴儿身上撒玫瑰花瓣,家长再把自己的孩子领回去。

3. 生日

生日对大多数西班牙人来说是一个重要的日子,他们一般也会和其他西方国家的人们一样,召集自己的亲戚朋友欢聚在一起,举行生日宴会,共同庆祝生日。一般的程序是先进行生日宴饮,然后大家一起分享生日蛋糕,之后人们纷纷向当日的寿星献上生日礼物,而当日的寿星在接受完大家的礼物后,一般也会向众人回赠不同的礼品,以表感谢之意。

4. 习俗禁忌

在西班牙,若送花给西班牙人,千万不要送大丽花和菊花,他们认为这两种花是死亡的象征。

西班牙人视家庭问题及个人工作问题为私人秘密,在与西班牙人交谈时,最好避开此类话题。斗牛是西班牙的传统活动,他们崇尚斗牛活动,外来人士最好不要扫他们的兴,不要说斗牛活动的坏话。

同其他欧洲人一样,西班牙人最忌讳数字"13"和"星期五",认为这些数字及日期都是很不吉利的,遇其会有厄运或灾难临头。外来人士,特别是商业界人士应巧妙加以利用或避开。西班牙人举止文雅,看不惯当众对嘴接吻,认为这是极不雅观的举止,是伤风败俗的行为。外来人士最好要入乡随俗。另外,在西班牙,女人上街要戴耳环,如果出门没戴耳环就像正常人出门没穿衣服,会被人耻笑。

西班牙人对他们的国家表现出明显的矛盾态度。他们非常热爱自己的国家,并为之骄傲,又经常非常激烈地抨击它。他们很喜欢在非正式讨论中就他们的国家发表看法,外来者加入时,切忌深入讨论。

第七章

葡萄牙

葡萄牙共和国（The Portuguese Republic），简称葡萄牙，其国际域名为.pt，国际区号是+351，人口约 1 032 万（2016 年），国土面积 92 212 平方千米。葡萄牙位于伊比利亚半岛的西部、欧洲大陆的西南隅。首都里斯本以西 40 多千米处的罗卡角以"欧洲之角"著称，是欧亚大陆的最西端。那里立有一座碑，上面刻着葡萄牙最伟大的诗人卡蒙斯的名句：陆止于此，海始于斯。葡萄牙不仅是欧盟成员国之一、欧元和北约创始成员国之一，还是世界贸易组织、联合国等国际组织的成员。

尽管地处"天涯海角"，但这并不妨碍古人类来此繁衍进化。葡萄牙建国以来的历史尚不足 900 年，而在现代葡萄牙的西南沿海一带，却不乏足以证明存在过四五十万年前阿修尔文化和阿布维利文化的遗址。旧石器、中石器、新石器时代的文化都在葡萄牙留下了历史印记。在这块土地上，书写了无数次兴衰沉浮和无数次荣辱悲欢的历史。在历史长河里，葡萄牙在欧洲范围内获得过政治和文化上的自决权，也通过殖民扩张、海外移民和贸易在世界各个角落留下了自己的印记。17 世纪，它挣脱了西班牙的统治；在 19 世纪的欧洲大统一中，它依然以独立的姿态昂首挺立；可以说，在欧洲的许多历史进程中，葡萄牙不仅仅是一个顽强的幸存者，在某些历史时刻还是一位先驱者。21 世纪的葡萄牙将以何种姿态迎接未来的挑战？

第一节 综　　述

一、地理概貌

葡萄牙是一个位于欧洲西南部的共和制国家，东部是同处于伊比利亚半岛的西班牙，西部和南部是大西洋的海岸。除了欧洲大陆的领土以外，大西洋的亚速群岛和马德拉群岛也是葡萄牙领土。葡萄牙西端的罗卡角是欧洲大陆的最西端。

葡萄牙海岸线长 832 千米。地形北高南低，多为山地和丘陵。北部是梅塞塔高原；中部山区平均海拔 800~1 000 米，埃什特雷拉峰海拔 1 991 米；南部和西部分别为丘陵和沿海平原。主要河流有特茹河、杜罗河和蒙德古河。

二、气候与资源

葡萄牙北部属海洋性温带阔叶林气候，南部属亚热带地中海式气候。平均气温 1 月 7℃~11℃，7 月 20℃~26℃。年平均降水量 500~1 000 毫米。

葡萄牙矿产资源较丰富，主要有：钨、铜、黄铁、铀、赤铁、磁铁矿和大理石。葡萄牙钨储量极为丰富，在西欧居第一位。森林面积 320 万公顷，覆盖率为 35%。近些年因气候变化，连年发生森林火灾。2011 年，葡萄牙共发生森林火灾 25 221 次，燃烧面积约为 738.14 平方千米。

三、人口和居民

根据 2016 年的统计，葡萄牙总人口共约 1 032 万，其中葡萄牙人占 96.9%，来自非洲、巴西、欧盟及亚洲等国家的外国合法移民占 3.1%。

四、民族性格

在葡萄牙民族形成的过程中，历史和情感的力量远比地理和语言更为强大，不可否认的是，葡萄牙人是世界上民族意识最强烈的民族之一。在古城吉马良斯市内有一座建于公元10世纪的古堡，堡外高耸着一座纪念碑，纪念碑是葡萄牙开国元首恩里克斯的青铜雕像，他左手持盾、右手持剑，目光凛然，神态威武，表现出为捍卫民族独立而斗争的勇气与决心。

葡萄牙是世界上民族性格双重性表现最明显的民族之一。葡萄牙人既温和又坚韧；既自豪又自谦；即保守又浪漫；既内向又外向，且葡萄牙人的温和与宽容在整个欧洲乃至全世界都有口皆碑。

五、语言

葡萄牙的官方语言为葡萄牙语。葡萄牙语是罗曼语族的一种语言。葡萄牙语是世界上少数几种分布广泛的语言，全世界有2亿多人口使用葡萄牙语，居世界流行语种的第6位，仅次于汉语、英语、俄语、西班牙语和印地语。葡萄牙语的使用者主要集中在葡萄牙、巴西、安哥拉、中国澳门、西班牙、莫桑比克和东帝汶。

六、宗教信仰

葡萄牙是天主教国家，据2011年的调查数据显示，88.0%的葡萄牙人是天主教徒。此外还有少数人信仰新教、摩门教、伊斯兰教、印度教、锡克教、东正教、巴哈教、佛教等宗教。约有6.8%的人宣称自己是非宗教信仰者。

七、移民

葡萄牙被世人称为移民之国。这里所说的移民之国是一个双向概念。一方面，大量外国人移居葡萄牙；另一方面，葡萄牙人大批移居外国。可以说，在葡萄牙大大小小的城镇，都会碰到外国移民或其后裔。20世纪90年代初，葡萄牙经历了一个新的移民高潮，涌入葡萄牙的外国人大多来自非洲，尤以非洲葡语国家的移民为主。葡萄牙作为申根协议签约国，必须履行其义务，不得不依法限制移民进入，从而使其同葡语国家的传统关系蒙受损失。1993年年初，葡萄牙曾数次拒绝巴西人入境，巴西朝野顿时哗然，同声指责，一时闹得沸沸扬扬，葡萄牙同非洲葡语国家的关系，也因移民问题一度陷于紧张。

近年来，以中国人和印度人为代表的从东方来的移民渐渐增多。目前，葡萄牙的华人华侨有数千名，集中于里斯本、波尔图和阿尔加维地区。当代新移民给本来就是多样化结晶的葡萄牙民族和文化又增添了新的成分。中国人和当地人已开始通婚，汉语及中国文化正在扩大传播并逐步深入当地社会。

八、国家象征

1. 国歌

《葡萄牙人》是葡萄牙共和国的国歌。由于英国在1890年下最后通牒挑衅葡萄牙，要求葡萄牙不得占领安哥拉和莫桑比克之间的土地，激起了葡民族主义热潮，故诞生了这首富有战斗力的歌曲。1910年葡萄牙共和国成立，此曲成为国歌。

《葡萄牙人》

作曲：阿尔弗雷多·基尔

作词：恩里克·洛佩斯·德·门多萨

海上的英雄，高贵的人民，
英勇与永恒的国度，
让今天再次彰显葡萄牙的辉煌吧！
在记忆的迷梦中祖国发出她的吼声了：
你们伟大的先烈
一定会领导你们直至胜利！
武装起来！武装起来！
捍卫疆土！保卫领海！
武装起来！武装起来！
为祖国战斗吧！
冒着炮火前进，前进！
升起不可侵犯的旗帜，
飘扬在活跃光明的半空中！
让欧洲在大地上呼喊：
葡萄牙还未消失！
亲吻你们的土地吧！
海洋、爱的咆哮和你凯旋的军队，
已在尘世中建立了新的世界了！
向旭日致敬，
于高兴的远景中；
让进攻的回波成为重生的征兆！
灿烂黎明的光映，
就是母亲的挚吻，
用来维持我们、支撑我们，
抵抗瞬间的侮辱。

2. 国旗

葡萄牙国旗图案为双直条型，靠近旗杆五分之二为绿色，尾端其余五分之三为红色，双条交间处饰有小型国徽（浑天仪和葡萄牙盾牌）。国旗的颜色以及国旗上的盾与城堡都成为葡萄牙国家和民族的象征，其中绿色代表民族希望，红色代表为了民族希望而英勇献身的勇士的鲜血。

3. 国徽

葡萄牙国徽为盾徽,中间白盾绘有五个呈十字状排列的小蓝盾,蓝盾绘有五个呈 X 形十字分布的白色圆点,外面红盾绘有七座金色城堡。置于浑天仪上,再以用红绿两色绶带束起的橄榄枝装饰是和平的象征,体现了葡萄牙人们对和平的渴望。

4. 国庆

每年 6 月 10 日为葡萄牙日,全称为葡萄牙和葡侨日。这一天也被认为是葡萄牙的国庆日。1580 年 6 月 10 日,葡萄牙诗人路易斯·德·卡蒙斯逝世,由于卡蒙斯创作了被葡萄牙人视作国魂的《卢济塔尼亚人之歌》,为航海发现大唱赞歌,从而振奋了日趋衰微的民族精神,这位诗人死后备受推崇,后人甚至将他去世的日定为葡萄牙日。

5. 国花——薰衣草

葡萄牙的国花是薰衣草。薰衣草的花朵是单一的紫色,紫色总是能让人联想到浪漫,花语是等待爱情。另外,石竹是葡萄牙的第二国花,石竹象征着纯洁的爱,也象征着富有才能、大胆的自信和勇气。

第二节 历 史

一、葡萄牙王国建立(公元前 1000 年—13 世纪)

历史上,很早就有人来到伊比利亚半岛。根据岛上现存的大量文化遗迹,可以把人类在该半岛的存在追溯到大约 100 万年前。"葡萄牙人是几千年来血缘混合和文化不断融合的产物"。这是葡萄牙当代著名历史学家萨拉依瓦潜心进行了大量研究后得出的结论,现在的葡萄牙人主要是三部分外来移民长期融合的后裔。一部分是,公元前 1000 年,凯尔特人在葡萄牙定居。另一部分是,公元前 218 年在伊比利亚半岛登陆的罗马人。还有一部分是从地中海南岸来的摩尔人,他们于 721 年越过直布罗陀海峡,开始了对伊比利亚半岛的占领。这些移民融合的结果,使今天的葡萄牙人与欧洲大陆的其他民族有较明显的区别。他们长着长形头颅、个子不高,三部分移民都带来了各自的文化和习俗。在三部分移民长期相互争斗厮杀中,罗马人逐步取得了统治地位并对其他移民特别是摩尔人采取了"毁掉一切"的政策。在长达五百年的岁月里,罗马人完全改变了当地经济基础、社会组织形式、劳动技术、民间的信仰和风俗习惯等。

在 12 世纪初,在伊比利亚半岛上存在着若干政教合一的王国,葡萄牙是其中的一个。哥特人在阿斯图里亚斯开始发起"收复失地运动",旨在跟南部穆斯林政权作战,重新统治伊比利亚半岛。1179 年,该地区成为葡萄牙王国,并随着重新取得穆斯林所占据的部分领土而扩张起来。现代欧陆的葡萄牙疆界是在 1270 年国王阿方索三世手中完成的。

二、海上强国的盛与衰(14—18 世纪)

葡萄牙国家的创建人阿方索一世·恩里克斯统治将近 60 年,为这个新生国家奠定了牢固的基础。其子孙后代继承王位后,把他的征服事业继续向前推进;到 1249 年阿方索三世统治时期，葡萄牙占领了伊比利亚半岛西南角的阿尔加维王国，直到大西洋岸边，自此，葡萄牙有了一个永久的疆界。到 14 世纪下半叶，勃艮第王朝最后一代国王费尔南多一世统治时期，葡萄牙商业兴盛，里斯本已成为重要的大西洋港口和欧洲商业中心之一。国王颁布了一系列措施，鼓励海上贸易，国家商船队和海运公司在里斯本和波尔图两地迅速发展。1415 年，葡萄牙王国舰队前往征伐摩洛哥的休达城，进行其历史上第一次海上远征，三年后，葡萄牙船队几度驶过博哈多尔角，先后发现几内亚、塞内加尔、佛得角和塞拉利昂。1488 年，迪亚士船长指挥的船队驶过非洲南端的好望角。

此后不久，哥伦布在为西班牙进行的航海远征中发现了美洲。随后，葡萄牙和西班牙这两个当时的海上强国因抢夺殖民地而发生争执，经教皇仲裁，两国在 1494 年签订《托尔德西里亚斯条约》，同意在佛得角群岛以西约 1 000 千米处划界，称为"教皇子午线"，线以东新发现的土地属葡萄牙，以西归西班牙。这是西葡殖民帝国对殖民地的第一次瓜分。

15、16 世纪是葡萄牙的全盛时代。当时的葡萄牙在非、亚、美拥有大量的殖民地，是名副其实的海上强国。这一时期，不论在经济、政治、文化上，葡萄牙都已远远超越了欧洲其他国家。

1517 年，葡萄牙商人及官员费尔南·佩雷兹·德·安德拉德到达了广州，而其与明朝朝廷的交涉被称为近代中国与欧洲接触的开端。葡萄牙人于 1542 年意外发现了日本，后来很多欧洲商人和传教士被吸引到日本。1557 年，葡萄牙人租借澳门，并开始与中国进行贸易。1519—1522 年，葡萄牙探险家斐迪南·麦哲伦所率领的西班牙船队首次环航地球。

1553 年，开始有葡萄牙人在澳门居住。1887 年 12 月 1 日，葡萄牙与清朝政府签订《中葡会议草约》和《中葡和好通商条约》，正式通过外交文书的手续租借澳门，这也成为欧洲国家在东亚的第一块领地（以 1553 年算起）。①

不过，随着其他欧洲国家的崛起，葡萄牙实力不断下降。1580 年，因皇室姻亲继承关系，葡萄牙曾被西班牙侵占，直到 1640 年才摆脱西班牙的统治。葡萄牙的殖民地同时也遭到了荷兰人和英国人的攻击。17 世纪间，大量葡萄牙人移民到巴西，直至 1709 年，为了防止人口流失，约翰五世下令禁止葡萄牙人移民。1755 年 11 月 1 日早晨，里斯本发生 9 级地震，地震所造成的损失加上接踵而至的海啸和火灾，将整个里斯本夷为平地。这场灾难对葡萄牙的经济造成了巨大的冲击，但此时的葡萄牙帝国仍然强大。此后，随着大英帝国和法兰西帝国的崛起，葡萄牙帝国才逐渐没落。

1807 年，拿破仑进攻葡萄牙，同年 12 月 1 日占领里斯本。直到 1812 年在英国的帮助下，葡萄牙才摆脱了法国的统治。1808 年，葡萄牙王室与大部分里斯本贵族逃亡到巴西的里约热内卢，并从 1808 年到 1821 年间，把这个城市当作葡萄牙的首都，这是当时欧洲仅有的不在欧洲本土的首都。

1821 年 7 月，若昂六世回国后，葡萄牙的第一届立宪议会企图取消若昂六世授予巴西的各种特权，使巴西重新陷入殖民地的境地。而巴西人民早已习惯有一个自己的国王和政府，这种做法进一步刺激了巴西人民。巴西不能接受对其特权的取消和再次沦为殖民地。若昂六世的儿子佩德罗决定留下来反对葡萄牙政府的这项决议，若昂六世也默许了儿子的

---

① 1974 年 4 月 25 日，葡萄牙革命成功，实行非殖民地化政策，承认澳门是被葡萄牙非法侵占的，并首次提出把澳门交还给中国。由于当时不具备适当的交接条件，时任总理的周恩来提出暂时维持澳门当时的状况。

做法。

1821 年 12 月，葡议会以完成政治教育为由，敦促佩德罗回国，并规定巴西各省直接受里斯本管辖。在巴西独立派的推动下，佩德罗拒绝了葡议会的命令，建立了以若泽·博尼法西奥·德·安德拉达为首的新政府，并于 1822 年 5 月自立为"巴西永久的保护者"，葡议会因此废黜了其巴西摄政王的职务。1822 年 9 月 7 日，刚到达圣保罗的佩德罗获悉了此决议，于是在依皮朗加河畔拔剑宣誓"不独立，毋宁死"，正式宣布了巴西的独立。

此后数十年间，葡萄牙内乱和战争不断，使本来就虚弱的国力进一步削弱，强盛一时的葡萄牙威风不再。

三、现代葡萄牙（19 世纪至今）

1910 年 10 月，葡萄牙爆发了革命，君主制被推翻，葡萄牙第一共和国成立。1926 年 5 月，葡萄牙发生军事政变，卡尔莫纳元帅上台，建立了军事独裁政府。财政部长安东尼奥·萨拉查于 1931 年组织了"国民同盟"，并于 1932 年升任总理以应对财政危机，次年制定新宪法，建立起带有法西斯性质的新国家体制（葡萄牙历史上的"第二共和国"），成为独裁者。萨拉查对内推行法西斯专政，对外于 1936 年追随德、意法西斯，帮助佛朗哥叛军进攻西班牙共和国政府。

第二次世界大战时，葡萄牙名义上保持中立，实际上亲近轴心国集团。战后于 1949 年 4 月加入北大西洋公约组织，同年 6 月接受马歇尔计划。1951 年与美国签订"军事援助协定"，其后又签订各种协定，允许美国在葡萄牙及其属地建立军事基地。20 世纪 60 年代初起，葡属殖民地争取独立的武装起义如火如荼，葡萄牙殖民主义者疲于应付，耗费大量军力、物力、财力，海外士兵伤亡惨重。战后国内经济本来就困难重重，战争消耗更是雪上加霜。各阶层贫富差距拉大，民众生活水平大幅下降，不满情绪日益高涨。反对独裁统治和殖民主义战争的斗争遍布全国，萨拉查独裁统治的基础被严重动摇。20 世纪 60 年代末，萨拉查病重，推出卡埃塔诺接任总理，继续奉行原来的政策，1974 年 4 月 25 日，一批小下级军官发动军事政变，推翻了统治葡萄牙达 40 多年的法西斯政权。两年后，全国举行大选，选举产生新总统，成立了宪法政府，非洲葡属殖民地也相继独立，葡萄牙从此才走上现代化道路。1986 年，葡萄牙加入欧共体，并于 1999 年成为首批加入欧元区的国家之一。

第三节　国　家　体　制

一、葡萄牙共和国宪法

葡萄牙现行宪法是 1976 年由制宪会议批准并颁布的《葡萄牙共和国宪法》。1976 年宪法经历了六次修改，最近一次修订于 2004 年完成。宪法规定：总统、议会、政府和法院是国家权力机构；总统为武装部队最高司令，根据政府提名任免总参谋长和三军将领。总统在听取各党派、国务委员会的意见后才能解散议会，"在必要时"可以解散政府和罢免总理。根据这部宪法，葡萄牙摆脱了独裁、压迫与殖民主义，民主制度得以确立，葡萄牙人民重获各项基本权利与自由。

二、半总统制与一院制

葡萄牙是一个单一制国家，具有中央集权国家的某些特点。葡萄牙拥有两级权力机关，第一级是18个地区、2个大自治区（马德拉自治区和亚速尔自治区），第二级是305个市镇及4 200个教区。大区无行政和立法权，仅是中央政府的派出机关，在交通、卫生、治安等领域发挥协调职能。

从现行宪法对各权力机构权限的规定看，葡萄牙的政体既非纯粹的总统制，也非纯粹的内阁制，而是一种混合型政体，即半总统制。宪法规定，总统、议会、政府和法院是国家权力机构。总统是国家元首，同时兼任武装部队最高司令，总统有如下权利：总统根据政府提名任免总参谋长和三军参谋长，有权否决政府的提名；总统根据在大选中获胜的多数党或党派联盟的提名任命总理，主持总理和内阁成员的宣誓就职仪式；总统有权否决议会决议和政府的法令（政府法令如经多数的国会议员在议会获得再通过，总统无权再否决）等。总统由全民直接选举产生，任期5年，连任不得超过两届。

议会是国家最高立法机构，实行一院制，由230名议员组成。议长是全国第二号人物，在必要时可代行总统职权，议长由多数党提名、议会选举通过。议会拥有立法权，直接制定法律和批准政府提交的法令，并对其他国家主权机构尤其是政府实行监督；议会有权监督宪法执行情况，审议国家经济计划和预算执行情况；议会有权追究政府的政治责任，并就不信任政府动议进行辩论和表决、有权批准或不批准政府签署的国际条约和协定。议会由全民直接选举产生。

政府是国家最高行政机关。总理是政府首脑，总理由在大选中赢得多数的政党或政党联盟推选提名，并经总统任命产生。政府在政治上对总统和议会负责。政府制订的国家经济计划和国家预算以及具有法律效力的行政法令，只有在获得议会通过后方可实施。

最高法院是各级法院的最高机构，院长由法官秘密投票选举产生。各级法院行使司法和审判权，最高法院有权受理上诉，并复审所有各级法院审理过的案件。

三、选举和政党

1. 选举

葡萄牙议会共有230名议员，由直接选举产生，任期4年，可连选连任。在特殊情况下，总统有权决定提前大选，但须提前80天确定选举日期。凡年满18岁葡萄牙公民，无特殊情况，都具有选民资格。葡共有22个议会选区，议会议员选举实行比例代表制。

2. 政党

葡萄牙实行多党制，在葡萄牙，有5 000名成员即可向宪法法院呈文成为政党。现在小有名气的政党有十几个。主要政党有社会党（执政党）、社会民主党、人民党、葡萄牙共产党等。

执政的社会党的前身是1964年成立的葡萄牙社会行动组织。社会党就是在该组织的基础上，于1973年4月在德国正式成立，党员约7.3万人，主张通过民主途径实现"民主社会主义"。社会民主党成立于1974年5月，最初名为人民民主党，1976年该党改为现名，党员约 15 万人。葡萄牙人民党为全国四大政党之一，该党为右翼政党，成立于 1974 年 7 月，原名社会民主中心党，1995 年改为现名。人民党成员过去多为大学教授高级职员等，其中不乏 20 世纪 60—70 年代从政的老政治家。自 20 世纪 90 年代初以来，持右翼政治主张的年轻党员人数有所增加，党员 2.5 万人。葡萄牙共产党是全国议会中四大政党之一，葡萄牙共产党成立于 1921 年，是现有少数仍坚持共产主义信仰、坚持社会主义道路的欧洲共产党之一，现有党员约 5.89 万人。其他政党还有葡萄牙民主运动、人民君主党以及革命社会党等。

第四节 外交政策

一、外交环境的改变

随着二战后国际形势的变化，葡萄牙也适时调整了外交政策，主张在平等互利的基础上，同世界各国普遍发展友好合作关系。葡萄牙外交的重点是维护欧盟、跨大西洋关系和葡语国家共同体这三大外交支柱。

为此，葡萄牙在顾及俄罗斯的安全利益的基础上支持北约东扩，主张通过政治谈判解决伊核问题。同时，积极开拓新兴国家市场，重点发展同中、俄、日、印（度）、巴西、南非和北非阿拉伯国家的合作关系，加强与委内瑞拉、安哥拉和利比亚等石油大国的经贸往来。

2010 年 10 月，葡萄牙成功当选联合国安理会 2011 年至 2012 年度非常任理事国。2012 年年初，葡萄牙正式提出"经济外交"口号，大力改革外交部和驻外机构，以推动出口、吸引投资，帮助国家走出危机。2012 年 7 月，葡投票赞成联合国安理会关于叙利亚问题的决议草案，主张"人道主义干预"。

目前，葡萄牙与世界上 180 个国家和地区建立有外交关系，共设 146 个驻外使领馆。其中使馆 70 个，职业领馆 66 个，驻国际组织代表团 10 个。

二、葡萄牙与欧洲一体化

葡萄牙的欧洲化进程自 20 世纪 60 年代就已启动。1962 年，葡萄牙就曾首次提出加入欧共体的申请，但遭到拒绝。其重要原因就是葡萄牙当时还不是欧共体所要求的、具备多元民主政治制度的国家，这使得葡萄牙不满足成为欧共体成员国的核心条件。1974 年"四·二五革命"（又称康乃馨革命）推翻了长达 40 多年的极右独裁政权，确立了多党民主制的发展方向，开启了葡萄牙的民主化进程。1977 年 2 月 28 日，时任总理的苏亚雷斯正式提交葡萄牙加入欧共体的申请。随后，经过与欧共体长达 7 年的正式谈判，葡萄牙最终于 1986 年 1 月 1 日加入欧共体，成为欧共体的第 11 个成员国。此后，葡萄牙积极参与欧洲统一货币改革并积极推动欧洲制宪议程，在不断深入的欧洲一体化进程中逐渐推进自身的欧洲化。葡萄牙加入欧共体/欧盟后，尤其是 20 世纪 80 年代末起，受益于欧共体/欧盟通过结构基金、聚合基金等方式所提供的经济援助，在经济基础与社会服务的各方面都明显缩小了与其他欧洲国家之间的巨大差距。

1992 年，以首次担任欧盟轮值主席国为转折点，葡萄牙开始积极参与欧洲事务，主动寻求聚合式发展，并试图发挥一个边缘国家对欧盟决策中心的影响力。例如，葡萄牙成功确保了共同农业政策的改革，以国内议会迅速通过的方式支持《阿姆斯特丹条约》等各项盟约，2000年第二次担任欧盟轮值主席国时批准了里斯本战略，积极参与尼斯政府间峰会并在会上扮演了代表中小国家向欧洲大国表达利益诉求的领导角色。葡萄牙积极支持并参与欧洲一体化进程，赞成欧盟东扩，反对将成员国分为不同等级，反对欧盟决策权过分集中在少数国家手中。2007年下半年，担任欧盟轮值主席国的葡萄牙主持完成修订和签署《里斯本条约》，使欧盟走出"制宪"困境，推动欧盟制定"里斯本战略"第二个3年规划，进一步增强欧盟经济活力和竞争力。同时，保持与西、法、德等欧盟大国的高层交往，促进经济和科技合作，积极推进欧盟能源战略规划，发展可再生能源。此外，重视与欧盟各国联合打击非法移民和反对恐怖主义，正式启动电子生物指纹护照和签证制度，成功促成欧洲海洋安全局总部落户里斯本。2009年，《里斯本条约》生效后，葡萄牙及时调整对外政策延伸，重点发展与欧盟以外国家和地区关系，从而提高自身在欧盟内的影响和地位。2009年与2013年，葡萄牙两度担任为期2年的欧盟海军轮值司令国。

葡萄牙通过参与欧盟的机制制定及具体事务，逐渐提升其在欧洲事务中的决策权与话语权，提升其作为一个小国对欧洲事务的影响力。葡萄牙通过搭建桥梁的方式将欧洲与葡语世界连接起来，帮助拓展欧洲共同外交的范围，也借助欧盟的国际影响力巩固其在"葡语国家共同体"（CPLP）中的领导地位。

三、葡萄牙对外文化政策和机构

葡萄牙的对外文化政策主要集中在推动葡萄牙语言和葡萄牙文化传播方面，执行对外文化政策的主要机构有以下几个。

1. 国际文化关系办公室

国际文化关系办公室是文化部的附属机构，但具有一定的行政自主权，其职责是向世界传播葡萄牙文化，具体包括在国际上代表国家组织葡萄牙的历史文化活动；发展国际文化合作，实施文化交流活动；在对外文化的各个领域协助国家文化部工作等。

2. 卡蒙斯学院

卡蒙斯学院在葡萄牙文化外交中发挥着关键作用。这是个公共学院，其行政管理和财政都是独立的，有自己的资产基础，在文化和教学领域运营。它的使命是提出和制定葡萄牙语言和文化在国外传播和教学的政策建议，推动葡萄牙语成为国际交流语言。

3. 移民和跨文化交流高级专员公署（ACIDI）

ACIDI是一个在部长理事会主席下的公共机构，其目标主要有以下几个方面：开展少数民族融合的研究，以宣传现行的政府政策；从不同移民社团联盟或者协会中选取代表，组成高级专员公署的社会代表；推动中央和地方整个公共管理体系的跨部门行动。

四、中葡关系

中葡交往历史悠久。据史料记载，葡萄牙早在1520年就向明朝派出了第一个使节。400

多年前，葡萄牙人就把中国瓷器带到欧洲。1974年"四二五革命"后，葡萄牙新政府宣布放弃殖民主义，公开承认澳门主权属于中国，并于1976年颁布了《澳门组织章程》。葡萄牙新政权政策的转变，促进了澳门的安定与繁荣，也促进了中葡关系的发展。1975年1月，葡萄牙宣布同中国台湾国民党当局断交，为中葡建交奠定了基础。1976年，葡萄牙总统埃亚内斯在出席联合国大会期间，与当时中国驻联合国代表黄华就中葡建交与澳门问题进行了交谈。经过两年多的洽商，中葡于1979年2月8日建交，从此两国关系进入一个新纪元。政治、经济、文化等各个领域的友好关系与合作不断发展。1987年，两国政府签署了关于澳门问题的联合声明，这标志两国关系又进入一个新的发展时期。20世纪90年代以来，中葡关系更趋热烈，葡萄牙出现持续的"中国热"。1999年12月20日，中葡两国政府举行澳门政权交接仪式，成功实现澳门的平稳过渡和政权的顺利交接。澳门问题顺利解决，为两国关系全面发展翻开了新的一页。

整个90年代，两国高层互访频繁，两国政府、议会、司法、军队以及地方行政等领域高级官员的联系不断加强，充分反映了中葡政治关系良好的发展势头，葡萄牙和中国都有发展经贸关系的强烈愿望，但由于两国距离遥远、相互缺乏了解，贸易往来长期不振，投资也进展不大，与两国进展良好的政治关系不大相称。随着中国改革开放步伐加快和经济的快速发展，葡萄牙越来越重视发展同中国的经济贸易关系，视中国为葡萄牙企业实现国际化的一个"重点选择目标"。葡萄牙总统和总理每次访华都带着大批企业家同行，以期推动两国贸易往来、相互投资和双方企业间的多种形式合作。葡萄牙领导人还通过同中国领导人的高层接触，冀望于中国政府对增进双方经贸关系施加政治影响，从而把葡中经贸关系推向务实拓展的新阶段。在两国的共同努力下，双边贸易额逐年上升，到21世纪初，双边贸易额已超过3亿美元。

2005年12月9日至10日，温家宝访葡，中葡宣布建立全面战略伙伴关系，中葡关系再上新台阶。2016年是中葡全面战略伙伴关系第二个十年的开局之年，两国密切保持高层往来，各领域务实合作深入发展。2015年，在中国对外贸易和中欧贸易双双下滑的背景下，中葡贸易额同比增长8.58%，而且中方对葡出口和葡方对华出口都有较大幅度增长。目前，中国对葡投资总额超过70亿欧元，葡萄牙成为中国对欧投资的第五大目的地国。与此同时，葡萄牙对华投资也稳步发展。由此可见，中葡双边合作有着巨大的合作潜力和广阔的发展前景，在中葡双方的共同努力下，中葡关系一定会再上新台阶。

第五节 经　　济

一、经济发展特征

葡萄牙虽然地处欧洲，但因长期闭关自守，因此未能与西欧经济较发达的国家同步发展，到20世纪70年代初，仍然是一个落后的农业国。自1986年加入欧共体后，滚滚而来的欧共体援助基金和外国投资，促进了基础设施和工业建设，带动了经济的全面增长，经济与社会发展水平明显提高，葡萄牙向市场经济过渡的进程加快。到90年代中期，葡萄牙已步入新兴工业化国家之列，与欧洲联盟发达成员国的差距不断缩小，但仍面临着严峻的考验和艰巨的任务。

时至今日，葡萄牙工业基础仍旧比较薄弱。纺织、制鞋、酿酒、旅游等是国民经济的支柱产业。软木产量占世界总产量的一半以上，出口位居世界第一，因而有"软木王国"之称。2008年以来，由于受国际金融经济危机的影响，葡萄牙经济遭受重创，失业率走高，经济复苏势头明显回落。2011年3月，葡政府第四期"稳定与增长计划"遭议会否决，政府被迫辞职。受政治危机影响，葡经济前景悲观，国债收益率不断上升，融资成本不断提高。2011年4月7日，葡政府总理苏格拉底正式向欧盟请求财政援助，成为继希腊、爱尔兰之后，第三个陷入主权债务危机的欧盟国家。2011年5月，葡与由欧盟、欧洲央行和国际货币基金组织组成的"三驾马车"达成总额为780亿欧元的救助协议，并按协议要求采取一系列财政紧缩和经济改革措施，以整固财政、削减赤字。得益于外部援助和内部改革，葡宏观经济环境明显改善，财政赤字大幅降低，国债收益率屡创新低，创造了"葡萄牙奇迹"。2014年葡经济实现1.2%的增长，财政赤字占国内生产总值的比重降至4%以下。2014年5月4日，葡萄牙宣布将完全退出"三驾马车"的国际救助计划，不需申请预防性信贷。葡萄牙也成为继爱尔兰之后第二个退出救助的欧元区国家。

二、"葡萄牙经济奇迹"

1986年，葡萄牙正式成为欧共体成员国，此后，葡萄牙经济出现了史无前例的持续高速增长现象。1987—1991年，葡萄牙经济年平均增长率超过4%，以超过欧共体平均增长率的水平增长，就业状况逐年改善，90年代初失业率降到4%左右，在欧共体各国中最低。1986年，全国国内生产总值约300亿美元，1991年跃升为770亿美元。人均国内生产总值也由3 000多美元激增至7 000多美元。这一时段被国际上誉为"葡萄牙经济奇迹"。

葡萄牙经济奇迹的出现，首先得益于欧共体援助基金的人力支持，出于全面推行了旨在实行市场经济和实现与欧共体经济一体化的经济改革，外资开始大量涌入。1989年葡萄牙吸引的外资总额为24亿美元，这个数字超过前8年外国在葡投资之和；1991年，外国在葡投资创下74亿美元的最高纪录，欧共体国家已取代美国成为外资最大来源；1986年欧共体成员国投入葡萄牙的资本仅为1亿美元，而1990年已多达25亿美元。其次，执政的社民党政府为加速向市场经济过渡，进行工农业改革、生产结构改革、教育改革、税制改革以及劳工市场改革等，伴随着改革的重心移向难度较大的金融、社会保险和公共企业私有化等领域，确保了经济的持续稳定发展。

三、从"团体国家"到市场经济

1. 市场经济的确立

葡萄牙经济从中世纪就盛行"团体"保护主义，一直延续到现代。自20世纪30年代，葡政府依然实行所谓"团体国家"，排斥市场经济。这种状况在1974年推翻独裁政权后仍持续数年，后来才开始向市场经济过渡。到1986年加入欧共体时，葡萄牙的市场经济方正式确立。

2. 环保与经济的良性循环——开发可再生能源

环境和能源消费息息相关。葡萄牙政府高度重视发展可再生能源，制订了国家可再生能源行动计划,并将其作为执政旗帜,予以宣传、推进,为产业快速发展营造有利氛围。例如,要求国家电网公司承诺以竞争力的价格向企业购买全部可再生能源。由于政策和措施有力,2006—2010 年,葡萄牙可再生能源占总能源消费比例一直在 20% 以上,2010 年的占比为 24.6%,远高于欧盟平均 12.4% 的水平。2020 年,可再生能源占总能源消费比例目标值将达到 31%。由于使用清洁的可再生能源,2000 年至 2008 年间,葡萄牙经济增长的同时,大气中硫氧化物的排放量却降低了 64%,而同期,经合组织国家的平均排放量只减少了 28%。

3. 合理的工资、税收与高福利

随着葡萄牙经济形势的好转,葡萄牙人的工资收入也逐渐赶上了欧盟中发达国家的水平。葡萄牙的最低工资总额在十年间从 497 欧元增至 650 欧元,涨幅为 31%。据卢萨社报道,欧盟官方统计办公室公布:在 2017 年 1 月 1 日开展的对 22 个欧盟成员国(不包括丹麦、意大利、塞浦路斯、奥地利、芬兰和瑞典)最低工资数额的调查显示,葡萄牙以 650 欧元的最低月工资排在第 12 位,从而跻身于欧盟统计局定义的 500~1 000 欧元的第二行列中。葡萄牙的税收制度十分合理,低收入者赋税很少甚至没有,而高收入者的税率则很高。葡萄牙是一个实行高福利的国家,公费医疗、公费教育及社会保障是葡萄牙的三类主要社会福利。

四、主要工业部门和工业中心

葡萄牙工业水平较低,主要以低技术居多。葡萄牙有六大支柱产业,即纺织服装业、森林制品包括纸浆、软木、制鞋业、葡萄酒酿造、汽车及零部件、旅游业。此外,电子器械、装饰石材、金属矿业、陶瓷等也是重要部门。这些产业绝大部分同时又是葡萄牙的传统产业和主要出口部门。

葡萄牙的纺织服装业历史悠久,是全国最早出现的工业部门之一。纺织服装业也是全国第一大出口部门,每年出口额将近 50 亿美元,约占出口总值的 26%。主要出口市场有欧洲、南北美洲和非洲。

林木制品包括原木、家具、树脂、纸浆和软木及其制品,是仅次于纺织服装业的第二大出口产品门类。年出口额 20 多亿美元,占全国出口总额的 10%。这一门类产品中最重要的是纸浆和软木,年出口额能达到 6 亿~7 亿美元。葡萄牙是世界软木生产和出口第一大国,在世界市场的占有率高达 53%。

葡萄牙是世界制鞋业的后起之秀,年产皮鞋超过 1.1 亿双,其中 9 000 多万双外销,年创汇 18 亿美元,成为仅次于意大利的欧洲第二大皮鞋出口国。古老鞋城费格拉斯也已变成现代化的"皮鞋之都"。自 1980 年以来,皮鞋出口量增长近 6 倍,出口额激增约 27 倍。目前,全国共拥有 1 100 多家企业的制鞋业已成为第三大出口部门。

葡萄牙的葡萄酒业产值占农业总产值的 20%,即约 10 亿美元。全国各类葡萄酒总和中约有一半用于出口,出口额将近 5 亿美元。著名的波尔图酒被誉为葡萄牙的"国酒",这种烈性酒被用做开胃酒或饭后酒,波尔图酒总产量的 80% 用于出口,占全国葡萄酒总出口额的 60%。

汽车工业是葡萄牙比较年轻的工业门类,主要有两大类:一类是汽车组装;另一类是零部件制造。该行业外资比较集中,欧洲大车厂如菲亚特、雷诺、大众等都在葡萄牙设有工厂。近年来汽车工业发展很快，现已成为一个重要的出口部门，年出口额保持在 11 亿美元左右，占全国出口总值的 6%。

2011 年葡萄牙制鞋业出口额为 15 亿欧元，同比增长 16.2%，从业人数 3.4 万。纺织成衣产品出口额为 39 亿欧元，同比增长 8.4%。汽车、机电、模具、制药和可再生能源等产业发展较快，2011 年葡萄牙境内汽车产量同比增长 21.1%。软木生产产量占世界总产量的一半。

葡萄牙主要的工业中心是里斯本与波尔图。里斯本是全国综合性工业中心，主要工业部门有化学、石油化工、纺织、造船、机械、陶瓷、食品（葡萄酒酿造、鱼类罐头等）和软木加工等。波尔图是西北部重要的经济中心，主要工业部门有造船、纺织、电机、制革、化学、玻璃、陶瓷等。这里的软木制品闻名于世，并以输出"波尔图"牌葡萄酒负有盛名，有"酒市"之称。

第六节 社　　会

一、葡萄牙民族精神与葡萄牙人性格

1. 葡国魂——独立与爱国

在葡萄牙历史上，每当有关民族兴衰的关键时刻，一些杰出代表人物，为适应历史需要和民族意志，以捍卫民族独立或弘扬爱国精神的思想与行为，造就培育了独立与爱国的葡国魂。这个弱小民族在独立后的数百年间，始终处于西班牙和其他欧洲列强的觊觎与威胁下，但他们以英勇不屈的精神和入侵者做武力抗争，将入侵者赶出国门，维护着独立与自由，谋求自身生存。

2. 温和宽容

葡萄牙民族最突出的特征就是温和、宽容，这在整个欧洲乃至全世界都有口皆碑。有学者认为，葡萄牙人温和宽容的性格与历史因素有关。葡萄牙民族是在数千年历史长河中，多种族多民族经多次不同程度和不同比例的混血融合而成，葡萄牙文化也是多种文化的兼收并蓄，或百花齐放、各具特色、共存共荣、互不排斥，或相互借鉴、相互影响、你中有我、我中有你，这些人种和文化方面的历史因素，促成了葡萄牙人温和与宽容的民族性格。

3. 保守沉郁

葡萄牙人大概是拉丁各民族中最保守和最恪守传统的民族。这些性格特征体现在对人的称呼、文件的书写、衣着、餐桌礼仪、艺术表现形式等各个方面。葡萄牙作家、诗人、艺术家所描绘的典型葡萄牙人是忧郁、深沉、略带伤感情调的形象。在当代的现实生活中，这种形象仍可代表多数的葡萄牙人。有人认为，葡萄牙人的这种性格，可能与他们国家地处偏僻角落、长期与欧洲大陆隔绝有关。也有人认为，葡萄牙人的祖先经常出海，或长年累月远航探险，或频频驾船远洋捕鱼，这也是形成沉郁性格的历史因素。

二、葡萄牙公务员制度

葡萄牙现行的公务员制度建立于 1986 年。1982 年之前，葡萄牙公务员的录用比较随

便，除财政部、外交部之外，其他部门甚至不通过考试竞争就录用。目前，葡萄牙每年都会举行公务员考试，考试内容与方式视招考部门的需求而定。

葡萄牙公务员的考核依据工作目标分层次打分评价，为保证考核的公正合理，设有专门的鉴定委员会，合格者三年升一级，特优者两年升一级，不合格者可以辞退。

近些年来，葡萄牙的公务员队伍约有 60 万人，尽管工资水平并不高，但福利待遇好，并且稳定度高。根据 2013 年 7 月 8 日《彭博商业周刊》的报道，即便国家深受危机困扰，公务员们却几乎"毫发未损"。收入方面，葡萄牙政府过半的支出用于支付政府雇员工资和退休金，就业方面，2013 年葡萄牙的失业率高达 18%，但在 70 万失业大军中公务员只占到 1.9%，因为劳动法对政府雇员设有保护条款，除非受到纪律处分或本人同意，政府无权解雇；公务员的另一项特权是养老缴费年限只有 12 年，而普通民众则需 40 年。

2013 年年底，葡萄牙宪法法院正式批准了政府延长公务员工作时间的计划，从此葡萄牙公务员每周的工作时间将从 35 小时增加至 40 小时。根据政府的计划，公务员每周的工作时间被延长了近 1/7，但是如果公务员的每月收入高于 600 欧元，他们的工资将会缩减 2.5%~12% 不等，此外，他们的养老金也会被缩减 10%。此后，葡萄牙公务员已不再是一个非常有吸引力的职业。2014 年上半年，葡萄牙有超过 1 万名公务员离开了政府组织，数据显示，2013 年年底政府行政部门雇用 563 739 名公务员，2014 年 6 月底只有 552 959 人，减少了 10 780 人。仅中央行政部门就有 7 999 名员工离职，而其余离职人数取自各直辖市与自治区。

葡萄牙公务员 2016 年 1 月 29 日举行全国性罢工，要求政府将法定工作时间尽快降至每周 35 小时。

三、社会福利保障体系

在全球福利最好的十大国家中，葡萄牙名列第二，仅次于排名第一的瑞典。主要原因在于葡萄牙有着较为完善的社会福利保障体系，公费医疗、公费教育及社会保障是葡萄牙的三类主要社会福利。

葡萄牙国民生产总值的 10.1% 用于国民医疗，在全球健康医疗体系中排名第 12 位，人口平均寿命 79.1 岁。葡萄牙国家卫生系统建立了覆盖全民的国民健康保险制度。1979 年通过了国民健康保险制度法，该法规定"不论经济和社会地位如何，应保证所有公民均可享有国民健康保险制度服务"。1989 年修订宪法，将"免费服务"修改为"倾向于免费的服务"。葡萄牙医院分公立和私立两种。公立医院规模大、设备精良、技术力量雄厚，但就诊人数较多、耗时较长。私立医院治疗耗时较少。医院中，私立医院占 41%，其中大约一半的私立医院为营利性机构。大多数专科咨询在私立部门进行，而公立部门提供了绝大多数的全科咨询服务。公立医院和保健中心提供免费医疗服务。

葡萄牙本国有许多关于社会保障的方面的福利。对于非职业原因造成某种疾病的一定时期不能工作的人，有疾病补助金。社会保障制度第 27 条建立特别条件鼓励生育，关注保护照顾幼儿，特别是幼稚园的补助，辅助父亲及母亲的需要，并获发特别津贴，如对于刚出生的婴儿家庭给予母亲 4~6 个月的带薪产假。失业者在过去两年中如有 450 天的报税记录或者被动失业主动求职未果的均可领取失业补助金。此外还有针对由于疾病造成暂时无工作能力而产生的损失发放的伤残补助金、针对贫困家庭或个人发放的为满足其较低生活水平的经济困难救济金等。

葡萄牙的养老体系庞大而又烦琐，65 岁以上可以领取养老金、退休金。为了保障老年人的生活，80 岁以上还设有补充养老金（团结金），因病长期卧床不起或严重的精神疾病都可以申请长期护理津贴，独居的老人还可以申请丧偶津贴。

福利待遇关系着一国人们的幸福指数，葡萄牙的完善的社会福利制度不仅保证了本国的公民能够接受高水平的教育，更保证了人们的工作、生活、养老、医疗等关键问题的安心无忧。

第七节 文化与宣传

一、教育与科技

1986 年葡萄牙加入欧共体后，随着市场经济的确立和逐渐发达，竞争机制日益发挥作用，促进了教育观念的更新和教育体制的改革。在欧洲历来以循规蹈矩著称的葡萄牙人不得不改变从一而终的传统就业观念，学以致富成了现今葡萄牙人的时尚，同时也是政治家、企业家和教育家的共识。葡萄牙的教育事业自 1988 年进入大发展时期，至今仍保持旺盛势头。

葡萄牙实行 9 年义务教育制，包括小学 4 年，中学预备班 2 年，初中 3 年。这 9 年教育又被称为基础教育。其后是高中教育 3 年，大学教育 4～5 年。根据葡萄牙《教育法》和《学前教育框架法》的界定，学前教育指 3～5 岁儿童的教育，它是国民教育体系的组成部分，是基础教育的第一阶段，也是终身教育的第一阶段，但不属于义务教育，是非强制性的。

从事基础教育的公立学校完全依靠国家拨款。每年教育预算占国内生产总值的 11%，其中高等教育仅占教育预算的 16%，也就是说中小学开支占去绝大部分。公立中小学学生只象征性地收取很低的费用。大约每个学生一年的学费仅合人民币 5 元。近年来，开始出现少量私立中小学，办学规模不大，收取学费很高，但教学质量也优于公立学校。

1974 年，葡萄牙全国仅有 4 所大学，即科英布拉大学、里斯本大学、里斯本技术大学、波尔图大学。高等教育的真正起飞是在 1986 年之后。从 1987—1988 年度到 1994—1995 年度，高等院校在校生由 12 多万人增加到 30 多万人。此间又陆续建立了一些新大学，各地区的主要城市都已建起大学，形成了覆盖全国的大学教育网络。公立院校的资金来源主要是国家预算和欧盟基金。日常开支所需资金 95%来自政府拨款，余下 5%来自为企业和公共部门提供知识咨询服务所得报酬、社会赠与、所获奖金和赠予的利息收入以及学费。葡萄牙公立大学实行低学费制，每个学生平均每月只交 40 美元，意味着普通人一个月的最低工资或一个公务员半个月的工资就能够支付一个大学生全年的学费。自 20 世纪 70 年代末开始，公立高等教育经费一直呈上升趋势，到 90 年代中期已占公共开支的 2%，占国内生产总值的 0.86%。目前，全国 30%的适龄青年可以升入大学学习。

尽管公立高等院校增长速度很快，但高等教育仍不能满足国家经济与社会发展的需要，在此情况下，私立大学应运而生。葡萄牙第一所私立大学出现于 1986 年，随后呈直线上升之势，到 2000 年前后已达 100 多所。私人高等教育分为大学本科和专科两种。私人大学预算主要来源是学费，每个学生的学费相当于公立大学学费的 6 倍多。

天主教大学既不属于公立大学，又不属私立大学，被称为"非公立大学"。政府给予一定补贴。天主教大学总校在里斯本，在其他几个大城市也设有分校。虽称为天主教大学，但教学并无教会色彩。天主教大学教学质量较高，尤以经济、管理专业见长，许多政界、商界名流都曾是该校的高才生。

进入 21 世纪以来，葡萄牙借助欧洲联盟的财政和技术援助，加速了科技发展的步伐，正在从根本上改变长期落后的局面，现已逐步形成了以国家为主体，同时充分发挥大学与企业作用的科研体制，并不断完善科学成果产业化的具体措施，以促进经济与社会的发展。

二、宣传媒体

葡萄牙有全国性报刊 23 家，地方性报纸 216 种。主要日报有：《新闻日报》《公众报》《新闻报》《晨邮报》；主要周刊有《快报》《太阳报》；主要商务金融性刊物有：《经济日报》《生意日报》《经济周刊》。卢萨社是 1987 年由葡萄牙通讯社和葡萄牙新闻社合并而成的国家通讯社。葡萄牙主要电台有葡萄牙广播电台、复兴电台（宗教背景）、商业电台等；电视台有三家：葡萄牙国家电视台（1 频道、2 频道）、SIC 电视台（私营）和独立电视台。国家电视台葡萄牙电视台（RTP）的两套节目——电视一台和电视二台牢牢地掌握在政府手中。政府可以左右人事政策和节目。执政党的主要政治首脑占据了主要新闻的很大比例，与欧洲政治有关的新闻也占有许多播出时间。《每日电视新闻》在具有代表性的民意测验中被评为葡萄牙最好的电视节目，其收视率一直名列榜首，每晚 8 点收看《每日电视新闻》几乎成为一种家庭仪式。

第二个国有频道电视二台是唯一不播出电视连续剧的频道，它是文化与信息台，该台播放芭蕾、歌剧、纪录片、新闻报道、文化专题片和高水准的故事片。

第八节　风　俗　习　惯

一、社交礼仪

1. 礼节

葡萄牙人相见时，男子习惯热情拥抱并互拍肩膀为礼，女子与熟人相见时则以亲吻对方的脸为礼。在与外国友人相见时，他们有时也行握手礼。葡萄牙人待人热情，如有客人来访，他们总是早早地到门口迎接，客人离去时，他们总要亲自送到门口。

葡萄牙人比较讲究礼仪，与人交谈时，他们的坐姿端正，尤其是女子，入座时注意双腿并拢。他们不喜欢长时间盯视别人，如果他人这样做，在他们看来，是一种不良的表现。

葡萄牙人在正式社交场合十分注意着装整洁，男子身穿深色西服，打领带或系领结，风度很好。女子多穿华丽套服或连衣裙。在日常生活中，葡萄牙人在穿着上有着明显的职业和性别特点。男性青年职员喜欢穿一种宽松式西服。男大学生多穿运动衫、牛仔裤；女教师多穿套服等。

葡萄牙人中午 12 点到下午 3 点不办公，在这段时间联系业务会找不到人。商谈生意时应注意穿戴，谈判中如果他们穿着上衣，尽管天气很热你也不要脱去上衣。

2. 宴请

葡萄牙人请客吃饭，约会时间一般不会安排在中午 12 点到下午 3 点这个时间段，而让人费解的是，主人一般不太习惯守时，但赴约的客人绝对不能迟到。葡萄牙人讲究礼尚往来，接受了葡萄牙人的宴请，一定要记得找机会回请。客人在餐桌上应回避谈论政治和政府，合乎礼貌的做法是谈谈家庭生活、个人的兴趣爱好等。不过，交谈中过分好奇爱问是不礼貌的。

3. 送礼

葡萄牙人送礼不需要太贵重，只要能表达心意就行，如一束鲜花、一瓶葡萄酒或一盒巧克力；若能选取一些有纪念意义的礼物就更好了。

4. 小费

在葡萄牙，人们也有付小费的习惯。依据接受的服务以及所处的场合，数额不等，一般在 5%～10%。在很多时候，账单已包括了小费，小费就可有可无。通常情况下，只要接受了服务都会给小费。如果在葡萄牙人家中做客，付给帮助你的仆佣小费，主人将会非常高兴。

二、节日

葡萄牙一年中有很多的节日，既包括近现代的世俗节日，如解放周年日、五一国际劳动节等，也有传统节日和宗教节日，如斗牛节、复活节、圣诞节等。

葡萄牙一年中主要的节日见表 7-1。

表 7-1 葡萄牙一年中主要的节日

日 期	节 日
1 月 1 日	新年
4 月 6 日	基督受难日
春分月圆之后的第一个星期日	复活节
4 月 25 日	自由日
5 月 1 日	国际劳动节
6 月 10 日	葡萄牙日
6 月 24 日	圣约翰节
8 月 15 日	圣母升天节
10 月 5 日	共和国日
11 月 1 日	万圣节
12 月 1 日	光复节
12 月 8 日	圣母无染原罪瞻礼
12 月 25 日	圣诞节

1. 圣诞节

葡萄牙是天主教国家，因此，每年 12 月 25 日的圣诞节是葡萄牙最重要的全民性节日之一，这一天既是基督教最盛大的庆典，也是家庭大团圆的日子。作为全国性法定假日，往往要放一周公假。进入 12 月，城镇开始张灯结彩，超级市场和商店开始圣诞大展销，娱乐团体开始筹划圣诞特别节目，教堂开始准备圣诞弥撒。圣诞之夜，家家户户都有丰盛的晚餐。在这顿全家团圆饭中，至少有三样东西是必不可少的：火鸡、鳕鱼和甜点，家人各取所需。家庭主妇要把最拿手的鳕鱼菜摆到圣诞之夜的餐桌上。手巧的母亲至少要做成十几种精美的甜点心，让嘴馋的孩子们吃个够。成年人品尝珍藏的上等佳酿，过一回酒瘾。葡萄牙人过圣诞节还有一个习惯——赠送圣诞节礼物，给家人的礼物都放在圣诞树下，事先不拆包装，但要写上赠送对象的名字。圣诞之夜，全家围在圣诞树下，打开包装，这也是圣诞之夜最愉快的时刻。

2. 城市节

城市节是葡萄牙的传统民间节日。每年 6 月下旬开始，葡萄牙各大城市都会在为期约一个月的时间里组织各种文化和庆祝活动，节日期间，人们也会享受美味的烤沙丁鱼，所以该节又被称作"沙丁鱼节"。

三、习俗

1. 结婚

葡萄牙人结婚一般要提前准备，即天主教首先要进行结婚前调查，调查新郎新娘是否具有结婚权利。调查一般采取与新郎新娘进行面谈的方式，同时要求新郎新娘填写结婚前调查表。婚礼举行的地点要选择在进行婚礼弥撒和祝福的教堂或礼拜堂里举行。若新郎和新娘不属于同一教区，婚礼应在新娘的教区举行。

婚礼开始前来宾等待新郎新娘步入教堂，这时神职人员（教徒）走向祭坛，面向大家跪下迎接新郎新娘。新郎新娘入场后，在两个主婚人和其他傧相面前，走向跪着的神职人员，接受神甫的祷告和祝福。

2. 出生与洗礼

天主教是葡萄牙人最主要的宗教信仰，同其他西方天主教国家一样，他们的孩子出生后，也要按照教规，在教堂接受洗礼，洗礼的时间一般是在孩子出生后的第八天，在饭店举行庆宴。

3. 习俗禁忌

葡萄牙人忌讳"13"和"星期五"，认为"13"和"星期五"是厄运和灾难的象征。他们忌讳别人过问他们的年龄、婚姻状况，以及他们的经济收入等方面的问题，认为这些都是个人的私事，别人无权干涉。他们对长时间盯视自己的人存有戒心，认为这是不怀好意的一种表现。应避免将后背对着和你在一起的人，如这个人是和你同向用餐的人，如果你不得不这样做，要先道歉。绝不用红色笔写字，即使是便条、支票等，只有学校的教师可以使用红色笔。

第八章

荷 兰

荷兰王国（The Kingdom of the Netherlands），简称荷兰，位于欧洲西部。其国际域名为.nl，国际区号是+31；荷兰人口约 1 698 万（2016 年），国土面积 4.152 8 万平方千米，是世界上人口密度最高的国家之一。荷兰宪法确定的首都是阿姆斯特丹，但政府、王宫和大多数使馆都位于海牙。荷兰是君主立宪制国家。该国是北约和欧共体（现为欧盟）的创始成员之一，并于 1999 年引入欧元。

荷兰是个小国，却名列世界发达国家前列，是人均收入最高的前 10 位国家之一。无论在经济、政治、法律和人文社会的价值观，荷兰都开创了许多世界之最。荷兰对近代以来世界文明的影响是难以估量的。荷兰经济高度发达，数百年来远洋商贸活动的传统，使荷兰人具有经商的头脑，其工农业均借助商业的雄厚力量得以发展。现今荷兰仍然是世界上最有竞争力的先进国家之一，在很多领域走在世界前列，也是世界上重要的出口贸易国。荷兰只有 2% 的人口直接从事农业，但其农业是真正的"创汇农业"，荷兰农产品出口位列世界第二（2016 年）。荷兰的畜牧业高度发达，其乳品加工、人造黄油、蔬菜园艺的技术和出口量都居世界第一。荷兰的飞利浦公司是世界最大的电子类产品公司，世界电子类销量始终第一。荷兰是近代欧洲宗教改革和资产阶级革命的发源地，美国政治传统的很多因素可以追溯到荷兰。

荷兰的文化和艺术同样举世瞩目。荷兰有很多著名的画家，从 17 世纪的伦勃朗、扬·弗美尔、扬·斯特恩，到 19 世纪至 20 世纪的凡·高和皮特·蒙德里安，荷兰诞生了世界级的绘画大师。荷兰著名的哲学家当属伊拉斯谟和斯宾诺莎。在"黄金年代"，荷兰的文学也曾十分繁荣，产生了约斯特·凡·德·冯德尔和霍夫特两位著名作家。20 世纪的主要作家包括哈里·穆里施、让·沃克斯、西蒙·费斯特代克、塞斯·诺特博姆、赫拉德·雷弗和威廉·弗莱德瑞克·赫尔曼斯。荷兰是世界博物馆密度最大的国家，全国有 600 多座博物馆可供游人参观。荷兰人思想解放自由，愿意吸纳外来的知识文化，同时他们愿意创新。在科技方面，先后有 15 位荷兰人获得诺贝尔奖，涉及化工、物理、医学、经济以及和平等领域。他们的造船技术曾经引来偷师的俄国彼得大帝，他们发现了胡萝卜素和维生素 A，造福于人类。

荷兰旅游业较为发达。荷兰吸引世界游人的美丽印象有郁金香、风车、木鞋，还有海堤。荷兰人以爱花和擅长种花闻名遐迩，在春夏之季，荷兰到处都是花的海洋，尤其是色彩缤纷的郁金香，因而荷兰素有"欧洲花园"的美誉。同郁金香一样，风车也是荷兰的一种符号。荷兰属于海洋性气候国家，海陆风长年不息。荷兰人创造出风车，利用风力进行灌溉土地、排水、磨面、造纸等工作。20 世纪以来，由于工业文明的发展，古老风车曾一度变得暗淡无光，几乎被人遗忘了。但是，因为风车利用的是自然风力，没有污染之虞，所以荷兰人一直沿用至今，而且也成为今日新能源的一种。目前，荷兰大约有 2 000 多架各式各样的风车。木鞋是荷兰人的挚爱，这是由于地低土潮，木鞋最能防潮湿，而且经久不烂。荷兰有句谚语："上帝创造了海，荷兰人创造了岸！"其拦海造陆工程久负盛名。荷兰填海造地的技术世界第一，其沿海有 1 800 多千米长的海坝和岸堤，相当于五分之一的陆地是围海造地而成。风情万种的荷兰吸引了大量国外游客，每年游客人数达 260 余万。

荷兰一直以来被认为是一个自由的国度。1579 年开始就允许国内居民有宗教自由，领先于当时欧洲其他国家。荷兰的社会风气宽容而开放。在 2002 年 4 月 1 日，荷兰又成为全球第一个安乐死合法化的国家。

荷兰国土面积仅为 4 万多平方千米，全国人口 1 600 多万，然而，数百年来荷兰取得的成绩，使得荷兰成为西方发达国家中的一颗明珠，被誉为欧洲的天堂。未来的荷兰是否会继续今天的荣光？

第一节　综　　述

一、地理概貌

荷兰位于欧洲西部，东面与德国为邻，南接比利时。西、北濒临北海，地处莱茵河、马斯河和斯海尔德河三大河流入海口。西北濒海处有艾瑟尔湖。其西部沿海为低地，东部是波状平原，中部和东南部为高原。南部由莱茵河、马斯河、斯海尔德河的三角洲连接而成。

荷兰地形平坦，全境为低地，很多地方地势接近甚至低于海平面。平坦是荷兰地形最突出的特点。境内河流纵横，主要有莱茵河、马斯河。荷兰的最高点是位于其最东南角的瓦尔斯堡山（Vaalserberg），海拔 321 米。荷兰国土有一半以上低于或几乎水平于海平面，其中还有大部分为海水和内海所占据。由于荷兰国土地势较低，荷兰人必须持续不断地与水做斗争。

二、气候

荷兰的气候属温带海洋性气候。冬温夏凉，其日温差和年温差都不大；沿海的平均温度在夏天约为 16℃，冬天约为 3℃。一年四季的降雨量分配相当均匀，年降水量 650~700 毫米。

三、人口和居民

荷兰人口达到 1 698 万（2016 年）。荷兰的主体民族属于欧罗巴人种，主要是由属于西日耳曼部落群同凯尔特人结合而成的荷兰族，印度尼西亚、土耳其、苏里南为较大的少数族裔，华人已成为第四大少数族裔。尽管如此，纯正荷兰血统的居民仍占总人口的大多数。

四、民族性格

荷兰民族形成于 16—17 世纪。荷兰人在 16 世纪争取独立的斗争和与大自然争夺生存发展空间的漫长过程中，形成坚韧不拔的民族性格。荷兰的历史是一部与大海抗争搏斗、防水治水的历史。在这一过程中，荷兰人展示出坚定不移、百折不挠的民族精神。如今荷兰国土的 20% 是人工填海造出来的。镌刻在荷兰国徽上的"坚持不懈"字样，恰如其分地刻画了荷兰人民的民族性格。

五、语言

荷兰的官方语言是荷兰语和弗里西语。后者仅用于北方的弗里斯兰省。除了这两种语言之外，北方地区的居民还使用下萨克森地区的方言。荷兰人精通语言，很多人可以使用多种外语交流。

六、宗教信仰

荷兰一直是以基督信仰为主导的国家。20 世纪 60 年代开始，随着整个西方社会世俗化浪潮席卷而至，人们的思想变得"自由"，荷兰成为欧洲最为世俗化的国家之一，其居民 36% 信奉天主教，26% 信奉基督教新教，将近一半的人不参加宗教活动。

七、移民

荷兰从历史上就接受过不同地区的移民，对外来移民和文化也比较宽容。荷兰的社会组织性复杂，是一个移民性质的国家，尤其是亚洲移民大部分会选择荷兰。

八、国家象征

1. 国歌
荷兰国歌的名称为《威廉颂》。《威廉颂》创作于 1568 年，是世界上现存最早的国歌之一。其结构独特，由十五节组成，由于歌词很长，在正式场合下，一般只唱第一节和第六节，或者只唱第一节。

《威廉颂》
作词：菲利普·凡·马尼克斯·凡·辛特·阿尔德贡德
作曲：不详

第一节
我威廉·冯·拿骚流着日耳曼血液。
忠于祖国；
坚守这信念，直到死亡。
我奥兰治王子自由无畏惧；
西班牙国王，我永远尊重。

第六节
我所皈依者就是上帝呀，我的主。
您是我所依靠，
我从来不想背弃您。
请赐勇气于我——
您永远的仆人。
赐予我消灭那让我痛心的暴君的力量。

2. 国旗
荷兰国旗呈长方形，自上而下由红、白、蓝三个平行相等的横长方形相连而成。蓝色象征人民的幸福；白色象征自由、平等、民主，还代表人民纯朴的性格特征；红色代表革命胜利。

3. 国徽

荷兰国徽是在 1815 年根据皇室法令制定的，原本是奥兰治-拿骚王室的王徽。一顶红色貂皮华盖如开启的幕布，下部嵌有一条写着"坚持不懈"四字的蓝色饰带，两只跨立的金狮翘着尾巴，口吐红舌守护着蓝色盾徽。蓝色盾面上有一只头戴三叶状王冠的狮子，一爪握着银色罗马剑，一爪抓着一捆箭，象征团结就是力量。

4. 国庆

4 月 30 日是荷兰国庆节，其正式名称叫女王日（Queen's Day）。这一天不是庆祝荷兰建国，而是庆祝现任国王亚历山大的外祖母、第五代君主朱丽安娜（1948—1980 年在位）的生日。女王在位期间，发展经济，解决社会不平等问题，使荷兰成为欧洲最富裕的国家之一，深受荷兰人民的拥戴。

5. 国花——郁金香

荷兰人认为郁金香是所有花卉中最美丽的一种，因此选它作为国花。在荷兰，郁金香是美好、庄严、华贵和成功的象征。

第二节 历 史

一、早期历史（1463 年之前）

欧洲西北部的尼德兰地区历史上人烟稀少，遍布海潮的湿地和湖泊。罗马人在公元前 57 年占领尼德兰，其统治长达四个世纪。尼德兰北部地区居住着许多日耳曼部落，南部则是凯尔特人。西罗马帝国衰亡后，统治这一地区的是三个日耳曼民族：弗里斯兰人、低地萨克森人和法兰克人。中世纪时期，尼德兰存在着很多诸侯封建领地，分别属于勃艮第公国和神圣罗马帝国。到 8 世纪，尼德兰接受了基督教。撒利法兰克人的后代最终支配了这一地区，古荷兰语形成。12—14 世纪，尼德兰逐步成为人类可以居住的土地。

二、荷兰独立（1463—1581 年）

荷兰的历史充满了反抗和斗争。16 世纪之前荷兰长期处于封建割据状态，先后受勃艮第公国、神圣罗马帝国、西班牙统治。

在 16 世纪初，尼德兰因南部弗兰德斯发达的纺织业与北部的商业与造船业，成为欧洲富庶的地区。尼德兰地区的宗教信仰已经普遍转为加尔文教派，宗教冲突与西班牙高压统治导致了尼德兰革命。1568 年反抗西班牙统治的革命爆发了。1579 年，北方省中的七省脱离西班牙统治，宣布独立。1581 年，荷兰北方七省及南方部分地区成立"尼德兰联省共和国"，成为欧洲历史上第一个资本主义共和国。1648 年西班牙正式承认荷兰独立。

三、从"海上马车夫"到殖民体系瓦解（17—19世纪）

17世纪，荷兰成为航海和殖民强国。1602年荷兰东印度公司及1621年荷兰西印度公司先后成立，荷兰人依仗势力巧取豪夺，在海外的势力范围不断扩大。凭借其造船业及舰船数量的优势，荷兰几乎垄断了17世纪的海上贸易。满载着欧洲商品以及亚洲货物的荷兰商船，在世界各大洋畅行无阻。因此，荷兰获得了"海上马车夫"的称号。到17世纪中叶，荷兰东印度公司已经拥有1.5万个分支机构，贸易额占到全世界总贸易额的一半。17世纪中叶荷兰达到了资本主义商业霸权的巅峰，这段时期被称为荷兰的黄金年代。

然而，在17世纪后期贸易战争中，荷兰先后与英国、法国交战，均以战败告终，丢掉了海上霸主的地位。18世纪后，荷兰殖民体系逐渐瓦解。1795年荷兰被法国占领，1810年并入法国。拿破仑战败后，1814年荷兰脱离法国，翌年成为独立的国家（包括比利时、卢森堡）。比利时很快在1830年独立，卢森堡也在1871年脱离荷兰独立。

四、由弱渐强的荷兰（20世纪以来）

一战时期荷兰执行中立政策，二战初期宣布中立，但1940年5月，被德国军队侵占。王室和政府迁至英国，成立流亡政府。1945年荷兰恢复独立。战后，荷兰经济再度繁荣发展。荷兰放弃中立政策，加入北约、欧共体（欧盟），成立比（利时）荷（兰）卢（森堡）经济联盟（Benelux）。经过二战后几十年的发展，今日荷兰已成为人均收入最高的国家之一。

第三节 国家体制

一、荷兰王国宪法

1814年3月29日荷兰颁布王国宪法，规定荷兰是君主制国家，大臣对君王负责。1848年修改宪法，规定荷兰是世袭君主立宪王国，部长内阁对国会负责。宪法体现了平等宽容精神，其开篇第一条规定："在荷兰，所有人都应在平等条件下受到平等待遇，不得因宗教、信仰、政治观点、种族、性别的不同或其他任何理由而受歧视。"在历史上，荷兰宪法承前启后，借鉴了法国人权与公民权宣言，并影响了美国宪法。

二、联邦制与自治

荷兰是一个实行地方分权的单一制国家，它由一个统一的中央政府和多个地方政府组成。地方政府的两种建制分别是省和市。它共有12个省，每个省都由省议会、省政府和女王委任的专员来管理。各省之间绝对独立。它共有548个市，每个市都由市议会、市长和市政府组成的市政当局来管理。市级政府负责与当地居民直接相关的事务，在住房、体育、娱乐和文化教育、环保、交通、供水、就业与培训等地方性事务中有自主权。它直接对省及中央政府负责。荷兰市级政府有相当大的自主立法权。[1]荷兰政治上非常稳定。

---

[1] 刘芳. 荷兰：地方立法需遵守两大原则[J]. 参考消息，2015-03-09.

三、国家机构

荷兰是一个议会制君主立宪国。1848年修改宪法，规定荷兰是世袭君主立宪王国。立法权属国王和议会，行政权属国王和内阁。枢密院为最高国务协商机构，需对议会负责，主席为女王本人，其他成员由女王任命，内阁总理和部长由议会选举产生并对议会负责。

荷兰最高行政机关是内阁，以总理为内阁首长统辖各部会。荷兰最高立法机关是两院制的议会，内阁对议会负责的原则与议会制政府原则共同构成了荷兰立法体制的基本原则。下议院由150名民众直接选举的议员组成，拥有立法权，上议院由75名由各省推选的参议员组成，有权同意或拒绝批准法案，但不能提出或修改法案。

首相和部长由国会选举产生，对国会负责。女王是国家元首，虽然女王的作用在很大程度上是象征性的，但是她对整个国家政体的运行有着很大的影响。

荷兰的司法权归法院，荷兰全国设62个基层法院（市镇法院），19个中级法院（地区法院），5个上诉法院和1个最高法院。此外还设有军事法庭、行政法庭等若干特别法庭。基层法院负责审理一般性民事与刑事案件，中级法院负责审理较重大的民事及刑事案件（上述两级法院均为初审法院）。上诉法院专门负责审理上诉、抗诉案件。

分权是荷兰政体的一个重要特征。根据荷兰宪法原则，政府与国会处于相互独立的地位。政府与其他国家机构之间没有等级关系，国王与大臣、首相与大臣、大臣理事会和大臣都没有等级之分。

四、选举、政党和群众组织

1. 选举

荷兰以18岁为具有投票权公民的法定年龄，但选举对象为政党而非个别候选人。国会上院由12个省级立法机构选举出的75名议员组成，这些议员的任期为4年。下院由按政党派别选举出的150名议员组成，他们的任期也是4年。荷兰实行"最典型的比例选举制"和"彻头彻尾的多党制"，允许多党参选和自由结盟，不设进入议会的政党最低得票率准入门槛，因此自二战结束以来，每出现议会政党林立、内阁难产（最长曾有208天之久无法组成内阁）和联合政府内党派林立（曾多次出现四党联合内阁，甚至左中右联合政府）的问题时，由于没有任何一个政党规模大到能单独在国会取得过半席次，因此小党联合组阁的现象相当常见，也因此使得政府政策能够长期保持一贯性。

2. 政党

荷兰实行多党制，目前6个主要政党分别为基督教民主联盟、工党、自由党、六六民主党、绿色左翼联盟、弗杜恩党。基督教民主联盟反对过分强调政府或市场的作用，主张维护传统价值和道德观；工党主张在实现经济发展和社会公正之间保持平衡，合理分配权力、收入和知识财富；自由党崇尚自由主义，主张充分尊重个人的自由，推动经济自由化和市场化，代表企业主的利益；六六民主党主张对现有大民主模式进行改革，建立开放的民主制度，保障公民的个人权利；绿色左翼联盟主张实现社会公正，维护中下层人民的利益，特别强调环境的保护；弗杜恩党属右翼政党，在移民、欧盟东扩等问题上观点激进。

3. 群众组织

荷兰最大的群众组织是"荷兰工会总联合会"(荷工联),1982 年 1 月由社会民主党影响下的工会、天主教工会和新教徒工会先后合并而成,下属 19 个工会,约有 110 万会员。

目前荷兰还有另一个较有影响力的全国性总工会——荷兰基督教工会联合会,该会成立于 1909 年,下属 14 个工会,有会员约 32 万人,包括退休者和失业人员。该会与荷工联有同等的法律地位,每隔一年派代表参加国际劳工大会,参加全国经济社会理事会的工作。

上述两个总工会均参加欧工联和经合组织工会咨询委员会。荷工联参加国际自由工联,基督教工联是世界劳联的重要会员组织。

第四节 外交政策

一、外交环境的改变

荷兰自古以来就有中立外交传统,但荷兰是个小国,随着欧洲局势的改变最终要么被迫卷入战争,要么与他国结盟而结束中立。一战期间荷兰保持中立。二战初期荷兰宣布中立,但 1940 年 5 月被德国军队侵占。二战后,为了国家的安全和利益,荷兰人意识到中立并不能带来长久的独立,终于放弃中立立场,成为北约和欧盟成员国。

二、荷兰与欧洲一体化

战后荷兰外交政策的中心是致力于欧洲一体化。荷兰人是欧洲共同体的创始国,也是最赞成欧洲一体化的国家,他们讨厌欧洲其他国家民众过分的国家主义观念,主张在加强北约的同时,西欧国家制订共同外交、安全政策以加强北约的欧洲安全支柱。荷兰是北约成员国,其主要军事力量均交由北约统一指挥。荷兰的对外政策以欧洲为重点,同时强调美国在欧洲的存在是欧洲安全与稳定的重要保证。

三、对外文化政策和机构

荷兰奉行实用主义的对外文化政策,对外文化合作的主要政策是优先国家政策,共享文化遗产,发展创意产业和多边文化合作。当前荷兰国际文化政策的主要目标包括:帮助领先的荷兰文化机构达到国际标准;加强荷兰艺术家和文化机构的国际市场地位;通过强化文化、贸易和经济的关联来加强荷兰的经济利益。[①]

与欧洲其他国家不同,荷兰政府没有采用政府干预文化事务的原则。荷兰没有在海外建立文化机构。外交部协调双边和政府间庆典及活动,并与荷兰驻外使馆一起协调处理对外文化事务;教文科部负责行业文化政策,并通过国家文化基础设施落实文化活动;荷兰多个文化基金和伞形组织肩负国际文化政策的管理职责。此外,由荷兰教文科部和外交部共同出资成立的荷兰文化国际合作中心是其国际文化政策实施的支持单位,该中心依托与艺术家、外

---

① 杨晓龙. 开放务实的荷兰对外文化交流政策[N]. 中国文化报,2016-03-17.

交官、设计师、生产者、研究者、消费者、推广者、基金和大学的广泛联系,建立了文化、经济、社会和政策的良性互动关系。

四、中荷关系

1. 新中国成立之前的中荷关系

中荷交往的历史悠久,早在 400 多年前就通过海上丝绸之路开始了贸易往来和文化交流。中国人对荷兰的风车和郁金香耳熟能详,而中国的青花瓷也催生了荷兰的代尔夫特蓝陶艺术。荷兰在 17 世纪继西班牙之后成为世界上最大的殖民国家,1624 年荷兰殖民者侵占中国台湾,1662 年郑成功从荷兰殖民者手里收复台湾。荷兰虽未参与八国联军侵华,但八国联军侵华之后,荷兰协调停火,签订《辛丑条约》。

2. 1949 年后的中荷关系

新中国成立后,中荷于 1954 年 11 月建立代办级外交关系。荷兰是最早承认新中国的西方国家之一,但此后因中国台湾问题、人权问题,两国关系经历了一些波折。20 世纪 70 年代以来,在双方共同努力下两国关系稳定发展。1972 月,荷兰首相巴尔克嫩德对中国进行工作访问。2004 年 12 月,温家宝对荷兰进行正式访问。1994 年,北京与荷兰首都阿姆斯特丹结为友好城市。近年来两国友好交往增加,经贸关系也有较大发展,双方政府先后签订了包括海运、航空、经济、技术、文化在内的一系列双边协定和协议。在此情况下,中荷经贸关系也得到较快发展。从 2003 年起,荷兰已连续 11 年成为中国在欧盟的第二大贸易伙伴和出口市场。自 1980 年以来中国对荷兰贸易一直顺差,但中国对荷兰 70% 的出口都属转口贸易,50% 以上属于加工贸易。

两国在经贸领域的合作又带动了其他领域的合作,如科技、文化、教育等方面。1980 年 10 月 30 日,中荷签署《文化合作协定》及《经济和技术合作协定》,两国之间的人文交往明显增多。1972 年两国之间的人员往来不足 1 000 人次,到 2016 年则达到了 120 万人次,仅前往荷兰的中国游客就高达 30 万人。中国系荷兰三个优先发展教育合作的国家之一,现已有 20 多所荷兰高等院校与中国有关高校建立了长期校际交流关系。两国开展文化、教育、科技和军事交流,中国在莱顿大学海牙分校和格罗宁根大学各设有一所孔子学院。

第五节 经 济

一、经济发展特征

荷兰是发达的资本主义国家,西方十大经济强国之一。由于其耕地和资源短缺,数百年来远洋商贸活动的传统,使这个民族具有善于经商的头脑,其工农业均借助商业的雄厚力量得以发展。

荷工业发达,传统工业主要是造船、冶金等,近 20 年来重视发展空间、微电子、生物工程等高技术产业。鹿特丹是欧洲最大的炼油中心。荷兰有许多著名的跨国公司,2011 年共有 12 家荷兰企业进入"世界 500 强"。

自 20 世纪 80 年代以来,荷兰服务业迅速发展,成为国民经济的支柱。荷兰金融服务和保险业、旅游业也很发达。荷兰发展外向型经济，主要进口工业原料、原油、半成品和机械等，60%的产品供出口，主要为石油制品、电子产品、船舶和农产品等。

荷兰的农业也发达，是世界第三大农产品出口国。农业构成中，畜牧业占50%，园艺业占38%，种植业占12%。截至2013年，荷兰有58%的土地用于农业，其中草场占31%，耕地为23.6%。温室种植面积约为0.80万公顷，其中花卉0.53万公顷，蔬菜0.27万公顷，年生产鲜切花70亿支，盆花5亿盆，占国际花卉市场总贸易量60%左右，因此可以说花卉是荷兰的一项支柱性产业。荷兰人利用不适于耕种的土地因地制宜发展畜牧业，跻身于世界畜牧业最发达国家的行列。他们在沙质土地上种植马铃薯，并发展薯类加工。

二、市场经济

1. 理论基础和宗旨

17世纪荷兰崛起，而当时崛起的优势在于经济体制的优越性，即采取了自由市场经济。自由市场经济体系下产品和服务的生产及销售完全由自由市场的自由价格机制所引导，而不是像计划经济一般由国家所引导，这种经济模式中根本没有政府参与，由经济系统中的个人或公司做出与自身有关的所有经济决策。

荷兰贸易历史悠久，作为典型的外向型市场经济国家，荷兰80%的原料靠进口，60%以上产品出口到世界各地，是世界跨国企业的重要中心。荷兰的市场体系十分完善。政府非常重视市场体系建设，制定了严格的市场准入制度和公平的交易制度，维护市场秩序，对市场交易活动进行严格管理。

2. 生态经济

对荷兰而言，如何与自然和谐共处、确保自然资源利用和生态文明发展并行不悖一直是一个不可回避的话题。荷兰人在对大自然的改造过程中，从未忘记过保护生态环境。荷兰在围海造田的同时，非常注意保护受围海的影响而急剧减少的动植物，努力探索与水共存的新路。政府为了恢复候鸟的栖息地，挽救不断恶化的生态系统，开始考虑推倒部分堤坝淹没土地，退耕还海。在南芙莱沃兰德垦区的规划中，政府规定：1/2土地用于农业，1/4用于城镇开发，余下的1/4是作为自然生态空间的自然区域（包括森林和河湖水面），其面积多达1万多公顷，因此，在荷兰有很多没有开发的空地。

荷兰经济的竞争力主要源于其强大的创新能力和极高的出口导向。面对土地面积有限等因素，荷兰人利用高新科技逐项弥补不足，形成了高度发达的农业产业，保护了生态环境，利用不到2万平方千米的农业用地，荷兰成为全球主要农产品出口国之一。[①]

如今荷兰在风能发电、空气治理以及水保护领域积累了丰富的技术和经验，可为中国提供借鉴。荷兰正在推进"绿色增长"，实现经济发展与环境保护的同步发展。[②]

荷兰人的身心和他们的生活已经与大自然融合在一起。为减少畜牧业的二氧化碳排量，荷兰政府倡议每周一两天全体国民吃素，而且餐馆也只能供应素食。荷兰政府为了环保提倡多用自行车出行，开辟更多的自行车道。越来越多的荷兰人放弃开车，用自行车作为代步工

---

① 潘治，姜慧. 荷兰经济建设与生态文明发展并行的成功实践［N］. 科技日报，2012-12-17.
② 缪琦. 荷兰专程帮中国治霾：将助中国起草新环保法规［N］. 第一财经日报，2015-04-01.

具，荷兰女王也常常骑着自行车到市场买菜。

3. 高福利、高税收

荷兰人享有轻松自如的生活方式，而这种生活上的轻松和自如是基于其完善的税收制度和社会福利。荷兰是一个高福利社会，其福利名目繁多。荷兰政府提供儿童津贴以帮助父母抚养子女，子女入学后直到 18 岁有学习补贴；老人享有退休金；低收入者有医疗保险补贴、住房补贴；失业后，人们可以领一年的失业金，失业超过一年可以得到政府救济。此外，荷兰具有完善的退税机制，个人在购买房产、租房、生活消费支出以及无工作的配偶都可以根据自己的意愿在每年或每月享有政府退税。甚至公司之间的每一单购买行为，也有 19% 的退税。但福利高的一大危害就是养懒人。由于荷兰的长期失业者将得到政府救济，以至于没人愿意从事简单体力劳动。

福利资金主要源自于税收，其中最大的一项税收应该是个人所得税，旨在以富帮贫。2013 年，荷兰个人所得税的最高税率为 52%，仅低于北欧国家瑞典（57%）和丹麦（55.4%）的水平，在欧洲国家中排在第三位。荷兰税率高，但荷兰政府 70% 左右的财政支出都用于为纳税者提供公共服务和财富再分配上，为市民提供优越的福利。

三、重要工业部门和工业中心

荷兰工业非常发达，主要的工业部门有食品加工、石油化工、冶金、机械制造、电子、钢铁、造船、印刷、钻石加工等。在石油工业方面，荷兰原本只有煤和盐两种矿产，自从第二次世界大战结束在北海发现石油后，就带动了整个荷兰炼油业及石油化学工业的发展，到了 20 世纪 60 年代以后又发现了天然气，从而将整个荷兰的石化工业带入高峰，此外，荷兰金融服务和保险业、旅游业、航运业和渔业在经济中也占重要地位。

今日荷兰有许多著名的跨国公司，2011 年共有 12 家荷兰企业进入"世界 500 强"。如，荷兰皇家壳牌集团，是世界最大工业公司之一，雄踞世界 500 强企业第二名，其成品石油和石化燃料的生产和销售能力居世界第二位；飞利浦电子公司，居世界 500 强企业第 277 位，在全球电子电器企业中排前十名，其照明设备、彩色显像管、电动剃须刀、X 光分析仪及音响设备在同行业居领先地位；联合利华公司，在世界 500 强企业中排第 136 名，是全球最大的日用品和食品生产企业之一；阿克苏·诺贝尔公司，是世界著名化工和医药企业，居世界 500 强企业第 479 位。

第六节 社 会

一、社会结构

荷兰的社会结构可以说是松散的。荷兰人有强烈的平等意识，富人和穷人没有太大差别。据 2010 年数据统计，荷兰中产阶级（年收入 3.8 万～12 万美元）占全国人口的 79.8%。在荷兰，政府会通过一系列的政策来维持社会的收入平衡，让富人多交税，收入越高，税越高；穷人多得福利，收入越低，福利越高。据说，除了几名国际足球明星，荷兰的贫富阶级的收入最大的差距比例是 1∶4。

二、公务员制度

荷兰公务员有一定优势，主要是因为这份工作踏实、假期长，还有提升的机会，而且又能随着家庭生活的变化而对工作安排做出选择。在荷兰，公务员绝对不是"铁饭碗"，他们不仅薪水与商业机构相比毫无优势，遇上政府预算吃紧，首当其冲被裁的就是公务员。公务员在政府工作的经历也不受重视。2013 年 1 月 1 日，荷兰的新法规要求公开高薪公务员的工资，同时还设定了政府和公共事业部门领导的工资上限，年薪不能高于政府部长工资的 130%，即 22.8 万欧元（约合人民币 1 907 933 元）。

国家公职人员受到严格监督。如作为荷兰公务员，除非是政府买单，否则必须要申报任何价值超过 50 欧元的同公务有关的利益，如礼物、宴请等。荷兰公务员收取价值超过 50 欧元的礼物就会有受贿的嫌疑，不仅自己要主动申报并上缴礼物，还可能受到相关部门的直接调查。在荷兰，任何一个公务员都不敢或不去轻易涉及腐败，因为只要一次贪腐就有可能丢掉工作。2016 年国际组织发布的全球清廉指数（CPI），荷兰是排在全球前 10 位的清廉国家。

三、民族精神和性格

1. "精诚合作"精神

荷兰人很让人赞赏的是经久不衰的全民族的"精诚合作"精神，这种精神可以让荷兰人坚持不懈地团结起来去围海造田。四百年来，荷兰人在修建堤坝、用风车和泵抽干内海的海水获得肥沃良田的同时，也让利益共同体以及精诚合作的理念深入人心，代代相传。荷兰的社会矛盾往往通过谈判达成共识相互妥协并得以化解，故罢工、闹事的情况很少。农民与农民之间的精诚合作是显而易见的，他们组成专业合作社，以增强市场竞争力。

2. 务实

荷兰人是善于经商的民族。荷兰社会高度商业化，有十分浓郁的商业气息。在这种商业社会的氛围中，荷兰人非常务实，账单算得非常清楚。结婚的人大多会在婚前进行财产公证，主要目的是离婚时不扯皮。婚后或同居期间各管各的钱，如租房，房费一人一半；如果购买完全归自己使用的用品（女人的化妆品、衣服），只能从自己的收入中支出。平时与朋友一起吃饭、泡吧、旅行等开销也是各付各的。荷兰民族在骨子里就具有商人的精明气质。

3. 包容性

荷兰民族胸怀博大，具有很强的包容性。这种包容有很深的内涵，包含了对多元文化、宗教、民族渊源、自由和灾难的理解和接纳。历史上荷兰人信奉"宽容、和解、自由"，荷兰采取宗教宽容的政策，17 世纪欧洲各地受天主教会迫害的新教徒纷纷到荷兰避难，荷兰接纳了大批的犹太人、德意志人、西班牙人、法国人、印度教徒和穆斯林。如今在荷兰的穆斯林，人数近 100 万。荷兰宪法的第一条规定：所有在荷兰生活的人们应当在同等的环境中受到相同对待，不得因为宗教、信仰、政治主张、种族、性别或其他方面的差异而被歧视。

四、社会保障体系

与大多数西欧国家相比,荷兰的社会保障体系建立得相对稍晚,但发展较快,它的失业、养老、社会救助以及疾病和伤残保险等社会保障项目都是在 1949—1967 年相继建立起来的。社会保障体系的覆盖面广、保障水平高,对享受福利的资格要求却比较松。

荷兰的社会保障体系主要有三个支柱:一是社会保险,包括疾病、伤残、失业等与工资有关的福利项目,国家强制所有雇员参与这些保险计划。二是国家保险,主要指养老保险,国家为所有 65 岁以上的老人提供一种金额固定的退休收入保障计划。三是社会救助,凡 65 岁以下不能就业且没有参加其他任何社会保险计划的荷兰公民均可申请。[①]

第七节 文化与宣传

一、中小学和职业教育

荷兰实行 12 年(5~16 岁)全日制义务教育,中小学校分为公立和私立两类。荷兰的小学和初中一体化,称为基础学校。每个儿童都有机会在公立学校免费接受教育,荷兰中小学生的人均经费居于发达国家前列。在荷兰,高中阶段的教育被称为青年教育。青年教育项目的学习年限在 2~5 年之间变化,通常为 3 年,学生通常在 16~19 岁。青年教育项目主要有三类:为继续学习做准备的普通高中教育;为进入劳动力市场做准备的职业性高中教育;注重个人发展的个性化青年教育。

二、高等教育和科研

在国际范围内,荷兰的高等教育声誉颇高。其高等教育机构包括研究型大学、应用型大学和国际教育机构(主要招收外国学生)。全荷兰有 13 所公立研究型大学,2 所同类的私立大学,44 所应用型大学,15 所国际教育机构。荷兰高校的整体水平较高,尤其是 13 所研究型大学在欧洲乃至全世界都有相当的影响。以莱顿大学(University Leiden)为例,该校 1575 年建校,曾出过多名诺贝尔奖得主,其国际认可度足以与英美名校媲美。莱顿大学还有专门的汉学院,其汉语言文学专业在全欧名列前茅。在这里攻读带有学位的课程大约需要 4~5 年。此外,还有一种传统的教育模式——公开大学(Open University),这种大学主要提供远程高等教育,以便一些想获得学位又不能参加全日制正规培训课程的学生获得同等学力。[②]

荷兰科学研究组织(NWO)是荷兰最重要的科学资助机构之一,隶属荷兰教育、文化和科学部。荷兰对教育和科技发展极为重视,全国教育和研究经费占到国家总预算的 19.1%,远高于其他国家。

---

① 刘昕. 荷兰社会保障制度改革及其启示 [J]. 理论与改革,1999(5):121-123.
② 柳绪燕. 荷兰高等教育 [N]. 人民日报海外版,2000-12-19.

三、宣传媒体

荷兰媒体拥有充分的舆论自由和创办自由。报刊发行始于 1618 年。现共有日报近 90 种,其中全国性日报 8 种,综合性和专业性期刊约 4 000 种。主要报刊有《电讯报》《每日汇报》《人民报》《新鹿特丹商报》《誓言报》《忠诚报》《金融日报》《埃尔什维尔周刊》《自由荷兰》。荷兰通讯社(Algemeen Nederlands Persbureau,ANP)是荷兰最大的新闻通讯社,也是荷兰的国家通讯社。荷兰有 5 个全国广播电台、10 个地区广播电台和 150 个地方广播电台。电视广播覆盖率 100%,其中 76% 的家庭可接收有线电视。全国有 35 个广播电视组织,由荷兰广播电视协会根据各组织会员人数分配广播电视的播放时间,其中 8 大广播电视组织在 3 套半官方的全国性电视节目中拥有绝大部分播放时间。

第八节 风俗习惯

一、社交与礼仪

1. 礼节

大部分荷兰人注重穿着打扮。在正式社交场合,如参加集会、宴会,男子穿着都较庄重,女士衣着典雅秀丽。荷兰人见面打招呼,一般不说"你好",而是说"很高兴见到你"。荷兰人与客人会面时,通常行握手礼。而在日常生活中,朋友相见时,大多施拥抱礼。与亲密的好友相见时,也可施吻礼。对一般人可称为先生、夫人、小姐,对熟人要称其本名,对亲密者则可用爱称。连名带姓一起叫,多见于正式的场合。荷兰人都很讲究礼貌,尤其是对女性,很讲究绅士风度。在男女同上楼梯时,其礼节恰好与大多数国家的习俗相反:男士在前,女士在后。人际交往中需要保持距离。荷兰人与素不相识者全然不交谈,在公共场合中,除非有事,人们不轻易与周围的人交流。在火车和汽车上,乘客都保持冷漠的寂静,将自己与周围的人隔开。荷兰人在陌生人和朋友之间界限划得很清楚。荷兰有无数的组织帮助那些有困难的人,但普通老百姓不会伸出求援之手。[①]

值得一提的是,荷兰人的时间观念很强,也比较守信用。如有访问,一定要事先约定好,并准时赴约。荷兰人做什么事情喜欢按照精确的日程表,他们不喜欢别人的突然拜访。

2. 宴请

荷兰人收入高,但大多保持勤俭传统,不大吃大喝铺张浪费。生活态度相当随意。他们在饮食上不太讲究。普通荷兰人日常吃的主要是面包、牛奶、土豆和肉类。其早、午餐多为冷餐,晚餐是正餐,第一道上汤,第二道上蔬菜,第三道上肉菜,第四道上奶酪制品,第五道上甜点,次序稍有错乱会被视为无礼。荷兰人习惯边吃边聊,一顿晚餐常常要吃两三个小时。荷兰人在饮食上习惯吃西餐,但对中餐也颇感兴趣,不太喜欢茶。在荷兰,据说中国菜

---

① 汉·凡德霍斯特. 荷兰人的性格:不到万不得已绝不与陌生人靠近[N]. 高江宁,译,文汇报,2005-04-29.

之多居欧洲首位。

就餐时手臂不要放在桌面上，不要与远处的客人高声说话。到荷兰人家庭做客，切勿对女主人过于殷勤，在饭后一小时内应告别。荷兰人轻易不请人到家里吃饭，因为到时主人需要早早地把饭菜做好，进餐过程中主人要为客人端茶送饭，斟酒倒咖啡。如果荷兰人邀请你到他家坐坐，大多只请你喝几杯酒，然后去饭馆吃饭。荷兰人无论做什么都会同对方算得清清楚楚，且十分推崇"AA制"。荷兰人下馆子吃饭，不为对方买单，一群人出去吃饭各自要记住点了些什么，就连男女朋友约会也常常各付各的。

3. 送礼

在荷兰，相互赠送礼物必不可少。除了生日、节日、婚丧嫁娶，就连离职也能成为送礼的理由。到荷兰人家里做客要带上一些小礼物。得到别人的帮助，也可以送礼以示感谢。但千万要在事后送，而不能在事前送，不然会被认为"贿赂"或"别有用心"而遭拒绝。送现金更是大忌，可能被认为是不重情义和不尊重人的表现。

荷兰人讲求"礼轻情意重"，荷兰人赠送礼物的价值普遍保持在几欧元的水平。送大礼在荷兰并不受欢迎，他们更加偏爱便宜又实用的礼物。最常见的三样礼物是鲜花、葡萄酒和贺卡。除了玫瑰花给情人、白百合花用于葬礼是固定的习俗外，送花务必是单数：5朵或7朵最好。还可以带去其他小的家用物品，如一小块手工香皂、一瓶酒、一盒巧克力，以及有插图的书籍、办公器具等。在荷兰，人们大多习惯吃生、冷食品，送礼忌送食品。荷兰人送礼时，他们会附上有些物品的发票，这不是要让你知道花了多少钱，是让你不满意可以去更换，或方便维修。

无论礼物价值几何，每个人都会把礼物包装得像模像样，以示对主人的重视。荷兰人喜欢当场拆别人送的礼物，但是并不会立刻还礼。

4. 小费

在欧美国家，给小费是很普遍的行为。但在荷兰账单（吃、住）都是包含了服务费的，一般不给小费，如果给，一般根据服务质量会给5%~10%的小费。荷兰出租汽车司机不收小费。

二、节日

荷兰除了宗教节日，还有自己传统的节日。传统节日体现了荷兰迷人的风情和文化。荷兰一年中的主要节日见表8-1。

表8-1 荷兰一年中的主要节日

日 期	节 日
1月1日	新年
4月6日	耶稣受难日
春分月圆之后的第一个星期日	复活节
4月30日	国庆节（女王日）
5月5日	全国解放日
12月25日	圣诞节

1. 女王日

女王日是为纪念女王朱丽安娜（1948—1980年在位）而设的全国性节日，是荷兰一年中狂欢气氛最浓的节日之一。这一天虽然同时是国庆，但既没有阅兵式，也没有国家元首发表国庆致辞等礼仪活动，只有成千上万的国民在大街小巷参加通宵达旦的欢庆活动。

要感受女王日的欢庆气氛，最好的去处是首都阿姆斯特丹。由于在荷兰语里，国父奥兰治（Oranje）是橘黄色的意思，因此荷兰人将橘黄色视为国色，女王日自然也会笼罩在一片橘黄色的气氛中。

荷兰人性格热情开朗，女王日各种自发组建的爵士和摇滚乐队也趁这一天在街头一展身手，尽情演奏，吸引往来路人和着节奏摇摆欢呼。女王日的阿姆斯特丹不但是个露天大舞厅，更是个美食大广场，可以品尝到荷兰的奶酪卷饼、意大利比萨、比利时薯条、中国烧麦、美国热狗、越南大春卷、泰国鸡肉串等。女王日是荷兰唯一允许在街头饮酒的一天，平时在街头边走边饮酒会被警察罚款。由于与素有"北方威尼斯"之称的阿姆斯特丹运河交错，女王日也是个水上狂欢节。

小孩子用摆地摊儿的方式欢度女王日。荷兰在这一天允许小孩子在街边摆摊，小孩子可以把自己用过的玩具或其他东西拿出来卖掉，这一天的交易所得完全不用交税。

2. 圣尼古拉斯节

荷兰人每年12月5日欢度圣尼古拉斯节（St. Nicholas Day），这是荷兰很重要的一个节日。圣尼古拉斯是相当受欢迎的圣者。相传他是西班牙人，是公元4世纪初土耳其的麦拉（Myra）的主教，每当他看到贫穷的孩子便会施舍硬币，今天撒椒盐饼的习俗可能就是这样沿袭而来的。另外，很多他的故事则来自于希腊人：曾经拯救过被诅咒而遭海难的船客；慷慨解囊帮助贫穷的三姐妹，让她们得以风光出阁；在大饥荒让饿死的儿童起死回生等。公元6世纪开始，圣尼古拉斯在土耳其就有不少的信仰者，到了10世纪时，意大利以及西欧的国家开始信仰和崇敬尼古拉斯。

在圣尼古拉斯诞辰纪念日当天，人们会到教堂或城镇的集会广场，参加宗教庆祝活动。但是16世纪宗教改革以后，因为荷兰国王支持新教（加尔文教派），压制旧教（罗马天主教），不允许民众偶像或圣者崇拜以及举行有关天主教的庆祝活动。尽管如此，政府终究难以抵挡民众对圣尼古拉斯的喜爱。圣尼古拉斯的形象也逐渐从天主教的神转换成礼物的施予者，没有了天主教神圣的光环，圣尼古拉斯反而成为小朋友心目中最和蔼可亲的庇护者；圣尼古拉斯（St Nicholas）之名也改成圣诞老公公（Sinterklaas）。

3. 圣诞节

荷兰的圣诞节有两天，12月25日和26日。这两天要和家人在一起，唱歌、玩游戏、看电影、读圣诞童话和吃圣诞大餐。且外出度假者也不少。即使不出国度假，荷兰人也喜欢举家前往郊区的度假村住上一两个星期。届时荷兰各地方政府会在市内大街上摆放圣诞树，以增添节日气氛。

平安夜与圣诞日是教堂一年中来人最多的日子。在圣诞节，各家教会通常以唱赞美诗歌和传福音为主题，有些教会还会组织一些慈善活动，如去医院探望病人、向贫困家庭赠送礼物、举办免费圣诞晚餐或接待流浪者等，让无法享受天伦之乐的人也有被关爱的机会。

圣诞节期间家庭成员、朋友及商务上的熟人之间互赠礼物。节日期间，几乎大大小小的单位都会为员工送上"圣诞礼盒"，在一个纸箱内装满不同的食物、日用品及装饰物之类。节日里当然不能少了美味的节日大餐，圣诞晚餐通常有鹿肉、鹅、火鸡、各式蔬菜和圣诞面包，甜点有布丁和热奶油巧克力。酒水有红酒、啤酒、40°杜松子酒等。

三、习俗

1. 结婚

荷兰人在婚恋生活中保持了许多传统而奇特的习俗。当女儿到了婚嫁年龄时，家长便在女儿卧室的窗台上，放置一盆色彩鲜艳的玫瑰花，示意青年男子可以前来求婚。当荷兰的男青年有意向一位姑娘求爱时，先要敲开姑娘的家门，等姑娘的父母出来时，请姑娘的父母为他点燃一根雪茄，姑娘的父母便对青年提出各种问题，以考察他的品行和能力，当他再次要求点燃雪茄时，即可给他一个十分明确的答复。青年男女订婚时，新郎要送新娘一双木鞋，这一传统流行至今已有几百年的历史。

在结婚那一天，新郎通常送给新娘一束有特别意义的鲜花。婚礼一般在教堂举行，也可以进行民事成婚，与西欧各国大同小异。

2. 生日

荷兰人很重视生日。如果你被请去参加生日聚会，那他们则把你当作真正的朋友来对待了。在荷兰，过生日的人要自己准备蛋糕，客人则送其他礼物。

3. 习俗禁忌

荷兰人忌讳"13"和"星期五"。荷兰人在相互交往中，不愿谈论美国的政治、经济和物价等问题。比较受欢迎的谈话内容包括旅行、体育等。荷兰知识分子中很多对中国传统文化（汉学）知之颇深，不妨谈谈中国的孔孟哲学。荷兰人忌讳别人打听其私事，避免谈宗教信仰、婚姻状况、经济收入、个人去向，忌讳谈政治是非，如纳粹占领、美国问题及日本与荷兰的历史纠葛，还特别忌讳别人给他们拍照。

在交际场合忌用菊花、杜鹃花、石竹送人。荷兰人在交谈时，不喜欢交叉式谈话；女子入座时双腿要并拢；男子就座时也不宜抖腿；忌在众人面前剔牙。荷兰人的家具、室内装饰闻名于世，所以尽可能赞美他们的家具、艺术品、地毯和家中摆设。荷兰人倒咖啡有特别的讲究，只能倒到杯子的三分之二处，倒满是失礼的行为，被视为缺乏教养。

第九章

比 利 时

比利时王国（The Kingdom of Belgium）简称比利时，位于欧洲西北部。其国际域名为.be，国际区号是+32。比利时人口约1 137万（2017年），国土面积3.052 8万平方千米。比利时是由各文化小区与自治行政区所组成的联邦国家，其首都是布鲁塞尔。布鲁塞尔有"欧洲首都"之称，是欧盟、北约等多个国际组织的总部所在地，同时这里还是900多个世界一流大公司和相关经济组织的总部所在地。

比利时于1830年脱离荷兰统治而独立，次年7月21日建立比利时王国。比利时处于欧洲的十字路口，在过去的2000年间，见证了各种族与文明的兴盛与衰败。也正因如此，凯尔特人、罗马人、德意志人、法兰西人、荷兰人、西班牙人和奥地利人在此都留下了文化的痕迹。

比利时是欧盟成员国、欧元创始国之一，也是北约、联合国、世界贸易组织等国际组织的成员。比利时是一个工业发达国家，是除英国以外最先进入工业化的国家。比利时以啤酒、巧克力和薯条著称，吸引了众多游客在此聚集。比利时虽小，但是它是啤酒生产与消费大国，真正让当地啤酒名扬四方的是它丰富而又别具一格的口味。据说比利时的啤酒有2 000多种，最大的啤酒集团百威英博旗下就有300多个品牌，包括时代、莱福等国际知名品牌。虽然比利时啤酒的类别繁多，但是这些啤酒多由规模不大的酒厂小量酿制，因此保留了传统的酿造工艺和独特风味，也使得比利时能在竞争激烈的世界啤酒市场上独领风骚。据相关报告显示，2014年出口到中国的比利时啤酒总量约为1 628万升，首次超过日本，成为比利时啤酒在亚洲的最大消费国和第三大海外市场。目前在中国畅销的比利时啤酒品牌有时代、莱福、福佳白、督威等。比利时也以巧克力著称，巧克力生产在比利时已有300多年的历史，现如今多达400多种。比利时人在饮食上也有着自己的独特习俗，是西方最偏爱土豆的国家，人们开玩笑时常把土豆与比利时相提并论。土豆菜肴会给人留下最美好的印象和回忆，用土豆做成的方便食品种类繁多，如炸土豆条、炸土豆片、炸土豆丝、炸土豆球等，比利时可称为"土豆王国"。

第一节 综 述

一、地理概貌

比利时位于欧洲西部，北靠荷兰，东接德国、卢森堡，南邻法国，西隔英吉利海峡与英国相望。国土面积约3.05万平方千米。比利时分为三大地理区域：西部的海边平原、中部的高原以及东部的阿登山脉。西部平原地势平坦，有诸多围海造出的洼地。中部为渐渐升高的平原地区，土地富饶，河流众多，同时也有一些洞穴和峡谷。东部阿登山脉的最高点海拔694米，多森林，是比利时大多数野生动物的栖息地。海岸线长66.5千米。全国面积的2/3为丘陵和平坦低地，主要河流有马斯河和埃斯考河。

二、气候

比利时属于温带海洋性气候——温和、凉爽、多雨，四季明显，夏天平均气温25℃，冬天平均气温7.2℃。适宜的气候环境使它成为世界闻名的旅游胜地。

三、人口和居民

比利时拥有诸多民族,以弗拉芒人和瓦隆人为主体。说荷兰语的弗拉芒人聚居在北方的弗兰德斯地区,人口约650万人;说法语的瓦隆人聚居在南方的瓦隆地区,人口约450万人。总体来说,弗拉芒族占总人数的55%,瓦隆族占33%,其他民族占12%。

四、民族性格

比利时人以脾气温顺、讲求实际而著称。他们生来喜欢热闹、思想开放、活泼好动,一般都爱凑在一起说说笑笑,或举行集会,或举办化装游行等活动。青年人的性格尤其开朗、活跃。

五、语言

由于比利时处于欧洲日耳曼语族与拉丁语族的分界线上,因此比利时国内多种语言并存。比利时共有法语、荷兰语和德语共三种官方语言。其中比利时北部的弗拉芒大区的人说荷兰语,约占全国总人口的一半以上,位于南部瓦隆大区和布鲁塞尔首都大区的人说法语。另外在瓦隆大区还有少数日耳曼人讲德语。

六、宗教信仰

比利时的主要宗教为天主教,信徒占人口总数的75%～80%,其他宗教包括伊斯兰教、基督教新教以及犹太教。

七、移民和外国人法

由于比利时长期面临人口老龄化、低出生率及劳工短缺等问题,因此一直实行宽松的移民政策,吸引了来自世界各地的众多移民和避难者。移民一直是比利时经济发展的一个重要因素。2006年7月,比利时参众两院又通过了新的"移民与避难法",对1980年的移民法进行了修订,以吸引高素质移民。凡在比利时连续合法居住5年以上的外国居民包括华侨,均可申请转为永居/入籍。

八、国家象征

1. 国歌

比利时的国歌为《布拉班人之歌》。
《布拉班人之歌》
作曲:弗朗索瓦·冯·康本欧
作词:亚历克山德拉·德什

啊,比利时,我亲爱的母亲,
我们把心和手献给你,

向你献上我们的热血,啊,祖国!
祝你万古常青!
你将永远伟大而光辉地存在,
永远统一而无敌。
我们的口号永垂不朽:
君王、法律、自由!
我们的口号永垂不朽:
君王、法律、自由!
君王、法律、自由!
君王、法律、自由!

2. 国旗

比利时国旗呈长方形,旗面从左到右由黑、黄、红三个平行相等的竖长方形相连构成。黑色表示悼念在 1830 年独立战争中牺牲的英雄;黄色象征国家的财富、畜牧业与农业的丰收;红色象征爱国者的生命和热血,还象征独立战争取得的伟大胜利。

3. 国徽

比利时的国徽为黑、红、金三色,是斗篷式。国徽中心图案是一头站立在黑色盾徽上的雄狮,象征比利时国家。其后为交叉的君王节杖,象征皇室的威严和权力。盾徽周围是装饰华丽的首任国王利奥波德的勋章裱带环绕;两侧各有一只举着国旗的狮子,另外,在国徽顶端有一顶皇冠。国徽顶端的 9 面旗帜分别代表比利时的 9 个省。国徽基部的红色饰带用法语和弗拉芒语书写着民族格言"团结就是力量"。

4. 国庆

7 月 21 日是比利时的国庆日。比利时于 1830 年脱离荷兰宣告独立,成立比利时王国,并推举萨克森—科堡的利奥波德亲王担任国王。利奥波德于 1831 年 7 月 21 日登基,后来这天被确定为比利时国庆日。

5. 国花——虞美人

比利时国花为虞美人。虞美人原产于欧洲,有红、白、紫、蓝等颜色,浓艳华美,深受比利时人的喜爱。开花前,虞美人花蕾低垂,像一个含羞的少女;开花时,包着花蕾的两片花萼很快脱落,就由四片质薄如绫的大花瓣以及细弱的茎来充分显示它的美丽和风姿。清风吹过,花瓣就像蝶翅扇动,飘然欲飞。此花对于比利时人来说,寓意安慰、坚贞的爱情。

第二节 历 史

一、早期历史(1830 年以前)

大约在 2000 年以前,凯尔特人居住在比利时地区。公元前 57 年到公元前 51 年,恺撒征服这一地区,把它划归贝尔吉卡高卢行省,意为贝尔盖人的高卢,这也是比利时名称的来源。

罗马帝国崩溃后，日耳曼人于 5 世纪大举入侵，其中法兰克人先后建立了墨洛温王朝和卡洛林王朝，其领土包括了现在的比利时。比利时先后被勃艮第、西班牙、奥地利、法国、荷兰等国统治。在中世纪比利时是一个南来北往的贸易必经之地，逐渐成为欧洲重要而繁荣的地区。

二、比利时独立（1830—1831 年）

拿破仑帝国覆灭后，欧洲战胜国从 1814 年 10 月 1 日到 1815 年 6 月 9 日在维也纳召开会议，将比利时并入荷兰。由于荷兰和比利时的民族构成不同，语言不通，在宗教上也有区别，比利时人无法忍受自己受到的种种不公平对待。比利时人民受到法国七月革命成功的鼓舞，物价上涨和失业率也成为革命的导火索，1830 年 8 月布鲁塞尔民众发动了反对荷兰统治者的起义，从荷兰统治下独立。1839 年比利时与荷兰签订和约，荷兰承认比利时为独立国家。

三、独立后的比利时（1831—1945 年）

19 世纪末比利时从自由资本主义向垄断资本主义过渡。在这一时期，比利时经济快速发展，特别是煤炭和冶炼工业，成为经济发展的支柱产业。经济渐强的比利时开始参与瓜分世界的战争。1876 年比利时占领刚果，1908 年刚果自由邦成为比利时的殖民地，比利时在刚果进行残酷的统治，同时大量种植橡胶，以满足当时世界对橡胶轮胎的需求。

第一次世界大战期间比利时一度被德军占领，一战结束后光复，并从战败的德国手中获得了欧本-马尔梅迪并将其划入自己的领土，还接管了德国在非洲的殖民地卢旺达-乌隆迪。为了巩固其国际地位，比利时选择与大国结盟，先是在 1920 年与法国结成军事同盟，此后在 1922 年又与卢森堡缔结经济同盟，并于 1925 年加入《洛迦诺公约》。在欧洲战争一触即发之际，比利时选择中立，1936 年利奥波德三世（1934—1951 年在位）声明"绝对中立"，退出《洛迦诺公约》。

第二次世界大战期间，1940 年 5 月比利时又被法西斯德国占领，政府先后流亡法国和英国。1944 年 9 月，流亡政府返回本国，组织了联合政府。1944 年比利时同荷兰、卢森堡结成关税同盟，并同法国、英国、卢森堡和荷兰建立了区域性的防御组织。

四、战后比利时的发展（1945 年—　）

二战以后，比利时放弃中立原则，参加了北约和欧盟。比利时选择优先发展经济的道路，利用当时自身的资源和科技发展工业。1958 年，比利时加入欧洲经济共同体，并与荷兰、卢森堡结成经济联盟。如今比利时发展为一个现代化、高科技的欧洲国家，在经济和科技领域拥有足够的发言权。

第三节　国　家　体　制

一、比利时王国宪法

1831 年 2 月 7 日，国民会议颁布比利时宪法，比利时为君主立宪制国家。后在 1970 年、

1980 年、1988—1989 年和 1993 年，经历过四次小规模修宪。为缓和北部说荷兰语的弗拉芒人和南部讲法语的瓦隆人之间紧张关系，1993 年比利时改革国家体制，正式实行联邦制。1994 年的宪法修正案，赋予比利时南北两部正式的自治权。

二、联邦制与自治

比利时是一个联邦制国家。在联邦政府以下根据语言族群设立了三个社区，即荷语社区、法语社区和德语社区；同时又设立了三个行政区，即瓦隆大区、弗拉芒大区和布鲁塞尔大区。联邦政府、社区和自治行政区在法律上平等，并分享中央政府的权力。

联邦政府负责有关国家整体利益的事务，如外交、国防、经济、社会福利、公共安全、运输、通讯等；社区政府负责语言、文化和教育，如学校、图书馆、戏院等；行政区政府负责当地的土地与财产事务，如地域经济、规划、建屋、交通等。比利时地方政府高度自治，即使中央政府瘫痪了，人民的生活秩序照常运转。2010—2011 年，比利时就经历了长达 541 天的"无政府"时期。[①]

三、国家机构

比利时实行君主立宪制。国家法定元首是国王，国王和议会共同行使立法权，和政府共同行使行政权。政府实际负责人是首相，政府对议会负责。议会实行两院制，众议院行使立法权，参议院仅有立法建议和咨询权，只在修宪和国家体制改革方面仍与众议院享受同等权力。

四、选举、政党和群众组织

1. 选举

议员经普选产生，任期 4 年。比利时选举制度主要采取比例代表制，在联邦选举中，荷语区选民只能选荷语的党派，法语区选民只能选法语党派。所以，联邦议会选举从未有一党得票超过半数而可自组政府的情况，历年来均为荷、法语区主要政党结盟后筹组联合政府。

2. 政党

比利时政党也充分体现了联邦体制，没有全国性的主要党派，大党都是弗拉芒区或瓦隆区的大党。比利时政党林立，主要政党有新弗拉芒人联盟、荷兰语基督教民主党、荷兰语开放自民党、荷兰语社会党、弗拉芒利益党、法语革新运动党和法语社会党等。长期以来，荷语区与法语区政党之间矛盾重重，经常引发政府危机。

3. 群众组织

比利时最大的群众组织是工会。一战前就建立了比较固定的工会机构，有了行业和跨行业的工会系统。二战后，工会运动得到快速发展，比利时工会的目标是保障和扩大就业，为改善职工的经济地位、劳动条件和社会福利而斗争。因此，吸引了大量工人参加，在 20 世纪 80 年代中期，300 多万职工的入会率高达 71%。目前，比利时有三个全国性工会，即比利

[①] 张兴慧. 小国比利时给世界的启示 [N]. 中国青年报，2013-07-27.

时总工会、比利时天主教工会联合会以及比利时自由工会总联合会，全比利时大约 75% 的员工是某个工会的会员，并且这个数字保持着逐年小幅度增长的趋势。

第四节 外 交 政 策

一、外交环境的改变

比利时立国后奉行中立政策。但由于身处欧洲政治心脏，比利时无法摆脱战争的漩涡，在两次世界大战中都被德国占领。二战后，比利时改变中立的外交政策，积极寻找战略伙伴并建立同盟。以同盟的声音说话，一直是比利时外交政策的主线。依托这些保护它和支持它的组织机构，比利时在国际社会中超常发挥小国所能产生的影响。

二、比利时与欧洲一体化

战后比利时推行积极的欧洲政策，主张在大西洋联盟的组织范围之内建立一体化的欧洲。从二战时期建立的比荷卢关税同盟到北约和欧盟的主要发起国，比利时成功扮演联合各方力量的中介角色。比利时主张深化欧洲一体化建设，支持欧盟和北约双东扩，积极推动欧洲防务建设。欧盟东扩后，除了全力支持土耳其加入欧盟，比利时也积极在欧盟内寻找更多的小国同盟，如爱沙尼亚、拉脱维亚和马耳他。在欧盟内部，比荷卢同盟在外交上保持一个声音，比利时又与法国和德国同时保持着亲近的同盟关系。

三、中比关系

1971 年 10 月 25 日，中比两国建交。1979 年，两国签订《发展经济、工业、科学和技术合作协定》。1983 年两国政府签订《合作发展议定书》。几十年来，两国关系发展顺利。自 2000 年以来，两国高层交往密切。比利时是中国在欧盟的重要合作伙伴。

1. 中比间文化和教育交流

比利时是西欧发达国家，地处欧洲中心地带。早在建交之前，两国就有着密切的文化往来。1980 年双边政府文化合作协定签署以后，两国在文化、艺术、广播、电影、电视、文学、出版、青年、体育、社科、科技、教育等领域展开交流与合作。迄今为止，两国已有多起政府文化代表团互访，并签署了七个文化合作执行计划。汉语学校则为当地华侨子女和对中国感兴趣的外国人提供了一个最直接接触中文文化的平台。截至 2015 年，比利时共有四所孔子学院：布鲁塞尔孔子学院、列日孔子学院、鲁汶工程大学孔子学院和布鲁日孔子学院，包括鲁汶大学在内的众多高校还开设了中文课程。

2. 双边经贸关系和经济技术合作

比利时在西方国家中创造了数个第一，是最早向中国提供政府贷款的西方国家之一，也是最早向中国输出先进技术、同中国建立产业投资基金的西方国家之一。

中国为比利时在欧盟外的第二大贸易伙伴。据中国海关统计，2012 年，中比贸易额 263.4 亿美元，同比下降 9.5%。其中，中国出口 163.8 亿美元，同比下降 13.7%，进口 99.6 亿美元，同比下降 1.6%。比利时是中国在欧盟的第六大贸易伙伴。中国从比利时主要进口钻石、机电设备、化工产品等，中国向比利时主要出口机电产品、纺织品、服装及珠宝、家具等。两国双向投资不断扩大。截至 2012 年年底，比利时对华投资项目 881 个，实际投入 12.9 亿美元。其中 2012 年，比利时对华投资项目 37 个，实际投入 3 821 万美元。比利时在华投资项目中，上海贝尔电话设备有限公司、西安杨森制药有限公司取得了很好的经济效益。截至 2012 年年底，中国对比利时金融类和非金融类直接投资 1.4 亿美元。其中 2012 年，中国对比利时非金融类直接投资 8 208 万美元。

第五节 经 济

一、经济发展特征

比利时是一个高度发达的资本主义国家，是 19 世纪初欧洲大陆最早进行工业革命的国家之一。比利时天然资源缺乏，注重发展外向型经济，是世界十大商品进出口国之一，大约全国 GDP 的三分之二来自出口。比利时 60% 以上的工业产品供出口，其中金属丝线、平板玻璃、梳洗毛线、钻石等的出口量均列世界前茅。比利时主要产业大多为进口原料或半成品，进行加工后再出口。

二、社会市场经济

比利时实行资本主义市场经济，但政府对市场的干预和控制较多，其市场分为垄断市场和自由市场。有的部门只准国家经营，如铁路、邮电、彩票等；有的行业如餐饮需经国家批准方可经营。自由竞争市场也有一系列的法规、法律，以保证竞争的公平性。

三、生态经济

20 世纪 90 年代初，随着人们对环境污染和生活质量的不断重视，比利时出台了扶持生态经济的具体措施。1991 年就制定了环境技术研究与开发大纲，1995 年制订了更为具体的环境技术研究与开发计划，重点围绕大气、水、垃圾和土壤四个环境领域，开展各种研究与技术开发活动。[①]比利时利用生态税促进经济和社会可持续发展，采取劳动税向能源税转移、发展节能型建筑、废除煤炭优惠税、鼓励低能耗交通、支持低能耗企业等多项具体措施，生态税措施在应对气候变化、减少温室气体排放、刺激经济和促进绿色就业等方面发挥着重要作用。[②]比利时通过政府、组织和农民三位一体相结合的模式，科研机构、农业协会的技术服务，政府实施多种补贴政策，共同促进生态农业的发展。[③]

四、高税收、高福利

比利时是一个高税收国家。比利时个人所得税自 1919 年开征以来，发展迅速，已成为

---

① 贡泰也. 比利时的环保政策 [J]. 全球科技经济瞭望，1997（2）：51-52.
② 任世平，王景文. 比利时利用生态税促进经济和社会可持续发展 [J]. 全球科技经济瞭望，2010（10）：51-59.
③ 徐松. 比利时生态农业发展经验及对我国的启示 [J]. 中国财政，2008（15）：60-61.

第一大税种。2001年，个税占税收总额的31.6%。比利时单身汉税负高达42.8%，有两个孩子的平均收入家庭的税率为31.8%。[①]高税率使得企业经营成本特别高。这种状况使得比利时企业以中小型为主，自雇者中个体户的比例相当高。

高税收保障了高福利的资金来源。所以，比利时也是一个高福利的国家，其福利制度涉及一个人的生老病死，国家的一系列福利政策为人们解决了诸多后顾之忧。譬如，比利时工人和雇员的度假补贴，名为"度假补贴或双补贴"。一般来说，度假补贴相当于一个月工资，双补贴是指在此基础上加上根据基础工资与假期时间计算的额外补贴，双补贴等于或少于两个月工资。[②]

五、重要工业部门和工业中心

比利时主要工业部门有化工产业、汽车工业、食品产业及钻石产业，其中，化工产业是比利时的一个支柱产业，约占国民经济份额的6%，2009年，人均化工产值达3200欧元，居世界第一，接近欧盟平均水平的2倍。汽车工业是比利时重要的工业部门，年产近百万辆，其中90%用于对外出口。比利时的最大港口和重要的工业城市是安特卫普，其也是世界上最大的钻石加工和贸易中心。

由于资源匮乏，比利时一直倡导发展外向经济，对外贸易在比利时经济中占有重要地位，60%的工业品供出口。比利时的贸易对象主要有欧盟其他成员国、非洲国家。据比利时官方统计，在其对外贸易对象中，欧洲占79.9%，亚洲占9.25%，美洲占7.14%，非洲占2.97%，大洋洲占0.43%，其他占0.32%；就国别而言，比利时最重要的贸易伙伴是欧盟成员国（德、法、荷、英等），其次是美国、瑞士、以色列，中国是比利时的第20大贸易伙伴。比利时主要出口商品为：外科医疗器具、加工钻石及首饰、钻石刀具、猎枪、纺织机械、通信器材、组装汽车及配件、金属线、水晶制品、加工玻璃、机织地毯、梳洗毛线、抽纱等；主要进口商品为：鞋、帽、家具、玩具、造纸原料、纸张及其制品、矿产品、光学、摄影医疗仪器和设备等。

第六节 社 会

一、社会结构

比利时上层社会有法官、高级政客、律师、警官、教授、商人、艺术家等。由于比利时实行的是高税收、高福利的政策，造就了大量的中产阶级。中产阶级在人口中比例很大。然而，2008年以来的经济危机还是给中产阶级的生活带来了一些影响。许多公司为了渡过难关而不得不裁员，或者停止招人。在这种大背景下，失业成为让中产阶层担心的一个问题。

二、比利时公务员制度

比利时从1937年起实行国家公职人员考试录用制度。经过几十年来不断改进和完善，

[①] 李欣. 意大利富人交税最多达49.41% 比利时单身汉税负高[N]. 现代快报, 2014-02-26.
[②] 李永群. 比利时：工薪阶层休假有保障[N]. 人民日报, 2013-06-13.

比利时基本上建立起了一套适合比利时国情的公务员制度。

按照考生学历情况，公务员分为高中毕业以下、高中毕业、高中毕业后再加 3 年高等教育、高中毕业之后再加 5 年及以上高等教育 4 个级别。公务员入门考核难，升迁更难。一般情况下，政府能够保证公务员每年有一定的工资涨幅；工作 15 年之后，职务自动升迁。

比利时公务员的福利相对较好，一般是"铁饭碗"，公务员工资平均水平也许不如私营部门，但退休工资有保障。公务员养老金待遇要比普通国民和私人部门的雇员优厚，也就是养老金替代率会更高。比利时的公务员养老金计划替代率为 75%，而国民养老金计划替代率为 60%。[1]比利时公务员的退休金一般能够保证正常退休者毫无顾虑地安度晚年。[2]

三、比利时民族精神和性格

1. 谦和包容

比利时人有谦和而包容的心态，因为历史上罗马帝国、奥地利帝国、法国、荷兰先后统治过比利时，1830 年独立后的比利时是一个多民族、多语言和多文化的国家，国内长期存在着民族与语言的差异和冲突，比利时从建国那天起就不断在协调、平衡、解决这些问题。比利时人从不把自己的观点强加于人，也不强烈要求别人为自己做什么，只是时刻履行去相互适应。

2. 脾气温顺

比利时人以脾气温顺、讲求实际而著称。比利时人的性格介于英国的绅士风度与法国的浪漫热情之间，既传统又不保守。他们生来喜欢热闹、思想开放、活泼好动。一般都爱成群凑在一起说说笑笑，或举行集会，或化装游行等活动。

四、社会保障体系

比利时社会保障制度自 1944 年开始。社会保障资金主要是由雇主和雇员缴纳的社会保障基金组成。雇主须按白领工人总收入约 32.44% 的比例，按蓝领工人总收入约 38.44% 的比例缴纳社保基金。职工缴纳社保基金的比例约为其收入的 13.07%。比利时的社会基本福利保障体系涵盖家庭补贴（为了保护妇幼权益，一般直接打入母亲账户）、退休金、医疗保障（不论医疗费用多少，都会由所属的医疗保障机构部分或全部报销）、工伤事故（若暂时无法工作，在前 30 天将获得 100% 工资；从第 31 日起，获得 90% 的当前平均月收入）、职业疾病（若受雇者被确诊法律认可的职业疾病，他/她将获得与工伤事故相似的补贴直到康复为止）、失业补贴以及度假津贴，这套保障方案提供了比大多数英语国家广泛得多的福利保障。

第七节　文化与宣传

一、中小学和职业教育

比利时是最先实现工业化的国家之一，因此它有较高的工业、科技和教育水平。比利时

---

[1] 熊婷婷. 全球公务员养老金"超国民待遇"普遍非中国独有[N]. 21 世纪经济报道, 2012-06-27.
[2] 何农. 比利时：公务员多升迁难[N]. 光明日报, 2011-01-10.

1914年开始实行8年制义务教育，1970年普及学前教育，1983年普及12年制义务教育。比利时学前教育学制3年，为免费教育但非义务教育。小学和中学学制均为6年，为12年制免费和义务教育。比利时学校教育经费主要来自政府拨款，基础教育实现免费，已成为世界上教育最先进的国家之一。正是在政府强有力的财政支持下，比利时才成为世界学前教育普及的领头羊。

比利时充分保障学生自主选择接受各类不同教育的自由，中学生选择职业技术教育与普通教育的比例为3：2，不仅为后续的高等职业教育提供了大量生源，也提高了比利时劳动者的技术素质。

二、高等教育和科研

比利时高等教育发达，全国共有12所大学、45所高等职业技术学院和17所高等艺术学院，其中荷语鲁汶大学、根特大学、法语布鲁塞尔自由大学和法语鲁汶大学进入世界大学排名200强。[1]高等教育收费低廉，分为正规大学和高等职业技术学院，除医科及特殊专业仍实行入学考试外，其余专业均可持高中毕业文凭免试入学。本科学制3年，硕士1~3年，博士3~5年。在比利时，高等教育分为正规大学教育和大学外高等教育。大学外高等教育侧重于工业、农业、商业、医务、社会服务、教育与艺术等专门人才。教育形式有全日制和业余培训。

各研究中心担负着全国90%以上的基础理论研究任务，有些学科居世界领先地位。鲁汶大学是比利时顶尖高等学府，拥有比利时国家大学的美誉，是全球现存最古老的大主教大学，它始建于1425年。布鲁塞尔自由大学是一所世界闻名的研究性大学，几乎涵盖所有的人文和自然科学，成立于1834年，它曾培育出三名诺贝尔奖得主。

三、宣传媒体

比利时共有773个和媒体有关的公司。比利时法语区的两大报纸是《晚报》和《自由比利时报》。比利时大报《标准报》是荷兰语区三大报纸之一，成立于1918年。《回声报》是比利时最具权威性的财经类报纸，采用法文报道，以深入分析经济政治问题、立场公正客观而著称。比利时通讯社创建于1920年，是比利时的国家通讯社，总部位于布鲁塞尔，为各种媒体机构提供新闻和图片等内容。比利时VRT电视台是弗拉芒大区的公共广播电视机构。比利时法语区电视台及电台是比利时南部法语区瓦隆省的公营广播机构，总部位于布鲁塞尔，该台在南部法语地区具有广泛的影响力。

第八节 风俗习惯

一、社交与礼仪

1. 礼节

与欧洲大陆的其他国家相似，比利时人对会见礼节是十分讲究的，特别是在着装上，经

---

[1] 王鲁新. 比利时：强国先强教 立国先立人[N]. 中国青年报，2012-07-14.

典而端庄。一般而言，男士穿深色西服，打领带，皮鞋要一尘不染；女士穿套装或裙子和衬衣。比利时人见面时行握手礼，尤其是在社交场所和工作交往中，也有亲吻礼和拥抱礼。比利时人相见时一般称呼先生、女士、夫人和小姐。

在比利时，男子有尊重女士的良好习惯。无论是走路，还是上车、乘电梯等，男子都让女子先行。在公共场所就座时，男子会首先征求一下同桌女士的意见，征得同意后才入座。隐私是人们留意保护的一种权利，必须小心尊重。比利时人做事的计划性强，在比利时聚餐、商务、理发及看病等，都需事先约好。准时赴约是非常重要的。

2. 宴请

比利时人喜欢宴请朋友，不过只限于彼此熟悉的基础上，如初次见面，比利时人是不会将见面地点约在饭店里的，也不大会接受对方的宴请。大多数比利时人晚上愿意在家里和家人一起度过，因此最好在午饭时间宴请朋友。用餐的时候，正是对方用来放松以及对客人加深了解的时候，谈论食物或酒都是不错的话题。

比利时人早晨习惯吃酸奶、水果，进餐时喜欢喝啤酒、白兰地。一日三餐中晚餐为正餐，菜肴品种丰富。典型的比利时风味菜是炸土豆、贻贝或淡菜加白酒。比利时人的菜肴普遍清淡，保持原味及营养。比利时人一般不吃过分油腻的菜。咖啡、红茶是常用热饮料，水果是餐后必备食品。除非餐桌上有烟灰缸，否则不要抽烟。

3. 送礼

比利时人对访客礼仪十分讲究，崇尚礼轻情意重。拜访比利时人，送礼不必煞费苦心，只要情义到了即可。一条小丝巾、一盒曲奇饼均可。比利时人也爱花，若受邀到比利时人家中进晚餐，宜先请花店人员送花去对方家中，但切忌送菊花，对比利时人来说，菊花意味着死亡。

4. 小费

在比利时，一般不需要付小费，因为当地的餐厅和旅馆费用里已经包含了 16% 的小费。有的时候也需要付小费。如果邮递物品，或是寄存物品，那些寄物处的人员希望顾客付点小费，但是数额不大，也就 1.25~2.5 欧元，而搬家时或是住酒店时，车夫会帮忙搬运行李，每一件行李就需要付 1 欧元的小费。

二、节日

比利时是欧盟成员国中法定节假日最多的国家。不同地区的商人有同业聚餐日，各地有地方性节日，全国各地每三天必有一个市集、一个节日或一个嘉年华会。较大的有盛装游行节（7月第三周）、国庆节（7月21日）、火车节（10月4日）和布鲁塞尔交易会。另外，比利时还有一些独特的节日，如抛猫节（每年5月的第二个星期日）。

除宗教节日及固定的新年和国庆节日外，比利时不同行政区或社区往往还另外规定自己的节假日。最典型的是每年春季，各地都有自己的狂欢节。除天主教传统节日外，其他主要节日集中在7月和8月。欧盟机构和比利时部委在整个8月都关门停止工作，只留极少数人值班，学校和幼儿园节假日更多。除法定节假日和寒暑假以外，还有不同名目、甚至连当地人都叫不上名的假日，学期开始时会公布给家长。

比利时一年中的主要节日见表9-1。

表 9-1　比利时一年中的主要节日

日　　期	节　　日
1 月 1 日	新年
春分后月圆之后的第一个星期日	复活节
5 月 1 日	国际劳动节
复活节 40 天后第一个星期四	耶稣升天节
复活节后的第 50 天	圣灵降临节
7 月 21 日	国庆日
8 月 15 日	圣母升天节
9 月 27 日	瓦隆节
11 月 1 日	万圣节
11 月 11 日	第一次世界大战停战纪念日
11 月 15 日	国王日
12 月 25 日	圣诞节

1. 班什狂欢节

比利时班什狂欢节是与法国尼斯、德国科隆和意大利威尼斯狂欢节齐名的欧洲四大狂欢节之一。班什是位于布鲁塞尔以南 56 千米处的一个小城市，有居民 1 万多人。这里的狂欢节之所以有名，是因为它有悠久的历史和古老的传统。传说班什狂欢节起源于 16 世纪中叶，当时神圣罗马帝国皇帝的妹妹玛利亚在班什造城池、建宫殿。1554 年，玛利亚为欢迎侄子腓力二世举行盛大宴会，宫廷官员于是化装成各种达官贵人参加宴会，之后流传下来，现已成为比利时民间的重大节日。班什狂欢节盛名已蜚声世界，每年都吸引着世界、特别是欧洲各国的游人前往参加和观看。

班什狂欢节从每年 3 月的第一个星期日开始，为期三天，第三天是最为热闹的一天。狂欢节活动中最热闹的是化装游行。大街小巷到处是狂欢的人群，他们不论男女老幼，均乔装打扮，尽情地歌唱，尽兴地跳舞。小丑服装别具风格，有的打扮成达官贵人、王孙公子，有的打扮成工人、农民，还有的打扮成东方商人、印第安人和非洲猎手。大、中学生多数则扮成小丑，在衣服上写着各种标语和良好祝愿，向外来游人募捐。孩子们戴上动物脸谱，用彩色纸屑和塑料沫手枪嬉戏打闹，不时地对旁边游人发起"攻击"，弄得游人一身纸屑或塑料沫，游人在惊恐之余，便回之以开心的微笑。

晚上的焰火晚会是班什狂欢节的高潮。这时，华灯齐放，焰火四起，把市政厅前的广场照得如同白昼。广场上的人群兴高采烈，手舞足蹈。

2. 抛猫节

每年 5 月中旬比利时伊伯尔镇的广场上举行抛猫节。这个镇以前曾发生过鼠疫，老百姓十分憎恨老鼠，便普遍养起了猫，并规定了猫节，感谢猫为人类消除了鼠害而做出的贡献。届时人们穿上节日盛装，从四面八方来到广场。广场上有一座高塔，当天会从高塔上抛下一只彩色的布花猫，传说接到这只布花猫的人，就会交好运。

三、习俗

1. 结婚

比利时人的结婚风俗相对简单。一天的婚礼共分三场。上午举行婚礼。比利时是天主教国家，所以婚礼通常在教堂举行。请柬在婚礼前就会发给亲朋好友，上书新人全名，请柬上附有生活照，并附有新人的银行账号，供大家包礼金之用。

下午 2 点开始，是婚礼的招待会。参加者通常是新人的同学、同事、上司，客人一般身着休闲礼服，参加者如果独身前往就包 20 欧元的礼金，如果夫妇都来就包 35 欧元作为酒水费。新人及双方父母仍身着隆重礼服在门口迎接宾客，新人和朋友们聊天，拍照。

下午 4 点之后，在酒会旁边城堡里举行正式婚宴，参加者仅限于新人的至亲家属以及最亲密的朋友，参加婚宴大约每人要付 60 欧元，恰好可以支付参加者的餐费。晚宴分汤、头盘、正餐、饭后甜点等，要持续 4 个多小时。

2. 习俗禁忌

就谈话内容来说，历史、艺术以及城市景观都是不错的话题。比利时人也很愿意谈论欧洲的一些体育运动，尤其是自行车赛和足球，他们还特别喜欢和访问者讨论比利时的烹饪和啤酒。至于比利时不同区域的语言分歧、政治和宗教等问题则是比较敏感的话题，尽量少涉及，以免引起不快。比利时人忌讳他人过问自己的工资、年龄、婚姻及个人的私生活情况。他们认为私密无须他人了解、过问和打听。他们忌讳相互间的交叉式握手和交叉式的谈话，认为这是极不礼貌的。比利时人忌讳"13"和"星期五"，认为这都是灾难象征。他们最忌蓝色，视蓝色为魔鬼的色彩。因此，凡遇不祥之事，他们都惯用蓝色作为标志。他们还忌讳墨绿色，因为墨绿色会使他们联想起纳粹的军服。

第十章

卢森堡

卢森堡大公国（The Grand Duchy of Luxembourg）简称卢森堡，位于欧洲西北部，其国际域名为.lu，国际区号是+352。卢森堡人口约58万（2016年），国土面积约为2 586平方千米，是一个袖珍内陆国。卢森堡实行君主立宪制，首都卢森堡市。

1890年卢森堡摆脱荷兰王的统治，卢森堡大公国独立。在两次世界大战中被德国占领，1944年卢森堡复国。

卢森堡是欧盟和北约创始会员国之一，联合国、国际货币基金组织与世界银行的创始国，也是高度发达的资本主义国家，还是欧元区内最重要的私人银行中心、全球知名的金融中心及仅次于美国的全球第二大投资信托中心。卢森堡在欧盟大家庭中占据着重要地位，欧盟法院、欧洲议会秘书处、欧洲投资银行、欧盟审计署等欧盟行政机构，以及欧洲货币基金组织、欧洲金融稳定基金等国际金融机构的总部均设在卢森堡。

随着经济的持续发展和政治地位的提高，卢森堡著名企业向海外发展，在海外的知名度不断提高。卢森堡货运航空公司是欧洲最大、世界第十大的全货运航空公司，阿塞洛米塔尔钢铁集团不但是卢森堡的第一大企业，也是世界最大的钢铁集团之一。

卢森堡是世界上最富裕的国家之一，其人均GDP和平均收入全球最高。卢森堡人均国内生产总值及人均收入连续多年位居世界第一。以2013年统计数字来看，卢森堡人均GDP 104 511.86美元，位居世界第一。该国失业率极低，人民的生活水平很高，人均寿命超过了80岁。卢森堡政局稳定，社会治安良好，被人称为"安全的袖珍小国"，首都卢森堡市曾多次被评为"世界上最安全的城市"之一。

卢森堡地形富于变化，地势险要，又处于德、比、法三国之间，一直是西欧重要的军事要塞，有"北方直布罗陀"的称号。卢森堡具有重要的战略地位，如果欧洲爆发战争，首当其冲的就是卢森堡。从古罗马人在此修建城堡开始到二战时期被德国占领，卢森堡不知修建了多少城堡、炮台、战壕和地道。所以，卢森堡又有"千堡之国"之称，它最大的一个古堡就是卢森堡。不过，现在卢森堡的城堡和炮台已经失去当初的军事使命，坚固无比的城堡已经成为人们旅游观光的好去处。1994年，联合国教科文组织将卢森堡中世纪要塞城市遗址（旧城区及城防工事）作为文化遗产，列入《世界遗产名录》。卢森堡的自然资源不算丰富，但森林覆盖面积非常高，自然生态环境保护得很好，有"欧洲绿色心脏"之称。每年吸引数十万外来游客野外宿营，亲近森林。

作为欧洲大陆上唯一的大公国，卢森堡以小巧精致、风景优美、古堡众多吸引了许多游客。卢森堡在文化上并不是一个很有自己个性的国家，法国、西班牙、意大利、德国的文化语言，甚至建筑风格都影响着卢森堡。正因为如此，卢森堡的文化遗迹相当丰富，有文化之都之称。卢森堡经济非常发达，钢铁业、金融业和广播电视业一直是卢森堡经济的三大支柱，在全球都有很重要的地位。

卢森堡是一个开放的国度。为弥补本国资源匮乏、市场狭小、人口少的不足，卢森堡长久以来一直把对外开放作为重要国策。卢森堡是一个企业税极低的国家，有着"在岸"避税天堂之称，也是世界上投资环境最好的地区之一。目前全球范围内向欧洲的投资，有将近40%投向卢森堡，其中有相当一部分是经卢森堡投向第三国的。大量的投资、特殊的税收制度和银行客户保密制度吸引了来自全球的商业银行在卢森堡开设分行。这种开放的姿态在金融业体现得最为明显。卢森堡是世界第二大基金中心，基金规模于2012年达到3 866支，掌管的资产为2.31万亿欧元，仅次于美国。同时卢森堡又是世界最大的基金集散地，基金流向世界70多个国家和地区。据卢森堡官方统计数字显示，截至2012年6月，有来自全球

24 个国家的 142 家商业银行在卢森堡开设分行，对当地 GDP 贡献率达到 14%。中国银行和中国工商银行在卢森堡的分行就有上百人。卢森堡以其全球金融投资中心、拥有银行保密法、税务优惠政策、灵活的监管等优势，成为控股、投资公司在欧洲的首选注册地。[①]

政府制定了许多税收优惠政策，如所得税减免、利润再投资以及对新兴产业的税收优惠政策等，吸引了很多跨国公司在此设立欧洲总部。卢森堡政府和 300 多家大公司有税收协议，大概只收 1% 的税，包括百事公司、美国国际集团、德意志银行、瑞典家居企业宜家、埃森哲公司、摩根大通集团、联邦快递公司等。卢森堡所有的支柱性产业，如钢铁、金融与卫星都以外资为主。低税收策略吸引着最好的人才前往工作。卢森堡从欧洲各国吸引了大批移民，约有 43% 的卢森堡就业人口是外国人。由于上缴的所得税低，有些德国人就将家安在卢森堡。1986 年卢森堡签定《申根协议》，更方便了人员流动。《申根协议》签定后，协议各签定国公民可以在协议国间自由进出，不需要办理签证，也不需要边境检查。协议外的国家公民，只要拿到任意申根国家的签证就可以走遍申根各签字国。据欧盟统计局统计，2012 年，欧盟内吸引移民数量增长最多的国家是卢森堡，增长率达到 1.89%。

第一节　综　　述

一、地理概貌

卢森堡位于欧洲西北部，东邻德国，南毗法国，西部和北部与比利时接壤。卢森堡地势北高南低，北部阿登高原厄斯林区占全境 1/3，南部为丘陵。最高点布尔格普拉兹峰海拔约 550 米。卢森堡境内主要河流有摩泽尔河、乌尔河、苏尔河等。卢森堡有大片茂密的绿色森林，空气清新，是个名副其实的"森林之国"，被誉为欧洲的绿色心脏。

二、气候

卢森堡的气候属于海洋—大陆过渡性的气候，全年温度适中，1 月份平均气温 0.8℃，7 月份 17.5℃，年平均气温 9℃，年均降水量 782.2 毫米。

三、人口和居民

卢森堡人口约 56 万（2016 年），绝大多数是卢森堡人。卢森堡的外国侨民特别多，主要为葡、意、法、比、德、英、荷侨民，占全国人口的 30% 以上。最大的移民团体是葡萄牙人和意大利人。

四、民族性格

卢森堡的主体民族是卢森堡人，主要由法兰克人和罗马化的别尔格人（凯尔特部落群）结合而成。卢森堡人所处的地域自古就是欧洲通商要道，一直是欧洲强国争夺的地方。卢森

---

① 张江. 卢森堡："袖珍王国"的巨额财富流转站［N］. 新金融观察，2014-06-23.

堡人深受法国、德国、荷兰等国的影响，融合了多元文化，因此具有开放、包容的心态。卢森堡是一个有较高文化素质的民族。

五、语言

卢森堡的官方语言是法语、德语和卢森堡语。法语多用于行政、司法和外交。德语多用于报刊新闻。卢森堡语为民间口语，也用于地方行政和司法，很少有外国人能讲这种语言。多数卢森堡人都会说4～5种语言。

六、宗教信仰

卢森堡居民87%信奉天主教，13%信奉其他宗教（基督新教和犹太教等）。

七、移民和外国人法

卢森堡出现三次移民潮。1870年以来，随着钢铁工业出现和农业生产水平提高，德国人和意大利人掀起了卢森堡外来移民大潮。一战前非卢森堡籍的工人已经占到卢森堡工业劳动力总数的60%，其中德国、意大利两国移民已占到劳动力总数的49.3%。

1929—1933年全球经济大萧条，卢森堡政府制定各种措施限制移民。二战之后，移民人数降至历史最低点。面对移民危机，卢森堡政府颁布新的移民政策，允许移民工人的家属无时间限制来家庭团聚，改变了以前"候鸟式"的移民政策。1960年中期起，葡萄牙人大量移民卢森堡，弥补了劳动力的不足。2017年2月初，卢森堡政府通过了有关移民的新法案，符合条件的季节性工人以及通过公司内部短期调动的员工，可以获得卢森堡的入境和居留的权利。至今在卢森堡外国人占了卢森堡总人数的1/3。

八、国家象征

1. 国歌

卢森堡的国歌是《我们的祖国》。

《我们的祖国》

作曲：简·安东尼·钦能

作词：密卡埃尔·伦茨

请用你引导下界一切国家的手，
保佑卢森堡不受羁绊，没有外忧；
请赐给我们最神圣的礼物自由，
让自由的太阳高高照，
我们向你请求，
让自由的太阳高高照。

2. 国旗

卢森堡的国旗呈长方形，旗面由三个平行相等的横长方形组成，自上而下分别为红、白、浅蓝三色。红色象征着热烈和勇敢的国民性格和在争取国家独立和民族解放斗争中烈士的鲜血；白色象征人民的纯朴和对和平的追求；蓝色代表蓝天，意味着人民获得了光明和幸福。三色连在一起又象征平等、民主和自由。

3. 国徽

卢森堡的国徽为斗篷式。在金、红、白三色斗篷内，有一枚盾徽。盾面由白、蓝相间的平行条纹组成，其上绘有一只头戴王冠的直立着的红狮，红、白、蓝三色为国旗颜色。盾徽上方有一顶金冠，两侧各有一只金狮，周围饰有绶带，下端悬垂着一枚奥康勋章。国徽图案象征卢森堡是一个大公国。

4. 国庆

6月23日是卢森堡的国庆日，以纪念1921年6月23日卢森堡大公让的诞辰。

5. 国花——月季

月季花姿秀美，花色绮丽，象征爱情和真挚的情谊。在各种礼仪场合，月季是一种最常用的、最受欢迎的大众花卉。

第二节 历 史

一、早期历史（1060年之前）

卢森堡古代属高卢地区，居民属比利时部族，公元前1世纪为罗马恺撒军团征服。公元5世纪法兰克人侵入，卢森堡成为法兰克王国的一部分。法兰克人与留在当地罗马化的别尔格人（凯尔特部落）混合，成为卢森堡民族的基础。随着法兰克王国的分裂，963年阿登伯爵西格弗里德（963—998年在位）得到这片土地，成为卢森堡领地的创始人。1060年其后裔康拉德成为神圣罗马帝国的卢森堡伯爵，卢森堡领地基本形成。

二、卢森堡王朝时期（11—18世纪）

1308年卢森堡伯爵亨利四世被选为神圣罗马皇帝，称亨利七世，开创了帝国的卢森堡王朝（1308—1437年），此时卢森堡王朝的领地包含现在的比利时。1384年现在的比利时弗兰德地区归属勃艮第公国，15世纪勃艮第公国取得卢森堡领地。15世纪以后，卢森堡屡遭异族入侵，先后被西班牙、法国、奥地利等国统治长达400多年，期间，卢森堡人民为抵御外敌入侵修建了许多坚固的城堡。17世纪卢森堡卷入三十年战争（1618—1648年）。1659年签订《比利牛斯和约》，卢森堡南部一些地区划归法国；1684—1697年法国曾占领卢森堡全境；1714年西班牙王位继承战争结束后，卢森堡随西属尼德兰一起转归奥地利；1795—1814年法国再次占领卢森堡。

三、卢森堡独立（19世纪）

19世纪，卢森堡开始成为独立自主的国家。1815年维也纳会议决定卢森堡为大公国，由荷兰国王兼任大公，同时又为德意志同盟成员，受普鲁士势力控制。1839年伦敦协定承认卢森堡为独立国家，将卢森堡地区分为两部分，东半部由荷兰国王担任大公。

1848 年欧洲革命波及卢森堡，卢森堡开始制定君主立宪性质的宪法。1866 年，卢森堡脱离德意志邦联。1867 年《伦敦条约》确定卢森堡为独立的中立国。1868 年，制定君主立宪制宪法。直到 1890 年，荷兰国王威廉三世驾崩后，没有留下男嗣，因此卢森堡大公的位置传给威廉三世远房的表弟阿道夫，阿道夫成为第四任卢森堡大公。是年卢森堡彻底摆脱荷兰的统治，由拿骚—威尔堡家族专领，卢森堡大公国独立。

四、现代卢森堡（20 世纪以来）

19 世纪中后期，卢森堡基本上是一个贫穷落后的农业国。19 世纪末 20 世纪初，卢森堡经济迅速发展，尤其是冶铁炼钢业成为国家支柱产业之一，进而成为发达的工业国家。

一战爆发后，1914 年 8 月 2 日德国对卢森堡不宣而战，几个小时内便占领了卢森堡，卢森堡大公国的中立国地位毁于一旦。1918 年卢森堡政府宣布废除与德国签订的关税同盟条约。1921 年，卢森堡与比利时订立经济与关税同盟。一战结束后，卢森堡依旧维持着脆弱的中立地位。

1939 年第二次世界大战爆发，卢森堡的中立国地位再一次被动摇，德国纳粹军队于 1940—1944 年占领卢森堡，将卢森堡并入德国，卢森堡大公与政府流亡英国。战争毁坏了卢森堡 45%的耕地，全国住宅的 1/3 受到不同程度的破坏，卢森堡人民进行了坚持不懈的反法西斯斗争。

第二次世界大战后，卢森堡更加积极地参与地区性和世界性的经济合作组织。早在 1944 年卢森堡便与荷兰和比利时结成了比荷卢关税同盟，1958 年又进一步结成了比荷卢经济联盟。此外，卢森堡还先后参加了比、卢、法、意多边偿付协定、欧洲支付同盟、欧洲煤钢联营、欧洲经济共同体、欧洲经济合作组织以及经济合作与发展组织等。国际合作与交流的扩大，使卢森堡在政治上获得了一个稳定的外部环境，在经济上则与整个欧洲融为一体，因此大大促进了该国的经济发展。1974 年以来，为适应国际市场日益激烈的竞争，改变国内经济结构单一局面，卢森堡政府推行工业多样化政策，经济进一步发展。

第三节　国　家　体　制

一、卢森堡大公国宪法

1868 年 10 月 17 日颁布《卢森堡大公国宪法》，后经多次修改。1919 年第一次修改，宣布废除一切秘密条约；1948 年再次修改，放弃传统的中立政策；1956 年第三次修改，规定议员任期由 6 年改为 5 年；1972 年又作了一些修改。宪法规定，大公和议会共同行使立法权，大公行使执行权，但通常是政府行使这一职权，直接对议会负责。

二、内阁制与自治

卢森堡实行议会内阁制。全国划分为卢森堡、迪基希、格雷文马赫 3 个区，下辖 12 个县、118 个市镇。省长、市（镇）长由大公任命。地方有较大的自治权。市（镇）居民直接选出议员，组成市（镇）议会，市（镇）议会决定所有同本市（镇）利益有关的事项。但市

（镇）的权限是有限的。如果市（镇）决定超过了它们的权限、与法律相抵触或违反国家整体利益，大公有权中止或取消市（镇）当局的决定，并有权解散市（镇）议会。

三、国家机构

卢森堡政体属于议会君主立宪制。大公为国家元首、武装部队统帅，拥有立法权和行政权，大公有权解散议会。但卢森堡大公仅仅作为国家的象征，并非政府首脑。实际上，议会行使立法权；政府行使行政权，内阁并对议会负责，其权力受议会的制约。议会为一院制，为最高立法机构。法院行使司法权。卢森堡以政局稳定著称。

四、选举、政党和群众组织

1. 选举

卢森堡有议员 60 名，立法选举每 5 年举行一次。卢森堡实行直接选举制，议员根据比例制原则、最小份额制原则以及法律所规定的方法，通过按照候选人名单进行全面普遍与直接投票方式选出。从 9 个政党的 540 名候选人中选出 60 名众议院议员。最高 4 000 人产生 1 名议员，最低每 5 500 人产生 1 名议员。立法选举结果将决定新内阁的组成。

卢森堡虽然实行责任制内阁，议会可以对内阁投不信任票，使内阁辞职，或由首相提出提前改选议会，但实际上每届政府都任职到期满。

2. 政党

卢森堡主要政党有基督教社会党、社会工人党、民主党。基督教社会党简称基社党，于 1914 年成立。社会工人党简称社工党，于 1902 年成立。民主党于 1904 年成立。第二次世界大战后，基社党和社工党一直两党联合执政，卢森堡政局一贯稳定。

3. 群众组织

卢森堡有四大工会：独立工会联盟、天主教工会联盟、白领工会联盟和公共职能总联盟。

独立工会联盟是卢最大的工会组织，下设 15 个行业工会，成员逾 6 万人，该工会以劳动平等为宗旨。天主教工会联盟约有 4 万成员，是卢第二大工会组织。该工会除了积极捍卫劳工权益、与政府和雇主进行有关工资和劳动条件谈判以外，还为其成员家庭及其子女提供一系列的服务。白领工会联盟是卢森堡金融业的工会联盟，成员逾 2 万人，主要为金融业雇员维护权益。公共职能总联盟是卢森堡公务员的工会组织，成员约 2.4 万人，该工会组织除了履行一般的工会职能外，还积极参与国家有关政治政策议题。

各工会按照所代表的工人利益在政治倾向上有所不同，独立工联倾向于社会党，基督教工会联合会倾向于天主教社会党。社会党作为执政党每次在议会选举中都让出一个席位给独立工联，由担任工会负责人的社会党党员出任。

第四节　外　交　政　策

一、外交环境的改变

自 1866 年卢森堡脱离德意志邦联以来，卢森堡实行中立的外交政策。二战后，卢森堡的经济、社会、政治、环境都非常稳定。1948年卢森堡第二次修改宪法，放弃传统的中立政策。卢森堡先后加入联合国、北大西洋公约组织和欧洲共同体（欧盟），已同146个国家建立了外交关系。卢森堡主张在国际关系中应遵循的准则是：平等、不使用武力和武力威胁、反对军备竞赛、遵守国际法、尊重人权、尊重小国利益。

二、卢森堡与欧洲一体化

卢森堡外交政策的重点是：维护和加强与北大西洋联盟，特别是与美国的联盟。作为欧盟和北约成员国，卢森堡积极推动西欧联合，实现欧洲内部统一大市场和欧共体的"政治联盟"、经济联盟和货币联盟。卢森堡主张在北约、欧盟和欧安会组织的框架内建立欧洲集体安全体系，积极推动欧洲一体化进程。在欧盟内部，卢森堡与比利时、荷兰关系密切，组成了荷、比、卢经济联盟。

三、中卢关系

1. 历史上往来（至1949年）

卢森堡是一个欧洲小国，但是它与中国之间的友好关系却源远流长。中卢之间的友好交往始于一百多年前的洋务运动时期。由于卢森堡钢铁工业很早就拥有先进的技术，福州船政局与汉阳铁厂从设计、建设、到后来的转型，卢森堡都给予了帮助。在1894年、1895年，卢森堡派到汉阳钢铁厂工作的工程师达到17个。中国跟卢森堡的历史关系延续至今。

2. 1972年后的中卢关系

中卢于1972年11月16日建立外交关系。中卢两国建交四十年来，相互尊重，平等相待，彼此关切，互利互益，优势互补，谋求共同发展，在各领域都有丰硕的合作成果。

中卢两国经济发展具有很强的互补性。卢森堡虽小，却是中国在欧盟第一大直接投资目的地，是中资企业进入欧洲市场的一个门户。2010年中国对卢森堡的直接投资超过对整个欧洲地区投资的1/3。2011年中国对卢森堡的直接投资占到中国对欧盟投资的43%。中国银行、中国工商银行和中国建设银行等中资银行总部均设在卢森堡。目前，卢森堡不仅是欧洲最大的人民币业务处理中心之一，也是欧洲最大的人民币证券结算中心和主要的人民币计价债券发行地。据中国海关统计，2012年1月至2月，中国与卢森堡双边贸易额为6.11亿美元，同比增长451%。其中，中国对卢出口5.76亿美元，同比增长733%；中国自卢进口0.35亿美元，同比下降17%。目前，中国是卢森堡在亚洲的最大合作伙伴，欧盟外的第二大贸易伙伴。巨大的中国市场、中国的产业升级以及中国发展新兴产业都为两国合作提供了良好的机遇。

3. 中卢间文化和教育交流

中国与卢森堡在人文交流方面进行密切合作。1979年两国签订文化合作协定。1983—2005年，双方先后签署了6个文化交流执行计划，2005年11月两国签署《2006—2010年文化合作协定执行计划》。此后，文化合作和交流活动十分活跃，如互办画展、专场音乐会。特别是2010年的上海世博会，成为两国人文交流中的亮点。

2000年以后，中卢开展教育合作。现今，卢森堡每年派一名学生来华学习。中方派学生赴卢学习酒店业及旅游业管理。2011年7月,"卢森堡中国语言文化中心"成立,在"卢森堡中文学校"基础上,增设成人班、书法、绘画和武术等课程。卢森堡人学习中文的热情空前高涨。

中卢两国政府间的交流卓有成效,民间往来也日益密切。如中国赴卢森堡旅游的人次已经从原来的寥寥无几上升到现在的每年13万人次以上,中国有少量自费留学生在卢森堡学习,2010年,中国在卢森堡留学生人数达50余人。

第五节 经 济

一、经济发展特征

自二战结束以来,卢森堡的经济取得巨大发展。卢森堡除了有发达的钢铁工业以外,化学工业、机器制造业、造纸、印刷和食品工业也是非常重要的工业部门。

由于世界科学技术的发展,高新技术部门的兴起,卢森堡经济结构也发生了深刻变化。聪明的卢森堡人借鉴瑞士银行的经验,迅速拓展金融服务行业,金融业已成为国家又一个重要的经济支柱。第一、二产业在国内生产总值中所占比重大幅度下降,第三产业则迅速上升。从1970—1981年的十余年间,卢森堡制造业中冶金工业所占比重从66.1%下降到46.5%,而橡胶与塑料工业、电气产品、运输设备、机器制造、食品和饮料工业等都有了较大发展。近年来,尽管卢森堡受到欧元区债务危机的影响,但仍是少有的几个持续保持主权信用评级最高级别的欧元区国家之一。

二、经济发达的原因

卢森堡是一个内陆国家,既没有丰富的自然资源,也没有大港口。然而,独立后仅仅几十年的时间,卢森堡便跻身于资本主义发达国家之列,主要有以下几个重要原因。

在经济上,结合本国特点发展钢铁工业,及时调整经济结构。卢森堡的土壤中含有大量的铁矿,近百年来,卢森堡的钢铁产量一直在世界上居于前位,全国人均产钢量近6吨。尤其是精湛的炼钢技术更让卢森堡人受益匪浅,瑞士手表以及闻名于世的埃菲尔铁塔所用的钢材,都来自于卢森堡。卢森堡的钢铁工业一直是该国的主要支柱产业。

20世纪70年代以来,政府审时度势,适时调整经济政策,使经济领域不断拓宽。1974年以来,为适应国际市场日益激烈的竞争,改变国内经济结构单一局面,卢森堡政府推行工业多样化政策。70年代发展金融,80年代大力向视听通信业拓展,90年代发展基金资产管理,进入21世纪以来,更强调向高科技引领的工农业领域发展,努力将自己打造成投资欧盟的门户。

在策略上,奉行开放政策,寻求与其邻国联合。作为一个处于强国包围下的袖珍小国,卢森堡从取得独立后便把与邻国结盟以取得强国的保护作为维持其生存和谋求发展的重要策略,从而获得稳定的市场和更大的发展空间。二战后,积极推动欧洲一体化共同市场更为经济全面发展创造了新的机遇,而大量外资企业的到来也推动了卢森堡经济的多样化。

在政治上,政局长期稳定,创造了良好的经济发展环境。卢森堡王位继承一直平稳过渡，社会福利较好，老百姓生活得到保障，极少有社会动荡。在国内外政策上，国家元首同历届政府基本一致。大力修建公路、挖掘运河，融入邻国的运输网，无疑也为卢森堡经济发展增加了有利因素。

三、生态经济

卢森堡是稳定、高收入的市场经济国家，在发展经济的同时，十分注重克服工业文明弊端，形成可持续发展机制。为节约能源和保护生态环境，卢森堡于 1965 年制定了《自然环境和自然资源保护法》。通过治理"白色污染"，卢森堡经济实现了可持续发展。如拥有近百年历史的阿塞洛米塔尔集团不仅拥有先进的生产技术，在环保方面也有许多成功经验。目前，阿塞洛米塔尔旗下企业均建立了热能交换、二氧化硫回收、粉尘过滤系统和污水处理等循环利用网络，并通过提高能源使用效率，实现对大气的清洁排放。目前集团中 180 个生产装置通过了 ISO 14001 环境认证。

四、低赋税、高福利

卢森堡实行低税收策略。卢森堡的企业税收与个人所得税都比其他国家低 30% 左右。尽管税收低，但卢森堡却拥有世界一流的社会福利。国家向每个公民提供免费教育，医疗和社会帮助。去公立医院看病免费，未成年人可享受直至 26 岁的免费教育，并且每年还可获得 4 000 欧元左右的补贴。除了免费就读大学以外，每年还可以领 1.3 万~1.7 万欧元的补助。由于人口少，国家鼓励生育，有 2 500 欧元的生育奖励，外加一年半的产假；购房有补贴，任何一个有居留权的居民都可以得到 0.8 万~1 万欧元的首套房子补贴，之后每月还有 250~300 欧元的房屋补贴等。对于残疾人，政府会安排力所能及的工作；对失业者，每人每个月有约 1 000 欧元的补助金，养老金和抚恤金的数目也相当可观。

五、经济支柱性产业

金融、广播电视和钢铁产业是卢森堡三大经济支柱。素有"钢铁王国"之称的卢森堡，人均钢产量约 5.8 吨（2001 年），居世界首位。工业产值约占国内生产总值的 30%，从业人员占全国就业人口的 40%。工业中心和工业区分布在卢森堡南部。

卢森堡的金融业非常发达，特别是其首都卢森堡市，是欧洲重要的金融投资中心。同时卢森堡也是仅次于美国的基金管理中心。截至 2012 年 6 月，在卢森堡注册的银行有 142 家，雇员 2.4 万人。卢森堡国家储蓄银行成立于 1856 年，总资产 413 亿欧元；卢森堡通用银行成立于 1919 年，总资产 369 亿欧元；此外，还有成立于 1856 年的卢森堡国际银行和成立于 1949 年的卢森堡信贷银行。卢森堡共管理基金 3867 支，总额近 2.22 万亿欧元。[①]

在卫星通信业方面，卢森堡成功地开展了信息技术革命，目前拥有欧洲最大的广播电视集团 RTL 集团，该集团旗下有 43 家电视台和 31 家广播电台，节目覆盖整个欧洲。此外，总部设在卢森堡的欧洲卫星公司（SES）是全球最大的卫星运营商，卫星信号全球覆盖率达

---

① 张江. 卢森堡："袖珍王国"的巨额财富流转站 [N]. 新金融观察，2014-06-23.

99.999%。这两大欧洲巨头巩固了卢森堡在欧洲媒体领域的领导地位，同时促进了卢森堡信息通信网络向密集化发展。

第六节 社　　会

一、社会结构

卢森堡是一个贫富差距极小的国家。卢森堡社会以中产阶层为主体。据 2010 年世界银行发布的报告显示，卢森堡中产阶级的收入在 4.5 万～12 万美元，中产阶级占总人口的 80% 左右。

二、卢森堡公务员制度

卢森堡有 60 余个公共部门，公务人员约 2.4 万人。其公务员的政治、社会和经济待遇均比工人和职员好。公务员享有较高的养老保障，公务员的养老金替代率更高。卢森堡的公务员养老金计划替代率为 83%，国民养老金计划替代率为 71%。[①]公职人员的职务、荣誉和抚恤金也有保障。

政府成员实行责任制。公务员必须遵守国家的宪法和法律，为全民服务。为此，公务员的政治行为受到一定限制。根据宪法，议员不能兼任国家公共职务。公职人员被选为议员并接受委任，视为自动放弃其原有职位；议员接受国家公职，应立即停止其在众议院的职务。

三、卢森堡民族精神和卢森堡人性格

1. 平民意识

卢森堡人心态平和，富有"平民意识"。在卢森堡，很多人对国家政要一无所知。但他们对家人、亲友、邻居的爱好、习惯、生日、口味等，却是了如指掌，平民、市长亦如此，一国之君更是这样。每到周日的时候，卢森堡大公就放下手头的工作，与家人一同外出度假。在卢森堡，周日是法定假日，街上行人稀少，商店全部关门。"不管你在做什么，生活总是第一位的"，这就是卢森堡人的生活观。享受生活是卢森堡人的共同追求。当地谚语说："一个卢森堡人一个玫瑰园，两个卢森堡人一次咖啡聚会，三个卢森堡人一支乐队。"由此可以看出他们的生活方式和生活态度。不管是在公众场合还是在小巷街角，总能看到市民在弹奏、舞蹈、歌唱，仿佛他们生来就是只知快乐、不懂忧愁的人。[②]

2. 谨小慎微

由于历史上是一个弱小民族，卢森堡人养成了谨小慎微的特性，相互间从不谈论收入和钱财，衣着举止不愿引人注目，交际中也很少使用头衔。卢森堡人性格安静、内敛，不喜与

---

① 熊婷婷. 全球公务员养老金"超国民待遇"普遍 非中国独有［N］. 21 世纪经济报道，2012-06-27.
② 钱国宏. 卢森堡人的"快乐使命"［J］. 时代金融，2014（22）：64-65.

陌生人随意搭讪或攀谈。

四、社会保障体系

卢森堡的社会保障制度由 19 世纪后期的互助制度变通发展而成。经过 100 多年的发展，目前卢森堡已成为世界上社会保障体系最为全面和完善的国家之一。其社会保障由两部分组成：一是社会保险，主要有医疗保险、养老保险、工伤保险、失业保险和护理保险；二是社会福利，主要有家庭补贴和有保障的最低收入等。①

在卢森堡，被解雇的员工能够获得相当于原收入 80% 的失业补贴，但不能超过当地最低工资的 2.5 倍，该国的最低工资大概是月平均 1 300 欧元。这样优惠的政策也带来一定的负面效应。卢森堡申请失业救济的年轻人越来越多，这些年轻人和父母生活在一起，靠救济金打发生活，带来不少社会问题，令政府大为头疼。②卢森堡实行全民医疗保险制度，社会最底层的极端贫困者可获得社会救济金。

第七节　文化与宣传

一、中小学和职业教育

卢森堡实行 11 年义务教育：由 2 年幼儿园（4～6 岁）、6 年基础教育（小学教育 6～12 岁）和 3 年进阶教育（高中教育 12～15 岁）组成。在 6 年的基础教育之后学生可以在两种中级教育中做出选择：一是科技高级中学（67% 的学生），主要接受职业训练与科技教育；二是普通高级中学（33% 的学生），毕业后可以进大学继续就读。卢森堡非常重视教育，每年在教育上的投入占社会预算的 11.3%。

二、高等教育和科研

卢森堡高等教育由本科教育和研究生教育组成。第一阶段为本科教育，学制 6～8 个学期，授予学士学位；第二阶段为硕士研究生教育，学制 2～4 个学期，授予硕士学位；第三阶段为博士研究生教育，学制 3 年。卢森堡大学建于 2003 年，是卢森堡目前唯一的大学，也是其高等教育的主要承担者，其专业有医学、自然科学、科技、法律、经济、社会学和教育学。然而卢森堡并未具备完整的学年，学生需要在外国修更多学期的课程。目前，卢森堡的大学生大部分是在外国获得学术毕业文凭，其在外国就读的学生超过 6 000 人。大约 19.6% 的学生在德国大学注册（特别是在科技的专门领域或自然科学），22.6% 的学生是在比利时和法国的大学就读。

三、宣传媒体

卢森堡主要报刊有《卢森堡言论报》《日报》《新闻》《洛林共和报》。卢森堡电视台是西

---

① 唐弘. 卢森堡的社会保障与工会参与[J]. 工会博览，2006（19）：62.
② 马宁. 十个国家人们最不怕失业[N]. 北京青年报，2009-03-28.

欧收视率较高的电视台，用法、德、荷、卢语播送，星期日还有意大利语节目。卢森堡有6家日报，5家德文报，1家法文报，日发行量共约13万份。卢森堡广播电台用法、德、英、卢、荷等多种语言广播。

第八节 风俗习惯

一、社交与礼仪

1. 礼节

卢森堡人比较传统，在正式社交场合特别注重服饰衣着。握手是通常的见面、告别礼节，熟人之间和男女之间也是如此，仅在朋友之间可以两颊交替着亲吻两次。卢森堡人谈吐优雅，待客热情，习惯悠闲地享受食物。

2. 宴请

卢森堡在酒桌上的风俗习惯也不同一般。在酒桌上，他们喜欢"感情深，一口闷"。敬酒时，要先让领导相互敬酒，然后才轮到自己喝、自己敬。除了领导之外，别人可以多人敬一人，不能一人敬多人。敬别人时，在不碰杯的情况下，自己喝多少可以随意，如果你碰杯了或者对方提出碰杯，那就不能比别人少喝，喝完注意酒后仪态。

卢森堡人酷爱美食和饮酒，饮食风味融合法国、比利时、意大利和葡萄牙等邻国特色。早、午餐都比较简单。由于国家小，多数人中午驾车回家吃饭，午间不办公。下午四五点钟喝茶、吃蛋糕，晚餐是正餐。传统食品有阿登火腿、黑猪血香肠、熏猪肉配蚕豆、咸火腿配酸菜、烤乳猪、奶酪等，土豆为传统主食。假如卢森堡主人邀请你去他家进晚餐，向女主人送鲜花、巧克力等礼物则是应有的礼节。

3. 送礼

邮寄礼品不要出现未署名的书本、气枪、匕首等物品，邮寄金银饰品要用保险箱以确保安全，并详细注明收件人的地址等信息。赴宴时客人如果能给主人送上一些葡萄酒、一束花或一盒糖，主人会非常高兴。不要送菊花，对卢森堡人来说，菊花意味着死亡。

4. 小费

在卢森堡小费并非必须的，因为饭店和餐馆消费中包括了服务费。如果有人为你提供了特殊服务，可付一些小费。出租车的小费为车费的10%～20%，行李按件数付小费，理发小费为费用的15%～20%。

二、节日

卢森堡全国性节日主要有新年（1月1日）、复活节（春分月圆后的第一个星期日）、劳动节（5月1日）、耶稣升天日（复活节40天后的星期四）、圣灵降临日（复活节后的第50天）、国庆节（6月23日）、圣母升天日（8月15日）、万圣节（11月1日）、圣诞节（12月25日）等。此外，卢森堡还有较富民族特色的地方节，如烧冬节（1月底）、狂欢节（2月）、圣母祈祷节（4月）等。

1. 画牛节

4月到9月为卢森堡市的画牛节。卢森堡为爱好在假牛身上涂鸦的艺术家们提供了一个广阔的创作舞台。每年夏天，在卢森堡市街头和广场，随处可见奶牛雕塑。这些雕塑有些被涂上了斑马条纹，有些被画上了阿尔卑斯山风光……人们在喝了几杯啤酒之后，评论某个奶牛雕塑的艺术价值，但这个节日里没有获胜者，只是人类对奶牛的一次集体行为艺术。[①]

2. 国庆日

6月23日是卢森堡国庆日，其特色是组织游行、燃放烟火和举行阅兵。

6月22日开始的国庆节游行很有特色。有俱乐部组成的游行队伍，像汽车俱乐部、体育竞技俱乐部、管乐队俱乐部等。有村镇组成的方队，如有的村是由一群狗组成的方队；有的村是穿上民族服装、一路载歌载舞方队；产啤酒的村镇开着一辆装啤酒桶的车，沿途还赠送啤酒；有的村是打扮成乡间绅士方队；有的组成童子军；还有非洲后裔组成的队伍，以及像葡萄牙人组成的游行队伍。游行大约20点开始，这些游行队伍从大公府前面的广场出发，围绕市中心游行一圈，再回到出发地，接受大公及政府官员的检阅。沿途表演杂耍、民间舞蹈和演奏，23点多游行结束。

半夜零点准时开始放焰火，15分钟后结束。第二天上午9点在阿塞洛钢铁公司总部前的广场上举行阅兵仪式。国庆节时放的焰火很美，美在不是单纯地放焰火，而是在放焰火的整个过程中有音乐伴奏，并且随着烟花的多少、图案变化，音乐节奏起伏跌宕、快慢有序、高潮迭起，让你欣赏礼花的同时，感受美妙的音乐。焰火结束时，观看焰火的人会齐声鼓掌欢呼。

6月23日早上首都举行阅兵式。大公发表完演说以后，在解放大街举行部队、军车、坦克等军力演示。一些观看阅兵仪式的人观看完焰火以后不会马上离开，还要在市中心广场接着喝啤酒，观看爵士乐队表演，继续狂欢。

3. 圣神降临节

每年的6月5日是卢森堡的圣神降临节。在降临节到来之际，人们都会做好充分的准备，让自己的心灵清洁，以此来等待新的耶稣生命的诞生，所以这个节日对于卢森堡人来说是一个很特殊而且很重要的日子。说到降临节，人们还会想到降临节花冠。它其实就跟我们平常见到的花冠一样，材料为冷杉枝，当地人会把它平着摆在桌子上，还有人把它挂起来烘托气氛。这种花冠不只有枝条，它上面还有蜡烛，人们会在降临节期间依次点燃蜡烛。

三、习俗

1. 丧葬习俗

卢森堡人的服饰、婚俗和商业礼仪与荷兰、法国、比利时等西欧国家类似，只是丧葬习俗比较特别，多使用金属棺材土葬。家中不停柩，不设灵堂，只放一本来宾登记的签名簿。按天主教的说法，死者已魂归上帝，所以死者家属不号啕大哭，也不开追悼会。死者只能埋在公墓中。

[①] 李珊. 千奇百怪的节日 [N]. 华商报, 2006-05-11.

2. 习俗禁忌

卢森堡人不喜欢菊花,把菊花当作死亡的象征,所以,赠送的礼品里千万不要出现菊花。不管出于什么样的目的,在卢森堡人的酒桌上都不能谈生意。卢森堡人不喜欢与陌生人随意搭讪或攀谈。如上门拜访,一定要征得受访者的同意,并按约定时间准时到达,提前赴约是不礼貌的行为。卢森堡人在公共场合用餐时,喜欢安静的氛围,忌大声喧哗。在卢森堡购物不能讲价,当地人认为讲价是一种非常鲁莽的行为。

第十一章
澳大利亚

澳大利亚联邦（Commonwealth of Australia）简称澳大利亚，位于大洋洲，其国际域名为.au，国际区号是+61。澳大利亚人口约 2 486 万（2018 年），国土面积为 769.2 万平方千米，是一个地广人稀的国家。澳大利亚实行议会制君主立宪制，首都堪培拉。

澳大利亚在 18 世纪被欧洲人发现后，最初是英国罪犯的流放地。1788 年 1 月 26 日，在澳大利亚杰克逊港建立起第一个英国殖民区。1901 年 1 月 1 日，澳大利亚六个殖民区统一成为联邦，成立澳大利亚联邦；1931 年成为英联邦内的独立国家。20 世纪 50 年代到 70 年代是澳大利亚社会经济获得大发展的时期，经过战后几十年的发展，澳大利亚迅速跻身资本主义发达国家的行列。

一说起澳大利亚，人们很容易想到它独特的地理位置和古老生物。这个以农牧业、矿业为传统产业的国家，历经资源繁荣期，国家因此而强大。作为南半球经济最发达的国家、全球第十二大经济体和全球第四大农产品出口国，澳大利亚也是多种矿产出口量全球第一的国家和世界上放养绵羊数量、出口羊毛最多的国家，因此被称作"坐在矿车上的国家"和"骑在羊背的国家"。作为一个后起的工业化国家，自 20 世纪 80 年代以来，澳大利亚的制造业和服务业迅速发展，尤其是服务业总产值约占澳国民经济的 75%。服务业、制造业、采矿业和农业构成了澳四大主导产业。澳大利亚政治与社会稳定，金融体系规范，是联系西方与亚太市场的重要桥梁。2013 年，澳大利亚被《IMD 世界竞争力年鉴》评为世界第 16 大最具竞争力的国家，在传统基金会和《华尔街日报》的评比中，澳洲在全球经济自由度指数排名中位列 183 个国家的第 3 位，被经合组织评为最具活力的经济体。

澳大利亚地广人稀，人口高度都市化，近一半国民居住在悉尼和墨尔本两大城市，全国多个城市曾被评为世界上最适宜居住的地方之一。澳大利亚也是一个体育强国，常年举办全球多项体育盛事。近年来，澳大利亚积极参与国际事务，是亚太经合组织的创始成员，也是联合国、20 国集团、英联邦、太平洋安全保障条约、经济合作与发展组织及太平洋岛国论坛的成员。

作为一个移民国家，澳大利亚素有"民族的拼盘"之称，在发展过程中不断吸收、融合世界各国的文化，同时保持着自己的特色和独立性。独特的自然地理环境造就了澳大利亚人的豪爽性格，他们不拘礼仪、富有求实和创新精神。澳大利亚人是务实的民族，他们在联邦国家形成和发展过程中，曾经一次又一次着眼于国家和民族利益及时成功地扭转前进方向。今天，在新的全球产业格局中，面对传统产业结构的掣肘，务实的澳大利亚人又会作何应对？在城市产业艰难转型的过程中，澳大利亚又是否能一如既往保持前进？

第一节 综 述

一、地理概貌

澳大利亚位于南太平洋和印度洋之间，由澳大利亚大陆和塔斯马尼亚岛等岛屿及海外领土组成，国土面积为 769.2 万平方千米，居世界第 6 位。澳大利亚地理位置比较特殊，它东部隔塔斯曼海与新西兰相望，东北隔珊瑚海与巴布亚新几内亚和所罗门群岛相望，北部隔着阿拉弗拉海和帝汶海与印度尼西亚和东帝汶相望，是全球唯一一个国土独占一整块大陆的国家。

澳大利亚的地形也很有特色，东部山地，中部平原，西部高原，自东向西主要地形区有：大分水岭、大自流盆地、纳拉伯平原、西部高原等。地势东西两边高，中间低。

澳大利亚的最长、最大的河流是墨累河，该河流域水网密布、支流众多，主要支流有达令河、马兰比吉河、拉克伦河等。河流系统流经墨累-达令盆地，向南注入印度洋。澳大利亚最大的湖泊艾尔湖为时令湖，最高的山是位于澳洲大陆东南部的科修斯科山（海拔 2 228 米）。此外，大陆东北部沿海有世界最大最长的珊瑚礁群大堡礁。

二、气候

澳大利亚气候类型复杂多样，地域差别较大。大陆中西部气候以热带沙漠气候和热带草原气候为主，气温高，气候较为干旱；而在东部和南部沿海地带则分布着热带雨林气候、亚热带季风性湿润气候、温带海洋性气候和地中海气候，雨量充沛，气候湿润。澳大利亚是全球最干燥的大陆，约 70% 的国土属于干旱或半干旱地带，中部大部分地区沙漠广布，不适合人类居住。

三、人口和居民

澳大利亚是一个地广人稀的国家，人口约 2 486 万，除了为数不多的土著人，居民大多数是来自世界各地的移民及其后裔，主要有来自欧洲的英国、德国、希腊、意大利人，还有一些来自日本、中国、越南等亚洲国家和地区的移民。[①]民族的多元化是澳大利亚社会的一个显著特征。

四、民族性格

澳大利亚民族成分比较复杂，来自不同地区的移民在开发南方大陆的过程中相互交流、相互融合，经历了联邦运动以及两次世界大战的洗礼，最终成为独一无二的澳大利亚人。

澳大利亚人性格豪爽、忠厚诚挚、不拘礼仪、无视权贵与陈规陋习、富有求实精神和创造性。他们待人接物热情诚恳、喜欢交际，谈吐自然不装腔作势，语言显得粗糙甚至俗气。他们厌弃西方社会浅薄的热情，崇尚真挚诚恳。澳大利亚人有着很强组织纪律性，时间观念强，履行手续一丝不苟；重视公德，崇尚谦让平等。长期以来，澳大利亚人在接受环境的挑战中得到满足，抛弃了空想、伪装和矫饰，重行动而不尚空谈，重物质成果而不重文化要求，重韧性价值而不重美学成就，有着和英美人不同的价值观。他们不断地吸收世界各国的文化，而又保持着自己的特色和独立性。大多数澳大利亚人反感别人把他们与美国人、英国人相提并论。

五、语言

澳大利亚的官方语言为英语，这同白人移民密切相关。澳大利亚英语秉承不列颠英语的特点，在发展过程中除了受到美国英语的影响外，还借用了原有的土著语言发明了一些新词

---

① 2013 年 2 月 13 日，澳大利亚正式承认澳大利亚土著人和托雷斯海峡岛民是澳大利亚的第一代居民。

汇。澳洲英语词汇的突出特点是土语多、俚俗语多、同义词多、特殊词尾多且构词方法灵活多变。

六、宗教信仰

澳大利亚居民中约有 63.9%信奉基督教，5.9%信奉佛教、伊斯兰教、印度教和犹太教等。无宗教信仰或宗教信仰不明人口占 30.2%。

七、移民和外国人法

澳大利亚是一个以白人移民为主的移民国家，白人移民及其后裔约占全部人口的 95%。[①] 最初到来的英国移民多是以罪犯的身份被流放于此，后来为了加快殖民地开发和缓解英国国内人口压力，殖民地政府积极鼓励移民，自由移民的数量逐渐超过了流放罪犯。澳大利亚建立联邦后从英国大量移民，但是通过入籍法限制有色人种入籍。1906—1929 年，英国移民约 51 万，占这一时期移民总数的 90%。1919—1941 年约有 5 万南欧人以及 5 万来自德国和东欧的移民。

第二次世界大战以后，澳大利亚的移民政策有所变化，政府废除了"白澳政策"，开始扩大吸收移民的范围并开始考虑接纳安置部分国际难民。1947—1978 年，在澳洲定居的移民为 278.1 万。此外，还有 40 万难民到此安家落户。20 世纪 70 年代之前，新移民几乎都来自欧洲。1973 年，强调多元文化并容的工党政府公开声明其移民政策是"全球一致，无人种、肤色或国籍之歧视"，并颁布了新移民法。二战后的 50 年间，共有 525 万人从世界近 200 个国家和地区移居澳大利亚。

八、国家象征

1. 国歌

澳大利亚国歌名为《前进的澳大利亚》。从 1788—1974 年，澳大利亚一直将《上帝保佑女王》作为国歌。1977 年，澳大利亚举行全民公决，《前进，美丽的澳大利亚》获最得高票数。后因原歌五段歌词太长，且有些段落歌词的英国情节过重，官方没有采用第二、四、五段，对保留的第一、三段稍作修改。经过节选修改后的《前进的澳大利亚》于 1984 年 4 月 19 日正式被宣布为国歌。

《前进的澳大利亚》
作曲：彼得·麦考密克
作词：不详

> 欢笑吧，澳大利亚人，
> 我们自由年轻；
> 沃土多产，供人拓垦，

[①] 董启宏. 大洋洲宗教与文化[M]. 北京：中央民族大学出版社，1999.

大洋围绕全境；
遍地富含稀世资源，处处丰饶美景；
在历史篇章里，让每个时代，
使美丽的澳大利亚，前进。
让我们齐声欢唱道，
"前进，美丽的澳大利亚。"
耀眼的南十字星下，我们并肩打拼，
为了使我们的联邦，举世皆闻其名；
这里有无穷的原野，给远来的移民；
让我们勇敢地联手，
使美丽的澳大利亚，前进。
让我们齐声欢唱道，
"前进，美丽的澳大利亚。"

2. 国旗

澳大利亚国旗呈长方形，长与宽之比为 2∶1。旗底的深蓝色象征澳大利亚孤悬于海洋之上，左上方为红白"米"字的英国国旗图案，表明澳大利亚与英国的传统关系。"米"字下面一颗较大的白色七角星（联邦之星）象征组成澳大利亚联邦的六个州和联邦领地（北领地和首都领地）。旗面右侧为由四颗白色七角和一颗白色五角星组成的南十字星座，表明澳大利亚处于南半球。

3. 国徽

澳大利亚国徽左边是一袋鼠，右边是一只鸸鹋，这两种动物均为澳大利亚特有，它们一般只会向前走，不轻易后退，象征着国家永远迈步向前。国徽中间是一个盾，盾面上的六组图案象征着澳大利亚的六个州。红色的圣乔治十字形（十字上有一只狮子、四颗星）象征新南威尔士州；王冠下的南十字形星座代表维多利亚州；蓝色的马耳他十字形代表昆士兰州；伯劳鸟代表南澳大利亚州；黑天鹅象征西澳大利亚州；红色狮子象征塔斯马尼亚州。盾形上方为一枚七角星象征澳大利亚联邦的六个州和一个联邦区。国徽周围饰以澳大利亚国花金合欢，底部的绶带是用英文书写的"澳大利亚"。

4. 国庆

每年 1 月 26 日是澳大利亚的国庆日。这是因为 1788 年 1 月 26 日，英国人在澳大利亚建立起第一个英国殖民地。1788 年 1 月 18 日，由英国人率领的一支 6 艘船的船队共 1 530 人（当中有 736 名囚犯）抵达澳大利亚的植物园湾。8 天后，即 1788 年 1 月 26 日，他们正式在澳大利亚杰克逊港建立起第一个英国殖民区，这一天后来成为值得永久纪念的"澳大利亚日"。

5. 国花——金合欢

澳大利亚的国花是金合欢。金合欢是合欢花卉的一个系列，金合欢花来自金合欢树，树高 2～8 米，每年冬天和春天开花，花香浓。金合欢多年来是澳大利亚民间公认的国花，1988 年 8 月，金合欢树被宣布为澳大利亚官方植物标志，金合欢花被正式宣布为国花。

第二节 历 史

一、土著人的早期历史（至公元 16 世纪）

据考古发现，至少在 5 万年前，澳大利亚已有人类居住。关于这些人类的来历，学界持多种看法，较为通行的观点是远古时代从亚洲迁徙而来。由于长期与世隔绝的特殊地理条件，直到 18 世纪后期第一批英国殖民者到来时，澳大利亚的土著居民仍然处在石器时代，生产力低下。人们从事采集和狩猎，尚无农业，也无社会分工；器皿以木、竹制成，尚无陶器。

澳大利亚早期土著社会的居民通常以群体和家族集团的形式居住在一起，以氏族公社为基本单位。社会财产为公社所有，尚未出现贫富分化，也没有出现类似国家机器的机构。澳大利亚的土著居民创造了灿烂的远古文明，在澳大利亚多处发现的岩石画见证了澳大利亚土著高度发展的原始文化。大量的地下考古发掘证实，公元前 2850 年已有线状雕刻，公元前 2820 年已使用尖矛，公元前 1800 年已使用薄刃刀，公元前 1470 年出现了专门的骨器加工业，等等。[①] 但是，澳大利亚土著居民的文明发展史在 18 世纪因欧洲人的到来被打断了。

二、欧洲人的早期探险和澳洲的发现（16 世纪—1770 年）

古代流传下来的关于南半球存在"未知的南方大陆"的传说一直吸引着欧洲人。15 世纪后半期到 16 世纪的地理大发现，进一步点燃了欧洲航海家寻找南太平洋"黄金岛屿"和"未知的南方大陆"的热情。

自 1519 年起，葡萄牙人曾多次从马六甲、雅加达和马鲁谷群岛派遣探险队。16 世纪后半期，西班牙航海家从秘鲁出发寻找南方陆地。之后，荷兰人威廉·扬茨（Willem Jansz）于 1606 年在澳大利亚约克角半岛西部海岸登陆，成为第一个踏上"未知南方大陆"的欧洲人。[②] 1616 年，另一位荷兰船长德克·哈托格（Dirk Hartog）到达澳大利亚西海岸。17 世纪 40 年代，荷兰航海家艾贝尔·塔斯曼（Abel Tasman）在南太平洋进行了两次意义重大的航行，发现了现在的塔斯马尼亚岛、新西兰南北二岛，并将澳大利亚的西部北部海岸详尽地绘入航海图。17 世纪 50 年代，荷兰航海家多次抵达澳大利亚西海岸并将之称为"新荷兰"。但由于西海岸非常荒凉贫瘠，而且荷兰人也没有在此寻到黄金，因此荷兰人放弃了对澳洲大陆的进一步勘探，也没有向此处移民。

17 世纪末，英国人在前人的探索成果上将船只驶向南太平洋。1688 年和 1699 年，英国人威廉·丹皮尔两次在澳大利亚西北海岸登陆。丹皮尔回国后写成《新荷兰航行记》，书中对西部干燥贫瘠的环境和凶恶的土著的描述很大程度上影响了欧洲人对南方大陆的兴趣。

1770 年，英国人詹姆斯·库克（James Cook）发现了气候宜人、植被茂盛澳大利亚东海岸，将南纬 38°以北的澳大利亚东海岸宣布为英国领土并命名为"新南威尔士"（New South

---

① 约翰·根室. 澳新内幕［M］. 符良琼，译. 上海：上海译文出版社，1979.
② 威廉·扬茨当时并不知道自己已经踏上澳大利亚大陆，误以为仍沿着新几内亚海岸航行，后沿原路返回。

Walse)。至此,澳大利亚被真正发现,澳大利亚开始与世界联系在一起。

三、从罪犯殖民地到公民殖民地(1700—1900 年)

1. 早期殖民地的建立

1786 年,英国政府宣布将东澳大利亚的植物湾作为流放刑事犯和政治犯的地区,任命阿瑟·菲利普(Arthur Phillip)为新殖民地第一任总督。1788 年 1 月,菲利普率领船队到达植物湾。1 月 26 日,船队在悉尼湾登陆并建立了第一块殖民地。流放犯是澳大利亚早期开发的主力,1788 年 1 月至 1868 年 2 月,英国约有 15.5 万名罪犯被流放到澳大利亚。流放犯在殖民地军队的看管下强制劳动,主要从事开荒种地、建造住所、修筑道路等活动。

殖民地早期开发的艰苦条件很快令总督认识到,仅靠流放犯的劳动无法在此立足并长期生存。因此,殖民地开始制定新措施吸引自由移民。在麦夸里任总督时期(1809—1821 年),由于其在任用人才、改善释放犯政策、开发内陆、修建公共工程方面成就卓越,殖民地经济出现了繁荣局面。[1]

2. 殖民地性质的改变

19 世纪 20 年代末,澳大利亚移民人口已经大大增加。同时,英国国内社会矛盾的激化让一些小农场主、退役军官、破落绅士以及落魄冒险家们希望去新殖民地发财。英国政府逐渐改变了对澳大利亚的殖民政策,这让澳大利亚的殖民地性质也发生了改变。

由于殖民地经济和生产发展对劳动力的需求,英国政府逐步废除了罪犯流放制度,并从 19 世纪 30 年代起实行移澳津贴,帮助自由劳工移民澳大利亚。同时,用土地出售制代替土地赐予制,鼓励英国资本家在澳大利亚的投资。这些措施使澳大利亚逐步确立了资本主义生产关系,为殖民地经济的迅速发展提供了条件。这一时期,澳大利亚自由移民中逐步出现了社会阶级分野,地主阶级和富裕移民上层开始要求分享政治权力并为之付诸行动。到 19 世纪 50 年代,澳大利亚已由罪犯流放地逐渐变成了英国公民的移民地。除了先前建立的新南威尔士和范迪门两个殖民区外,英国殖民当局为了统治的需要,又建立了西澳大利亚殖民区(1829 年)和南澳大利亚殖民区(1836 年)。到 19 世纪 50 年代,又相继建立了维多利亚和昆士兰两个殖民区,整个澳大利亚都沦为英国的殖民地。

3. 淘金热与移民潮

1851 年 5 月 15 日,殖民区政府秘书汤姆森在《悉尼先驱晨报》上公布了发现金矿的消息。消息很快传遍澳大利亚,也传到了欧洲和世界各地,从而引发了澳大利亚史上的第一次淘金热。海外移民大量涌入,50 年中澳洲人口增长了近 9 倍。[2] 从国籍来看,外来移民主要是英国人,分别来自英格兰、苏格兰或爱尔兰,其次是美国人和德国人。淘金热不仅缓解了新大陆劳动力紧张的状况,而且创造了巨大的物质财富,刺激了澳大利亚经济的进一步发展。19 世纪下半叶,澳大利亚畜牧业、采矿业、交通运输业获得飞速发展。

---

[1] 麦夸里于 1817 年接受了航海家弗林德斯提出的建议,将整块大陆叫作澳大利亚,之后一直沿用至今。
[2] 1851 年,澳大利亚人口为 43.8 万,10 年后增加到 116 万,1900 年年底已增加到 376 万。

4. 联邦运动与澳大利亚联邦的建立

到 1859 年,澳大利亚已建立了 6 个殖民区。殖民区享有自治权,各自为政,互不干涉。19 世纪末,西方列强在世界范围内争夺殖民地,德、法都有意向南太平洋扩张。同时,澳大利亚各殖民区经济在这一时期得到飞速发展,而澳大利亚尚无统一的市场,区际关税、运费差别和交通障碍等问题造成的困扰日益突出。外部世界的纷扰以及自身发展的需要,促使澳大利亚各殖民区逐步走向联合。

1883 年 11 月,6 个殖民区的总督在悉尼召开了殖民区区际会议。昆士兰总督在会上提议成立一个澳大利亚联合理事会以处理各殖民区所共同关心的问题。1890 年 2 月,在墨尔本召开了由 6 个殖民区和新西兰代表共同参加的联邦会议,代表们同意召开联邦宪法起草会议。1895 年 1 月,各殖民区总督再次召开会议,决定成立国民代表会议负责制定联邦宪法草案。在 1897—1898 年多次召开的国民代表会议上,代表们最终达成妥协,通过了宪法草案,决定以美国和加拿大为样板,将 6 个殖民区联合起来,组成澳大利亚联邦。1898—1900 年,宪法草案先后由各殖民区公民投票通过。1900 年 5 月,由英国殖民大臣约瑟夫·张伯伦在英国下院提出并获通过;同年 7 月,由维多利亚女王签署批准。1901 年 1 月 1 日,澳大利亚联邦正式宣告成立。联邦的 6 个殖民区改成州,这个新诞生的国家成为大英帝国的自治领之一。

四、第二次世界大战前的澳大利亚联邦(1901—1945 年)

1. "白澳政策"

"白澳政策"是英国殖民者限制有色人种移居澳大利亚的种族歧视政策。"通过禁止亚洲和太平洋岛屿居民移居澳大利亚,驱逐男人劳工出境以及歧视居住在澳大利亚的亚洲和太平洋岛屿居民等办法,维持欧洲人在澳大利亚社会的绝对优势"。[①]

1901 年,澳大利亚联邦成立后,在社会舆论的强烈支持下,"白澳政策"正式提出,而且得到系统化与法律化。1901 年 9 月,联邦议会通过了《限制移民入境法案》。该法案规定,来澳大利亚移民需参加语言测试,不及格者不得入境;居住未满 5 年也需参加,不及格者应驱逐出境。20 世纪初,联邦和各州还通过了许多带有歧视有色人种的立法,排斥外来有色人种。新的移民限制条例使华人移民的生活与澳大利亚社会隔离开来,也使得澳大利亚与亚洲国家的关系长期处于不正常的误解、歧视与隔阂状态。

2. 建都之争

联邦成立后,新南威尔士和维多利亚两州在选建首都问题上进行了一番激烈的争论。新南威尔士的首府悉尼于 1788 年建城,有着优良深水港和世界第一的单孔拱形大铁桥;维多利亚的首府墨尔本自发现金矿后也已形成大都市,拥有万吨轮船码头和议会大厦。两座城人口加起来占全国半数,都是国内数一数二的繁华大都市,也是全国工业、商业和文化中心及交通枢纽,都有建都的资本和条件。两州之间在联邦建立之前曾就建都问题展开激烈竞争,相持不下。最后,在各州多方斡旋之下,达成了在两大城市之外另建首都的协议,并获得了

[①] 曼宁·克拉克. 澳大利亚简史 [M]. 中山大学翻译组, 译. 广州: 广东人民出版社, 1973.

宪法通过。宪法规定，首都"将设在南威尔士州，距离悉尼不少于 100 英里（约合 320 华里）"。新首都建成之前，联邦政府设在墨尔本。

首都的定点于 1911 年被联邦议会通过，1913 年 3 月 13 日正式举行首都动工典礼，这座新城采用了土著人对其的传统称呼，被正式命名为堪培拉（Canberra）。1927 年 5 月 9 日，堪培拉最终建成，约克公爵（即后来的英王乔治六世）主持了揭幕仪式。

3. 参加第一次世界大战

澳大利亚联邦虽已成立，但其在政治、经济、军事和外交政策上一直依附于英国。第一次世界大战爆发后，政治家立刻表示澳大利亚将坚决站在祖国一边。联邦总理库克于 1914 年 8 月 3 日宣布将澳大利亚海军交由英国海军部指挥，并向英国提供一支 2 万人的远征军。澳大利亚政府还根据英国政府的指示采取了一些军事行动，参与了英军参谋部制定的冒险计划。出于对英国的追随，澳大利亚在战争中伤亡 21 万多人、战费支出 3.6 亿英镑。1918 年 11 月，德国战败投降。作为战胜国之一，澳大利亚在英、法、美等大国主宰的凡尔赛会议上分到了一份战利品——托管德属新几内亚，和英国、新西兰共管瑙鲁。

4. 第二次世界大战中的澳大利亚

1939 年 9 月 3 日，英法两国对德宣战后，联邦总理向全国宣布澳大利亚已处在战争状态。基于与英国的传统关系，澳大利亚采取完全依附英国的外交政策。战争初期的几个月，澳大利亚主要是对英国提供物质援助。1939 年 10 月至 11 月，澳大利亚政府组建了"澳大利亚帝国军队"第 6 师，1940 年 4 月，成立第 7 师，之后又征召了第 8 师、第 9 师。太平洋战争爆发前，除第 8 师驻守新加坡外，其余 3 个师部署在中东、地中海，成为中东战场上盟军的主要力量之一。而且，澳大利亚还将全部现役海军舰艇划归英国海军部指挥，在空军力量上竭力援助英国。

1941 年 12 月，太平洋战争爆发，日本在太平洋的凌厉攻势令澳大利亚面临史上最严峻的考验。而此时的英国自身难保，无法给其自治领保护。在国家安全遭到严重威胁的关头，澳大利亚政府开始转变外交政策，不再把维护英国尊严作为天职，而是将保卫本土作为首要任务。1942 年 2 月 17 日，澳大利亚战时内阁拒绝了太平洋作战会议将澳 7 师开往缅甸的决定而将其调回本国，首次在重大问题上与英国发生公开分歧。与此同时，澳政府开始采取积极态度寻求美国的支持，在西南太平洋地区与美联合抗日，成为太平洋战场上一支重要的抗日力量。1945 年 8 月 15 日，日本无条件投降。作为太平洋战场主要抗日国家和同盟国的一员，澳大利亚也在对日停战协定上签了字。

五、第二次世界大战之后的澳大利亚（1949—1990 年）

1. 战后经移民政策的转变

战后澳大利亚取得了举世瞩目的经济成就，这在很大程度上归功于政府行之有效的移民政策。二战结束时，澳大利亚人口只有 730 多万。1946—1947 年，政府制定了鼓励欧洲移民入境的政策，开始有计划地进行大规模移民。1970 年之前，新移民几乎都来自欧洲，包括意大利人、希腊人、南斯拉夫人、德国人、荷兰人以及东欧人。从 20 世纪 60 年代起，亚洲人也开始少量移居澳大利亚。

1972年，工党政府开始执政，强调多元文化并容的新民族性。1973年，澳大利亚政府公开声明其移民政策是"全球一致，无人种、肤色或国籍之歧视"，并颁布了新移民法，"白澳政策"成为历史遗迹。二战后的50年间，共有525万人从世界近200个国家和地区移居澳大利亚。如今，澳大利亚吸收移民的能力依旧大于任何国家。据统计，每10个澳大利亚人中就有4人是移民或移民的第一代子女，其中一半来自非英语国家。1995年，来自非英语国家的移民约占移民总数的70%。大量移民的到来，令澳大利亚经济在战后50多年里取得了前所未有的发展。

2. 对外关系的重大变化

二战之后，澳大利亚的内外政策发生了深刻改变。政府不再单纯依靠英国庇护，而开始执行更为独立的外交政策。虽然澳大利亚依旧是英联邦成员国，但同英国关系已明显较战前松弛，而与美国的关系则日益密切。战后的自由党政府追随美国采取抑制国内外共产主义的政策，于1951年和新西兰同美国签订《澳新美安全条约》，1955年派兵镇压马来亚共产党领导的武装起义，澳大利亚还支持并出兵参加美国在朝鲜和越南的战争。1949—1966年，尽管澳大利亚政府一直没有放弃与英国关系的传统信念，但美国对澳大利亚的影响在不断增强。70年代，工党政府上台以后奉行多元化战略，澳大利亚对外经济关系开始由注重发展同西方大国的经济关系转向周围的亚洲邻居，对外贸易的中心逐渐从欧洲转向亚太地区。

3. 社会经济的腾飞和福利国家的形成

20世纪50年代至70年代是澳大利亚社会经济大发展的时期，农牧业、工矿业、交通运输业、对外贸易都获得了迅速发展。1969年，澳大利亚的国民经济总值已居世界第10位。经过战后几十年的发展，澳大利亚迅速跻身资本主义发达国家的行列。

在经济腾飞的同时，澳大利亚的社会保障事业也在战后获得进一步发展。澳大利亚联邦政府成立后便一直推行和强化社会福利政策，二战之后，政府对社会福利体系进一步完善。澳大利亚社会福利名目繁多，每年支出数字极大。完善的社会福利待遇使澳大利亚至今依旧是对外国移民颇具吸引力的国家。

第三节 国家体制

一、联邦宪法

联邦宪法（也可称为澳大利亚联邦基本法）是澳大利亚国内的最高法律，于1900年在所有殖民区获得通过，经英国维多利亚女王签署后生效。1901年，根据联邦宪法成立了澳大利亚联邦政府。

联邦宪法遵循以下原则：联邦制原则、权力分立与制衡原则、法治原则和主权在民原则。宪法规定了联邦与州的权限划分以及联邦权力在联邦议会、责任内阁及联邦高等法院之间的分配。澳大利亚联邦宪法是一部刚性宪法。宪法修正案由参众两院以绝对多数通过后，还必须提交各州和自治领的众议院交公民投票的方式表决，只有在获得双重多数——选举人多数票以及联邦选举区多数票，即获得全体选民50%以上的支持及在全国6个州至少有4个州的选民的赞成票在50%以上，修正案才能获得批准。若修正提案只在一院以绝对多数通过

（或对其修正后通过而未获得原提案议院同意），3个月后两院若依旧僵持，总督有权将原提案及修正案交与公民投票表决。

二、联邦制与自治

澳大利亚是联邦制国家，全国划分为6个州（State）和两个地区（Territory）。澳大利亚联邦制主要是模仿美国的联邦制模式，这一模式的特点是：在宪法中将主要的有关国家整体利益的重大职权或者涉及国内州际关系的职权划归中央政府，即联邦政府所有，其余的职权划归州和地方政府所有。

澳大利亚宪法对联邦政府和各州政府之间的权力划分有明确的规定，联邦政府的职责和权力大体包括作为一个联邦制国家所固有的划归联邦政府的权力（国防军事权、外交事务权和在国际事务中保证澳大利亚以一个统一整体发挥作用的权力）、综合经济权力（国内各州间贸易关系、全国性税收、统计和人口普查、发行货币和铸币、对外经济贸易与经济合作等）和与社会福利和社会秩序有关的各种权力。除了宪法中授予联邦政府的和宪法中规定联邦政府从各州政府手中上收的权力以外，其余的一切权力归州政府和地方政府所有。宪法第109条规定，当各州的法律和联邦法律发生矛盾和冲突时，以联邦法律为有效，而有关的州法律将失去效力。

二、国家机构

澳大利亚最高立法机关是联邦议会，它由英国女王、联邦参议院和众议院组成。但由于女王不可能亲临联邦议会，所以由总督代表女王出席。各州不论大小，在参议院拥有平等的代表权，联邦参议员和众议员由各州公民直接选举产生。参议院有76名议员，6个州每州12名，北领地区和首都直辖区2名。各州参议员任期6年，每3年改选一半，各地区参议员任期3年。众议院有150名议员，按人口比例选举产生，任期3年。

澳大利亚以英国国王或女王作为象征性的国家元首，依照联邦宪法规定，由澳大利亚总督代表英王行使在联邦内的职权。总督由联邦总理推荐，由女王任命。现任国家元首为英国女王伊丽莎白二世，现任总督是彼得·科斯格罗夫。总督在行使权力前需征得联邦各部部长尤其是联邦总理的同意，这使其权力形同虚设。

根据联邦宪法，联邦行政权名义上属于联邦行政议会。但行政议会作为一个纯粹的宪法实体权力极为有限。澳大利亚实行责任内阁制，联邦政府由众议院多数党或政党联盟组成，该党领袖担任政府首脑，即内阁总理，各部部长由总理任命。政府一般任期3年。联邦宪法没有规定联邦行政部门的产生方式，也没有规定总理权限。总理的权力是在历史的发展过程中逐步形成和积累起来的，并得到议会的默认和内阁成员的充分尊重。

虽然联邦宪法中没有关于内阁的法律条文，但内阁实际上是最高的行政与决策机关，同时还拥有立法倡议权。当议会与内阁意见政见相左时，内阁可以随时解散议会，重新举行大选。当然，内阁也受到来自议会、司法部门等多种力量的牵制。内阁实行集体负责制，成员集体共进退，对政府政策和行动负有连带责任。

澳大利亚高等法院是澳大利亚的最高司法机构，由1名首席大法官和6名大法官组成。高等法院的主要职责有三项：一是违宪审查，这也是其基本职能；二是处理上诉案件；三是对举凡涉及联邦或有关联邦议会越权争议的部分案件行使初审权。此外，各州设最高法院、区法院和地方法院，首都地区和北领地只设最高法院和地方法院。

四、选举、政党和群众组织

1. 选举

澳大利亚是世界上最早实现普选权的国家之一，法律规定本国 18 岁以上的成年公民全都享有选举权。除了遵循广泛、平等的一般原则外，澳大利亚实行多数代表制和比例代表制相结合的选举制度。

澳大利亚联邦参议员和众议员均由各州公民直接选举产生，但采取不同的选举方法。澳大利亚众议院有 150 个议席，由全国 150 个选区各选出一员议员组成，每 3 年选举一次。众议院议员选举采取所谓的"偏好选择投票制"。选民在投票时把选区内所有参加选举的候选人按顺序编号，计票时，将首次选举喜好中得票最低的候选人，按照选民的次级喜好计入其他候选人的名下。这种投票方式使小党派很难挤入众议院，从而避免了众议院中党派林立的现象。澳大利亚参议院共有 76 席，采取比例代表制，每州 12 个名额按照各参选政党的得票率，在所有参选政党中分配。这种选举方法保证了小党在参议院的发言权。各州参议员任期 6 年，每 3 年改选一半，各地区参议员任期 3 年。

2. 政党

澳大利亚有大小政党几十个，除了工党和自由党两个影响最大的政党以外，还有国家党、民主党、共产党、绿党等许多党派。但它们在议会选举中得票率低，因此无法左右全国政策。

澳大利亚是比较典型的两党制国家。工党和自由党为了确保大党地位，善于吸收和采纳一些小党的纲领和改革计划；同时，澳大利亚的选举制度也限制和阻挠了第三党的产生与发展，有利于维持两党制的稳定结构。尽管如此，第三党在联邦政治生活中仍有一定影响力。第三党的存在对两党都会产生压力，迫使两党接纳其合理主张，推动改革。而且第三党也直接影响着议会选举的结果，尤其是在两党势力旗鼓相当的时候，第三党在平衡党派力量上起着决定作用。它决定与哪个党派合作，哪个党派便能取得议会多数，从而上台执政。

3. 群众组织

澳大利亚工会理事会成立于 1927 年，此后不断发展壮大，一些影响较大的独立工会也纷纷加入。澳大利亚工会理事会成为澳大利亚唯一的总工会。澳大利亚工会理事会与工党的关系极为密切。工会和工党被称为劳工运动不可分割的两翼，二者有着共同的政治目标，即通过实现工业、生产和分配、交换的民主社会化，建设一个没有贫穷和剥削，充分就业、公平分配、机会均等的民主社会主义社会。

澳大利亚的社会组织（非营利组织）种类齐全，数量众多，涉及社会服务、文化娱乐、教育研究、卫生健康、环境、收容、慈善、宗教等诸多领域，成为澳大利亚社会服务体系的重要组成部分，在提供社会服务方面一直发挥着重要作用。在众多的社会组织中，成立于 1914 年的澳大利亚红十字会享有盛誉。目前，澳大利亚红十字会在澳大利亚境内有会员数万名，其工作重点包括灾害救助、血液服务、国际发展和社区弱势人群的健康护理服务。

第四节 外交政策

一、外交环境的变化

由于历史原因,澳大利亚在相当长的一段时间内同英国存在非比寻常的密切关系。澳大利亚人的国家和主权意识比较淡薄,对"母国"存有浓厚的忠诚意识。澳大利亚人民"在国际事务上已经习惯于和英国保持一致,并毫不犹豫地认为澳大利亚本身的安全是与英国的安全分不开的"。[①]英国议会于 1931 年 12 月通过了《威斯敏斯特法》,在法律上承认了澳大利亚内政和外交的自主权。但实际上,澳大利亚的外交和国防大权仍然操纵于英国之手。

第二次世界大战的爆发后,澳大利亚追随英国被迫卷入战争。面对不断恶化的战争形势,失去英国海上保护的澳大利亚为保卫本国安全,与英国发生公开分歧,开始从依附外交向独立外交转变。二战结束后,澳大利亚外交明显受到冷战格局的制约,转而追随美国。至 20 世纪 80 年代末,随着冷战的结束,国际形势日趋缓和。尤其是 90 年代之后,面临全球政治、军事上的对抗逐步让位于经济、技术上的合作、发展与竞争,经济全球化、贸易投资自由化和区域集团化的趋势渐成为潮流,澳大利亚应时而动,不断探索和调整对外政策。

二、外交政策的转变

由于存在种族血缘关系的同根性和浓厚的忠诚意识,以及澳英之间在经济、安全和战略上的一致性,澳大利亚长期只有独立主权之名而无独立外交之实。从 1901 年澳大利亚联邦建立至 20 世纪 30 年代,澳大利亚名义上是一个主权国家,但在实际上无独立的外交政策可言,澳大利亚政府的外交政策在一切主要方面都和英国政府的外交政策没有区别。当时的澳大利亚虽设有外务部,但形同虚设。澳大利亚还于 1910 年建立了驻伦敦高级官员公署,以加强同英国的联系。对英国政治和外交的依附导致澳大利亚长期没有设立驻外使节和使团,与英国的外交和国防联系仅通过其驻伦敦的高级专员进行。

20 世纪 30 年代,澳大利亚对外关系开始发生重大转折,开始向外交和国防独立自主转变。第二次世界大战爆发以后,澳大利亚更加重视与亚太大国建立外交关系,将外交重心从大西洋转向太平洋并与美国结盟。二战结束后,澳大利亚开始执行更为独立的外交政策,积极参与国际和联合国事务,同时更加重视与美国的关系。

20 世纪 70 年代后,随着国际大环境的改变,惠特拉姆领导的工党政府再次调整对外政策,调整冷战思维主导的地缘政治观,改善对华关系,结束了将东南亚作为澳大利亚前沿防御阵地的历史,开始推行积极的以区域和平为中心的亚太合作战略。20 世纪 80 年代末至 90 年代初,在国际形势趋于缓和的背景下,澳大利亚将外交政策的重点明确转向亚洲,工党政府更是提出了"全面融入"亚洲的政策,以独立自主的姿态参与亚太经济新秩序的构建。如今,奉行独立自主外交政策的澳大利亚以捍卫国家主权和独立、推进自身经济和战略利益为外交宗旨,并重点加强同美国的联盟关系,发展与亚洲,尤其是东亚的关系。澳大利

[①] 戈登·格林伍德. 澳大利亚政治社会史 [M]. 北京编译社, 译. 北京: 商务印书馆, 1960.

亚率先提出了"政治解决柬埔寨问题的方案"和召开"亚太经合合作会议"（APEC）等建议，并积极支持"东盟地区论坛"（ARF）的建立与活动。

三、澳大利亚对外文化政策

澳大利亚政府十分重视发展本国的外向型文化产业，鼓励和支持文化产品出口。主要通过以下三种形式来支持文化产业出口。

一是制定鼓励政策和文化产品出口战略，为文化产品出口创造良好的环境和条件。政府在文化贸易领域的职责不是审批，而是通过制定政策来引导其发展。对代表国家最高艺术水平的团体和项目、具有澳大利亚文化特色的项目、具有比较优势的项目，政府给予政策倾斜。如为了鼓励澳大利亚现代音乐产品出口，澳大利亚艺术委员会制订了"音乐出口发展计划"，对符合条件的项目给予资助。除制定政策来引导文化产品的出口外，政府还制定战略规划并统筹各方面的力量，为文化产品出口创造良好的环境和条件。澳大利亚对外文化宣传也主要通过促进文化产品出口来进行，作为最重要和最有效的外宣手段，文化产品和服务出口在澳政府对外文化战略中得到了充分体现。

二是用政府资金扶植文化出口产业。为支持文化出口，澳大利亚艺术委员会在1996年成立了"观众与市场发展部"负责有关事务，并拨专款用于支持文化出口。1999年，澳大利亚联邦政府外交兼外贸部长和艺术部长共同宣布了政府促进艺术出口计划。为进一步促进澳大利亚文化产品和服务的出口，联邦政府拨款1 000万澳元，用于今后3年扶植文化出口产业。从2004年起，在此基础上，除一次性专项拨款外，每年增加30万澳元经费加强艺术出口计划。[①]除澳大利亚艺术委员会外，澳大利亚外交与外贸部也通过澳大利亚国际文化理事会主办的文化外宣项目资助澳文化产品出口。主要项目有：通过驻外使领馆举办的澳大利亚电影节等项目。此外，澳大利亚外贸促进会也有一些经费用于奖励从事文化产品和服务出口的企业。

三是政府有关机构为文化企业开拓国际市场提供服务。澳大利亚政府十分重视为文化企业拓展国际市场提供服务。作为管理部门的澳通信、信息技术和艺术部以及澳大利亚艺术委员会，为澳大利亚文化网站的建设进行了大量投入，这些网站现已成为推广澳大利亚文化产品的大舞台，也是文化企业进行国际促销的有效手段。澳大利亚外贸促进会直接为文化企业提供信息服务，它也将文化产品出口纳入其业务范围，为文化产品的出口提供咨询、市场调查、帮助选择合作伙伴等服务。在该会"支持出口市场拓展"项目下，艺术和娱乐产品出口还可以得到出口奖励。此外，澳大利亚驻外文化处也为澳文化企业走出去提供服务，协助它们做好项目。澳政府甚至直接把懂外语的职业艺术经纪人作为文化外交官，为文化企业走出去提供更好的服务。

总之，澳大利亚政府把文化产品出口提高到树立国家形象的高度，既重视它的经济效益，更重视它的社会效益。通过文化宣传、文化交流和文化产品和文化服务的出口，树立了一个现代化、多元化和充满活力的国家形象。

---

① 中宣部文化体制改革和发展办公室 文化部对外文化联络局. 国际文化发展报告［R］. 北京：商务印书馆，2005.

四、中澳关系

1. 源远流长的中澳关系

中澳关系可以追溯到 19 世纪 40—50 年代。最早是中国南方沿海居民远渡重洋去澳大利亚，中澳交流从此开始。19 世纪中叶，在"淘金热"的推动下，广东一带的华人漂洋过海抵达澳大利亚。据史料记载，第一批去澳大利亚的中国人均系广东人，约 100 余人，在 1848 年被招募到澳大利亚充当劳工，签订五年合同，合同规定年工资 6 英镑，期满可留可归。1851 年墨尔本附近发现金矿，极需劳工开采。当时中国南方正值太平天国革命，沿海一带民众纷纷出洋，其中一部分华人南去澳大利亚。当时，华人最多的是本地戈城。但华人的到来引起种族主义者的不满，1857 年勃克兰河地区爆发了第一次反对华人事件，华人伤亡很多。1861 年在新南威尔士再度发生排华事件，欧洲籍移民叫嚷"驱逐华工"，新南威尔士殖民地议会通过了限制中国人入境议案。华人与白人间出现裂痕，歧视华人、排斥华人，甚至残杀华人的事件屡屡发生。

1887 年 5 月，清朝官员王荣和、余瓗二人以查访华民商务侨情的名义抵达澳大利亚。这是中国官员首次到达澳大利亚，在中澳关系史上产生了重要影响。王、余二人在澳大利亚停留两个多月，遍访华人居住较集中的各埠。回国后向张之洞报告了考察情况，提出了"在雪梨（悉尼）大埠派设总领事"的建议。

19 世纪末，澳大利亚兴起联邦运动，限制华人的问题日益突出，华人要求设领护侨的呼声日高，加之革命党在海外从事反清活动，清政府终于下决心在澳大利亚设领事馆。1901 年澳大利亚建立联邦国家，取得了自治领地位，英国对其外交控制权日益削弱，这为清廷在澳大利亚设立领事馆提供了有利条件。

1907 年 5 月 26 日，英国外交部终于接受清政府的要求，同意在墨尔本设立中国总领事馆，在悉尼、弗里曼特尔和布里斯班设立副领事馆。中国第一任总领事梁兰勋于 1909 年 3 月抵墨尔本赴任，中澳两国自此建立了领事外交关系。

辛亥革命后，中澳关系有了一定的发展，通过在墨尔本设立的中国驻澳总领事馆发展官方关系。但两国交往的范围仍有限，华人移民问题在两国关系中占据主导地位，中澳贸易仍以民间往来的形式为主。1921 年和 1935 年澳大利亚先后在华派驻贸易代表和贸易专员，1941 年与国民党政府建立正式外交关系。

一战后，中国与远东的地位日益重要。澳大利亚政府决定在华派驻商务代表。1921 年里德尔出任驻华商务代表，在上海设代表处。1935 年澳大利亚政府任命维维安·鲍登担任驻华贸易专员，在上海设立了办事处。

中澳官方外交关系虽建立较晚，但民间贸易往来一直没有停止。自 19 世纪末至辛亥革命，有不少澳大利亚人到中国从事传教、行医、经商等活动。在澳大利亚来华人士中，医生莫里逊和新闻记者端纳是两位著名的人物。莫里逊曾在辛亥革命前担任袁世凯的顾问，但后来对袁世凯称帝不满，开始与孙中山接触。端纳在 20 年代曾任张学良的顾问，30 年代辞去记者职务，作为中国顾问随李顿调查团访问中国东北。作为国民党政府的顾问，他对中国的政治与财政状况发表过很多见解，并在促成西安事变的和平解决中起了一定作用。

1941 年，中澳两国根据国际形势的需要正式建立了外交关系。澳大利亚联邦拨款委会主席、首任驻华公使 F. 埃哥莱斯顿于 1941 年 9 月抵重庆就职，国民党政府外交部政务次长徐谟于同月被任命为中国驻澳公使。

1949 年 10 月，新中国成立。对英美的"双重依赖关系"使澳大利亚在对华政策上处于两难境地。

2. 澳大利亚与中华人民共和国建交

20 世纪 70 年代初，调整亚洲政策、改善对华关系的时机已经成熟，与中国建交随即成为澳大利亚政府亟待解决的外交任务。澳驻法大使雷努夫与中国驻法大使黄镇先后于 1971 年 5 月和 7 月举行了两次会议，但因意见分歧未能取得任何进展。工党领袖惠特拉姆认为，要打破澳大利亚对中国错误的恐惧心理，最好的办法是与中国直接对话。1971 年 7 月，惠特拉姆访问中国并同周恩来进行了友好会谈，但澳大利亚麦克马洪总理却对会谈结果表示不满，影响了中澳关系的进程。

1971 年 10 月 25 日，中国恢复了在联合国的合法地位；1972 年 3 月，英国撤走在中国台湾的官方代表并关闭领事馆；1972 年 9 月，日本首相田中角荣访华并宣布建交。这一系列事件促进了澳大利亚政府的立场的转变。此时，越来越多的澳大利亚民众也支持与中国建交。1972 年 12 月，工党政府赢得了大选的胜利，新上任的特拉姆改变对华政策，宣布承认中华人民共和国，并与其建立大使级外交关系。1972 年 12 月 21 日，中澳发表联合公报："澳大利亚政府承认中华人民共和国政府是中国的唯一合法政府，承认台湾是中华人民共和国一个省的立场。"中澳两国自此建立了外交关系，中澳关系实现了历史性突破。

3. 中澳间的科技文化交流

在中澳两国正式建立外交关系后，在科技文化教育方面的交流与合作持续升温。1980 年，中澳签署了《促进发展技术合作协定》，澳政府向中国提供资金援助，为双方技术合作项目提供先进技术和设备。中澳还先后于 1980 年和 1981 年签订了科技合作协定和文化合作协定。1985—1997 年，澳大利亚国际农业研究中心（ACIAR）在中国承办了 55 个项目，至 1997 年共有 25 个研究项目在中国进行，研究经费达 1 300 多万澳元，占当时该研究中心在全球项目总经费的 18% 左右。1973—1993 年，中澳互派留学生学习，交换教师从事教学与科研工作。1996 年，中国赴澳访问人数约为 5 万，澳大利亚访华人数约为 14 万，近 3 000 名中国学生在澳参加全日制教育培训。此外，两国间有许多文艺团体、艺术家、体育代表团进行互访，在社会科学、影视戏剧、图书管理、音乐、体育等方面进行了富有成效的合作。

澳大利亚作为一个文化多元的国家，建立了众多的孔子学院。目前澳大利亚共有 13 所孔子学院，35 个孔子课堂，澳大利亚著名大学如悉尼大学、墨尔本大学、阿德莱德大学、新南威尔士大学和昆士兰大学都设立了孔子学院。

第五节　经　　济

一、经济发展特征

澳大利亚是一个后起的发达资本主义国家。从 1788 年英国向澳大利亚移民到 19 世纪末，其经济活动主要是以农牧业和采矿业为中心进行的。1901 年澳大利亚联邦建立以来，交通运输业、通讯业和制造业逐步发展起来，但直至 20 世纪中期，农牧业和采矿业仍是澳大利亚国民经济的支柱。

第二次世界大战后的五六十年代，澳大利亚经济取得了迅速发展，特别是制造业和采矿业，澳大利亚一跃成为世界主要采矿国。经济发展促进了澳大利亚经济结构的变化，服务业开始兴起。至 20 世纪 90 年代初，服务业在国民生产总值中所占比例达 75% 以上。澳大利亚经济趋于外向型，贸易面向亚太地区，实现了多元化。据有关资料显示，1991 年和 1992 年度，澳大利亚的国内生产总值为 3 864.99 亿澳元，人均国内生产总值为 22 107 澳元。[①]澳大利亚已经成为一个经济发达的工业化国家。

近年来澳大利亚经济持续增长，2005 年经济增长率为 3.2%，1997—2008 年，国内生产总值平均增长率为 3.6%。但澳大利亚经济存在的突出问题是国民储蓄率偏低，澳大利亚在 20 世纪 80 年代初期受国际外部环境影响，曾经历经济衰退，1992 年的失业率曾高达 12%，经过政府和国民的不懈努力，在过去十多年里澳大利亚的经济持续好转，政府财政扭亏为盈。

二、20 世纪 70—90 年代的经济改革与结构调整

20 世纪 70—90 年代，澳大利亚进行了产业结构改革，其主要目标是促使工业生产由内向型向外向型转变，产业结构由多元化向专业化转变。

80 年代以来，澳大利亚政府力促本国市场与全球经济的结合，将本国的工业置于国外竞争的压力之下，对经济结构和产业结构进行了重大的调整与改革，加大了对制造业的投入，力求使制成品结构合理化，并调整了工业地区分布和企业组织，取得了明显成效。为促进对外贸易的发展，澳大利亚政府于 1988 年和 1991 年宣布降低关税，并提出了一项逐步降低关税的计划。低关税和其他鼓励竞争的新产业政策，促使澳大利亚制造业在国内和国际市场上变得更具竞争力。改革也使澳大利亚的服务业和制造业快速持续增长，减少了长期以来对初级产品出口的依赖。

80 年代中期，澳大利亚还加大了对公路、铁路、机场、港口和码头等基础设施建设的投入，改善了澳大利亚的商业环境，降低了向商业服务的成本，扩大了服务领域，提高了服务质量，从而在整体上提高了澳大利亚的劳动生产率和产品与服务的竞争力。

金融体制改革也是澳大利亚经济改革的重要内容。80 年代中期以后，澳大利亚放松了对金融体制的管制，使金融机构更加适应消费者和商业界的需求。1983 年，澳大利亚对澳元实行浮动汇率，取消了所有实质性汇率管制和对国外投资的限制，为经济和对外贸易的发展创造了良好的条件。

三、混合式资本主义市场经济

1. 理论基础和宗旨

澳大利亚经济体制既不属于市场经济，也不同于计划经济，而是一种由市场经济与政府

---

① 殷汝祥，衣维明. 澳大利亚市场经济体制［M］. 兰州：兰州大学出版社，1994.

计划相结合的混合经济。这种经济发展模式的特征是将政府调控与市场竞争相结合、将一般资本主义原则同澳大利亚具体情况相结合。这种模式在实行自由市场经济的前提下，加强了政府对经济的有效管理，把政策指导和严格执法作为政府管理经济的主要手段，同时确保市场机制在经济发展中的作用。

2. 澳大利亚的生态经济

澳大利亚经济的最大特点在于发展生态经济，达到了经济、社会、人类与自然发展的和谐与统一，成为全世界最适合人类居住的国家之一。

从澳大利亚地理条件而言，它是降雨量最少的大陆，大片土地是干旱或是半干旱情况，不适宜人们定居，然而它却被联合国评定为全世界第二个最适合人类居住的国家。澳大利亚不仅是一个国家，还是世界上的生态知名品牌。一提到澳大利亚，人人都会把它与蓝天白云，绵羊绿草的美丽画卷联系到一起。今天的澳大利亚生态环境十分优美，所见之处都是澳大利亚人为之骄傲的蓝天与碧海，城市与乡村一样葱绿，森林与草地相得益彰，土地与黄金一样珍贵，人与自然和谐相处的诱人景观。在澳大利亚，生态是商品的观念深入人心。澳大利亚有着十分清晰的可持续发展的理念和明确目标，生态在这里已转换成为一种产业资源。由这种得天独厚的生态产业资源生发出来的旅游服务产业的生产值，占澳大利亚 GDP 的 70%以上，而农牧业、矿产只占据 5%，制造业只占 15%。由此可见，发展生态经济，可为其他形式的经济发展提供发展环境和原动力。

3. 高工资、高福利、高赋税

在西方国家中，澳大利亚工人工资较高且工作时间少。澳大利亚的最低工资为每小时 5.54 美元，高于美国的 5.15 美元以及日本的 5.05 美元。而平均每周 38 小时的工作时间低于绝大多数发达国家。随着最低工资标准的实行和不断提高，非管理人员的工资收入标准也不断提高，管理与非管理人员之间的收入差距逐渐缩小。

澳大利亚是著名的高福利国家，国民的生、老、病、死全由政府包揽。孩子一出生，政府就给予津贴；国民的医药费用，连同住院时的一日三餐全由政府承担；澳大利亚实行全民就业政策，对失业者给予高额的失业金，还在住房、交通、娱乐等方面提供优惠。2002 年，联邦政府福利部门支出 550 亿澳元用于社会福利建设，支出总额约占澳大利亚联邦预算的 1/3。

高福利的前提必然是高税收。澳大利亚个税的起征点为 6 000 澳元每年。利息计入总收入，一并缴纳所得税，税率最低 20%，最高 47%。重税的同时也省去了很多缴费项目，基本上税费统一。比如，买车只交一个车牌钱 500 澳元，上个保险就行了，此外没有购置费、过路费等；注册一个公司 75 澳元，便没有其他费用了，也不需要注册资金，没有工商、税务，到期自己填报税表即可。在澳大利亚，不报税会有很严重的后果。

在高工资模式下，澳大利亚女性雇员的工资收入却大大低于男性，女性 1975 年和 1994 年的平均工资收入为男性的 66.3%和 66.1%，20 年间差距基本上没有改变。实行个人累进所得税虽缩小了社会成员之间的收入差距，但同时也削弱了居民个人的可支配收入水平，降低了购买力。因此，如今的澳大利亚政府将最高一档的个人所得税率由 47%降为 33%。为弥补因此而减少的财政收入，政府开征了 10%的商品消费税。

四、重要工业部门和工业中心

澳大利亚是南半球第一大工业国，工业十分发达。澳大利亚工业以采矿资源业、制造业和建筑业为主。2010 年度和 2011 年度，采矿资源业增加值为 974 亿澳元，占 GDP 总值 7.4%，制造业为 1 076 亿澳元，占 GDP 总值 8.2%，建筑业为 1 017 亿澳元，占 7.7%。主要工业部门有采矿、冶金、钢铁、机械（主要为采矿机械）、化工、纺织、造船、食品、制药等。

采矿业为澳大利亚最主要的工业部门。澳大利亚为世界最大的烟煤、铝矾土、铅、钻石、锌及精矿出口国；第二大氧化铝、铁矿石、铀矿出口国；第三大铝和黄金出口国。此外，澳大利亚煤、锂、锰矿石、镍、银的产量也相当大。因此被称为"坐在矿车上的国家"。澳大利亚的钢铁、机械、化工等重要工业部门是依托种类繁多、储量丰富的矿产资源建立起来的。

制造业在二战之后发展迅速，澳大利亚逐渐建立了从服装到食品，从一般金属制品到精密仪器，从家用电器到复杂的电子设备，直到石油提炼以及塑料制品等门类齐全的制造业体系。制造业中的加工工业，主要包括食品加工业、羊毛和毛皮加工业、矿石冶炼、木材加工业等。化学和塑料制品工业亦发展较快，主要生产石化产品、塑料制品、药品、肥料、农用化学品，等等。钢铁、汽车、电器和电子工业在制造业中占有重要地位。澳大利亚最大的布罗肯希尔控股公司是钢铁生产的主要企业。

信息工业是澳大利亚发展最快的部门之一。1996 年，信息技术市场的营业额为 230 亿澳元。澳大利亚计算机科学公司是一家拥有 118 亿澳元资产的技术公司，1993 年公司利润已达 1.2 亿澳元。今日澳大利亚计算机软件的开发取得了令人瞩目的成就。

澳大利亚的工业中心和工业区主要分布在人口城市密集的沿海地区，工业发展多依托于资源丰富的大城市，如东南部沿海地区的阿德莱德、墨尔本、堪培拉、纽卡斯尔、悉尼、布里斯班，西部沿海的珀斯，北部沿海的达尔文港。悉尼是全国最大的港口和工业中心。

第六节 社 会

一、社会结构

澳大利亚是一个阶级社会，20 世纪 70 年代以后，非歧视移民政策的实施使澳大利亚的社会结构日趋多元化。澳大利亚社会可大致分为上层阶级、中产阶级和工人阶级，也可进一步细分为五个社会阶层，具体包括稳定型工人阶层、稳定型中产阶层、流动型中产阶层、新兴富人阶层和稳定型富人阶层。

稳定型工人阶层拥有社会最低的经济收入及文化、社交资本。该阶层的父辈主要从事职业声望较低的工作。澳大利社会近 90% 的居民生活水平都属于中产阶级的水平，这里所说的中产阶级水平，即按四口之家计算，一般全家年收入在 10 万~12 万澳元之间，穷人和特别富裕的人相对较少，约各占全国人口的 5% 左右。可以说澳大利亚大多数居民属于中产阶层。澳大利亚社会的上层是由大量财富的拥有者和大企业家及少数特权阶级组成，稳定型富人阶层拥有高收入、高学历和广泛的社交范围。

二、澳大利亚公务员制度

澳大利亚公务员数量相对较少。联邦于1999年颁布《公务员法》，规定公务员指政府核心职能机构的雇员，废除了有关公务员管理方面的许多具体规定，突出了公务员的价值观念和行为准则等。澳大利亚的公务员是终身制，除非犯法或犯了极大错误，否则是不会被辞退的。澳大利亚公务员收入稳定，工作比较轻松。一个普通的公务员年薪大概在9万~15万澳元，而普通民众年收入大概在5万~7万澳元。

三、澳大利亚民族主义和排华

1. "白澳政策"思想

所谓"白澳政策"，是指只允许欧洲白人（主要是不列颠人和爱尔兰人），不允许或限制亚洲人和大洋洲人移民到澳大利亚的种族歧视政策，该政策是自澳大利亚建国以来长期推行的基本国策。

"白澳政策"最早出现在新南威尔士。19世纪40年代，新南威尔士农牧业迅速发展，流犯制遭到禁止，牧放牛羊和垦殖农田的犯人数量日益减少，劳动力缺乏，因而雇用有色人种劳工从事农牧业生产。当时澳大利亚人就产生了这样一种观点，认为有色人种进澳后势必会和白人通婚，这样既会混杂英人血统，又会降低白人生活水平。这种观点随着移入的有色人种的增多而日益升温。19世纪50年代，澳大利亚兴起"淘金热"，华人自印度尼西亚进入澳大利亚采金，华人的大批涌入使"白澳政策"甚嚣尘上，在19世纪50—60年代中多次发生排华暴行。

持"白澳政策"观点的人认为，有色人种进入澳大利亚会减少白人的就业机会，导致白人工资和生活水平降低，会造成新的阶级和种族矛盾，从而引起社会动乱。此外，还有一些宗教人士和人道主义者也认为，贩卖黑人和引进华工是人为地制造新的奴隶制，是侵犯人权的罪恶行为，因此他们写文章或著书立说予以谴责。

倡导这种政策最有力的是澳大利亚白种工人和工党。当时的《布里斯班工人报》曾写道："澳大利亚一定要避免有色人种的祸害……不然的话，它就变成一个杂种人的国家，因种族纷争而动乱不安，因工业竞争而受摧残，贫民充斥，并为律师、银行家、商业冒险家和金融冒险家结成的派系所统治。"当时很有影响的《新闻公报》甚至提出了"一个民族、一个政府、一个大陆"的口号。

2. "白澳政策"的修订

"白澳政策"最初是联邦政府推行的一种理论原则，是制定法律的指导思想。早在殖民地时期，各地政府几乎都制定过限制乃至禁止非欧洲移民进入澳大利亚的法律，不过那时的法律执行力有限，加之六个殖民区各自为政，法律也不统一。然而，澳大利亚统一后，情况发生了变化。在联邦第一届国会所通过的《邮电法案》《限制移民法案》和《太平洋岛屿移民法案》中都包含了排斥有色人种的规定，这些法案使"白澳政策"具有全国性并进一步法律化。

《邮电法案》是联邦政府在1901年6月首先通过的法案。议员斯坦尼福·斯密建议该法案应补充一条：凡接受联邦邮政补助金的船只，不论其是否在澳大利亚注册，只应雇用白人劳工。这条动议被国会接受，成为《邮电法案》中的第 15 条。同年 8 月，联邦第一届国会又通过了《限制移民入境法案》。该法案是政府制定的体现"白澳政策"的主要法律，规定对任何申请入境的移民必须进行英语测试，移民要在联邦海关局的官员监督下默写出 50 个英语单词，不及格者不准许入境。后来为了照顾欧洲国家移民，修改为凡申请进入澳大利亚境内的移民要测试一种欧洲语言。1902 年通过的《联邦选举条例》也规定，任何居住在澳大利亚的本地土人、亚洲人、非洲人和太平洋诸岛上的土人（新西兰毛利人除外），不得列入选民名册。

1905 年《限制移民入境法案》再次修改，规定要测试的语言不仅仅是欧洲语言，而是指定的语言。这样，印度和日本的移民，诸如留学生、游客和商人获得了入境的机会。所以，经多次修改的《限制移民入境法案》成为主要限制华人和黑人入境的法案。为此，中国政府一再向英国政府提出抗议，澳大利亚政府在英国的压力下于 1912 年也允准中国人享有印度人和日本人同样的权利。

3. "白澳政策"的终结

第二次世界大战后，劳动力严重缺乏成为澳大利亚经济恢复中最突出的问题之一。如 1950 年 6 月，在 250 万就业人员中就有 10 万个工作岗位无人问津。劳动力问题不迅速解决，经济恢复和发展很难顺利进行。因此，政府决定改革传统的移民政策。另外，战争在一定程度上使澳大利亚人传统的种族主义观念发生了很大转变。歧视有色人种的澳大利亚人被德国纳粹分子视为"劣等民族"；同时，"黄种人"和其他有色人种为反法西斯战争的胜利做出了应有的贡献。这些事实令澳大利亚人意识到，歧视有色人种是一种错误的和有害的政策，因此，开始逐步转变种族偏见。这一观念上的重大变化成为改革旧移民政策的思想基础。

1946 年，澳大利亚移民部长同英国政府达成关于资助移民的协议，联邦政府还同荷兰、意大利、希腊、南斯拉夫及其他欧洲国家达成了类似的协议；同时，对同意仅拿奖励工资不少于两年的难民支付来澳移民旅费。移民政策的改革使大批移民涌入澳大利亚，解决了经济重建与发展的劳动力问题。经过这次改革，澳大利亚人口结构也发生了一系列变化，即人种的多元化。1950 年，澳大利亚外长 D. C.斯宾德在科伦坡会议上提出了一项援助亚洲国家的计划，即著名的"科伦坡计划"。该计划极大地冲击了"白澳政策"和种族主义思想。

20 世纪 70 年代，以高夫·惠特拉姆为首的工党政府上台执政，强调多元文化并容。1973 年，澳大利亚政府公开声明其移民政策是"全球一致，无人种、肤色或国籍之歧视"，并颁布了新移民法，"白澳政策"终成历史遗迹。

4. 澳大利亚政府迟来的道歉

从 20 世纪初到 70 年代，实行"白澳政策"的澳大利亚政府认为土著居民低贱无知，将他们的孩子强行或偷偷带走，交给白人抚养或送到白人学校寄宿，希望同化土著人。这项政策目的就是要通过驱逐成年人和改造儿童的办法把土著居民消灭掉。1916 年，"土著居民保护委员会"的首席检察官罗伯特·唐纳森曾发表臭名昭著的言论："对待（土著）这个巨大的难题，大家已经达成一致的意见，那就是把孩子带走。要不了几年就没必要再（为他们）建营地和居所了。老人已经去世，而他们的后代将融入本殖民地的工业化社会。"据统计，先后有 5 万多土著儿童被强行从父母身边带走，这些人占当时土著儿童总数的 10%～30%。

政府的种族歧视政策给土著居民带来极大的伤害，这些被强行或偷偷带走的土著孩子后来被称为"被偷的一代"。

2008年2月13日，澳大利亚总理陆克文通过电视实况转播向全体国民正式公开道歉："我们反思过去对土著居民的不公正待遇，特别是对'被偷的一代'的人的不公正待遇。这是我们国家历史上的一个污点。""我们为过去的议会和政府制定的法律和政策给我们的同胞所造成的巨大悲伤、痛苦和损失致歉，特别是为把土著居民的孩子从他们家庭、社区和家乡带走致歉。"

从历史上看，"白澳政策"所伤害的不只是土著居民，华人在澳大利亚的生存发展史也同样充满血泪与悲愤。澳大利亚作为一个移民国家，要融合族群，开拓创新，就一定要全面清算历史，给土著居民道歉只是还历史真相的第一步。

四、澳大利亚民族精神和澳大利亚人性格

1. 豪爽坦诚——澳大利亚的"丛林精神"

丛林（Bush）是乡村的代名词，丛林精神又叫"丛林传奇""丛林神话""澳大利亚传奇""澳大利亚精神"，等等。丛林精神体现的是澳大利亚乡村的生活方式、乡村的人物形象和价值观念，它具有质朴、实际、自然的特征。澳大利亚的丛林精神极为重要，是澳大利亚民族精神的基本成分。

澳大利亚人既有欧洲人的豪爽，又有东方人的矜持。他们朴实单纯、为人厚道，澳大利亚辽阔的草原和无际的天空赋予他们一种放荡不羁、刚烈坦诚的秉性。丛林精神可追溯至澳大利亚乡野中牧业工人的形象。他们行为粗野、爱憎分明、个性突出、讲究实际，并有着很强的适应能力，能够随时应付和解决可能产生的问题和困难。他们对于工作的态度是，只要目的明确正当，他们就会努力去干，否则他们没有拼命干活儿的冲动。他们崇尚平等、自由、独立，厌恶权威和对他人行动的干涉；他们怀疑宗教的功能和价值，看不到追求知识和文化的作用；他们为人诚实、好客、重友谊，崇拜体育明星。以牧业工人为代表的这种丛林精神是澳大利亚特定历史环境的产物，是土生土长的澳大利亚文化精神，是澳大利亚民族精神的重要组成部分。

2. "伙伴精神"

澳大利亚民族的性格是在特定的地理、历史、社会环境中形成的。这一民族性格生长时期不长，然而却具有鲜明的特色和巨大的抗拒外界影响的能力。早年的澳大利亚与世隔绝、满目荒凉、环境恶劣。18世纪新来的英国移民不得不面对各种威胁，拼死搏斗以求生存。在艰苦的开拓生涯中，他们学会了吃苦耐劳，也学会了苦中寻乐；在孤寂和危险的环境里，他们抱成一团，相依为命，培养出一种始终不渝的"伙伴精神"，并以此作为抗拒孤寂、凶险和死亡的依靠。自由自在、无拘无束的生活使新移民养成了无视权贵和清规戒律的性格。艰苦的开拓为开拓者换来了农牧业的发展、"淘金热"带来的巨资、物质生活的富裕和社会的全面进步。开拓者们的心中萌发了对新大陆的爱，"伙伴精神"深化为新的民族自豪感和爱国主义热情。这种感情通过民族主义运动得到了进一步的凝聚和发展，成为澳大利亚民族个性稳定发展的重要原因。

3. 享乐主义

澳大利亚有句流行的格言：We have only one life（我们只有一个人生）。"及时行乐"被大多数澳大利亚人奉为金科玉律。曾有一项关于工作兴趣的调查显示：绝大多数澳大利亚人不希望辛勤地工作，51%的人表示他们希望有更多的闲暇时间去享受，即使老板愿意付更多的工资也不愿意。而"Holliday"（假期）这个词在澳大利亚人的生活中使用频率之高、意义之重要，绝非外人可以想象。

澳大利亚人不像日本人那样勤奋，也不像美国人那样存有强烈的竞争意识，他们很注重享受生活。澳大利亚人生活安定，工作有保障，又有诸多的社会福利和保险，基本不存在生活之忧。许多人形容美国是少年的乐园、青壮年的战场、老人的坟墓。而澳大利亚人，少年是在尽情的嬉戏玩乐中度过，青年和壮年也不必为生计而日夜忙碌，老年的寂寞和孤独感也远不像美国那样强，因为有许多方法可以排遣剩余时间。澳大利亚人酷爱运动和赌博，把它们看作是享乐的方式，在众多运动项目中，他们最喜欢游泳、划船等水上项目，对赛马博彩更是情有独钟。虽然节假日工作有双薪甚至三薪，但是澳大利亚人宁愿去度假也不愿在公众假日上班，只有亚裔继续着"勤劳、勇敢、智慧"的传统美德。

五、社会福利保障体系

澳大利亚的医疗保健制度是一个覆盖全民、人人受益的体系，它是西方国家中最完备的医疗体系之一。每个公民须缴纳一定的费用参加国家的医疗保险，医疗事业的大部分费用仍由各级政府承担。联邦政府的拨款约为整个医疗保险事业所需费用的46%，州、地区和地方政府提供约23%的经费，个人仅需承担约31%的费用。政府对医院的经费采用预付制，即每年根据各医院一年的门诊人数、住院人数及病种确定拨款金额，每季度对经费使用情况复审一次，对不合理的地方进行调整。联邦政府负责制定医疗保险与医疗管理方面的政策、法规和条例，资助各州发展医疗事业。州和地方政府则负责在管理区域内建设医院，支付医院的费用，实施包括产妇和婴儿的保健计划、职业保健与安全服务、疾病控制和健康检查等在内的多种卫生项目。

澳大利亚的养老保险体制遵循了世界银行的三支柱模式，并被公认为世界上运作最为成功的模式之一，其养老保险体制由政府养老金、企业年金和个人储蓄三部分组成。政府养老金来源于税收，由政府财政支付，是为老年人提供最基本的老年生活保障，其替代率约为20%~25%，具有济贫性质。政府还为老年人提供医疗、交通、水电费等方面的优惠，以使其维持一种过得去的退休生活条件。企业年金则全部由雇主负担，按雇员工资的9%缴纳，享受税收优惠，采用完全积累的方式，其养老金替代率大约是40%。个人储蓄养老是自愿储蓄，但澳大利亚人没有储蓄的习惯，不少人的钱在退休前就已经花光，退休时需要申请领取政府养老金。澳大利亚养老模式可以让绝大多数老年人维持一种尊严体面的退休生活。

澳大利亚失业救济金发放范围很广，凡16~65岁的男子和16~60岁的女子失业时，由政府发放失业救济金，最高数额为每周112澳元。领取者须接受收入和财产情况调查，不同情况所领取的救济金数额也不同。政府会对那些就业困难的人进行能力或知识培训。若失业者在半年内找不到工作，政府便会给其安排一份临时工作并停止救济金的发放。

对于残疾人，澳大利亚除了对16岁以上、丧失劳动力85%以上者发放残疾人救济金外，还利用各种康复训练来恢复和增强其自理能力。政府对残疾人实行保护性就业，根据残疾人的具体情况为其提供相应的工作和劳务管理。澳大利亚全国有近 200 家保护工厂，在工厂里工作的残疾人根据自己的劳动能力获得不同的报酬。

为平衡家庭负担，澳大利亚政府为每个家庭发放家庭子女补助金。该补助包括 3 种情况：家庭补助（即对一个家庭中 18 周岁以下的子女的补助）、低收入家庭子女补助和儿童服务补助金（即对儿童入托和学龄儿童照管服务提供的补助）。

对处于下列情况中的个人或家庭，政府将发给特别救济金：因抚养生病的亲属需要紧急支出；在单身救济金停止之前寻求紧急保护的未婚母亲；移居澳大利亚时间过短未能享受有关福利保障的生活困难者；在申请其他救济金期间的生活困难者。

联邦政府不仅提供包括各种年金和津贴的收入保障服务，还负责一些非货币性的社会福利服务，如提供法律咨询、家庭计划服务、妇女保健等。

第七节　文化与宣传

一、中小学和职业教育

教育是国家振兴、经济腾飞的强大动力，澳大利亚的迅速崛起与教育的推广、普及密不可分。澳大利亚实行三级教育体制，即初等、中等和高等教育，大致相当于中国的小学、中学和大学教育。澳大利亚实行 10 年强制性义务教育（6~16 岁），中小学教育大纲由各州教育部下设的中小学教育课程委员会制定。

儿童从 6 岁起就必须到小学接受初等义务教育。初等教育学制一般为 6 年，前 3 年属非正规教育，旨在引导学生培养学习兴趣，学习识字、写字和简单的算术，掌握最基本的学习技能。学生从四年级开始接受正规教育，学习的课程包括英语、算术、音乐、美术、自然、卫生和体育。学生在学完小学课程后便自动升入中学，一般是就近入学。中学学制一般为 6 年，分为两个阶段，前 4 年是面对全体学生的，四年级结束时，义务教育到此为止，学生可自行选择求职或继续学习。学生学完初中课程后参加全州统一考试，成绩合格者颁发初中毕业证书。获得证书的学生可根据自己的兴趣爱好继续学完中学所有课程为进入大学做准备，或者进入技术学校、农业学校等职业学校就读，也可以直接进入社会求职。大多数学校都会开设前途教育课，旨在指导学生根据自身实际情况决定毕业后的去向。那些打算进入高校深造的学生还需学习中学五、六年级的课程。六年级结束时，学生参加全州的统一考试，成绩优秀者进入大学继续深造。

在小学与中学教育阶段，澳大利亚实行以公立学校为主、以私立学校为辅的二元化办学模式。私立学校是宗教界、私人或社会团体开办的，其中以教会学校为主，这类学校要求学生学习一定的宗教课程。私立学校要收取一定的学费，政府会根据在校学生人数对其进行一定的资助。私立学校必须在政府教育部门登记注册并接受监督，在教学方面必须遵循所在州的中小学教育方针和教学大纲，并且要参加州组织的统考。私立学校多是男女混合学校，只有极少部分实行男女分校。私立学校的校风校纪一般比较严格，教育质量比公立学校要高，约有 1/4 的中小学生在私立学校就读，学生大多来自中等以上收入的家庭。

澳大利亚职业教育主要分中学和高等教育两个阶段。中学阶段，各州会根据各地情况开办职业性较强的中学,如各种技校和艺术学校。职业中学虽然也学习基础课程,但更侧重于培养学生的职业技能。在高等教育阶段,由各州设立和管理的技术与进修学院向中层管理人员、技工和熟练工人提供应用科学、科技、旅游、餐饮管理、财务等以技术及实务为主的职业教育。技术与进修学校强调面向社会,学院和社会上各种行业保持经常性的业务联系,还会根据人才市场的变化和需求随时设置和改变专业。学院聘请各行业的专家为学生上课,同时也以学徒制的方式让学生在各种专业岗位进行实习和培训。从这类学校毕业的学生很受社会青睐,就业率很高。

二、高等教育和科研

澳大利亚的高等教育是中学教育之后学校正规教育的泛称,除了大学和高等教育学院的学位教育外,还包括技术与进修学院的技术与职业培训教育。1996 年,澳大利亚有 36 所公立综合性大学、7 所高等教育学院和 2 所私立大学。除全国最高学府澳大利亚国立大学外,其他大学均为州立大学。综合性大学和高等教育学院相比,前者学术水平更高,强调拓展知识领域和开展学术研究,后者则更侧重于对教师职业的培训。综合大学的学生可授予硕士、博士学位,而高等教育学院的学生不一定会授予学位。

澳大利亚高等教育发达,大学水准位于世界前列。著名的高等院校有澳大利亚国立大学、悉尼大学、墨尔本大学、新南威尔士大学、昆士兰大学、莫那什大学、阿德莱德大学、西澳大学、悉尼科技大学、墨尔本皇家理工学院等。澳大利亚大学的经费主要来自联邦政府拨款,在 1974—1989 年,大学基本不收费;1989 年之后,大学教育开始收费。目前澳大利亚政府推行"高等教育付款计划",大学生在读期间只需支付一部分学费,其余的可推迟到其获得有收入的职业时再付清。各大学设有奖学金,鼓励成绩优秀者。

大学招生往往需要中学第十二年级的成绩,职业中学的学生及其他各行业的成人经推荐也可入学试读,学生入学年龄不受限制。大学授课一般采用小组讨论形式,注重学生的参与。大学实行学分制,学生修完所规定的必修课与选修课即可毕业,论文通过答辩后即可获得学位。

澳大利亚的教育具有世界一流的水准,高等教育的发达极大地促进了澳大利亚科学技术的发展。这个人口不足 3 000 万的国家,已先后有 13 位科学家获得过诺贝尔奖,包括自然科学类的生理学或医学奖(7 位)、物理学奖(4 位)、化学奖(1 位)和文学奖(1 位)。1915 年,澳大利亚科学家威廉·罗仑兹·布拉格(William Lawrence Bragg)和他的父亲威廉·亨利·布拉格(William Henry Bragg)共同获得该年的诺贝尔物理学奖。威廉·罗仑兹·布拉格毕业于阿德莱德大学,获得诺贝尔奖时年仅 25 岁,是历史上最年轻的诺贝尔奖得主,这一纪录至今无人打破。澳大利亚的科学技术在国际上享有一定的声誉,其在农牧业和采矿业方面的科技成就处于世界领先地位,并在地球和环境科学、生物和医药研究以及软件方面有很强的国际竞争优势。澳大利亚联邦和各州政府每年对科研事业进行巨额投入,政府通过经费资助,确定科技优先发展的领域,把科技纳为国民经济发展服务的主方向。

澳大利亚科研机构数目繁多,大体上可分为以下四类:政府所属科研机构、高校科研机构、企业科研机构和私人的非营利科研机构。最重要的研究机构有:澳大利亚科学院(Australian Academy of Science)、澳大利亚人文科学院(Australian Academy of the

Humanities)、联邦科学与工业研究组织（Commonwealth Scientific and Industrial Research Organisation）、国防科学技术集团（Defence Science and Technology Group）、澳大利亚教育研究委员会（Australian Council for Educational Research）、澳大利亚农业科学研究所（Australian Institute of Agricultural Science and Technology）、沃尔特·伊莱扎·霍尔医学研究所（The Walter and Eliza Hall Institute of Medical Research）、澳大利亚核科学技术组织（Australian Nuclear Science and Technology Organisation）等。

三、宣传媒体

澳大利亚崇尚新闻自由，大众传媒非常发达。澳大利亚的大众传媒不受政府或审查制度的约束，具有相当的独立性，但新闻记者必须具备职业道德，其报道必须客观真实，否则会面临起诉，承担一定的法律责任。澳大利亚最大的通讯社澳大利亚联合新闻社，创立于1935年，总部在悉尼，1964年起与路透社结为联社。

澳大利亚人喜欢阅读报刊，报纸发行量巨大。澳大利亚有四大报业集团：《先驱报》和《时代周刊》杂志集团、默多克新闻公司、费尔法克斯公司和帕克新闻联合控股公司。其中，默多克新闻公司发展最快，近年来还买下了英国的《泰晤士报》和美国的《纽约邮报》，已成为国际性报业集团。主要报刊有：《澳大利亚人报》（Australian），发行量约41万份；《悉尼先驱晨报》（Sydney Morning Herald），发行量约26万份；《世纪报》，发行量约20.2万份；《金融评论报》（Australian Financial Review），发行量约8.5万份；《堪培拉时报》（Canberra Times），发行量约4万份。

澳大利亚有期刊1 400多种，人均杂志消费量是世界上最高的国家之一。在大众传媒消费中，杂志仍然占主要地位，同时也是印刷媒体的重要部分。有期刊1 400多种，澳大利亚全国性的周刊包括《公报》（Bulletin）、《澳大利亚时代》（Time Australia）、《经济评论周刊》（Business Review Weekly），等等。《澳大利亚妇女周刊》（The Australian Women's Weekly）是发行量最大的刊物，达80多万份。

澳大利亚有3个广播电视管理机构。①澳大利亚广播公司（ABC）：有4个电台网，通过州和地区首府的制作传送设备向全国播放非商业性广播和电视节目，并为边远地区提供卫星服务；澳大利亚广播电台（Radio Australia）和澳大利亚国际电视台（Australian Television International）向海外播放。年度预算大部分由联邦议会拨款。②澳大利亚通讯和媒体局（Australian Communications and Media Authority）：管理电信、互联网、商业性电台和社区广播，收费并发放许可。全国共有商业电台274家，商业电视台55家。③澳大利亚特别节目广播事业局（Special Broadcasting Service，SBS）：主管SBS电视台和SBS广播电台，由联邦政府资助。SBS电视台是一个多元文化电视台，1980年开始工作，除新闻、体育和部分纪录片用英语播送外，其余节目均用澳各移民族裔的语言配英文字幕播送，为非英语背景人士提供了解世界的媒体渠道。澳大利亚的广播电视分国家广播电视台和商业广播电视台两种。一般来说，商业电台主要播报各种大众娱乐节目，而国家电台则主要是为知识界和少数民族服务，节目比较严肃正统。全国免费收看的电视频道有5个：澳大利亚广播公司国家台、特别节目广播公司民族台、商业台的7、8、9频道。若嫌节目单调，也可付费收看更多的频道。

为了促进本国影视业的发展，保证澳大利亚新闻工作者的就业机会，澳大利亚电视台必须播放一定数量的本土制作的节目。为了鼓励优秀的新闻工作者，澳大利亚还设有蒙塔古·格罗弗奖（Montague Grove Prize）、S. E. 普拉特奖（S. E. Pratt Prize）及 W. G. 沃克利奖（W. G. Walking Prize）。由于澳大利亚民族的复杂性，澳大利亚国家电台非常注重为少数民族服务。特别节目广播公司（SBS）负责对境内少数民族进行多语种的无线电广播，并对为少数民族提供广播服务的机构提供资助。目前，澳大利亚广播台、电视台大多控制在几大报业集团手中，这种由几家报业主宰大众传媒的状况令许多节目的内容、风格陷入雷同，招致公众的批评。

第八节 风俗习惯

一、社交与礼仪

1. 礼节

澳大利亚人重视人与人之间的平等，他们善于往来，喜欢和陌生人交谈。初次见面或谈话时，通常互相称呼为"先生""夫人""女士"或"小姐"，熟悉之后就直呼其名。初次见面时一般以握手为礼，熟人相见握手更热情，拥抱亲吻的情况比较罕见。与澳大利亚人初次见面时不要直接询问个人问题，应该注意不问女性年龄，不问男性收入；婚姻、家庭以及有关原国籍等话题也应该尽量避免。澳大利亚有"女士优先"的良好社会风气，对妇女都是极为尊重的。他们喜欢赞赏女士的长相、才气、文雅举止等各方面，认为这是一种有教养的表现。在澳大利亚，即使是很友好地向人眨眼（尤其是妇女），也会被认为是极不礼貌的行为；而且，大多数男人不喜欢紧紧拥抱或握住双肩之类的动作。在社交场合，忌讳打哈欠、伸懒腰等小动作。澳大利亚人很注重礼貌修养，谈话总习惯轻声细语。他们极其厌恶在公共场合制造噪音，在他们的眼里，高声喊叫（特别是在楼外隔门喊人）是一种失态、无礼的粗野行为。澳大利亚人的时间观念很强，跟当地人邀约，最好提前商议并且准时赴约。在乘坐出租车时，应与司机并排而坐以体现对司机的尊重。即使是夫妇同时乘车，通常也要由丈夫坐前面，妻子独自坐在后排。

2. 宴请

如果受当地人邀请到他家里做客或吃晚饭，一般是带一件不太昂贵的礼物，如鲜花、巧克力或一瓶餐酒；问清楚主人应什么时间到达，并问明穿着要求是正式还是随意。若客人因宗教信仰不能吃某样东西，也需要事先通知主人；若是聚餐，可问明应不应带些自制食品。

澳大利亚人宴请客人，除了企业家较为讲究之外，其他人请客都比较简单。一般来说，席间会先请客人喝一碗汤，再上盘主菜，一道甜食水果，然后来一杯波特甜酒，喝杯咖啡。女主人照例带头开始用餐，先让客人取用主菜，然后自己才用。吃饭时要注意西方的餐桌礼仪。多数澳大利亚人都率直，如果不喜欢吃某样东西，只需说"不，谢谢你"。如果喜欢吃传给客人的食品，客人只需说"谢谢"即可。澳大利亚人对酒情有独钟，但绝不会向客人劝酒或灌酒。为了表示对来客的热情欢迎和祝福，澳大利亚人往往会在饭后的水果布丁中放进一些钱币，谁吃到的钱币多就预示着谁的运气好。

澳大利亚人不会主动告诉客人应该离去的时间，客人必须自己决定，主人或女主人如有疲倦的迹象，则意味着客人该告辞了。告别时，客人须对主人的款待表示感谢。宴会之后数天之内，要给主人打个电话或寄一张明信片，以表示对主人招待的感谢和对晚餐的欣赏，这样会令主人非常开心。如果礼仪周到，客人应该在几个星期之后回请一次。

除了西餐外，澳大利亚人也非常喜欢吃烤肉，许多澳大利亚家庭中备有烧烤炉。烧烤在澳大利亚是一种非常流行的餐饮形式，通常被用于家宴或各种联谊性质的宴会。

3. 送礼

澳大利亚人待人接物都很随和，对礼物要求不是太高。若被邀请去家中做客，最合适的礼物是给女主人带上一束鲜花，也可以给男主人送一瓶葡萄酒。其中，送酒比较讲究，如果是一个比较随意的朋友聚餐，客人却穿戴整齐，带一瓶高级威士忌，这会让主人很局促。

鉴于澳大利亚人的不拘礼节，参加商务会议时，送上商用记事本或咖啡杯再合适不过了；在商业展览上，T恤衫、领带、棒球帽或者一个大头针也是非常合适的纪念品，若送比这些东西贵重的礼品反而会致人尴尬。

4. 小费

澳大利亚不流行小费，他们认为人人都有足够的收入，不应当再收取小费。如果服务人员为客人提供了额外服务，也可适当支付小费，但数目不宜多。

二、节日

澳大利亚全国性的节日不多，主要有与欧美国家相同的新年、圣诞节、复活节等。但作为全世界民族最多的国家之一，澳大利亚全国各地不同形式的节日、活动和展览数目繁多，文化间的差异也为澳大利亚的节日和活动倍添姿彩。其法定节假日包括新年、复活节、圣诞节、节礼日等。节礼日在圣诞节的次日，如遇星期日则推迟一天。按照当地习俗，这一天主人应该向雇员、仆人、邮递员等赠送盒装礼品。如果新年或节礼日正好是周末，那么接下来的礼拜一就是公共假日。其他全国性的节日还包括国庆节、澳新军团日、国王或女王诞辰日等。

澳大利亚一年中的主要节日见表11-1。

表11-1 澳大利亚一年中的主要节日

日　　期	节　　日
1月1日	新年
1月26日	国庆节
春分月圆之后第一个星期日	复活节
4月25日	澳新军团日
6月的第二个周一	女王诞辰日[①]
6月11日	联邦日
10月的第一个周一	国际劳动节
12月25日	圣诞节
12月26日	节礼日

---

① 庆祝6月份女王诞辰日的各州不包括西澳大利亚州，西澳大利亚州庆祝女王诞辰日在每年的10月6日。

1. 国庆节

为了纪念菲利普船长 1788 年 1 月 26 日在悉尼湾登陆，每年 1 月 26 日被定位澳大利亚的国庆节。早在 1838 年，即英国向澳大利亚移民 50 周年之际，1 月 26 日就被官方宣布为法定节假日，后逐渐成为全国性的国庆节。

国庆节在澳大利亚是一个不分种族、宗教的全民假日，是澳大利亚最大型的年度公共盛事之一。根据法律，国庆节这天澳大利亚全国放假一天，各大城市在这天会举行各种大型的庆祝活动。在维多利亚州，墨尔本在早上会举行官方升旗仪式，这也标志着国庆节各种庆祝活动的开始。在新南威尔士，堪培拉城格里芬湖边的国家公园会在节日的清晨为游客准备免费早餐、面包、烤肠、水果等。在塔斯马尼亚，总理每年国庆节都会邀请一名杰出的澳大利亚人在国庆日演讲，从他们的角度来谈谈澳大利亚的身份和现代社会所面临的挑战。在北领地的达尔文海滨，一年一度的国庆日趣跑热闹非凡。南澳大利亚的国庆日游行会持续一整天，到了晚上还会有演唱会。澳大利亚联邦的新公民还会选择在这天举行入籍仪式，进行集体宣誓："从现在起，以上帝的名义，我宣誓。我将忠实于澳大利亚和她的人民，分享他们的民主信仰，尊重他们的权利和自由，维护并遵守澳大利亚法律。"

2. 玛蒂格拉狂欢节

每年 2 月最后一个星期六是玛蒂格拉狂欢节。这是悉尼最盛大的民间节日之一，从最初（1928 年）单纯的同性恋者游行发展成为一个综合性节日，已成为澳大利亚最著名和最受欢迎的活动之一。每年 2 月，来自世界各地的同性恋者聚会悉尼，他们身着奇异服装，同澳大利业人及五花八门的彩车车队浩浩荡荡沿街游行，通宵达旦。狂欢节的存在使世界各地的游客慕名而来，为南威尔士州带来了丰厚的旅游收入，因此得到了政府部门的认可和大力协助。

3. 女王诞辰日

英女王寿辰，全称英女王官方寿辰，是英联邦为庆祝英王伊丽莎白二世的生日而举办的活动。英女王寿辰在不同国家可能定在不同的日子里，但一般而言，所定的日子都不是女王的真正生日。澳大利亚的官方寿辰定在每年 6 月的第二个星期一，是一个法定公众假期，除西澳大利亚以外，其他州都会在诞辰日这天庆祝英国女王的生日。[①] 这个特别的假日也体现了英澳两国间的特殊关系。澳大利亚官方寿辰当日会公布"英女王寿辰荣誉名单"，以公布新一批澳大利亚勋章的获勋人士。一直以来，在女王官方寿辰时，澳大利亚各处都有公开的烟花表演，但其盛大程度已渐渐被规模更大的除夕烟花表演比下去。

4. 联邦日

每年 6 月 11 日为联邦日。从 1905 年起，英联邦国家于维多利亚女王生日（5 月 24 日）当天举行庆祝活动，当时称为英帝国日，从 1958 年起，改称英联邦日。从 1966 年起改用现名，并将联邦日定在英国女王伊丽莎白一世的生日 6 月 11 日。

5. 墨尔本杯赛马节

在澳大利亚每年众多赛马活动中，一年一度的"墨尔本杯"是最隆重的年度种马赛，被

---

① 西澳大利亚州把寿辰定在珀斯皇家展览会的开幕日，一般是在 9 月最后一个星期一或者是 10 月的第一个星期一，并且是属于学校假期。

誉为"让全国屏住呼吸的赛事"。该比赛创办于 1861 年，在每年 11 月的第一个星期二举行。该比赛接受三岁或以上纯种马参加，比赛距离为 3 200 米，是全世界两英里赛马中最具有影响力的。这项运动由维多利亚赛马俱乐部举办，赛事地点在墨尔本的费莱明顿赛马场。赛马节开幕这一天也是墨尔本的公共假日。届时，墨尔本全城彩旗招展，欢声雷动，受到来自全国乃至世界各地的赛马迷的关注。比赛中获胜的马主往往能获得非常丰厚的奖金。

6. 圣诞节

圣诞节也称耶诞节，是西方传统节日，定在每年 12 月 25 日。大部分的天主教教堂都会先在 24 日的平安夜，即 12 月 25 日的凌晨举行子夜弥撒，而一些基督教会则会举行报佳音，然后在 12 月 25 日庆祝圣诞节。①同欧美国家一样，圣诞节也是澳大利亚一年中最重要的节日，其地位堪比中国的春节。

圣诞前夕，公司一般都会为自己的员工举行聚会，亲朋好友间也会相邀小聚。酒吧、俱乐部这样的聚会场所一时间炙手可热，圣诞前一两个月就会被抢订一空。酒吧内早早就装饰了圣诞树、闪亮彩带以及圣诞老人头像，商场的橱窗是精心布置的冬日雪景——挂满雪花的圣诞树和穿着红棉袄的圣诞老人。

对于冬季酷寒而习惯蜗居家中庆祝圣诞的北半球国家来说，圣诞老人在白雪皑皑的冬季赶着驯鹿，拉着装满玩具和礼物的雪橇挨家挨户给孩子们送礼物的画面，是大多数人脑海中经典的圣诞景象。但对于地处南半球的澳大利亚来说，每年 12 月底却正值盛夏。因此，在澳大利亚的圣诞节有"仲夏圣诞节"之称。即使没有刺骨的寒风和皑皑白雪，但澳大利亚的圣诞气氛却一点儿不比北半球逊色。相反，在盛夏艳阳的衬托下，戴着圣诞帽、一身夏日装束的人们如潮水一般涌上沙滩欢度圣诞，享受各项水上活动，热闹之余动感十足，构成澳大利亚特有的节日图景。说起地方特色，澳大利亚大概拥有世界上最特殊的圣诞老人。他们中有人冒着酷暑身着棉衣，全身上下裹得严严实实，站在白雪皑皑的人工布景中，吸引向往北国风光的澳大利亚人前来合影；有的就只是穿着红色背心短裤，嘴上挂着白胡子，头上戴着红帽子，在街上参加庆祝活动或者在海里冲浪。在圣诞夜户外音乐会上，悉尼管弦乐队和合唱团会表演许多脍炙人口的圣诞歌曲，圣诞老人会在音乐会当中骑着水上摩托车出场，再带着真人装扮的无尾熊，颠覆游客对圣诞节的传统印象。热情如火的"仲夏圣诞节"，将传统圣诞节的经典元素和极具热带风情的庆祝方式融合到一起，构成了澳大利亚特有的节日图景。

三、习俗

1. 结婚

澳大利亚人婚礼庆典形式多样，内容大致包括婚礼仪式、宴请宾客和合影留念等。宗教婚礼多在教堂举行，不信教者通常在政府结婚登记处举行世俗婚礼。婚宴可简可繁，有的在饭店摆酒席，有的在家中或野外吃点心等，但结婚蛋糕是必不可少的。

参加婚礼的宾客往往会给新人送来贺礼。在澳大利亚传统婚礼中，宾客要带各种各样的

---

① 基督教的另一大分支——东正教的圣诞节庆则在每年的 1 月 7 日。

石头进入婚礼现场。婚礼结束时，宾客要把石头放在一个装饰美丽的碗中，新婚夫妇要展示这些石头以感谢朋友和家人对婚礼的支持。现在，人们越来越倾向于给新人送现金，美其名曰"为新人蜜月捐款"，这在一定程度上减轻了新人们的负担。

2. 出生与洗礼

澳大利亚大多数居民信奉基督教，婴儿在出生后要施行洗礼，洗礼一般在教堂中进行，并由牧师主持仪式。施洗时，婴儿由父亲或母亲抱着站在"圣水"前，牧师口诵礼文完毕后，用手蘸"圣水"滴在孩子的头上。在洗礼后，父母会举行一次宴会或茶会招待参加者，亲友会对婴儿送上祝福和赞美，并对婴儿父母表示祝贺。

3. 生日

澳大利亚人对生日非常看重，生日时热衷邀请朋友开生日聚会，装饰精美的生日蛋糕必不可少，且要插上与生日主人岁数相同的蜡烛。聚会上还会吃小点心、唱生日歌、扎堆在一起聊天，有时也会组织游戏或者听致辞。澳大利亚人觉得生日是属于个人最重要的日子，应该快乐、轻松。若家庭临海，全家人还会在孩子生日的那一天到海里游泳，之后全家人在海滩上野餐，庆祝孩子的生日。

4. 习俗禁忌

金合欢与桉树是澳大利亚人最喜欢的植物，被视为澳大利亚的象征，分别被定为澳大利亚的国花与国树。澳大利亚人喜爱袋鼠与鸸鹋，但他们忌讳兔子，认为兔子是一种不吉祥的动物，碰到兔子是厄运来临的预兆。像大多数西方国家一样，澳大利亚人讨厌数字"13"，认为"13"会给人们带来不幸和灾难。周日是澳大利亚基督徒的"礼拜日"，所以一定不要在周日与人约会，这被认为是非常不尊重对方的举动。

澳大利亚人不喜欢将本国和英国处处联系在一起，虽然不少人私下里会对自己与英国存在某种关系而津津乐道，但在正式场合却反感将两国混为一谈。他们讨厌议论种族、宗教、工会、个人私生活、等级和地位问题，不喜欢"外国"或"外国人"这类称呼，认为过于笼统的称呼是抹杀个性的失敬行为。与他们交谈时，应多谈旅行、体育运动及到澳大利亚的见闻。

澳大利亚的土著较为保守，不喜欢旅客给他们拍照，所以不要贸然偷拍，以免产生误会；切记不要随意拍14岁以下小孩子的照片，法律规定，没有经其父母同意而给小孩子拍照是违法的。

日本国（Japan）简称日本，位于东亚，其国际域名为.jp，国际区号是+81。日本人口约1.268亿（2017年），领土由北海道、本州、四国、九州四个大岛及7 200多个小岛组成，国土面积约为37.8万平方千米。日本是位于亚洲东部的议会制君主立宪制国家，首都东京。

日本在明治维新后迅速跻身资本主义列强行列，多次侵略中国、朝鲜等亚洲国家。还是二战的策源地和战败国，战后被美军单独占领，1947年颁布实施新宪法，由天皇制国家变为以天皇为国家象征的议会内阁制国家。战后日本奉行"重经济、轻军备"路线，在20世纪60年代末成为西方第二经济大国，目前是仅次于美国、中国的世界第三大经济体。

日本是一个高度发达的资本主义国家，制造业是国民经济的主要支柱，科研、航天、制造业、教育水平均居世界前列。日本是全球最大的汽车生产国之一，丰田、马自达、本田和日产等制造商均有汽车产品畅销全球。日本的索尼、松下、佳能、夏普、东芝、日立等公司是享誉世界的著名高科技产品制造商。日本拥有世界资产最庞大的银行邮储银行，三菱UFJ金融集团、瑞穗金融集团和三井住友金融集团在世界金融界具有举足轻重的地位。日本三菱集团是仅次于美国通用公司的超级企业财团。

日本在环境保护、资源利用等许多方面堪称世界典范，其国民普遍拥有良好的教育、极高的生活水平和国民素质。21世纪之后，日本科学家频频摘得诺贝尔奖桂冠。截至2016年，日本共有25人获得过诺贝尔奖。日本获自然科学奖的人数已经超过了德国、英国、法国等科技强国，成为仅次于美国的第二大"诺奖大户"。

日本人是具有双重性格的民族，对生存环境所存有的危机感造就了日本民族勤俭节约、警惕自觉的国民性格，并促使其产生向外扩张、获取物质资源的意识。在历史发展过程中，国民的"牺牲精神"对其国家发展起到了巨大的推动作用。二战前侵略战争的发动、二战后日本的崛起与民族性格中的"牺牲精神"密不可分。

日本人注重传统，至今仍较好地保存着以茶道、花道、书道等为代表的日本传统文化。同时，日本也是一个创新求变的民族，热衷向强者学习。无论是古时对隋唐的模仿，还是近代以后对西方国家的追赶，都是日本对时势变化做出的迅速反应。

一提到日本人，很多中国人会想到"可怕的民族"这个说法，日本人的"可怕"在世界上是有目共睹的。他们具有极高的自觉性，"热衷"排队，对产品质量追求极致；他们有着世界上最干净的厕所，对垃圾的分类细到令人发指的地步。二战后，日本虽然没有自己的军事力量，对国际事务没有什么发言权，但它在经济方面却创造了令世界瞩目的成绩。自20世纪80年代以来，日本始终没有放弃谋求"政治大国"地位，并成功于2015年10月15日当选联合国安理会非常任理事国。21世纪，日本是否能成功扭转泡沫经济带来的衰退？又是否能如愿以偿跻身政治大国行列呢？

第一节 综 述

一、地理概貌

日本地处亚洲东部，太平洋西北部，西临日本海与亚欧大陆隔海相望，国土面积约37.8万平方千米，居亚洲第17位。日本作为一个岛国，东部和南部是一望无际的太平洋，西临日本海、东海，北接鄂霍次克海，隔海分别和朝鲜、韩国、中国、俄罗斯、菲律宾等国相望。

日本是一个多山的国家，平原面积狭小，山地和丘陵占国土总面积的71%。山地成脊状分布于日本的中央，狭小的平原主要分布在河流下游近海一带。较大的平原有关东平原、石狩平原、越后平原、浓尾平原、十胜平原等。

日本河流大多短促，水能资源丰富。信浓川是日本最长的河流，长约367千米。

日本四岛中面积最大的是本州岛，日本最高峰富士山（海拔约3 776米）即位于本州岛中南部。这座世界闻名的活火山是日本的民族象征，被日本人尊称为"圣岳"。其最后一次喷发是在1707年，此后休眠至今。

二、气候

日本以季风气候为主，北部属温带季风气候，南部属亚热带季风气候，夏季高温多雨，冬季寒冷少雨。由于日本陆地面积狭小，因此气候的海洋性特征明显，冬无严寒，夏无酷暑。与同纬度的亚欧大陆地区相比，日本终年温差较小，1月份平均气温北部-6℃，南部16℃；7月平均气温北部17℃，南部28℃。降水的季节变化也较小，冬季降雪量较大。由于年降水总量丰沛，雨热同期，日本森林面积广布，国土森林覆盖率高达67%。

三、人口和居民

日本人口约1.268亿，人口密度大。居民绝大多数是大和人，约占总人口的98%以上。另有两个少数民族居民：阿依努人和琉球人。

四、民族性格

日本人是具有双重性格的民族，既生性好斗又温和谦让；既穷兵黩武又崇尚美感；既桀骜自大又彬彬有礼；既顽固不化又能伸能屈；既忠贞又心存叛逆；既勇敢又怯懦；既保守又敢于接受新的生活方式。[①]这种充满矛盾的复杂性格源于其生活环境。在四面环海、国土狭小、资源匮乏、自然灾害频发的环境下，日本人自然而然具有一种危机感。这种危机感贯穿日本整个历史，造就了日本民族勤俭节约、警惕自觉的国民性格，并促使其产生向外扩张、获取物质资源的意识。

在日本历史发展进程中，"牺牲精神"也在其民族性格中有着强烈的体现，对国家发展提供了巨大的推动力。二战前侵略战争的发动，以及二战后日本的国家崛起，都凭靠了其民族性格中的"牺牲精神"。个人无条件服从于集体，个人可以牺牲一切来确保集体的利益，这种精神在今天依旧体现在日本人处理集体与个人利益的关系问题上。日本国民凭借其强大的民族凝聚力和"牺牲精神"，为国家发展和民族复兴做出了巨大的贡献。

五、语言

日本宪法并未规定法定语言，但日语作为日本使用最广泛的语言，就是实际上的官方语言。大部分日本人和在日外国人都通日语，现行的公用语言称为标准语或共通语，以江户山

---

① 鲁思·本尼迪克特. 菊与刀［M］. 黄学益，译. 北京：东方出版社，2005.

手地区（今东京中心一带）的中流阶层方言为基础。日语在世界范围使用广泛，目前世界上大约 1.3 亿人使用日语。

六、宗教信仰

日本是个多宗教国家，除了本土宗教神道教外，还有佛教、基督教以及许多小宗教。神道教推崇万物有灵论，崇拜自然和祖先，尊奉天照大神等神祇，以神社建筑为主要象征。天皇被看作是神道教的神裔。日本人可以同时信仰两种乃至多种宗教，这也是日本宗教的显著特征之一。

七、移民和外国人法

日本并非移民国家，外国人想要获得日本国籍并非易事。由于地理和文化因素，虽然日本也积极参与国际事务和对外交流，但其宁愿出钱资助建设或赴他国安置，也不愿接纳更多的外国移民或难民到自己国家来。即便是在日本生活多年的外国人，要想获得"永住权"（即绿卡）或加入日本国籍，也必须经过堪称世界之最的严格审查与烦琐手续。日本政府颁布的《国籍法》对外侨入籍作了比较具体的规定。外国人如想获得日本国籍，可通过两种方式：申报入籍或者归化入籍。相比之下后者审批手续更为繁杂。

虽然日本因老龄化导致的劳动力不足问题越来越严重，但却是接受移民最少的发达国家。特别是近两年，在叙利亚内战所引发的难民潮冲击欧洲之时，日本再次收紧了难民接收政策，使得本就少得可怜的难民接收人数更加稀少，也使日本被视作"最不欢迎难民的国家"之一。

八、国家象征

1. 国歌

日本国歌的歌名为《君之代》。1999 年，日本国会众参两院通过《国旗国歌法》，将"日章旗"和"君之代"分别定为日本的国旗和国歌。

《君之代》

作曲：奥好义、林广守

作词：大山岩

吾皇盛世兮，千秋万代。
砂砾成岩兮，遍生青苔。
长治久安兮，国富民泰。

2. 国旗

日本国旗的正式名称为日章旗，白色的旗面上一轮红日居中，白色象征神圣、和平、纯洁及正义，红色则象征真挚、热忱、活力和博爱。

3. 国徽

日本的国徽是一枚菊花纹章。由于法律上没有确立正式的国徽，因此习惯上将天皇家的家徽"十六瓣八重表菊纹"作为日本代表性的国家徽章使用。

日本内阁所使用的代表徽章"五七梧桐花纹"也常在国际场合及政府文件作为国家徽章使用。

日本护照的封面上使用的是与菊花纹章相似的"十六瓣一重表菊纹",与皇室的菊花纹章并不完全相同。

4. 国庆

日本虽然有"建国纪念日"——2月11日(传说神武天皇于公元前660年2月11日这天统一日本,二战前称为纪元节),但日本是以立宪君主明仁天皇的生日12月23日作为"国庆日"的。"建国纪念日"在二战后由于受到占领军意向的影响一度被废除,后在日本民众的要求下重新确立。1966年,为"追忆建国之事、培养爱国之心",2月11日被确立为日本的"建国纪念日",从第二年起开始正式成为节日庆典。庆祝这一天的本质含义是为了纪念建国,但这天其实也并没有什么特殊的仪式。根据《日本国宪法》,天皇是日本国和日本国民的整体象征。因此,天皇的生日在日本人心中有很重要的地位,相当于国庆节。明仁天皇(已退位)生于1933年12月23日,故12月23日这天被视为国庆节,也是日本宪法规定的节假日,也称为"明仁天皇诞生日"。

五、国花——菊花和樱花

在日本,菊花和樱花是非常具有代表性、深受国民喜爱的花种。菊花象征着富贵、吉祥,曾为日本皇室专用。如今,菊花还出现在日本国徽及护照封面上。同时,被称作武士之花的樱花也在日本有着广泛的民众基础。樱花被赋予"为了瞬间灿烂而不惜身死"的民族精神,象征着勤劳、勇敢和智慧,日本更是被誉为"樱花之国"。每年的3月15日是日本的樱花节。

第二节 历 史

一、从绳纹文化到摄关政治(至公元11世纪前后)

在距今约一万年前的冲积世时代,日本与亚洲大陆分离,形成日本列岛。日本人的祖先是自洪积世时代开始从亚洲大陆上迁居而来,北方来的人种与南方来的人种混杂在一起。以狩猎和捕捞作为主要生活手段的绳纹社会是日本最初的社会,在日本列岛延续了数千年。在这期间,日本还受到中国大陆高度发达的文明的影响。

公元前3世纪至公元2世纪,受日本内部生产力的发展和大陆文化的影响,在九州北部产生了以农耕为中心的"弥生文化"。弥生时代,社会产生了贫富差异和身份区别,日本开始进入阶级社会。公元1—2世纪,九州北部及西日本的各地已成立了许多"小国",这些"小国"之间的斗争日益尖锐,朝着更大范围的政治上的统一发展。公元2世纪后半期,有一个吞并了约30个小国的邪马台国。[①]到3世纪中叶,出现了较大的大和国,逐步征服了日

---

① 关于邪马台国建立的具体位置及其是否统一日本还有待考证,自226年倭之女王向洛阳派出使者以后约150年期间,中国的历史书上未见有关于倭国的记载。

本中部大部分地方，开始朝着统一日本的方向发展。在 4 世纪前半期大和朝廷完成了国家的统一。

公元 4—6 世纪前后是日本的古坟时代，这时大和朝廷的首长已被各地豪族称为大王，成为拥有强大政治和军事力量的君主。从 5 世纪初开始约一个世纪的期间，大和朝廷曾控制朝鲜半岛的南部，同北部的高句丽交战。随着大和朝廷统一国土的拓展，国家组织在 5 世纪末相继建立。5 世纪后半期，大和国家内部各豪族之间对立激化，叛乱时有发生，危及大王的地位。因此，大和朝廷企图同强大的大豪族苏我氏结成联盟来巩固统治地位。但苏我氏在 592 年暗杀了崇峻天皇，继之即位的推古天皇于 593 年任命圣德太子摄政，令其与苏我氏合作进行改革，日本开始进入飞鸟时代。645 年，中大兄皇子和镰足等人消灭苏我氏。随后，掌握了政权的天皇进行大化革新，加强了以天皇为中心的中央集权。

公元 7 世纪后期，日本学习大唐律令，天皇律令制国家开始形成。此后，大和朝廷逐渐征服了周边小国，不断扩大统治范围。710 年之后的 80 余年间，被称作奈良时代。朝廷在这一时期力图整顿混乱的政治形势，将本州、四国、九州以及包括佐渡、隐岐、对马等周围的岛屿归入其管辖范围，日本律令制社会进入鼎盛时期。

公元 794 年，桓武天皇将首都从奈良迁到现在的京都——平安京，此后约 400 年间，被称作平安时代。平安时代初期，律令制开始逐渐走向崩溃。

在旧豪族没落的同时，新兴贵族势力逐渐扩张，藤原氏在原有政治实力的基础上势力更加强大。处于天皇外戚地位的摄关家①利用天皇在律令制中的崇高权威，逐渐获得了很大的权力。从 10 世纪后半期到 11 世纪前后，是摄政、关白掌握实权的时代，称为摄关政治时代。

随着律令制国家组织日益变为形骸，具有浓厚私人主从关系的武士团产生，为向封建制度过渡打下了基础。

二、武家社会的形成和幕府的盛衰（12—18 世纪）

从 11 世纪中期开始，日本贵族阶层内部矛盾不断。源氏的赖朝在打败平氏获得霸权之后，逐渐建立起了代表武士利益的封建军事政权。1189 年，赖朝消灭敌对势力，镰仓幕府的权威遍及整个日本。1192 年，赖朝被任命为征夷大将军，建立镰仓幕府。幕府是以将军为中心而建立起来的政治机构和军事组织，将军与御家人间通过土地的给予结成主从关系。镰仓幕府作为日本最初的封建政权，其势力逐渐压倒旧的庄园领主，将军逐渐成为事实上的统治者，幕府逐渐取代皇室成为国家权力中心。1333 年，执掌实权的北条氏被消灭，镰仓幕府灭亡。

1336 年，后醍醐天皇在吉野建立与京都皇室对立的新政权，日本进入南北朝时期。1338 年，足利尊氏被北朝任命为征夷大将军，在京都开设了新的幕府——室町幕府。到第三代将军足利义满时，以足利家族为首的守护领国制建立，室町幕府稳固了统治并逐步压制住南朝的势力。1392 年，南北朝合体结束了日本长达 60 年的分割状态，足利义满在全国范围确立起幕府将军的绝对统治权，成为室町幕府最盛期的缔造者。1467 年，幕府内部爆发争

---

① 摄政、关白均出自藤原氏一家。

夺将军之位的战争（应仁之乱）。战乱令幕府权威一落千丈，地方各守护大名拥兵自重，相互征伐，日本进入战国时代。1573 年，室町幕府第 15 代将军被逐出京都，室町幕府灭亡。

1590 年，丰臣秀吉在平定了各地大名之后重新统一了日本，战国时代结束。但丰臣秀吉于 1598 年去世之后，日本再度陷入混乱。1603 年，最有实力的大名德川家康被任命为征夷大将军，建立江户幕府，开始了最强盛也是最后的武家政权，此后 260 多年间被称作江户时代。德川幕府加强对国内大名的控制，逐步确立了幕藩体制，并实行锁国政策。随着幕藩体制自身矛盾的激化以及日本商品经济的发展，江户时代中后期，幕府权威逐渐下降。从 18 世纪末到 19 世纪初，欧美各国船只开始在日本近海出现，日本的封建社会走向尽头。

三、近代国家的建立（1853—1914 年）

1. 黑船来航和倒幕运动

1853 年，美国东印度舰队司令官佩理率 4 艘黑色蒸汽战舰来到浦贺，培理向日本递交国书，以强硬态度要求日本"开国"。1854 年，佩理率领 7 艘军舰再次驶进日本，强迫日本缔结条约。同年 3 月，幕府缔结了《日美亲善条约》，打破了日本长达 200 年的锁国体制。

1858 年，幕府在没有获得朝廷敕许的情况下，先后同美、荷、俄、英、法缔结了友好通商条约（"安政五国条约"），招致朝廷与幕府的对立。开港后的日本国内经济大混乱，爆发了激烈的攘夷运动，幕府权威不断受到挑战。此时，希望建立以天皇为中心的统一国家的新尊王论与攘夷论结合，掀起了"尊攘派运动"。幕府对京都的"尊王攘夷派"人士进行抓捕和暗杀，尊王攘夷运动严重受挫。斗争的失利使"尊王攘夷派"认识到：若想抵御外国侵略，使本国独立富强，必须打倒软弱无能的幕府。"尊王攘夷派"随即改变战略，由"攘夷派"转化成了"倒幕派"。

1867 年，孝明天皇去世。在倒幕派的支持下，即位的皇子睦仁实行"王政复古"，废除摄政、关白、幕府，发布《王政复古大号令》，宣布成立以天皇为中心的新政府。1868 年，幕府军与倒幕军开战，幕府战败投降，德川幕府宣告终结。

2. 明治维新

1868 年，睦仁改年号为"明治"，次年将首都从京都迁到东京（即江户），随即颁布并实施了一系列革新措施，被称为"明治维新"。

"明治维新"始于建立中央集权的政治体制改革。1869 年，明治政府开始实行"版籍奉还"和"废藩置县"政策。各领国将领地和百姓的统治权上交中央政府，领主失去特权，成为政府官员并以政府俸禄为生；同时废除各藩国，在全国范围内建立府、县的行政建制。明治政府还废除了"士、农、工、商"四阶身份制，对全国人口重新进行登记，建立现代化户籍制度。经济方面，政府于 1882 年设立日本银行，统一货币，废除各藩设立的关卡，允许农民自由流动；进行地税改革，确立了土地私有权和以近代的形式建立租税制度。这些措施为资本主义发展创造了条件。文化方面，明治政府学习西方各国先进的近代思想和科学技术，大力普及、振兴教育。通过改革，日本急速迈入近代国家的行列。

3. 自由民权运动和立宪国家的建立

随着欧美近代思想的传入，国内要求政治权利的主张愈发强烈。19 世纪 70 年代，日本国内各种不满现状的政治力量掀起政治斗争，要求开设选民议会、实行君主立宪、减免地租、废除不平等条约等。

1874年,板垣退助、后藤象次郎、江藤新平等人结成爱国公党,揭开了自由民权运动的序幕。此后,各地纷纷建立民权组织。1875年,出现了全国性的爱国社。1878年,自由民权运动逐步发展成为全国规模的政治运动,全国各地签名请愿活动声势浩大。但明治政府镇压收买兼施,以期瓦解自由民权运动。1881年发生政变,政府发布《国会开设救谕》,保证10年后公布宪法和开设国会,成为日本向君主立宪制过渡的起点。之后,政府自上而下推行资本主义化,1886年,大同团结运动将民权运动推向高潮。1888年,新设了枢密院。1889年,《大日本帝国宪法》制定完成。翌年,政府进行了首次国会选举,帝国议会正式设立。自由民权运动是一场资产阶级革命运动,推动了日本近代国家的形成。

4. 近代国家的发展和帝国主义化

"明治维新"以后,急速迈入近代国家的日本极力效仿西方国家,采取极端欧化政策。在废除幕府同欧美列强签订不平等条约的同时,企图通过侵略周边亚洲国家谋求本国发展。自19世纪70年代起,日本便不断干涉朝鲜内政并与清廷产生冲突。在1895年甲午战争胜利后,日本抢在其他国家之前获得了对华资本输出的权利,并占据中国台湾。1904年日俄战争胜利后,将朝鲜和中国东北的南部划为自己势力范围。1910年,日本吞并朝鲜,将朝鲜变为日本的殖民地。到1911年,日本废除了所有的不平等条约。

与此同时,日本政府以从清朝获得的巨额赔款为资本,发展金融与贸易,扩张军备,加之战时经济的影响,一度出现了经济繁荣的景象。

进入近代社会的日本,尽管仍保留了大量的封建残余,但正如列宁所指出的,"掠夺异族如中国等的极便利地位的垄断权,部分地补充和代替了现代最新金融资本的垄断权"。[①]日本已经加入了帝国主义的行列。

四、"两战"期间的日本(1914—1949年)

1. 第一次世界大战期间的日本

20世纪初,帝国主义以欧洲为中心分裂成两个阵营。1914年,一战爆发。日本内阁认为参加战争将会提高日本在国际政治中的地位,因而以日英同盟为由加入协约国一方,对德宣战。

一战期间,趁欧美列强忙于战争之际,日本向欧洲各国输出军需品,并打进亚洲各国的市场,获得了巨大的经济利益。一战结束后,1919年,参战国在巴黎召开和会,日本向凡尔赛会议派去全权代表,通过会议继承了德国在中国山东所有的权益。

2. 战后经济危机和军国主义化

战后,欧洲各国迅速复兴,欧洲国家商品重新打入亚洲,使日本经济受到沉重打击。1920年,股票价格暴跌拉开了日本战后首次经济危机的序幕。

经济危机之下,各产业部门受到严重冲击。国内矛盾的激化使法西斯势力抬头,右翼分子和青年军官大肆活动,进行了一系列暗杀活动。法西斯分子热衷于建设高度国防化的国

---

① 列宁. 帝国主义和社会主义运动中的分裂. 列宁选集:第2卷[M]. 北京:人民出版社,1960.

家，公开倡导发动对外侵略战争。1934 年，陆军省发行《国防的真实意义和加强国防的主张》，鼓吹战争是"创造之父、文化之母"，赞美军国主义，排斥个人主义，主张通过实施统制经济来促进国防建设。至此，军部加强对国内思想、言论的镇压，通过政府的文化统治，强化军国主义思想，推行法西斯化。在经济军事化和政治法西斯化的过程中，根据军部的国防方针，广田内阁实行"国策基准"，积极准备对外扩张。

3. 侵华战争和第二次世界大战

日本国内统制派军人掌握军政大权后，拉开了大规模侵略战争的序幕。1931 年 9 月 18 日，日本发动侵华战争，袭击中国沈阳，1932 年，占领中国东北三省，扶持清朝末代皇帝建立"满洲国"。1933 年 3 月退出国际联盟，1937 年 7 月 7 日，日军发动"卢沟桥事变"，开启全面侵华战争。

1939 年 9 月，德国对波兰宣战，英、法对德国宣战，第二次世界大战爆发。日本作为德国和意大利的同盟国，是太平洋战场的主力军。1945 年 5 月，纳粹德国投降。同年，8 月 15 日，日本接受《波茨坦公告》，宣布无条件投降。

五、战后日本的发展（1949—1980 年）

1. 战后日本的非军事化和民主化

1945 年，日本投降后由美国单独占领。占领期间盟军对日本实行非军事化改造，解散了日本军队。美国对日本进行了民主化改革：赋予妇女参政权、保障工人权利、教育民主化、废除专制政治和经济民主化等。1946 年开始实施农地改革，铲除了明治以来的地主制；1946 年 11 月公布了《日本国宪法》，确立了资产阶级政治体制。民主化改革清除了明治维新以来残存的封建势力，为战后日本的经济复兴奠定了基础。

2. 朝鲜战争与日本经济的复兴

日本在第二次世界大战中损失了国家财富的 35%，共计约 264 万人死于战争。全国 20% 的房屋被毁，外国进口资源全部断绝；600 万复员人员回国，失业人数庞大。在战后日本经济百废待兴之时，1950 年 6 月朝鲜战争的爆发给日本带来了转机。地处朝鲜东邻的日本成为美军的军事基地和作战物资供应地，战争"特需"直接推动了日本经济的发展。驻日联合国军官兵的消费开支、向南朝鲜提供的物资以及外国有关机构支付的款项等，都是日本国际收支逆转的一个重要原因。在美国全力应付战争、出口量锐减的同时，被卷入"冷战"体制的西欧各国也急需扩大进口，从而为日本商品进入世界市场大开方便之门。以此为起点，日本的出口贸易额急剧增长，外汇储备迅速增加，原本十分暗淡的经济形势豁然开朗，日本经济靠着朝鲜战争带来的契机走出了战后经济的低谷。战争的特殊性决定了"特需"的临时性，但由于日本经济经历了 1950—1953 年的积累、调整，在预料的衰退来临之前采取了积极的应对措施，致力于实现不依赖于特需的经济平衡，因此，安然度过了短暂的"停战不景气"期。

3. 20 世纪 60—70 年代经济的高速增长

到 20 世纪 60 年代中叶，日本虽然没有自己的军事力量，在国际事务中没有发言权，但它创造了一系列数字奇迹：世界第二经济强国；人口已经超过 1 亿，男性的平均寿命 65 岁、女性 70 岁；1965 年人均收入超过 600 美元等。

尤其值得一提的是日本的经济奇迹。1950 年，日本在造船业上超过英国，1961 年在钢铁生产上又超过英国。20 世纪 60 年代，日本的收音机和电视机制造仅次于美国。在同一时期，汽车制造业超过西德，成为世界第三。从 1955—1973 年将近 20 年的时间里，日本无论是在生产还是消费方面都以美国作为样板，以投资促投资的良性循环，使得经济年平均增长率持续保持在 10%以上。1973 年，日本实际国民生产总值达到 1946 年的 11 倍，达到战前水平（1934—1936 年）的 7.7 倍。1956—1969 年出现了四次经济大繁荣，为世界经济史上的奇迹。到 20 世纪 80 年代，日本出现泡沫经济，经济高速增长期结束。在 20 世纪 90 年代日本经历了长时间的经济衰退，被称为"失落的十年"。

第三节 国 家 体 制

一、日本国宪法

1946 年 11 月 3 日，日本公布了战后新宪法《日本国宪法》，于 1947 年 5 月 3 日生效。宪法的基本原则是主权在民、和平主义和尊重人权。宪法规定，以民选议员组成的众议院和参议院的两院制国会为国家最高权力机关；天皇在政治上无任何权限；明文规定放弃战争，宪法第 9 条规定，"日本国民真诚希求基于正义与秩序的国际和平，永远放弃以国权发动战争、以行使武力或武力威胁作为解决国际争端的手段。为达此目的，不保有陆海军及其他战争力量，不承认国家的交战权"。因此，该宪法被誉为"和平宪法"。

从 20 世纪 50 年代末开始，日本国内围绕"改宪"与"护宪"所进行的斗争一刻都没有停止过。特别是 20 世纪 80 年代以来，宪法第 9 条愈发成为日本迈入政治大国和军事大国行列的障碍，日本的修宪活动也逐渐由"解释改宪"向"立法改宪"过渡。1991 年，以海湾战争为契机，参议院通过了《联合国维持和平行动合作法案》。"9·11"事件后，政府又在国会通过了"恐怖对策三法案"，扩展了自卫队的活动空间，扩大了武器使用对象。这样，日本实质上有了行使"集体自卫权"的法律依据。

二、地方自治制度

日本是单一制议会制国家。全国分为 1 都（东京都：Tokyo）、1 道（北海道：Hokkaido）、2 府（大阪府：Osaka、京都府：Kyoto）和 43 县（省），下设市、町、村。日本的都道府县以及市町村都实行地方自治，自治权赋予地方公共团体。①地方自治以宪法为依据，在宪法的基础上还制定了《地方自治法》。地方自治权包括地方财政和地方财产管理权，地方公共事务和公益事业管理权、课税权、警察权、统制权等行政执行权，在法律允许范围内制定地方条例权等。自治机关由地方行政机关和地方议会组成，各级行政首长和议会议员均由居民直接选举产生。

---

① 即日本地方政府。由于日本普遍实行地方自治，因此除了日本中央政府外，各个地方没有"政府"这一称谓，而是只有市町村的"役所"，如市役所、町役所、村役所等。"地方公共团体"是地方政府在日本法律中的正规名称。

在中央与地方关系方面，虽然宪法和法律限制中央对地方的统制监制权，但中央对地方实行严格的监督和指导。如地方议会制定、修改或废除条例必须报自治省大臣核准；制定预算必须符合中央预算规定的比例；各项公共事务的管理应受到有关省大臣的监督；总理有权直接罢免地方行政首长，地方大多数公务员由自治省安排等。

三、国家机构

日本最高权力机关是国会，它由参议院和众议院构成。众议院定员为 475 名，参议院定员为 242 名。国会议员根据法定程序选举产生，参议员任期 6 年，每 3 年改选半数，众议员任期 4 年。宪法规定，内阁可以解散众议院并在其后举行大选。但是参议院不能被中途解散，只能按期选举。在权力上，众议院优于参议院。每年 1 月至 6 月召开通常国会，会期 150 天。其他时间可根据需要召开临时国会和特别国会。

天皇是日本的象征，是日本国民整体的象征，其地位以主权所在的全体国民的意志为依据。宪法否定了天皇对国家的统治权，天皇有关国事的一切行为，必须有内阁的建议和承认，由内阁负责。天皇虽然没有政治实权，但备受民众敬重。日本是世界上唯一一个宪法没有赋予君主任何权力的君主制国家。

日本内阁为最高行政机关，由内阁总理大臣和分管各省、厅（部委）的大臣组成。内阁总理大臣也称首相，是政府最高行政首脑，由国会提名经议员选举产生，并经天皇任命。内阁其余国务大臣均由首相任命，但其中 1/2 以上必须从议会议员中选任。二战后，历届内阁绝大部分成员是由在议会中占多数议席的政党（执政党）议员组成，该党的领袖便自然出任内阁总理大臣。总理大臣的权限很大，不仅可以对外代表内阁、任免国务大臣、主持内阁会议，还可以对各行政部门进行监督、依国家公安委员会的建议宣布国家进入紧急状态，总理握有自卫队的最高指挥监督权，有权动用武装力量。

日本最高法院根据《日本国宪法》设立，是日本的最高审判机关，也是日本的最高法院。最高法院长官（院长）由内阁提名，天皇任命，14 名判事（法官）由内阁任命。每位法官在获得任命后于初次举行的众议院议员选举中接受国民审查，此后每隔 10 年需接受一次国民审查，即普通国民可以投票罢免不称职的法官。最高法院作为终审法院，主要负责对宪法及法律释义的审议以及对高等法院上诉案件的审理。

四、选举、政党和群众组织

1. 选举

根据宪法，日本年满 20 岁以上者均有选举权，公民的选举权集中体现在众议院、参议院大选和统一地方选举上。

众议院大选（又称为"总选举"）分两种情况：一种是因议员任期届满举行的选举。根据宪法规定，在众议院未被解散的条件下，众议院议员选举每四年举行一次，它是全体选民参加的直接选举，实行小选举区与比例代表并立制，投票方式为 1 人 2 票制，即选民给小选区的一个候选人和比例选区的一个政党各投 1 票。一般情况下，众议院大选在任期届满前 30 天举行。另一种是因内阁总理大臣解散众议院而举行的选举。这种选举必须在从国会闭会之日起40天以内举行。

参议院大选又称为"通常选举"。按宪法规定,参议院共有242个议席,议员任期6年,每三年改选一半,不得中途解散。参议院选举分为小选区和比例代表选区两部分,小选区由选民直接对候选人进行投票,而比例代表选区则是由选民对各政党进行投票,并根据得票多少,按一定比例给各政党分配议席。

统一地方选举,是由都道府县和市町村举行的地方自治体行政长官和地方议会议员的选举。地方行政长官和地方议会议员的法定任期为4年,可连选连任。统一地方选举均在每年的3—5月进行,主要采取相对多数代表制,获得选票最多的候选人当选。选民投票以单记名方式进行,即每个选民有一个投票权,选一名候选人。地方行政长官与地方议会议员分开进行。

除了上述三种选举以外,政府也会因选举的全部或一部分无效,或选人不足、为补足人数而举行"再选举"。当国会议员出缺达到一定数额,如众议院选举区的众议员出缺2人,参议院全国选举区及地方选举区的参议员出缺达到选举名额总数四分之一以上时,则需要进行"补缺选举"。

2. 政党

日本实行多党制,虽然在国会中占有席位的政党不少,但自由民主党(简称自民党)自1955年以来长期单独执政。1993年,自民党一党执政的局面瓦解,日本各政党也随之进入新的分化组合期。1996年以来,自民党确立了新的"一党优位制",即以自民党为核心的多党联合执政。在2003年日本第43届众议院选举和2004年20届参议院选举中,民主党与自民党的差距不断缩小,两党包揽了两院90%以上的席位,初步形成了两党主导日本国内政治发展与政策走向的格局。2005年,自民党在第43届众议院选举中赢得了296个席位,超过议席总数的2/3。目前,日本主要政党有执政的自民党、公明党;在野的民进党、日本共产党、日本维新会、自由党、社民党等。

2012年12月安倍内阁执政以来,历经2013年参议院选举与2014年众议院选举,政党格局呈现"一强多弱"的结构内涵,而且自民党的"一强"地位日益突出。①在2012年众议院选举中,自民党获得294个议席,议席率为61.25%;在2014年众议院选举(议员定额由480名减至475名)中,自民党获得290个议席,议席率为61.05%,且与公明党合计的执政党议席率为68.42%,创历史最高纪录。

与自民党的"一强"形成鲜明对比的是在野党前所未有的"多弱"。在2012年12月众议院选举中,与自民党的294席相比,在野党势力的"多弱"结构如下:民主党57席,日本维新会54席,大家党18席,日本未来党9席,日本共产党8席,生活党7席,社民党2席。在2014年12月众议院选举中,与自民党的290席相比,在野党势力的"多弱"结构如下:民主党73席,维新党41席,日本共产党21席,次世代党、社民党与生活党均为2席。

从政党政治格局来看,在日本政坛总体保守化的形势下,和平主义与左翼政治思潮式

---

① 作为最重要的执政党,自民党1955年成立以来除了在2009年众议院选举中沦为第二大党之外,一直处于相对"一强"的地位。

微，政治右倾化的民族主义得以迅速提升。

3. 群众组织

日本的联合工会主要有两个：一个是全国劳动工会总联合会，简称"全劳联"；另一个是日本劳动工会总联合会，简称"联合"。日本工会的组织形式基本是以企业工会以及产业工会为单位，而且大部分企业工会按照产业类别组成全国性的工会组织，如日本汽车工人工会、全日海员工会、金属机械制造业工人工会，等等。

二战后，日本的社会组织在数量、种类、涉足领域、活动范围及法律环境等方面都有了突飞猛进的发展。1945年至20世纪60年代初，和平运动、民权运动风起云涌，大批工会组织和妇女组织出现。这些组织政治性强，与政府对抗的意识明显；20世纪60年代末至70年代初，消费者保护运动、环保运动异军突起，出现了大批环保组织、消费者保护组织和慈善基金会；20世纪70年代末至80年代初，日本自身的大国意识、大国职责感不断加强，再加上全球化的影响，日本国际化的社会组织开始出现并获得发展。据统计，日本国际化的社会组织在20世纪60年代末仅有7个，到90年代中期已达190多个。[①]

第四节 外 交 政 策

一、外交环境的改变

二战后初期，日本被盟军占领丧失主权，在防务上日本只能依靠美国的保护，这样的处境使日本外交上不得不选择追随美国。20世纪50年代中期以后，日本经济快速增长，对国外资源和市场的需求随之急剧增加，尤其是在1956年加入联合国后，日本国民的自信和自主意识进一步增强，日本迫切希望能自主地发展同其他国家和地区的贸易及外交关系。

20世纪70年代初，国际形势发生重大变化，中美关系缓和，亚洲冷战局势趋于松解。特别是20世纪90年代以后，伴随着冷战的结束，世界多极化趋势的出现，以及中国与韩国的崛起，日本亟待调整外交战略。

二、外交政策的演变

第二次世界大战后，日本外交政策的基本取向是以日美同盟为基轴，以亚洲为战略依托，重视发展大国关系，积极参与地区及全球事务，谋求政治大国地位。

战后至冷战初期，日本奉行服务于经济发展的外交战略。盟军单独占领日本后，日本确立了依托美国的庇护，回归国际社会，发展壮大国力的"重建日本"的经济外交战略，将主要精力投入经济建设中。日本经济在1952年恢复到战前水平，在1968年超过联邦德国而成为西方阵营仅次于美国的第二大经济体。在发展经济的同时，日本的"经济中心主义"不排斥加强国际交往与外交互动。为了消弭吉田内阁时期"对美一边倒"外交对日本安全带来的负面影响，鸠山一郎内阁于1956年恢复日苏邦交，并顺利加入联合国。日本外务省于1957

---

① 王振海，黄水冰等. 寻求有效社会治理 国内外社会组织发展范式分析 [M]. 北京：社会科学文献出版社，2010.

年首次发布《外交蓝皮书》，确认了"外交三原则"，即联合国中心主义、与自由主义国家相协调、坚持作为亚洲一员的立场。20 世纪 70 年代，随着日本国际经济地位的提升和经济大国地位确立，日本外交路线调整为加强自主外交、力求参与主导亚洲事务。日本在坚持日美同盟的前提下进入了自主外交的探索时期，追求外交自主和外交渠道多元化，扩大国际社会发言权，同中国邦交正常化，提出福田主义，加强与东南亚国家的交往。

20 世纪 80 年代，日本确立"国际国家"的政治大国理念，力求在新的国际秩序构建中发挥主导作用，希望成为与经济大国地位相称的参与国际事务的国家，经济优先的观念转变为经济政治并重。20 世纪 90 年代，日本重点发展与东南亚国家的关系，加强与欧洲国家的关系，寻求欧洲对日本大国化战略的支持，力争成为日美欧三极中的一极。

进入 21 世纪后，随着全球化的发展，日本从维护自身利益出发，对外交战略进行了重新定位，以期摆脱"战后体制"、承担"国际责任"，追求与经济实力相对应的政治大国地位。在 2002 年的《21 世纪日本外交基本战略——新时代、新视野、新外交》报告明确指出，战略的基础是国家利益，日本必须基于国家利益制定长远战略。2013 年 12 月出台的《日本国家安全保障战略》内容涉及加强日美同盟关系、提升自身的防卫实力以及"爱国心"三点条件，这是完全基于"国家利益"而制定的国家战略，是日本外交战略的重大变化。据此，日本强化了日美同盟关系和"战略性外交"。

三、日本对外文化政策和机构

日本政府认为，文化是在相互交流和彼此影响中不断发展的。因此，为振兴日本文化、扩大日本文化在海外的影响力，日本既要开展超越国界的国际文化交流，也要在文化艺术领域对世界有所贡献和建树。日本的国际文化交流主要由外务省文化交流部负责，其他政府部门的对外文化交流需接受该部门的协调和指导。该部门除制定相关的文化交流政策外，还与其管辖的独立行政法人——日本国际交流基金会密切协作，大力开展国际文化交流工作。相比而言，文化厅的国际课和国际文化交流室主要从事一般和事务性的国际文化和人员交流。日本对外文化交流政策主要表现在以下方面。

1. 普及日语教育

为普及针对外国人的日语教育，日本不断改善日语教育指导方法，继续实施和完善面向外国民众的日语能力考试和日语教育能力认定考试，加大向国外派出日语教师志愿者的力度，并对海外日语教育工作和效果进行科学评估。

2. 通过文学作品传播日本文化

日本采取政府出资和资助等多种方式，将日本的优秀文学作品翻译成英语、法语、德语、俄语和中文等多种外语，并在国外出版，以传播日本文化。

3. 通过各种方式让世界了解日本

一方面，日本资助地方文化遗产保护人员参与国际交流与合作、举办文化遗产和艺术品的海外交流展、组派或推介国内民俗艺术表演团体和艺术家参加在他国举办的国际民俗艺术节；另一方面，建立专门的英语或多语种日本文化网站，积极宣传和介绍日本传统和现代文化。再者，通过与他国互办或主办"国家（文化）年"、文化节和艺术周等形式，大力开展双边或多边的国际文化交流活动，从而让世界了解日本。

4. 加大对外文化援助力度

日本的对外文化援助主要集中在保护传统文化与艺术教育等领域。"一般文化无偿援助"项目资金约 3 亿日元，主要捐给发展中国家及地区的政府和官方机构，"利民工程文化无偿援助"项目资金在 1 000 万日元之内，主要捐给发展中国家和地区的民间机构。援助内容是各类文化教育类器材和设备。

四、中日关系

1. 历史往来（ —1868 年）

中日之间的往来有着非常悠久的历史。据可考文字来看，至少有两千多年。中国史书中多次记载了日本向中国的朝贡。592 年，日本推古天皇派遣使节和留学生到隋朝学习；607 年，日本使者小野妹子拜访隋朝；630 年，日本舒明天皇派遣最早的遣唐使。7 世纪中后期开始，日本积极学习中国文化并不断向中国派遣遣唐使。645 年，孝德天皇推行大化革新，学习唐朝官僚体制；8 世纪初，日本还以唐律为蓝本制定了《大宝律令》。唐朝时，中日在佛教文化方面亦有密切的交流往来：717 年，日本僧人玄昉受遣入唐；753 年，僧人鉴真在遣唐使陪同下东渡成功；804 年，日本僧人空海赴长安等。

宋朝时，两国官方交往不多，但民间贸易往来和佛教传播依旧有所发展。明朝永乐年间，明成祖派遣郑和抵达日本，日本答应派遣使节朝贡。明朝中后期，日本流浪武士勾结明沿海奸商，侵扰中国和朝鲜沿海。丰臣秀吉统一日本后派军入侵朝鲜，明朝出兵援朝，战争前后持续 7 年之久。①后由于丰臣秀吉病逝、日军最后撤回日本而结束。清朝前期，日本认为中国"由夏变夷"以及两国的锁国政策导致二百年间两国政府关系隔绝，除长崎贸易外，无任何其他政府和民间的沟通渠道。

2. 日本侵华时期的中日关系（1868—1945 年）

19 世纪中叶，中日同时面临被列强瓜分的命运。但是，日本在进行了明治维新（1868 年）之后迅速崛起，开始奉行亚洲大陆扩张政策，走上了一条穷兵黩武的军国主义道路。这一时期的中日关系主要是日军侵华和中华民族奋起抗争的历史。

1874 年，日本入侵台湾，清朝承认日本是"保民义举"，赔偿白银 50 万两。1876 年，日本强行接管清藩属国琉球的司法与警察权，琉球王国名存实亡。1894 年，中日甲午战争爆发，清军战败，清政府被迫与日本签订《中日马关条约》。

1931 年 9 月 18 日，日本发动"九一八事变"，对中国东北军发动突袭。次年 3 月 1 日，日本扶持清朝末代皇帝溥仪成立傀儡政府。1932 年 1 月 28 日，日本发动"一·二八事变"入侵上海。后由于英、美、法等国的调停，中日政府签订《淞沪停战协定》。1937 年 7 月 7 日，日本发动"卢沟桥事变"，抗日战争全面爆发。直到 1945 年 9 月 2 日本无条件投降，中日之间一直处于战争状态。

---

① 中国称之为万历朝鲜战争，韩国则称之为壬辰倭乱。

3. 无正式外交关系时期的中日关系（1945—1972年）

二战之后，日本吉田茂内阁敌视新中国，无意同中国修好。1952年，日本与台湾当局签订"中华民国与日本国间和平条约"，建立"外交"关系。

1952年6月，亚太和平会议筹备会在北京召开，特邀日本各界人士参加。日本国会议员高良富等冲破重重阻力、历尽艰险出席北京筹备会，开辟了中日关系的新纪元。1954年，中国红十字会代表团对日本进行友好访问，这是新中国首次团体访日。之后，中国京剧团、中国学术考察团也对日本进行了友好访问。1955年10月，东京首次举办了中国商品展览会；次年10月，北京举办了日本商品展览会。1956年6月，中国方面释放1 017名日本战犯。此后，因台湾等问题中日关系一波三折，主要停留在民间贸易往来上。

20世纪70年代，国际形势风云突变。1971年，恢复了在联合国合法席位的中国，提出"中日复交三原则"：中华人民共和国是代表中国的唯一合法政府；台湾是中华人民共和国神圣不可分割的一部分；"旧金山和约"是非法的、无效的，必须废除。这一时期的美国也开始调整对华政策。为了获得外交上的主动权，日本决定改善中日关系。

4. 中日关系新篇章（1972年—　　）

1972年9月下旬，日本首相田中角荣和外务省大臣大平正芳率团访问中国。同年，9月29日，双方签署了《中日联合声明》，实现了中日邦交正常化，结束了两国间无正式外交关系的不正常局面。1973年1月，中日互设大使馆。1978年，中日双方在北京签订《中日和平友好条约》，两国从法律上完全结束战争状态。之后，中日双方领导人多次互访，进一步加深了中日友好关系。

20世纪80年代以后，中日关系摩擦与友好并存。日本文部省在教科书中美化、歪曲侵华史以及日本首相率阁僚参拜靖国神社等行为影响了刚刚回暖的中日关系，但总体而言，双方关系在摩擦中继续前行。中日高层多次互访，提出了"和平友好、平等互利、长期稳定、互相信赖"的发展中日关系"四原则"，中日在贸易、金融、经济合作等领域取得了一系列成就。

第五节　经　　济

一、经济发展特征

二战期间的日本经济遭到严重破坏。战后初期，日本工业设备破坏严重，生产能力锐减；战时军费的大量支出导致恶性通货膨胀，生活必需品奇缺。经济复兴伊始，日本在美国占领当局的"间接统治"下实行改革，为战后日本经济与社会发展奠定了基础。

经历了战后20世纪50—70年代的经济高速增长之后，自20世纪90年代开始日本经济长期低迷，被认为是"失去的十年"。2002年之后，日本经济回暖。目前，日本是世界第三经济大国，2015年国内生产总值（GDP）约为4.1万亿美元，人均国内生产总值约3.2万美元，国内生产总值增长率为2.2%，对外贸易额约1.3万亿美元。截至2016年5月底，外汇储备达12 540亿美元，拥有约3.1万亿美元海外资产，是当今世界最大的债权国。

二、20 世纪 50—70 年代的经济奇迹

从 1955 年到 1973 年将近 20 年的时间里，日本经济平均年增长率保持在 10%以上。1973 年，日本实际国民生产总值（GNP）达到 1946 年的 11 倍。14 年内连续出现了 4 次经济大繁荣：1956 年夏至 1957 年 5 月的"神武景气"，1958 年下半年至 1961 年末的"岩户景气"，1962 年末至 1964 年秋的"奥林匹克景气"以及 1965 年至 1969 年的"伊奘诺景气"。这 4 次经济大繁荣，持续了 135 个月，堪称世界经济史上的奇迹。

究其原因，首先，日本注重技术引进与革新。日本大力引进先进技术，通过模仿、消化和改良，迅速使之产业化、产品化。由于引进技术引发了设备投资的迅速增长，出现了"投资呼唤投资"的热潮。以投资促投资的良性循环，使整个经济活跃起来。

在整个经济高速增长时期，日本政府所推行的积极干预政策也发挥了巨大作用。在政府制订的 36 个长期计划中，影响最大的是《国民收入倍增计划》。该计划提出了"极大地提高国民生活水平和充分就业，为此必须极大地谋求经济的稳定增长""十年后我国按人口平均计算的国民收入为 20.8 万日元，约达到现在两倍的水平"的目标。并为此提出了五项具体的政策课题，包括：充实社会资本、加强日本社会公共性设施；促进产业结构高度化；促进对外贸易和国际经济合作；提高人的能力和振兴科学技术；调整二重结构确保社会稳定。经济发展计划确保了经济的稳定增长。

其次，贸易和资本的自由化促进了日本的对外贸易和资本输出。日本于 1959 年 11 月、12 月和 1960 年 1 月连续三次放宽了进口限制，并制订了《贸易和汇兑自由化大纲》和《贸易和外汇自由化促进计划》。1960 年，日本的贸易自由化率为 41%，这一数字到 1964 年时达到了 93%。1967 年 6 月至 1971 年 8 月，日本先后实行了 4 次资本自由化。到 1973 年，除了农林水产业、石油精制贩卖业、皮革制造业和零售业五个行业外，其他行业原则上实行 100%的资本自由化。贸易政策的修订为急速增长的产品提供了相对稳定的市场。

此外，廉价的石油与原材料、稳定的国际环境、朝鲜战争引发的需求扩大等也是日本经济高速增长的重要因素。

三、政府主导型经济发展模式

1. 理论基础和特点

20 世纪 60—70 年代，日本形成了政府导向型经济模式。该模式的主要特点是在政府战略发展目标指导下，通过国家干预和强有力的宏观政策发展经济，即将整个国家作为一个"大的企业集团"，通过统一的经济战略发展计划，根据经济发展环境，采取协调一致的产业政策、财政政策、货币政策、投资政策和技术研发政策等，优化资源配置，实现不同时期的产业经济发展目标，加速经济发展进程。

日本政府对经济的介入和指导非常广泛。在政府的指导下，企业与政府密切合作，银行与公司交叉持股。终身雇用制促进了忠诚和高熟练；公共服务（尤其是教育）质量高；银行与其他工商业企业关系密切；公司交叉持股使管理者受到保护，免遭失去耐心的股东影响，从而确保投资的长期性。这种模式又被称为"亚洲资本主义"或"开发政府"，是一种"国家指导的高速增长体系"。

2. 日本经济发展的战略转型——生态经济的发展

日本在迅速推进工业化过程中，特别是在推进重化工业化的时期，由于奉行"经济增长第一主义"，出现了许多国家工业化过程中所存在的环境污染问题。对此，日本政府通过制定、完善与环境相关的法律对企业进行排污限制。如1967年制定《公害对策基本法》，1968年制定《大气污染防止法》和《噪音规则法》，1970年日本国会又全面修改了《公害基本法》，并制定了《海洋污染防止法》等有关环境保护的14项法律，这在当时被称为所谓的"公害国会"。由此，解决公害问题成为日本政府在经济发展中的一个重要课题。

1993年11月，日本颁布了新的《环境基本法》，废除了原有的《公害对策基本法》，从而使作为世界经济大国的日本，从重点解决国内环境问题转向积极参加国际环境合作，共同应付全球环境问题的新挑战。这在日本的环境法制建设过程中是一个历史性的转折。

3. 高工资、高福利、高税收

作为经济发达国家的日本，也是一个高工资国家。据日经社报道，2014年人均现金工资总额为每月316 694日元（按当日汇率约合人民币16 850元）。

日本的社会保障制度带有强烈的家国色彩，形成独特的模式。日本经济自进入高速增长期后，社会收入差距也随之扩大。此时日本政府的发展战略是经济增长与再分配并重，其典型举措就是1957年和1961年出台的"国民皆年金"（全民养老金）和"国民皆保险"（全民健康保险）计划。这些举措对经济发展起到了重要的保障作用。20世纪70年代上半期，日本的养老金、医疗保险、失业津贴、家庭补助等基本国家福利已基本健全。

日本社会保障制度提出之初就是要达到"救贫防贫"的目的。日本的社会保障制度包含社会保险、社会救济、社会福利、公共卫生等内容。社会保险是日本社会保障中最重要的内容，也是社会保障制度的重心，涵盖养老保险、医疗保险、雇用保险、工人灾害补偿保险等方面。其中养老保险和医疗保险已实行了全民皆保险、皆年金的制度体系；社会救济是社会保障最基本的内容，现在日本社会救济制度主要涵盖医疗救济、护理救济、生育救济、生业救济、丧葬救济、教育救济、生活救济、住宅救济共八个方面。

日本社会强调个人努力，但是对于年老、失业等弱势群体，政府也通过社会保障制度、税收制度等实施功能性分配保障其最低生活水平，控制社会整体收入差距水平。就个人所得税而言，政府基于不同的税收承受能力设置不同的税率，对低收入阶层视其家庭结构、家庭人数设立最低征税额，收入在一定金额之下可以免税，而对高收入阶层实行累进制税率。日本的税收政策对缩小收入差距发挥了积极的作用。

四、重要工业部门和工业中心

日本工业高度发达，工业结构向技术密集型和节能节材方向发展。主要部门有电子、家用电器、汽车、精密机械、造船、钢铁、化工和医药等。日本是仅次于美国的世界第二大汽车生产国，2013年上半年，丰田汽车蝉联全球销量冠军。

机械工业是日本工业的中心。日本机械技术水平高，汽车等运输机械、电视等电器电子机械、照相机和手表等精密仪器、计算机等一般机械闻名于世，质量过硬的日本家用电器在海外很受欢迎，特别是电视和摄像机等，对外出口率高达72%。随着半导体技术的发展，性能优良的高科技产品和有利于环保的产品不断增加。

日本汽车产业从 1970 年起取代钢铁产业，成为日本第一大产业。从 20 世纪 90 年代开始，日本汽车企业大力推进国际化战略，在北美、欧洲及其他地区就地设厂、开办企业。以亚洲为例，日系车在亚洲地区迅速扩张，高峰时期每年增长率保持在 30% 以上，使得日系车在东南亚地区有 80% 的市场占有率。

造船业在战后迅速发展，1956 年至今日本造船量一直保持世界第一。日本造船技术发达，能够生产各种规格和要求的船舶。

1997 年，日本化学工业的规模超过了钢铁业。截至 1998 年年末，日本的石化联合企业主要有：日本石油化学、三菱化学、出光石油化学、住友化学工业、丸善石油化学、东燃化学等。成立于 1950 年的三菱化学集团以石油化学、功能产品、卫生保健领域为支柱，已发展成为拥有下属企业 371 家、业务遍布 17 个国家的跨国企业。是当今销售额日本排名第一位、世界排名第五位的综合型化学企业。

日本的工业集中在太平洋沿岸地区（太平洋沿岸带状工业地带），主要有京滨（东京—横滨）、名古屋（名古屋为中心）、阪神（大阪—神户）、濑户内（濑户内海沿岸）和北九州五大工业区。此外，日本还有包括关东内陆工业区、京叶工业区、鹿岛临海工业区、东海工业区、北陆工业区等其他一些工业区。

第六节　社　　会

一、社会结构

日本是岛国，相比其他国家更容易形成同质化社会。战后经济复兴及高速发展使日本的社会结构发生相应变化。随着工业大生产的发展，在资本家与工人之间产生了一个中间阶层，即"白领阶层"。为了区别于之前的旧中间阶层（农民、自营业者），这个白领阶层被称为新中间阶层。20 世纪 70 年代初，日本由经济高速增长转入稳定增长时期。1970 年日本首相府实施的"国民生活白皮书"民意测验结果表明，在全国 1 亿总人口中，超过 90% 的日本人对阶层地位的自我评价是包括"中上""中中""中下"在内的"中流"，表明社会满意度达到了相当高的水平，而且中流意识保持长期稳定，这一现象也被称作"国民皆中流"。根据社会学界的调查数据，日本以白领职业为特征的"新中产阶级"人数比重从 1955 年的 25.5% 上升到 1995 年的 43.2%，与一般发达国家白领职业人群比重差不多。

日本的企业组织制度遵循一种符合日本传统的重视"社团集体"的"会社主义"，从来就没有形成过西方国家产业革命时期那种"劳工阶级"，而"终身雇用""年功序列"等日本特有的企业制度促进了工薪阶层的平等化意识，加之城市工薪阶层和乡村农民的生活差别在 1973 年发生逆转，农户的人均消费水平开始超过城市工薪阶层，日本人从此产生了进入"富裕社会"的社会认同。"一亿总中流"的说法，经由媒体的渲染，成为一种很流行的说法也就不足为奇了。

二、日本公务员制度

二战后，日本政府在新宪法精神的指导下，按照资产阶级民主制原则制定了《国家公务员法》和《地方公务员法》，从法律上确立了公务员制度。在日本，一切公务员必须作为全体国民的服务员，为公共利益服务，并在执行任务时专心致志尽全力工作；必须遵守法令和忠实地执行上级命令，其政治行为受到一定限制，除行使选举权外，不得搞人事院规则所禁止的政治行为。日本公务员的报酬由基本工薪和津贴构成，福利名目很多，各种津贴和补偿较多。

三、日本民族主义

1. 民族主义的思想和理论

日本的民族主义是"近代以来才有的现象"。日本学者小熊英二认为，日本的"所谓民族主义（国家主义），是指国家（或民族）范畴内，持有一种'我们'意识的现象。近代以前的社会，尤其是封建社会，原则上人们拥有的只是由血统规定下的身份，再加上住处是固定的，人们很难拥有这种以国家（或民族）为单位的'我们'意识……明治时期日本的知识分子，为了对抗来自欧美的殖民地化威胁，曾反复论及如何使人们持有'我们''日本人'这种意识"。可以说，这是日本真正的民族主义觉悟，并且是给日本带来国家（或民族）近代化的根本动力。这种民族主义意识的产生，"大大促进了共通且同一的日本文化"的形成。这不仅局限在灌输给人们天皇崇拜和国家忠诚的意识形态水平上，而且意味着"文化"自身的改观。[①]对于日本民族主义如此之解读，事实上也包含着浓烈的政治意味，因为日本国民的"天皇崇拜和国家忠诚"，正是在民族主义的政治演变过程中形成的，在后来的发展过程中与"政治右倾化"有着内在联系。

历史证明，日本的民族主义原动力没有修成正果，最终走上了帝国主义、殖民主义和军国主义的邪路，是以所谓"传统文化""民族气魄"来否认侵略历史的极端民族主义。

2. 战后日本民族主义的发展阶段

在表现形式上，日本的民族主义首先强调忠诚，即忠于天皇、国家利益、大和民族；其次表现为不同寻常的团结性，往往易于出现举国一致的行动。此外，强调实力也是日本民族主义所推崇的。二战后，日本的民族主义大致经历了三个阶段，并出现了各自不同的特征。

第一阶段是20世纪50—70年代。通过战后的民主改造，日本建立了现代民主体制，民众参与决策的程度大大加强，而且战后和平主义理念已经深入人心，因此，这一阶段的特点是强调和平主义教育、国家重建与复兴、崇尚欧美文化。

第二阶段是20世纪70年代中后期至80年代。随着日本成为世界第二大经济大国，日本开始对美国说"不"，强调民族优越性；同时，经济水平的提高也淡化了国民忧患意识，一部分国民漠视民族主义，重视个人主义，对国家的责任感降低。

第三阶段是20世纪90年代至今。持续10多年经济不景气，加之政局不稳，导致日本要求改革的呼声渐高，出现重振国家的强烈的民族主义情绪，并诱发了狭隘的民族主义思潮。

日本的民族主义具有一定的盲目性，有极端化趋势。20世纪90年代以来，民族主义被政党及右翼人士运用到政治右倾化之中，表现为纵容极端民族主义势力抬头、以否认甚至美

---

① 林振江，梁云祥. 全球化与中国、日本[M]. 北京：新华出版社，2000.

化殖民及军国主义侵略历史提振"爱国心"、以解禁集体自卫权及修宪谋求"正常国家化"和以领土主权纠纷及价值观外交遏制中国,等等。

3. 日本政府对历史的反省

在反省历史方面,日本政府一直做得不尽人意。二战结束后,日本朝野主流拒绝对曾经发动的侵略战争认错,更不愿像德国那样进行战争反省。大部分日本人固执地相信,日本是为了把东亚人民从西方的殖民者手中解放出来才"进入"这些国家的,并没有发动侵略战争。由此,日本人认为被判为战犯而受到惩罚只是因为他们战败而已,甚至更多的日本人认为,东亚等国谈历史问题是抓日本的"小辫子"从而达到敲诈日本的目的。

日本向中国正式表达反省之意始于首相田中角荣。1972年9月25日,田中首相在周恩来主持的欢迎晚宴上致辞说:"过去我国给中国国民添了很大的麻烦,我对此再次表示深刻的反省之意。"在9月29日签署的《中日联合声明》中形成如下书面记录:"日本方面痛感日本国过去由于战争给中国人民造成的重大损害的责任,表示深刻的反省。"

20世纪80年代,教科书和靖国神社的问题激起了周边国家的强烈抗议,在此情境下,日本政府作了反省历史的数次"谈话"。1982年8月,内阁官房长官宫泽喜一发表谈话,表示:"日本政府在日中联合声明中写入'痛感日本国过去由于战争给中国人民造成的重大损害与责任并表示深刻反省',这一认识迄今没有丝毫变化","日本将充分倾听中国等国对我国教科书中有关此类问题的批判,并由政府负责纠正"。1993年8月4日,时任内阁官房长官的河野洋平发表《关于发表慰安妇相关调查结果的河野内阁官房长官谈话》,承认"在慰安妇的征集、运送、管理等方面,采用哄骗、强制等手段,总体上违反了本人的意志"。就战时日军强征慰安妇问题进行了道歉。1995年6月9日,日本众议院通过《以历史为教训重申和平决心的决议》,称在二战战后50周年之际,本院谨向全世界的阵亡者及因战争等原因的死难者表示真诚的追悼。1995年8月15日,首相村山富市明确表示:"我国在不久的过去一段时期,因国策错误而走上了战争道路,使国民陷入存亡危机,并因殖民统治和侵略,给许多国家特别是亚洲各国人民造成了巨大损害和痛苦","谨此再次表示深刻的反省和由衷的歉意。同时谨向在这段历史中受到灾难的所有国内外人士表示深痛的哀悼"。

但是这种立场与观点上至官方、下至民间时常出现反复与波动,导致周边国家的不满。同样是1995年,在反法西斯战争胜利50周年之际,日本右翼势力不仅不反省自己的历史罪行,还无耻地美化侵略东亚的战争;日本社会党发起不战决议,主张向东亚国家谢罪,这个提案竟然遭到450万日本人署名反对,而这其中就有70%的自民党议员;从1993—1995年,日本部长级官员接二连三地跳出来发表不当言论,美化侵略战争。进入21世纪后,日本首相小泉纯一郎、安倍晋三在任期间不顾国际社会的强烈反对,依旧多次以首相身份参拜靖国神社,违背了日本政府就侵略历史向亚洲各国人民进行反省的承诺,极大地伤害了侵略战争受害国人民的感情。

四、大和民族精神和日本人性格

1. 大和民族精神——集体本位和团队精神

集团意识可以说是日本人最具特点的国民性,日本人在儿童教育中便渗透了这种集体主义精神。日本的小学中盛行着一种集体游戏,即一个班级的学生排成一长排,每个人把自的左脚和旁边人的右脚捆扎在一起，使几十个学生连成一体，任何一个人要想迈出一步，都必须和两侧的人协同进行，而全班人要想前进一步，就更要协调好步伐。日本人用这种游戏告诉孩子：个人突出会带来团队的不协调和彼此的冲突，最终导致失败。只有个人融入集体，与集体一致，才能取得胜利。

日本人的团队精神在公司和企业中也体现得十分明显。日本人把公司叫作"会社"，他们把"会社"作为赖以生存的集体，以社为家，每个人都关心集体，视整体利益高于一切，并由此获得生活依赖、感情归宿、生存安全。为了进一步强化团队精神和集体意识，日本在公司、企业内部都强调和亲一致、以和为贵、让而不争。尽量融合感情，减少摩擦，避免内耗，协作共奋，使有限的生产力产生更大的经济效益，达到整体力量大于部分力量之和的效果。

2. 强烈的忧患意识

日本是一个岛国，国民长期生活在一个相对封闭的环境中，日本国土可耕地面积狭小，资源贫乏，自然灾害频发，特定的环境使日本国民对民族和国家命运有着一种深深的忧患意识。自闭、排外、无常观、危机意识、不安全感等构成了日本人特有的"岛国心态"。这种固有地理环境下产生的特定心态，在漫长的发展过程中深深融入日本人的血脉之中。

强烈的忧患意识使得日本人具有极高的警惕性和自觉性，资源匮乏使日本形成了全民勤俭节约的良好风气，使有限的资源得到了最充分的利用。忧患意识也造就了日本国民性格中的依附性和依赖性。由于自身实力欠缺，国力弱小，日本自古以来不断寻找可谋求共同利益的依附对象，以保障自身安全，确保自身发展。为了谋求自身的生存和发展，这个民族产生了极大的焦虑并引发了对外部世界的扩张意图，由此衍生的侵略性无论是对自身还是周边地区的稳定发展都造成了巨大威胁。

3. 牺牲精神

日本人有着强烈的牺牲精神，这种精神尤其体现在日本人处理集体与个人利益的关系问题上。在日本，个人价值的实现往往需要依靠集体才能完成，个人应归属于某个集体或集团。每个集体中的成员应按照个人的角色定位完成个人的本职工作和规定任务，而不是一味表现自我，盲目追求个人价值的实现。日本民族性格中的这种"牺牲精神"，对国家发展提供了巨大的推动力，个人无条件服从于集体，个人可以牺牲一切来确保集体的利益，战后日本的崛起与其民族性格中的"牺牲精神"密不可分。

日本国民凭借其强大的民族凝聚力和"牺牲精神"，为国家发展和民族复兴做出了巨大的贡献。然而，这种"牺牲精神"也使得日本人过于克己，并逐渐发展成为一种"唯命是从"的性格。个人对集体无条件服从，个人价值的认同不是通过自身而是需要依靠他人或集体来完成。个人在工作和社会生活中过度压抑，对个人形象和名誉的极端关注，这也使得日本国内社会矛盾激化，极端事件频发，国民心理健康水平普遍偏低，对国民生活和社会稳定产生了一定的负面影响。

五、社会福利保障体系

日本的社会保障制度经过多年的建设、调整、改革，已形成了富有特色的结构体系。在日本，狭义的社会保障包括国家扶助、社会福利、社会保险和公共卫生及医疗（含老人保险）四个部门；广义的社会保障是指除狭义的社会保障之外，还加上国家和地方公务员养老金、战争死亡者及其遗属的抚恤金。通常所说的社会保障主要包括以下内容。

社会保险。主要是由医疗保险、养老保险、失业保险、劳动灾害补偿保险、护理保险等项目构成，是日本社会保障制度的核心内容。

社会救济。主要是对生活困难的人提供生活、教育、住宅、医疗等方面的公共救济，以保障国民的最低生活水平。

社会福利。主要是为高龄者、儿童和残疾人等建设有关福利设施，提供有关福利服务，具体包括老人福利、残疾人福利、精神病患者福利、儿童福利、女子福利等。

公共卫生与医疗保健。主要是为预防传染病等，向国民提供健康诊断和卫生检查等，具体包括中老年人保健、健康增进对策、疑难病传染病对策、保健所服务、完善医疗机制、增加医护人数、医疗药品生产、销售和保管方面的规制和药害对策等。另外还有环境对策，主要是改善生活环境、防治公害和保护自然环境等。

日本遵循被保险人、事业主（雇主）、国家财政拨款"三者均等负担"原则筹措社会保障费。其中，欧美国家雇主的负担高于被保险人，尤其是德国、法国、意大利、瑞典和美国雇主的负担较重。日本与欧美有相似之处，但其雇主与被保险人二者分担比率悬殊不大。

第七节 文化与宣传

一、中小学和职业教育

日本是一个自然资源缺乏的国家，一直把依靠人才立国、科技立国作为国家发展的战略，对教育格外重视。宪法和《教育基本法》宣称，教育是人民的权利。

日本的教育行政权属于中央权力与地方权力合作型，实行中央指导下的地方分权制。日本设有中央教育行政机构——文部科学省主管教育行政，地方教育由地方公共团体实行自治。经过战后一系列教育改革，日本最终建立了"六三三四制"的学校教育体制。

日本实行 9 年义务教育（6～15 岁），小学和初中是义务教育阶段，公立学校不设入学考试，不收学费，教科书也是无偿发放的，父母需负担的费用是校服费、午餐费和校外活动费等。新学期从每年 4 月 1 日开始，分为三学期，各学期分别由夏休、冬休、春休分隔开。暑假在 7 月上旬至 8 月下旬，寒假在 12 月下旬至 1 月上旬，春假在 2 月中旬至 4 月上旬。

日本初等教育机构是单一的 6 年制小学，儿童 6 周岁入学，12 周岁毕业。小学阶段学习社会日常生活中所需的基础课目，教育课程由各学科和特别活动组成。学科包括国语、社会、算数、理科、音乐、图画、手工、家政、体育、德育，特别活动包括班会、俱乐部、班级指导、节日庆祝活动、文体、郊游生产劳动等。

日本的中等教育分为初中（称"中学校"）和高中（称"高等学校"）两个阶段。初中作为义务教育的完成阶段，学制三年。课程设置与小学相同，但扩大了选修范围。义务教育阶段课程结束后，学生有多项选择。学生可以升入全日制普通高中，或就读农业、福利等职校，也可以边工作边上夜校或接受函授教育。因各种原因不能读高中的学生，还可以参加日本文部科学省实施的"高中毕业水平鉴定考试"，合格者即被承认与一般高中毕业生具有同等学力，同时获得大学入学考试资格。

日本高中分为普通高中和职业高中两大类，按照学习课程的方式分为全日制、定时制和函授制三种。以全日制高中为主,学制三年,定时制和函授制学制为四年以上。高中课程设置多样化,普通高中也设置了大量的职业课。

此外,还有从 16 岁开始的五年一贯制的高等专门学校,这类学校教授的是专业程度更高的知识,培养各种职业能力。近年来,初高中六年一贯制中学增加。一贯制中学的教育课程更有利于大学入学考试,因而报考的学生越来越多。

日本的职业教育包括学校职业教育、公共职业训练和事业主职业训练三类。学校职业教育主要分中等职业教育和高等职业教育,具体包括综合高中、专门高中、专修学校、短期大学、高等专门学校、科学技术大学、职业能力开发大学校等。公共职业训练主要是为离职者、在职者、残障人士等提供的职业训练。事业主职业训练是政府之外的企业、社团、财团、公会团体等实体经济部门为在职者提供的职业训练。

各类职业教育的资金来源于中央财政和地方财政,除了高等专门学校以国家办学为主外,绝大部分综合高中、专门高中、专修学校、短期大学都以私人办学为主,但无论公私学校均可通过培训项目从政府拿到相应经费。

二、高等教育和科研

日本的高等教育经过战后几次改革,形成了多层次、多类型的高教结构。从设置的主体来看,分为国立大学、公立大学和私立大学。国立与公立大学均由政府出资建设,多为研究性大学,著名的国立综合大学有以东京大学为首的帝国大学[①],其中东京大学(The University of Tokyo)是日本最高学府。日本私立大学有 500 所左右,占日本大学总数的三分之二。私立大学可以从国家接受一部分经常性补助金,但其营运资金主要是学费与校友捐款;公司、财团设立的私立大学,不受国家的任何经常性补助。与国公立大学不同,私立大学在研究性方面因资金问题普遍不如国立与公立大学,多侧重于社会实践。但也有资金充沛、具有高研究水准、世界一流的私立大学,如早稻田大学(Waseda University)、庆应义塾大学(Keio University)、法政大学(Hosei University)等。一般而言,私立大学的学费较公立大学高,理科比文科更加昂贵。

从水平上看,高等教育分为研究生院、大学本科、短期大学和高等专门学校等几个层次;从类型上看,除了传统的大学外还有专修学校、大学函授、夜校、广播电视大学和公开讲座等。

研究生院在日本被称为"大学院",是培养硕士和博士的场所。硕士课程 2 年,博士课程 3 年,主要任务是培养科技人才、高级技术专家和大学教师。

大学则以学术为中心,在传授广博知识的同时,在专门的学术领域教授和研究高深的专门学术,发展学生的智力、道德和应用技能。大学招收高中毕业生,一般实行四年制,医科和口腔科是六年制。大学一般由几个学部(学院)组成,也有只设一个学部的单科大学。课

---

① 明治维新后的日本帝国在其本土和殖民地的中心城市所建立的最顶尖的实施高等教育、从事科学研究的九所国立综合大学的统称。包括东京帝国大学、京都帝国大学、东北帝国大学、九州帝国大学、北海道帝国大学、京城帝国大学(今韩国首尔大学)、台北帝国大学(今国立台湾大学)、大阪帝国大学和名古屋帝国大学。二战后,九所帝国大学的官方名称中全部去掉了"帝国"二字,但至今依然是所在国家或地区的最高学府。其建立在日本国内的七所帝国大学,现在习惯上被称为"旧帝大"。

程分为普通教育课、外国语、保健体育课和专业教育课等，采用学分制。

短期大学采取两年制，同样招收高中毕业生，重点是传授专门技艺，培养职业或实际生活所必需的能力。毕业后可以升入对口大学，也可直接就业。短期大学大部分是女子短期大学，在为女子开放高等教育大门和发展职业教育方面发挥了重要作用。

广播电视大学是为了适应终身教育的需要，利用电视、广播等各种通信手段进行教育的开放性大学。这类大学没有入学考试，学费很少，广泛地为社会成员和家庭主妇提供接受大学教育的机会，并保证高中毕业生有灵活的接受大学教育的机会，对普及高等教育起着重要作用。

日本对科技十分重视，自20世纪50年代起，日本积极引进国外先进技术，同时不断培育自身的技术开发能力。20世纪七八十年代，日本的科技力量主要投入于治理公害、能源技术、电子技术和独创技术等领域。20世纪末，日本政府制定的第二期《科学技术基本计划》提出了"未来50年获得30个诺贝尔奖"的宏伟目标。进入21世纪之后，日本科学家频频摘得诺贝尔奖桂冠。2016年，最新揭晓的诺贝尔生理学或医学奖授予了日本分子细胞生物学家大隅良典，以表彰他在细胞自噬机制研究中取得的成就。大隅良典成为继2015年获得该奖项的大村智之后第4位获得该奖项的日本人，这也是日本进入21世纪后新增的第17枚诺贝尔奖牌。截至2016年，日本有25人获得过诺贝尔奖，其中22个为自然科学奖。日本获自然科学奖的人数已经超过了德国、英国、法国等科技强国，成为仅次于美国的第二大"诺奖大户"。

日本从事科研开发的机构主要是研究所、大学及其附属机构和民间企业的研究所。20世纪60年代，为实现"技术立国"目标而建立的科学工业园区——筑波科学城就是政府主导发展而成的科研中心。政府在科学城内建立筑波大学，加强大学与产业、科学城内各研究机构之间的相互合作和有机联系，从而使筑波成为一个综合性研究中心。20世纪90年代，日本确立了"科学技术创造立国"的基本国策，采取产业界、政府和学术界合作的科技发展体制，政府在该体制中处于主导地位。

如今，日本比较有名的科研机构有：工业技术院（Agency for Industrial Seience and Teehnology）、通信研究所（Communications Research Laboratory）、生物科学研究所（Nippon Institute for Biological Seience）、国家高能物理学研究所（National Laboratory for High Energy Physics）、国家农业工程研究所（National Research Institute of Agricultural Engineering）、京都大学东南亚研究中心（The Center for Southeast Asian Studies，Kyoto University）等。

三、宣传媒体

二战结束后，美军进驻日本，先后颁布了《政府和报纸的分离》《撤销和废除一切限制报纸、电影和通讯的法律》等文件，废除了原有的《报纸法》和《出版法》。日本和平宪法保障出版自由，规定不允许进行事前审查。日本最大的通讯社是共同通信社，简称共同社，1945年创立，总部位于东京港区。

日本是世界报纸大国，报纸在日本人的日常生活中占有很大的分量，全世界日发行量超过1 000万份的报纸《读卖新闻》与《朝日新闻》都是日本报纸。日本的报业几乎全部是私营，有五家最具代表性的全国性综合报纸：《读卖新闻》《朝日新闻》《每日新闻》《日本经济新闻》和《产经新闻》。除此以外，还有一些专业化的报纸和地方性报纸，地方性报纸基本上是一城一报。

日本是世界人均看电视时间最长的国家，也是世界上电视科教节目占节目比重最大的国家之一。电视对日本国民的生活有很大的影响。日本的公共广播电视与商业广播电视并存。作为公共广播电视台的日本放送协会（NHK），是日本最大的电视广播机构，其预算和管理层的任命都要取得国会的认可。商业广播电视网的大股东都是各大报业集团，如日本电视台（读卖新闻）、富士电视台（产经新闻）、东京广播电视台（每日新闻）、朝日电视台（朝日新闻）、东京电视台（日本经济新闻）等。另外，卫星电视在日本较为发达，卫星电视市场大概有两三家竞争对手。

此外，日本还有一个媒体领域——政经评论性杂志。这类杂志以周刊为主，也有一些月刊，虽然公信力不如电视报纸，但在广泛的社会阶层中有较强的渗透性，其舆论影响不可小觑。常见的杂志如《周刊朝日》《周刊现代》《周刊文春》和《周刊宝石》等，还有《SPIO》《Will》和《诸君》等右翼杂志，月刊《文艺春秋》也有庞大而稳定的读者，且社会精英居多。杂志多通过煽情、夸张的所谓深度报道，对受众的观点、观念、情感产生更深的影响。

日本媒体主要以传统媒体为主，新媒体较少，明显偏保守。日本社会彼此默契的共同体意识，使得记者在总体上是基于单位立场而非个人立场进行报道。而有选择地报道，是导致对报道对象认知不完整的根源之一。按照日本人自己的认识，NHK作为日本最大的公共广播机构，经过战后的民主化改造，已成为独立于国家政权的"社会公器"。尽管事实上它与政府有着千丝万缕的关系，但它既不靠商业广告，也不靠政府拨款，而是靠受众自觉缴纳收视费的方式维持相对独立的运营。因此，比起商业色彩较重的"民放电视"，NHK拥有很高的公信度，超过目前日本任何一家主流报纸。NHK与偏左或偏右的五大报纸不同，属于比较中立、冷静的主流媒体。譬如，在报道与邻国关系的节目和涉及历史问题的节目中，NHK相对客观。进入21世纪以后，随着日本国内思潮的进一步保守化，NHK制作的节目也发生了一些变化，保守势力和右倾力量对其节目与观点也有一定影响。

第八节　风俗习惯

一、社交与礼仪

1. 礼节

日本人在日常交往中非常注重礼节，见面多以鞠躬为礼。鞠躬是日本的传统问候方式，比较熟悉的人见面互相鞠躬以二三秒钟为宜；如果遇见好友，腰弯的时间要稍长些；在遇见社会地位比较高的人或长辈的时候，鞠躬时要等对方抬头以后再把头抬起来，有时候甚至要鞠躬几次。在社交场合上，也施握手礼。日本人在初次见面时对互换名片极为重视。初次相会不带名片，不仅失礼而且对方会认为你不好交往。互赠名片时，要先行鞠躬礼并双手递接名片，接到对方名片后要认真看，看清对方身份、职务、公司，用点头动作表示已清楚对方的身份。日本人认为名片是一个人的代表，对待名片就像对待他们本人一样。如果接过名片后不看就随手放入口袋，便被视为失礼。与日本人约会要提前5～10分钟到达，不能失约。有事拜访应事先通知，贸然登门会被视为极不礼貌的行为。日本有进屋脱鞋的习惯，所以在日式酒店或餐厅，需要穿着清洁的鞋袜。一般情况下，日本公共场所禁止吸烟，应在放置有烟灰缸的指定吸烟区或标有"吃烟所"的地方吸烟。不要行走吸烟，在某些地方行走吸烟会被罚款。

2. 宴请

日本商人经常会邀请他们的商业伙伴赴宴，丰盛的宴席大多设在饭店，往往要持续好几个小时。在家中招待客人是难得的事，如果去日本人家里做客，要预先和主人约定时间，进门前先按门铃通报姓名，要给女主人带上一盒糕点或糖果，最好用浅色纸包装。进门时要脱下帽子、手套、鞋子等。

日本人自古以大米为主食，爱吃鱼，一般不吃肥肉和猪内脏，有的人不吃羊肉和鸭子。不论在家中或餐馆内，座位都有等级，一般听从主人的安排即可。进餐时，如果不清楚某种饭菜的吃法，要向主人请教，夹菜时要把自己的筷子掉过头来使用。日本有着传统的敬酒方式，在桌子中间放一只装满清水的碗，并在每人面前放一块干净的白纱布，斟酒前，主人先将自己的酒杯在清水中涮一下，杯口朝下在纱布上按一按吸干水珠，再斟满酒双手递给客人。客人饮完后，也同样做，以示主宾之间的友谊和亲密。主人斟的头一杯酒一定要接受，否则便是失礼的行为。第二杯酒可以拒绝，日本人一般不强迫他人饮酒。

3. 送礼

日本人在社会交往中喜好送实惠的礼品，但讲究礼品的颜色。一般在遇吉事送礼时喜用黄、白色或红、白色，在遇不幸事时，送礼惯用黑、白色或灰色。日本人对白色感情较深，视其为纯洁的色彩；还偏爱黄色，认为黄色是阳光的颜色，给人以生存的喜悦和安全感。日本人只要到朋友家做客，或者出席朋友的宴请，总是随手带点礼物。礼物不需要昂贵，只是为了表示敬意和好意，这已经成为日本人的习惯。给日本人送礼要掌握好"价值分寸"，礼品既不能过重也不宜过轻。去日本人家做客，带上些包装食品是比较合适的，但不要赠花，因为有些花是人们求爱或办丧事时使用的。日本人对礼品讲究包装，一件礼品不管价值如何，往往要里三层外三层的用包装纸包得严严实实，再系上一条漂亮的缎带或纸绳。日本人认为，绳结之处有人的灵魂，标志着送礼人的诚意。接受礼品的人一般都要回赠礼品。日本人不当着客人的面打开礼品，这主要是为了避免因礼品的不适而使客人感到窘迫。自己用不上的礼品转赠别人，日本人对此并不介意。日本人送礼一般不用偶数，这是因为偶数中的"四"在日语中与"死"同音，为了避开晦气，诸多场合都不用"四"，久而久之，干脆不送二、四、六等偶数了。他们爱送单数，尤其是三、五、七，但"九"也要避免，因为"九"与"苦"的日语发音相同。

二、节日

日本是当今世界节日最多的国家之一。在日本各种节日和祭典活动中，既有像正月（新年）、盂兰盆节、女孩节等传统节日，也有二战后国家新规定的节日，如 10 月 10 日的体育日，是为纪念在东京举办奥运会而设立的。

日本的传统节日多同农耕仪式、日本的宗教观、季节观有密切联系。例如，新年是神道式的，中元是佛教式的，盂兰盆节则是佛教和神道教二者兼有。

日本一年中的主要节日见表 12-1。

表 12-1　日本一年中的主要节日

日　　期	节　　日
1月1日	新年
1月第二个星期	成人节
2月11日	建国纪念日
立春的前一天	节分
农历7月15日	盂兰盆节
10月10日	体育日
11月3日	文化日
12月23日	天皇诞生日
12月25日	圣诞节

1. 新年

日本的新年是迎接年神、祈祷丰收的年初礼仪，是祭祀祖灵的例行年祭。明治维新之后，日本过节都按公历进行。

日本人过新年时有很多独特的风俗习惯。按照日本风俗，除夕之前要大扫除，并在门口挂草绳，插上橘子（称"注连绳"），门前摆松、竹、梅（称"门松"，现已改用画片代替），取意吉利。除夕晚上，全家团聚吃过年面，喝屠苏酒。元旦零时，寺院的钟敲响 108 下，便迎来新的一年。人们在钟声敲响的同时或者清晨一早前往附近的神社或寺院，进行新年第一次参拜（称"初诣"），祈求幸福和健康。初次参拜是日本新年的重要活动之一，从 12 月 31 日至次年 1 月 1 日，整晚都有运行的电车和公共汽车，参拜的人群熙熙攘攘，热闹非凡。日本人素有在正月向老师、亲朋好友及邻居互致问候的礼节，自 1899 年贺年特别邮政制度建立以后，人们开始使用贺年卡互致问候。父母、亲戚还会在新年给孩子们压岁钱。

2. 节分

节分特指立春的前一天。为迎接春天的到来，各地在神社寺院普遍举办撒豆除恶魔的活动。这天，各家炒好大豆，喊"鬼出去"时要向门外撒豆子，喊"福进来"的同时往家中撒豆子。在撒豆的时候，还会有人扮演鬼怪（一般是家中的父亲）来活跃撒豆活动的气氛。在家庭撒豆后，参与的人会拾起与自己年龄相同数的豆子吃，据说可以一年不生病。神社和寺院在这天也会邀请天干地支八字好的名人来撒豆，以烘托仪式气氛。

3. 建国纪念日

据日本神话，第一代神武天皇于公元前 660 年 2 月 11 日统一日本，建立日本国。该纪念日在第二次世界大战前作为日本的纪元日被称为纪元节。二战之前，全国的政府机关和学校在这天举行各种各样的庆祝活动。二战后，这一节日由于各种原因被取消。1966 年再次被确定为建国纪念日，成为国家法定假日。节日期间，日本全国上下会举行庆祝活动，全国的各大神社会举行"纪元节祭典"，普通百姓们也会举行"建国祭典"。这天，日本天皇会携皇后及皇族登上皇宫的礼台，向国民亮相致意。

4. 男孩节（端午节）

5 月 5 日是男孩节，也叫端午节，这一天日本人吃日式粽子和糯米粑。在这一天，有男孩的家庭会高高挂起鲤鱼旗，寓意男孩们能英勇无畏地健康成长；还有的家庭会在家中摆放武士木偶、甲胄、刀枪等，希望孩子能像坚强的武士一样茁壮成长。在这天给男孩洗澡要在水里放上菖蒲药草，日本人相信菖蒲的气味可以预防疾病和除邪，以保佑孩子健康成长。

5. 盂兰盆节

盂兰盆是梵文"ullambana"的汉字音译，意译为"救倒悬"。根据《盂兰盆经》，为了拯救受倒悬之苦的死者，需在农历7月15备百味饮食，供养十方僧众。后盂兰盆会依然盛行，只不过渐渐地由供僧转变为"施鬼"，目的是超度死去的亡灵。盂兰盆节在飞鸟时代传入日本，现已成为仅次于元旦的盛大节日。

现在，盂兰盆节已成为日本家庭团圆、阖家欢乐的节日。每到盂兰盆节时，日本各企业均放假7~15天，人们赶回故乡与亲人团聚，在7月中旬到8月中旬形成客运高峰时段，大有"民族大迁徙"之势。

三、习俗

1. 结婚

在日本最普通的婚礼形式有四种：教会式婚礼、佛前式婚礼、神前式婚礼以及人前式婚礼。日本法定结婚年龄为男子8岁，女子16岁。教会式婚礼原则上只有信徒才能在教堂举行婚礼，特别是天主教派要求更为严格，但近年来，即使不是信徒，只要在教堂里接受简单的培训也可和信徒一样在庄严的气氛中，走进神圣的教堂和心爱的人约定终身。在佛前式婚礼上，男女双方在佛像面前宣读婚约，向祖先报告两人结为百年之好，相守一生。婚礼上还须把一种叫"纸垂"的白色纸剪成又细又薄的纸条，然后将其缠在树枝上，意味着永保平安。神前式结婚仪式起始于日本室町时代，是日本最为传统的婚礼仪式。在神前式婚礼上，有一个重要的"三三九次杯"环节，即新郎新娘共饮三杯酒，每杯分三次饮尽。"三三九次杯"意味着两人已正式结为夫妻。人前式婚礼是在一种特定的神面前举行，不受男女双方家庭宗教信仰的约束，只是在亲戚朋友面前签订一个结婚合约书，然后一起大声朗读婚约书，宣读自己对对方的爱，整个过程仅需10~15分钟。结婚仪式结束后便是婚宴，婚宴一般都和结婚仪式在同一地点举行。

结婚后，法律上规定姓氏可以随夫妻任何一方，但现实中绝大部分女子婚后改随夫姓。

2. 出生与百日宴

按照日本传统习俗，婴儿出生三天"用艾丸如米大，于所生孩儿顶中灸三焦，以保一生无恙"，同时"备酒品款待义父及邻族亲识"。在孩子出生的第七天为其命名，孩子满月时还要参拜神社祈祷平安成长。孩子出生一百天时，家人还会为孩子举行百日宴。这个习俗是在唐朝时期仿效中国的做法，后一直流传下来。出生100天左右的婴儿开始长乳牙，日本人在孩子满100天时会准备三菜一汤的祝膳（通常包括鲷鱼、红白饼、红豆饭和汤汁等），让孩子拿着筷子假装吃饭的样子，这个仪式叫作"食初"。食初仪式寓意孩子一生不为饮食犯愁，有些地方是满110天或120天时举办。

3. 生日和上学

日本人最初没有过生日的习惯，唯独一周岁的生日要隆重庆祝，既是对孩子人生第一年的健康成长表示庆祝，也是对孩子以后平安、健康成长表示祝福。为孩子庆祝一周岁生日时，年糕是必不可少的东西，这一天使用的年糕称为"诞生饼"。此外还有抓周习惯。即在孩子面前摆上各种东西，任凭孩子伸手去抓，根据抓到的东西预想孩子未来的工作和命运。现在，日本人在外来文化的影响下开始每年过一次生日。

在日本，儿童的入学式是非常重要的活动。日本的中小学每年4月开学，孩子和家长们都会在入学式这天盛装出席。入学式上，休闲服饰是绝对不会出现的，学生会统一着校服，家长也身着正装出席。入学式一般都在学校的体育馆或大礼堂内举行，基本流程大致包括新生入场、新生点名、领导致辞、新生宣誓、唱校歌等。新生在入学仪式结束后会跟随老师一起回教室，父母们也会跟随至教室。家长和老师在教室里第一次见面，彼此鞠躬行礼，表示"今后请多多关照"。此外，家族大合影也是入学式上的一道靓丽风景。入学式当天，除了新生父母，祖父母也会特意到场参加孩子成长中的这个重要时刻。多数学校会在校门口或者校园主楼的显眼位置上摆放"某某学校入学式"的牌子，绝大多数家庭都会选择在牌子前合影，以作为孩子成长阶段的一个纪念。

4. 习俗禁忌

日本人大多数信奉神道和佛教，他们不喜欢紫色，认为紫色是悲伤的色调；最忌讳绿色，认为绿色是不祥之色。日本人忌送荷花、山茶花、仙客来及一系列淡黄色、白色的花，这些花与葬礼有关。日本人也不愿接受有菊花或菊花图案的东西或礼物，因为菊花是皇室的标志。他们喜欢的图案是松、竹、梅、鸭子、乌龟等。日本人在送礼时，送成双成对的礼物，如一对笔、两瓶酒会很受欢迎；送新婚夫妇红包时，忌讳送2万日元和2的倍数，日本民间认为"2"这个数字容易导致夫妻感情破裂，一般送3万、5万或7万日元。日本人同样忌"9"和"4"等数字，但他们有崇拜、敬仰"7"的风俗。在日本任何场合就餐都不要将筷子垂直插在米饭中，参加较大型宴会因故要中途退场时，应悄然离去而不作正式告别，否则会使主人不欢。他们认为作正式告别会扰乱宴会气氛，是对其他宾客的不礼貌行为。与日本人交往时，不要直呼其名，这被认为是对其不尊重。他们讨厌触及别人的身体，也没有互相敬烟的习惯。访问主人家时，进入住宅时必须脱鞋，窥视主人家厨房是不礼貌的行为。日本人没有请同事到家与全家人交往的习惯，他们从来不把工作带到家里，妻子以不参与丈夫的事业为美德。

第十三章

韩国

大韩民国（Republic of Korea）简称韩国，位于东亚，其国际域名为.kr，国际区号是+82。韩国人口约 5 146 万（2017 年），国土面积约为 10 万平方千米。韩国是位于亚洲东部的总统共和制国家，首都首尔。

朝鲜半岛为中国明清两朝的藩属国，清末甲午战争后正式脱离与中国的藩属关系。1910年，朝鲜半岛沦为日本的殖民地。1945 年 8 月 15 日，朝鲜光复取得独立。1948 年 8 月和 9 月，依北纬 38 度线，朝鲜半岛南北先后成立大韩民国和朝鲜民主主义人民共和国。1950 年朝鲜战争爆发，1953 年 7 月 27 日南北双方停战。20 世纪 60 年代以来，韩国政府实行了"出口主导型"经济发展战略，创造了被称为"汉江奇迹"的经济高速增长期。

韩国是一个新兴的资本主义国家，是 APEC、世界贸易组织和东亚峰会的创始成员，也是经合组织、20 国集团和联合国等重要国际组织的成员。1997 年亚洲金融危机后，韩国经济进入中速增长期。产业以制造业和服务业为主，钢铁、造船、汽车、电子、半导体、化工、文化、纺织等产业产量均进入世界前 10 名。大企业集团在韩国经济中占有十分重要的地位，目前主要大企业集团有三星、现代汽车、SK 集团、LG 集团等。

直到 19 世纪末，包括如今韩国部分的朝鲜才最后一个从中国清朝的藩贡关系中解脱出来，然而，在不到一个世纪的时间里，韩国作为"亚洲四小龙"之首，在庞大的中国巨人身旁走上了经济腾飞之路。在 1988 年的汉江岸边，韩国用盛况空前的汉城（今首尔）奥运会向世界宣告了这个新兴资本主义国家的崛起，举世瞩目。性格倔强的韩民族凭着一腔爱国热血摆脱了贫穷落后，在亚洲乃至世界赢得了一席之地。究竟是什么力量使韩国从一个资源贫乏、基础薄弱、发展落后、屡经战火摧残的国家在短短几十年的时间里一跃进入发达国家的行列呢？面对金融危机带来的打击以及新的国际形势，韩国是否能够走出经济发展的低谷重振昔日雄风？

第一节 综　　述

一、地理概貌

韩国位于东亚朝鲜半岛南部，国土面积为 10.02 万平方千米，居亚洲第 30 位。韩国三面环海，西濒黄海，东临东海（即日本海），东南隔朝鲜海峡与日本相望，北隔三八线非军事区与朝鲜陆上相邻。

韩国的地形多样，低山、丘陵和平原交错分布。低山和丘陵主要分布在中部和东部，主要山脉有纵贯东海岸的太白山及其侧伸出的平行山脉。平原主要分布于西部和南部沿海，有汉江平原、平泽平原、湖南平原和全南平原等。

韩国主要河流有洛东江、汉江、锦江、蟾津江和临津江等。洛东江是韩国最长的河流，汉江为第二长河。韩国湖泊较少，最大的天然湖是济州岛汉拿山顶火山口的白鹿潭，最大的人工湖是昭阳湖。

韩国最大的岛屿济州岛是一座火山岛，位于韩国西南海域，其中心的汉拿山（海拔 1 950 米）是韩国的第一高峰。

二、气候

韩国属温带季风气候,夏季炎热多雨,冬季寒冷干燥,春、秋两季短促,8月平均温度为19℃~27℃,1月平均温度则在-7℃~8℃,季风性特征明显,年均温差较大。

三、人口和居民

韩国为单一民族国家,人口约5 146万(2017年),朝鲜民族(或称韩民族)占绝大多数。此外还有180万外籍人口,其中,中国人占在韩外国人总数的一半以上。

四、民族性格

韩国人的民族性格首先体现在其强烈的民族主义精神和爱国主义精神。自古时起,其身处半岛的地理位置就招致多次外族入侵,韩国人在屡遭外族侵略和殖民统治的严峻环境中,奋力抗争求取生存,造就了韩民族高度的适应力和强劲的生命力。

深受儒家文化熏陶的韩国人非常尊重传统。公元4世纪至5世纪,儒家思想传入朝鲜半岛并逐渐成为韩民族的思想根基。14世纪末朝鲜王朝建立之后,"小中华"观念作为朝鲜的国家定位并深入人心。韩国人一直认为自己是最典型的、最完整的儒家文明继承者。

韩国人倔强刚烈、性格急躁、坚韧顽强,也非常刻苦认真。韩国国土面积狭小,自然资源相对贫乏。在长期的艰苦环境下,这个民族养成了吃苦耐劳的习惯和性格。韩国人行事认真,不大接受"表面工夫""圆滑手腕",而是事事较真。韩国的产品质量过硬这一特点在一定程度上也体现了韩国人的认真。韩国人的性格特征,促进了韩国在当今世界的迅速崛起。

五、语言

韩国的官方语言为韩国语,也称朝鲜语,与土耳其语、蒙古语、匈牙利语等同属乌拉尔-阿尔泰语系,目前全球约有8 000万人使用韩语。

六、宗教信仰

韩国宗教种类较多,主要有儒教、佛教、基督教、天主教、萨满教和天道教等。佛教是第一大宗教,占人口总数的22.8%;其次是基督教,占人口总数的18.3%;天主教徒占10.9%,儒教徒占0.2%。韩国信教人口占总人口的一半以上。目前,韩国宗教人口规模逐步扩大,宗教日益成为韩国人生活中的重要组成部分。

七、移民和外国人法

韩国是非移民国家,因此移民政策比较苛刻。近年来,为了阻止低生育率和老龄化所导致的经济活力下降,韩国也开始接纳外国移民,特别是高级人才。韩国政府于2010年5月对国籍法进行了大幅修改，逐步降低获取永久居住权的门槛，效仿新加坡、加拿大、澳大利亚根据评分赋予永久居住权。

从 20 世纪 90 年代开始，外国人通过海外劳务和跨国婚姻等大量涌入韩国。韩国从单一民族国家迅速向多文化、多民族社会过渡。截至 2011 年 7 月，以定居及长期滞留为目的的外国人超过 98 万人，占韩国总人口的 2%。以就业为目的而滞留的外国劳动者达到 60 万人，其中 50% 是中国人（朝鲜族 93%），其他主要来自于东南亚各国。随着国际婚姻的增加，取得韩国国籍的人数也在增加。

韩国于 2013 年 7 月 1 日开始全面施行《难民法》，以保障难民申请者的权利、改善难民申请者的待遇。被认定为难民的外国人可根据《社会保障基本法》和《国民基本生活保障法》享受国民待遇。韩国法务部表示，韩国是亚洲国家中加入联合国《关于难民地位的公约》最早制定、实施难民认可与待遇相关法律的国家。

八、国家象征

1. 国歌

韩国的国歌是《爱国歌》，共四段，普遍只唱第一段和副歌。韩国政府于 1948 年正式宣布《爱国歌》为韩国国歌，但因国歌中多处音调过高，很多人难以顺利唱完。为此，韩国首尔教育厅于 2014 年 8 月发布消息，将国歌的音调调低 3 度，新编了更适合演唱的国歌版本。

《爱国歌》
  作曲：安益泰
  作词：尹致昊、安昌浩

    即使东海水和白头山干燥和枯萎，
    有苍天的保佑我们国家万岁。

    南山上松树好像披上了铁甲，
    纵有大风大浪也改变不了我们的气魄。

    秋季天空晴空万里没有一丝云彩，
    明亮的月亮是我们不变的心，
    以我们的气魄和忠诚的心，
    不管有什么苦难和快乐爱国的心永不改变。

    （副歌）
    无穷花三千里华丽江山，
    大韩人民走大韩的路，
    保全我们的江山。

2. 国旗

韩国的国旗为太极旗，呈长方形。中间为太极两仪，红与蓝分别象征阳和阴。四角有黑色四卦：左上角的乾卦象征天、春、东，右下角的坤卦象征地、夏、西，左下角的离卦象征火、秋、南，右上角的坎卦象征水、冬、北。白色背景象征着韩国人民的纯洁和对和平的热爱，旗面整体图案意味着一切都在一个无限范围内均衡协调地运动，象征蕴含着哲理的东方思想。

3. 国徽

韩国国徽中央为一朵盛开的木槿花。木槿花的白色象征着和平与纯洁，黄色象征着繁荣与昌盛。花朵中心的红蓝阴阳图不仅是韩国文化的一个传统象征，也代表着国家行政与大自然规律的和谐。木槿花被一条白色饰带环绕，上有国名"大韩民国"四个字。

4. 国庆

韩国没有准确的建国概念，宪法没有规定国庆节，但在现实生活中有类似概念。在韩国，每年3月1日为独立运动纪念日。1919年3月1日，韩国民众发起了大规模的反抗日本殖民主义统治的独立运动，即"三一运动"。为纪念这一伟大的民族救亡运动，特设此纪念日。此外，每年8月15日为光复节，为了纪念1945年8月15日，朝鲜半岛从日本殖民主义统治下解放出来，大韩民国政府也是在1948年的8月15日宣告成立，因此这天也值得纪念。

5. 国花——木槿花

木槿花被韩国人称为"无穷花"，是韩国的国花。韩国人认为木槿花坚韧无比的生机正是韩国历尽磨难、矢志弥坚的民族性格的体现。

第二节 历 史

一、从箕子朝鲜到"三国时代"（至公元10世纪）

大约50万年前，朝鲜半岛就有人类繁衍生息。距今约六七千年，朝鲜半岛进入新石器时代。大约公元前15世纪左右，半岛进入青铜器时代。

半岛上第一个国家政权是商朝遗民建立的"箕子朝鲜"（约公元前12世纪至公元前2世纪）。周武王灭商之后，封商朝遗臣、纣王之叔父箕子于朝鲜，于公元1122年在朝鲜半岛北部建立"箕氏侯国"，即古朝鲜。公元前195年，燕人卫满率千余难民归化古朝鲜。公元前194年，卫满发动政变，篡夺王权，建立"卫满朝鲜"。公元前108年，汉朝击败"卫满朝鲜"，在此设置乐浪、临屯、真番、玄菟四郡。大约在公元前3世纪至公元前2世纪，辰国兴起于朝鲜半岛中南部，由马韩、辰韩、弁韩三韩族构成。公元前1世纪中叶，由于内部矛盾激化，统治机构瓦解，辰国被百济吞并。

古朝鲜和辰国灭亡后，中国东北及朝鲜半岛兴起高句丽、百济、新罗三个国家，开始进入"三国时代"。公元7世纪，三国鼎立的局面被打破。崛起的新罗联合唐朝征服了百济和高句丽，唐朝在平壤设置安东都护府。后来，新罗和唐朝为争夺百济和高句丽进行了数年战争。公元735年，唐朝承认大同江以南属于新罗。至公元8世纪中叶，新罗国力达到鼎盛。8世纪末，新罗由盛转衰，开始逐步丧失对国土的控制力。公元900年和公元901年，先后出现了后百济国和后高句丽国。这样,后百济、后高句丽(后改称泰封)和残存的新罗再次形成了三足鼎立的局面,这一时期被称为"后三国"时代。

二、高丽王朝(918—1392年)

公元918年,"后三国"的泰封国王建发动政变,自立为王,改国号为高丽。公元936年,高丽统一"后三国",在朝鲜半岛上建立了统一的王朝。高丽王朝逐步建立起比较巩固的中央集权,社会进入了一个相对和平的繁荣发展期。公元10世纪末开始,高丽遭到辽王朝的大举进攻。公元12世纪,高丽遭到蒙古接连不断的进攻。1273年,高丽成为元朝的藩属国,这种状态一直持续到1368年明朝建立。

三、李氏朝鲜时期(1392—1910年)

1. 李朝的建立

1392年,高丽王朝的将军李成桂废黜高丽国王,建立了新王朝,国号朝鲜,史称李氏朝鲜。朝鲜王朝通常被称为"两班官僚国家",是由享有特权的两班官僚主导政治的国家。[①] 李朝建立后,进一步加强了以国王为中心的中央集权统治,大力推行儒教。

16世纪末期,崛起的日本封建领主为满足领土野心大举进犯朝鲜,朝鲜两次联合明朝击退日本入侵军队。1623年,朝鲜内部政变,国王李珲被废。1636年,后金攻占江华岛,朝鲜国王李倧投降,改向后金朝贡,成为清朝的附属国。

2. 日本在半岛势力的增强

1864年,朝鲜高宗李熙即位,其父大院君摄政,进一步加强中央集权,实行闭关锁国政策,多次击退欧美"洋扰"军舰。1873年,高宗亲政,闵妃外戚集团掌权。1876年,对朝鲜觊觎已久的日本以"云扬号事件"为借口派军舰进入汉江口,迫使朝鲜签订《朝日修好条规》,即《江华条约》,朝鲜被迫开国。之后,朝鲜与美国、英国、德国、俄国等国家陆续签订通商条约,逐步被纳入资本主义世界体系。

1882年,朝鲜改革派在日本政党协助下策动了"壬午兵变",大院君重新掌政。在闵妃请求下,清朝派兵进入朝鲜镇压兵变,囚禁大院君,闵妃外戚集团重新掌权。此后,日本也在朝鲜驻军。朝鲜贵族逐渐分化成要求改革的"开化派"和以闵妃为首的"守旧派"。1884年12月,"开化派"依靠日本军队发动政变,杀死守旧派官员,宣布和清政府断绝关系,即为"甲申政变"。驻朝清军将领袁世凯应"守旧派"要求,于6日率清军开进王宫干预政变,守旧派重新掌权。

1894年,朝鲜爆发大规模农民起义。借助镇压此次农民战争,日本在朝鲜的力量得到进一步加强。日本控制下的朝鲜政府宣布终止同清朝的宗藩关系,中国在朝鲜的影响力逐步被日本取代。

---

① 两班是用来称呼文班、武班官职的用语,在朝鲜时期被用来指称统治阶层。朝鲜的两班是以原有的统治阶层为基础形成的新集团。

3. "大韩帝国"

面对内忧外患，朝鲜政府也做出了改革的尝试，史称"甲午更张"。但改革在日本的阻挠下匆匆结束。1895 年 11 月 15 日，朝鲜改用公元纪年。1897 年，朝鲜高宗李熙在俄国支持下，改朝鲜国名为大韩帝国（1897—1910 年）。1905 年，日俄战争俄国战败，朝鲜政权彻底被日本控制。次年，日韩签订《乙巳条约》，大韩帝国的外交权被日本以"保护"的名义剥夺，日本的势力控制整个半岛。

1906 年，日本在朝鲜设立统监府，并任命伊藤博文为首任总监。1907 年，日本强迫高宗退位，其子李拓继位，即朝鲜纯宗。同年，日本再次迫使韩国签订《第三次日韩协约》，完全控制了韩国内政、司法大权，韩国军队随后也被解散，货币也被纳入日本货币系统。1909 年，朝鲜爱国志士在哈尔滨刺杀了首任驻朝统监伊藤博文，但并没有阻止日本吞并朝鲜的步伐。

四、日占时期和朝鲜独立运动（1910—1945 年）

1. 日韩"合邦"

1910 年 8 月，日本迫使大韩帝国签订《日韩合并条约》，称"韩国皇帝陛下将韩国之一切统治权，完全永久让与日本国皇帝陛下"，废韩国国号，设置朝鲜总督府进行殖民统治。大韩帝国就此终结，朝鲜半岛沦为日本帝国的一个地区，被称为"朝鲜"。"合邦"之后，日本对朝鲜的政策有所改变，但朝鲜仍被置于日本宪法的适用范围之外。在"同化"朝鲜的过程中，日本殖民当局为遏制朝鲜人民的独立意识，废除朝鲜文化、习俗，进行社会改革，强迫朝鲜日本化。

日韩"合邦"期间，为了经济掠夺和军事需要，日本在朝鲜建立了港口、铁路、公路等各种基础设施，开创了商业化城市，培训技术工人，对朝鲜实行强制性现代化，客观上给朝鲜带来了现代经济和西方文化，造成了朝鲜的追赶型发展。另外，殖民统治带来的沉重奴役和剥削，又给朝鲜人民造成了巨大的伤害。

2. 朝鲜民族的独立抗争

1919 年 3 月 1 日，朝鲜半岛展开大规模反日活动。青年学生在汉城（今首尔）的塔洞公园举行大规模集会，发表"三一独立宣言"，并把独立宣言传遍全国。独立活动唤起了人民的反抗意识，平壤、仁川、元山等地相继爆发群众性示威游行，民众冲击各地的日本警察机关，袭击日本公司，日本总督府调动大批军警镇压了独立运动。

同年，朝鲜各派政治力量在国内外继续开展各种形式的反日运动。独立运动领导人先后在海参崴、上海、汉城成立临时政府。三方最终达成妥协：承认韩国国内"首尔政府"的正统性，李承晚任临时总统；"海参崴政府"的代表李东辉任国务总理；临时政府暂设于上海，政府名称确定为"大韩民国临时政府"。

1937 年 11 月上海沦陷后，临时政府几次迁移，最终于 1940 年 9 月迁至重庆。在中国政府的帮助下，朝鲜复国运动人士在中国成立"韩国光复军"和"朝鲜义勇队"。1941 年 12 月 7 日，太平洋战争爆发，临时政府于 12 月 9 日向日本宣战。1942 年 5 月，中国军事委员会决定将两支武装合并为韩国光复军，交由临时政府直接统辖。1945 年 11 月，大韩民国临时政府迁回国内。

五、第二次世界大战后的韩国（1945—1990年）

1. 大韩民国成立

1945年9月2日，根据盟国协议，以北纬38°线为临时分界线，美苏两国军队分别进驻南北朝鲜受理驻朝日军的投降事宜。1948年5月，在"联合国朝鲜临时委员会"监督下，南方选举产生了制宪国会代表。7月17日公布宪法。7月20日，制宪国会选举李承晚为大韩民国首任总统。8月15日，大韩民国政府宣告成立。9月9日，朝鲜半岛三八线以北地区成立朝鲜民主主义人民共和国。1949年1月1日，美国与韩国正式建立外交关系，成为第一个承认大韩民国的国家。

南北分别建国后，苏联和美国先后从朝鲜半岛南北地区撤军。当时朝鲜半岛总人口为3 000万人，三八线以南人口约2 100万，三八线以北为900万人口，南北双方各占朝鲜半岛总面积的44%和56%。

2. 朝鲜战争

南北分别建国之后，朝鲜半岛成为美苏冷战的前沿阵地，意识形态斗争日益加剧，南北双方都希望以自己的模式实现统一。双方在边界线上摩擦不断，最终升级为大规模军事冲突。

1950年6月25日凌晨，朝鲜战争爆发。27日，美国正式参战。战争初期，韩国节节败退，朝鲜军队长驱直入，攻占了韩国90%的土地，韩国政府被迫迁至东南端的釜山。9月15日，联合国军在朝鲜半岛西海岸仁川港登陆，一度将战线推进到鸭绿江边。应朝鲜政府要求，中国人民志愿军于10月25日赴朝参战，迅速扭转了战争局势。志愿军与朝鲜人民军联合作战，把联合国军从鸭绿江边逐回三八线附近。

1951年7月，首轮停战谈判在开城举行。谈判时断时续，与战争交叉进行，战场上的较量成为谈判桌上的砝码。1953年7月27日，交战双方代表签署《朝鲜停战协定》，朝鲜战争结束。同年10月，韩美签署《共同防卫条约》，韩国接受美国的军事保护。

3. 军人威权统治下的韩国

1960年4月，李承晚政权被推翻，后成立了以张勉为首的民主党政府，但新政府没有能力及时有效地控制动荡不安的社会局势。1961年5月16日凌晨，朴正熙发动军事政变，夺取政权，拉开了长达26年的军人威权统治时期。1961年5月19日，军事革命委员会改名为"国家再建最高会议"。1962年3月16日，国家再建最高会议公布新宪法，宣布实行总统制，选举直接选举总统，国会实行一院制。朴正熙脱下军装，作为民主共和党的总统候选人参与总统选举，并以46.6%对45.1%的微弱优势战胜了民主党候选人尹潽善。这次相对公平的选举在一定程度上解决了朴正熙政权的合法性问题，也使他有机会放手解决韩国所面临的其他难题。自1963年12月上任以后，朴正熙连任第5届至第9届总统，把持韩国政权达16年之久。1972年10月，朴正熙颁布维新宪法，以超宪法的措施维持自己的统治，被称为"维新体制"。

朴正熙在位期间，制订了经济发展计划，采取依赖外资、外援、外债，进口原材料和技术，出口产品的方针，使韩国经济全面腾飞，被称为"汉江奇迹"。朴正熙政权还顶住国内压力,恢复了韩日邦交,并参与了越南战争,成为越战中美国以外最大的派兵国家。

1979 年 10 月,朴正熙被韩国中央情报部部长金载圭开枪刺杀,韩国现代发展史上最重要、最有争议的一个政权宣告终结。同年 12 月,以全斗焕、卢泰愚为首的强硬派发动政变,控制了军队。1980 年 5 月,全斗焕在镇压了光州民主运动后进一步掌控政权。1981 年 2 月,全斗焕当选第 12 届总统,继续推行军人威权统治。

4. 20 世纪 80 年代的民主化运动

在 20 世纪 80 年代初的光州民主运动之后,新一届政府继续实行高压政治,学生运动急剧扩大。与此同时,1986 年 2 月,最大在野党新韩民主党发动了 1 000 万人参加的修改宪法的签名运动。全斗焕政权极力镇压民主化运动,引起了社会各界的不满。统一民主党和其他在野党联合起来,组建了反对护宪、争取民主宪法国民运动本部,在 1987 年 6 月 10 日,民主正义党在召开全党大会的同时,举行泛国民大会,继而在 26 日举行了国民和平大游行。来自各界的斗争迫使全斗焕政权发表了以修改宪法、实现总统直接选举为主要内容的"六二九宣言",在人民的反抗和美国的压力下全斗焕被迫辞职。1987 年 12 月 17 日,韩国开始第一次总统直选,卢泰愚当选为总统。这是韩国历史上首次通过全民直接选举选出国家总统。

第三节 国家体制

一、大韩民国宪法

大韩民国第一部宪法于 1948 年 7 月 17 日通过。由于韩国在追求民主过程中历经政治动乱,宪法先后经过 9 次修订。其中 1960 年、1962 年、1972 年、1980 年和 1987 年 5 次修订几乎修改了全部条文,最后一次修订是在 1987 年 10 月 29 日。1988 年 2 月 25 日卢泰愚上任后,宪法生效。[①]

韩国宪法的基本原则包括国民主权、三权分立、寻求南北韩和平民主统一、寻求国际和平与合作、依法治国,以及国家负责促进国计民生。宪法规定,韩国实行三权分立。宪法保障国民的基本权利和自由,同时规定,国民的一切权利和自由,只有在保障国家安全、维持秩序及维护公共福利的情况下由法律进行限制。但即使是在法律限制的情况下,仍不得损害权利和自由的基本内容。鉴于历史上多次出现总统为谋求连任而任意修改宪法的情况,新宪法对修宪程序作了更为严格的规定,宪法第十章规定了宪法的修改需由总统或国会在籍议员半数以上议员提请,修正案必须经三分之二以上的议员赞成以及超过半数的全民公决方能通过。新宪法进一步削减了总统的权限,加强了立法权以及保护人权等措施。为捍卫宪法和国民的基本权利,韩国设有宪法法院进行违宪审查,宪法法院是宪法体制的一个重要部分。

二、央地分权与地方自治

韩国是单一制国家,全国划分为 1 个特别市、2 个特别自治市(道)、8 个道和 6 个广域市。韩国虽然是单一制国家,但建国之初就排除了中央集权式国家治理模式,而采用了西方

---

① 1948 年,韩国公布第一部宪法并按宪法原则建国。在之后几十年,韩国对宪法进行了 9 次修订。

惯用的地方分权体制，即地方自治制度。在二战后七十多年的发展过程中，韩国政府就地方自治与央地分权制定和颁布过若干法律法规，现行宪法（即《大韩民国宪法》）和《地方自治法》是其推行地方自治、实现央地分权的主要法律依据。作为大陆法系国家，韩国国家主权由中央政府拥有和享有，地方权力是一种从属性权力，其地方自治团体，是中央政府通过法定程序授权而设的地方权力机关，其权力源于中央。

根据《大韩民国宪法》原则和《地方自治法》，韩国中央政府的事务和权力主要包括：国家主权性权力和事务；全国统一治理的事务和权力；全国性公共事务；需要进行全国性协调的事务及其权力；地方难以承担的事务。关于总体性地方事权，主要涉及六个方面，即地方自治团体的辖区、机构设置与行政管理，增进国民福利，促进各行各业发展、地方基础设施建设发展和环境保护，促进教育、体育、文化和艺术发展，地方民防与消防相关事务事权。为了让地方自治团体能够有效地自主处理自治事务，设置了地方议会、地方行政长官等机构。另外，在地方自治制度运行过程中，积极导入了包括居民监察、居民诉讼在内的国家层面难以实现的直接民主制度。

韩国具有中央集权的深厚传统，自李朝上溯 1000 多年，就开始实行中央集权的国家治理体制。目前，虽然韩国地方自治在一定程度上得到发展，但是，强大的中央政府仍然处于主导地位。韩国对于地方自治与央地事权划分的中央控制机制，一直处于强势地位，由此使得韩国以地方自治为载体的央地分权，本质上不过是一场以中央政府为主导的自上而下的行政改革运动。

三、国家机构

韩国国会是国家立法机构，实行一院制，共 300 个议席，议员任期 4 年，国会议长任期 2 年。国会的权力主要包括立法权、财政审查权、外交和战争权、人事权、监督权和弹劾权。

韩国总统是国家元首和全国武装力量总司令，在政府系统和对外关系中代表整个国家，总统任期 5 年，不得连任。韩国现行政治体制是总统中心制。作为内外政策的制定者，总统可向国会提出立法议案等。总统同时也是国家最高行政长官，通过国务会议行使行政职能，负责各项法律法规的实施。国务总理作为总统的主要行政助手，在经国会批准后由总统任命，在总统的领导下监督各部工作和管理国务调整室的工作。国务总理有权参与制定重要的国家政策，并出席国会举行的各种会议。当出现总统伤残、死亡或遭弹劾的情况时，国务总理或国务会议成员将临时代理总统之职。

2016 年 12 月 9 日，韩国前总统朴槿惠因"崔顺实干政事件"遭国会弹劾。在国会针对朴槿惠的弹劾动议案投票表决通过后，朴槿惠被停止执行职务，由国务总理黄教安替代主政。2017 年 5 月 10 日，韩国新当选总统文在寅在青瓦台宣誓就职，提名全罗南道知事李洛渊为新一届国务总理人选，李洛渊于 2017 年 5 月 31 日宣誓就任国务总理。

韩国法院有大法院、高等法院、地方法院和家庭法院。大法院是韩国最高法院，负责审理下级法院和军事法庭的上诉案件。大法官由总统任命，但须经国会批准。大法官的任期为 6 年，不得连任，年满 70 岁必须退位。

成立于 1988 年 9 月的宪法法院是新宪法体制的重要部分。宪法法院由 9 名法官组成，法官任期为 6 年，可连任。宪法法院做出某项法律违宪的决定、弹劾决定、解散政党决定或有关宪法申诉的认可决定时，需要有 6 名以上的法官赞成。在实践中，宪法法院适时纠正了过激的政治行为，平抑了政治局势中的浮躁和不理性，在捍卫宪法和国民的基本权利等方面发挥了重要作用。2017 年 3 月 10 日，宪法法院即通过了对总统朴槿惠的弹劾案。朴槿惠被免去总统职务，成为韩国历史上第一位被成功弹劾下台的总统。

四、选举、政党和群众组织

1. 选举

1994 年以前韩国选举法体系主要包括《总统选举法》《国会议员选举法》《地方议会议员选举法》《地方自治团体首长选举法》。为了保证选举的公正性与选民的自由意志，消除选举不公正及选举过程中存在的各种腐败现象，第 14 届国会于 1994 年制定并颁布了统一的《公职选举及选举不正当防止法》，现行选举制度即依此法而确立。

韩国总统选举实行全民直选制，总统由国民直接选举产生，任期 5 年，不得连任。国会议员选举 4 年一次。目前韩国采用的选举制是小选区制与比例代表制并用的制度，以小选区制为主、比例代表制为辅。小选区制是采取简单多数制的方式在选区内选出一名候选人的制度。

300 名国会议员中的 224 名是通过全民选举产生的，75 名议员是按比例分配的。区国会议员的选举采用比例代表制，即政党向中央选举管理委员会提出候选人名单，按照政党得票的比例分配议员名额。地域选区选举国会议员采用小选区制。首尔特别市、6 个广域市和道一级的议员选举同国会议员选举一样，也采用小选区制和比例代表制相结合的方式，而道以下议会的议员则全部由小选区制选举产生。

韩国选举法规定，凡年满 19 周岁的国民均享有选举总统与国会议员的选举权。选举程序主要包括投票、计票、开票、当选、宣布当选结果等步骤。除总统和国会议员选举外，道、市、郡等地方各级选举都是按选举法的统一规定进行，每 4 年举行一次，而且在选举的各个环节上都具有相当的一致性。

2. 政党

根据宪法，韩国实行多党制，允许自由成立政党。政党的目的、组织和活动应符合民主原则，并应具有必要的组织形式，以便国民参与政治、表达政治见解。自 1945 年引入现代政党体制以来，韩国的政党政治经历了曲折的发展历程。1948 年参加制宪与国会选举的政党有 48 个，有议员当选的政党 16 个，到第三届国会选举时，当选政党数减少至 5 个。之后，参选政党数和当选政党数逐步稳定，形成多党竞争的局面。目前，韩国的主要政党是共同民主党与自由韩国党，其他政党还包括正未来党、民主和平党、正义党等。

共同民主党是国会第一大党，也是目前韩国的执政党，其前身为金大中领导的新政治国民会议。1997 年金大中当选总统后，该党成为执政党，后经历数次分裂合并，2014 年 3 月，以安哲秀为代表的"新政治联合势力"与金汉吉任党首的民主党进行政治合并，"新政治民主联合党"随之诞生。2015 年 12 月，该党召开最高委员会会议和党务委员会会议，更名为"共同民主党"。2017 年 5 月，共同民主党候选人文在寅确认当选韩国第 19 届总统。

自由韩国党是在野党，前身为 1990 年成立的民主自由党，先后改名为新韩国党、大国家党、新国家党，2017年2月，更名为自由韩国党。该党曾长期执政，但在1997年和2002年两次大选中失利，在2007年和2012年大选中获胜，又成为执政党。2017年7月，洪准构当选为该党代表。自由韩国党是典型的保守政党，经济方面强调大市场、小政府，外交上更重视韩美关系，南北关系方面则强调朝鲜的人权、核问题、体制转换，政治立场强硬。

3. 群众组织

当今韩国有两大工会组织：全国劳动组合总联盟和民主劳动联盟。1960年11月，全国劳动组合总联盟成立，但当时工会在维护工人权益方面的作用并不明显。而在经济快速发展阶段，韩国政府为了达到"出口立国"和"重化工业化"的战略目标，忽略了企业和员工利益关系的调整，致使劳动关系逐步恶化。20世纪80年代，随着韩国产业化程度的提高和市民民主意识的增强，为维护自身权益，工人的罢工活动不断发生，在此过程中，以造船、汽车为代表的重工业企业的工会入会率不断提高，导致另一个全国性工会组织——韩国民主劳动联盟的出现。

韩国民主劳动联盟下辖743个企业工会和32个产业工会，工会会员超过70万人。它管辖的工会组织包括建设产业联盟、公务员工会、金属产业工会、大学工会、服务业联盟、公共汽车、出租、医院和金融等工会，此外还有全国教师工会、言论工会、运输、女性联盟、IT联盟等下属工会组织。但是，在很长时间内民主劳动联盟属于"非法工会"，直至20世纪90年代才得以合法化。这一特殊背景使它成为"斗争性工会"。

在20世纪80年代韩国的民主化进程中，工会地位迅速提升。工会在为工人争取工资、福利待遇等方面发挥了重要作用，由此，当时的韩国社会形成一种支持工会反抗的共识。尽管1997年金融危机后，社会各阶层对工会的评价有了一些不同看法，但就整体而言，社会舆论对强势工会现象保持了应有的尊重。

20世纪80年代后期，韩国社会组织也得到了较快的发展。韩国的社会组织主要是基于政治、教育、经济、环保、福利等目的和利益形成的团体。在韩国，几乎所有的社会组织都是直接或间接地在政府支持下组建起来的。政府为社会组织提供资助，并按相关规定要求社会组织必须提供社会福利服务。但在2000年《非营利性私人组织支持法》实施前，韩国政府和社会组织之间的关系往往是对立的，主要是因为有些社会团体不支持当选政府。可以说，韩国社会团体一方面"依靠着政府"，而另一方面又"跟政府对着干"。

第四节 外 交 政 策

一、外交环境的改变

韩国建国之后，在冷战背景下，韩国外交长期以韩美关系为核心，主要与西方阵营中的国家发展外交关系。20世纪70年代初，韩国的外交大门开始向社会主义国家开放。1988年，卢泰愚政府上台后，大力推行"北方外交"，积极发展与社会主义国家的关系。1993年，金泳三政府上台后，提出"世界化、民间化、多边化、多元化、区域合作和面向未来"的外交政策。金大中政府和卢武铉政府也积极推行多边外交政策。近年来，韩国外交基本形成了以韩美同盟为基轴、巩固韩美日共助体制、加强中美日俄四大国外交、积极参与地区与国际事务的多层次、全方位的外交格局。

二、韩国对外政策的演变

1. 建国初期——20 世纪 50 年代的韩国外交

1948 年 8 月 15 日，朝鲜半岛三八线以南成立大韩民国政府。大韩民国是在美国的庇护下成立的，美国第一个承认韩国并与其建立正式外交关系，随后美国的其他盟友包括英国、法国和菲律宾等国也先后承认了大韩民国。在 1950 年 6 月朝鲜战争爆发前，韩国得到了世界上 25 个国家或地区的承认。朝鲜战争爆发后，韩国立即向美国求援，美国当即决定参战。在美国的主导下，美国、澳大利亚、英国、法国等 16 个国家组成的联合国军参与了朝鲜战争。朝鲜战争后，韩国继续加深同美国的军事、经济和政治关系，与西欧与亚洲资本主义国家的交流也日益增多，对社会主义国家则继续采取明确的敌对立场。可以说 20 世纪 50 年代的韩国政府在相当长一段时间内采取对美国"一边倒"的外交战略。

2. 韩国外交政策的转变（20 世纪 60 年代至 70 年代）

朴正熙发动政变上台后，韩国政府继续加强与美国的经济、军事合作关系。20 世纪 60 年代，韩美两国多次进行首脑会晤和高层互访。韩国参与美国在越南发动的侵略战争，向越南派出大规模部队，美国则继续在经济和军事上给韩国支持与援助，韩美同盟关系进一步加强。

与此同时，在美国的积极协调下，1965 年，朴正熙政府顶住舆论压力，恢复了同日本的外交关系。韩日邦交正常化后，东北亚地区的美日韩同盟正式确立，日本和韩国成为美国实施亚洲战略的两个重要支点。韩国在政治和军事上继续依附美国，在经济上则开始把日本作为重要的伙伴。

多边经济外交是朴正熙政府对外工作的一个重点。在出口导向工业发展战略的主导下，韩国驻外各部门服务于韩国产品开拓国际市场的活动。各驻外使馆每月都会提出吸引外资和振兴出口事业的具体方案及建议，政府还为此设立了经济外交协调委员会。军人威权统治下的韩国犹如一台出口机器，每个部分都被充分动员起来，最大限度地促进出口。

20 世纪 70 年代国际形势的变化，特别是中国与美国、日本的关系出现松动与缓和，引发了东北亚局势的变化。朴正熙政府后期，韩国转而实施门户开放政策，开始与社会主义国家接触。1973 年 6 月 23 日，朴正熙总统发表《和平统一外交政策特别宣言》，表示韩国愿意在互惠平等的原则下对意识形态和制度不同的国家也实行门户开放。该宣言的发表打开了韩国与社会主义国家交流的大门，开辟了韩国外交的新天地。

3. 20 世纪 80 年代后的韩国外交

20 世纪 80 年代，韩国政府继续加强与社会主义国家的外交关系。卢泰愚政府借助 1988 年汉城奥运会的有利时机积极推进"北方外交"，主要构想是：采用联邦德国的东方政策模式，即首先与某一社会主义国家建交，以此为突破口逐步扩大范围，同与朝鲜关系密切的苏联和中国建交，最终实现朝鲜半岛的统一。1988 年 7 月 7 日，卢泰愚发表《为争取民族自尊和统一繁荣的特别宣言》，强调世界正处于超越意识形态开始走向和解合作的新时代，韩国应积极谋求与苏联、中国及其他社会主义国家改善关系。

韩国和苏联的首次接触是在 1973 年，韩国组团参加了莫斯科世界大学生运动会。但由于苏联在 1983 年 9 月击落韩国客机，两国关系一度中断。1985 年戈尔巴乔夫上台后，双边关系有所缓和。汉城奥运会后，韩国和苏联分别在对方首都设立贸易办事处和领事处，之后在 1990 年 9 月正式建交。苏联解体后，韩俄双边经济合作由于贷款偿还问题一度陷入停滞状态。叶利钦在 1992 年访问韩国，对 1983 年客机事件公开表示遗憾，向韩国政府转交了飞机黑匣子，并且解决了有关贷款偿还问题。此后，两国政府签署了《海关合作协议》和《经济共同委员会组成规定》等，两国关系进入稳定发展期。

中韩政府间的正式接触，源于 1983 年 5 月的中国民航劫机事件。在双方政府的积极推动下，中韩最终于 1992 年 8 月正式建立大使级外交关系，结束了两国多年的敌对状态，双边关系进入了一个新时期。

随着国际局势的缓和，朝鲜半岛南北和解与合作成为韩国外交的重要内容。1991 年 9 月，韩国和朝鲜同时加入联合国。金大中上台后，提出改善南北关系的"阳光政策"，倡导双边的和解与合作。2000 年 6 月，金大中总统访问朝鲜，实现了半岛分裂以来的首次首脑会晤，两国元首发表了《南北共同宣言》，在实现离散家庭团聚、双边经济合作等方面取得了明显进展，南北关系得到缓和与发展。卢武铉上台后，继承了金大中政府的对朝政策，提出"和平繁荣政策"，继续推进南北和解与合作。

三、韩国对外文化政策和机构

1998 年，韩国政府根据市场发展变化正式提出了"文化立国"方针，重点支持文化产业的发展，并将其作为 21 世纪国家发展经济的战略性支柱产业。政府作为文化产业的主体之一，在制定文化产业政策，支援、培养文化艺术人才等方面起到了不可或缺的作用。近年来，韩国的文化产业成为国家的战略支柱产业之一，实现了跨越式的迅速发展，韩国也成为世界五大文化产业大国之一。韩国主要的文化传播机构有以下三个。

1. 韩国文化政策开发院

韩国文化政策开发院从属于韩国文化体育观光部，是一所研究国家文化政策的专门机构。自 1994 年 7 月创建以来，一直致力于文化发展政策的研究和文化发展方案的制订。开发院承担了专门研究国家文化政策的任务，使文化在国家政策和国民意识中占据重要位置。该院的宗旨是：提供文化发展政策方案，以提高国民文化生活的质量；使韩国能够在 21 世纪进入文化发达国家的行列；进行南北文化融合战略的调查研究，以利于南北的统一；为促进国民文化福利的增进和民族文化的发展做贡献。

2. 韩国文化产业振兴院（KOCCA）

该机构成立于 2001 年 8 月，旨在推动韩国进入世界五大文化内容生产国行列，通过文化内容出口的产业化成为富有创意的文化内容强国。2009 年，韩国政府将韩国原文化产业振兴院、广播影像产业振兴院、游戏产业振兴院、文化产业中心、软件产业振兴院数字事业团共五家单位整合重组为目前的韩国文化产业振兴院，作为韩国政府设立的事业单位，隶属于韩国文化体育观光部，统领全国文化产业发展。振兴院自设立以来，主要在文化产品创作支持，文化产业政策研究、产业分析，文化产业海外进军支持，文化产业基础设施建设，下一代文化产业技术开发支持五个方面开展工作，并取得了显著成果。

韩国文化产业振兴院在北京开设有代表处，对韩国文化内容进军中国具有重要作用。代表处以北京为中心,提供中国国内的文化产业动向和出口信息,促进韩国文化产业出口企业和中国政府机关、企业的联系。

3. 海外文化宣传院(KOCIS)

海外文化宣传院隶属于韩国文化体育观光部,其主要职能是及时、准确地向全世界提供有关韩国的各种资讯信息,致力于宣传韩国国家形象。宣传院制订有关国家宣传的基本计划,在国内外开展宣传韩国文化的各种活动,并制作介绍韩国的多语种出版物,负责管理韩国国家代表网站——多语种官方网站"韩国在线"。"韩国在线"是世界了解韩国的网络窗口,提供准确、及时的信息资讯,为广大用户提供便利、快捷的服务。

四、中韩关系

1. 中韩建交

朝鲜半岛陷入分裂后,韩国与中国这两个鸡犬相闻的国家互不承认,关系紧张,曾长期处于敌对状态。除了在朝鲜战场上的直接对抗外,中韩两国在黄海海域多次发生海事冲突,使原本对峙的关系更为紧张。

20世纪70年代后,随着国际局势的变化,中韩关系有所缓和。80年代,中韩两国开始了最初的官方接触。1983年5月5日,中国民航班机被劫持到韩国春川机场,两国政府为解决这一问题首次使用了"中华人民共和国"和"大韩民国"的正式称谓。此后,在文化、体育等领域,双边交流日益频繁。1986年和1988年,中国派出体育代表团赴韩国参加第10届亚运会和第24届夏季奥林匹克运动会。

汉城奥运会之后,中韩两国在经济领域的交流迅速升温。1991年1月,韩国在北京设立了"大韩贸易振兴公社驻北京代表处"。同年4月,中国在汉城设立"中国国际商会驻汉城代表处"。1991年9月17日,韩国和朝鲜同时加入联合国,为中韩两国正式建交创造了条件。1992年8月24日,中韩两国在北京发布联合公告,正式建立大使级外交关系。

2. 建交后的中韩关系

中韩建交以来,两国不断开展高层往来,增进互信共识,拓展合作领域,深化合作层次。

1998年,中韩最高领导人同意两国建立面向21世纪的合作伙伴关系。2000年,两国宣布将中韩友好合作关系推向全面发展的新阶段。2003年7月7日至10日,韩国总统卢武铉对中国进行国事访问,双方就韩中关系、核问题以及国际和地区形势共同关心的问题广泛交换意见,发表了《联合声明》,将韩中关系提升为全面合作伙伴关系。2007年,在中韩建交15周年时,双方举行了各种形式的活动。2008年5月,韩国总统李明博访华,两国元首一致同意,顺应两国关系发展的现实需要和长远要求,将韩中全面合作伙伴关系提升为战略合作伙伴关系。2013年6月,韩国总统朴槿惠对中国进行国事访问,双方共同发表了《中韩面向未来联合声明》和《充实中韩战略合作伙伴关系行动计划》。

在经济方面,两国互利合作不断深化,互为彼此重要的贸易伙伴。中国目前是韩国第二大海外投资对象国和最大贸易伙伴,韩国是中国的第三大贸易伙伴。近年来,两国贸易产品的品种正在逐渐转变为高附加值产品,以计算机等IT产品为主的贸易取代了以服装等纺织品为主的贸易,占据两国进出口的第一位。双方以《中韩经贸合作中长期发展规划联合研究报告》作为指导两国经贸合作的指针，确定了两国重点合作领域。2013 年中国对韩国的出口占韩国出口比重的 26.1%，韩国对中国的出口增长率最高，达 8.6%。2015 年 6 月 1 日，中韩自贸协定正式签署，意味着超过九成以上的商品都将实现零关税。中韩自贸协定是中国对外签署的覆盖议题范围最广、涉及国别贸易额最大的自贸协定，对中韩双方而言实现了"利益大体平衡、全面、高水平"的目标。

中韩民间往来和各个领域的交流频繁，形成了多层次、多渠道、形式多样的交流合作关系。中韩两国已有 73 对省、道（相当于中国的省）和城市结成了友好关系，进行对口合作交流。中韩两国每周有 850 多架次的航班，为两国各界人士进行交流访问、商务洽谈、旅游观光等提供了便利条件。中国已成为韩国国民最大的海外旅行目的地国，两国共有几十万人在对方国家工作、学习。除了在韩国首都设大使馆，中国在韩国釜山设有总领事馆，在光州设有领事办公室。韩国也在中国上海、青岛、广州、沈阳、成都、西安和香港设有领事馆。

2016 年，中韩关系因"萨德"事件遇上了建交以来最严重的危机，摧毁了中韩互信的基础，中国外交部发言人多次强调："朝核问题的由来与症结都不在中国。"因此，中韩关系的未来走向取决于韩国的态度。

3. 中韩间文化和教育交流

中韩两国在文学、艺术、体育、社会科学、广播电视电影、新闻出版等领域的交流日益密切，文化交流取得了引人瞩目的成就。1994 年，两国政府签署《中华人民共和国和大韩民国政府文化合作协定》，签订了年度交流计划。在政府的积极推动下，两国文化交流的人数和内容不断增加，形成了以政府为主导，多层次、多渠道、形式多样的文化交流关系。

近十几年，中韩的文化交流由官方主导逐渐向民间扩展，以韩国电视连续剧、流行音乐、游戏、服饰为代表的"韩流"在中国掀起了韩国大众文化的热潮。在"韩流"的带动下，中国赴韩旅游和留学人数稳步增加。韩国是中国第一大入境客源国。2017 年中韩人员往来超过 847 万人次。截至 2017 年年底，韩国在华留学生约 6.7 万人，中国在韩留学生约 6 万人，均居对方国家外国留学生人数之首。两国友好省市已达 196 对。

同时，在韩国也掀起了被称为"汉风"的中国热。2004 年年底，世界上第一个中国孔子学院和亚洲第一个中国文化中心在韩国首都挂牌。学习汉语的热潮在韩国不断升温，2004 年在韩国境内参加汉语水平考试（HSK）的人数达 2.3 万（2004 年中国境外 HSK 考试总人数为 3 万人）。专门播放中国节目的"HAO TV""CHINA TV"和"中华 TV"等电视台如雨后春笋般涌现。2006 年在韩国举办"感知中国"的系列活动，2007 年中韩建交 15 周年为"中韩交流年"。

近年来，来自中国的"汉风"文化也已深入韩国，韩国民众学习中文的人数大有超过英语之势，地铁中开始用中文播报站名。自 2013 年开始举办的"首尔·中国日"活动是拉近中韩两国民众及文化交流的重要桥梁和纽带，迄今为止已成功举办四届，成为韩国民众感知中国文化、体验中国发展的重要舞台。

每逢春节，首尔中国文化中心还与韩国文化机构一起举办"欢乐春节"活动，韩国当地民众踊跃参加，观看民俗演出，通过写春联、剪窗花、捏面人、包饺子等活动，体验中国特色春节文化。

第五节 经　　济

一、经济发展特征

第二次世界大战后,韩国摆脱了日本的殖民统治,直至 20 世纪 60 年代初期,美国对韩国进行全方位的改造。韩国的经济社会在美国的影响和干预下发生了深刻变化,成为韩国经济快速增长的基础。

20 世纪 60 年代,在政府对经济的干预之下,韩国经济开始起飞。这一时期,私营企业是韩国经济增长的主要载体,政府是推动经济增长的重要动力。国家主义造就了经济全面腾飞的"汉江奇迹"。90 年代,政府制订新经济计划,放弃政府主导的经济发展模式,促进国民参与,弘扬创新精神。

二、"汉江奇迹"的由来

20 世纪 60 年代至 80 年代,韩国经济开始腾飞,朴正熙政府制定出口主导型经济发展战略,实现了经济飞速增长的"汉江奇迹",使韩国成为"亚洲四小龙"之一,并跻身新兴工业化国家行列。

朴正熙发动政变上台后,一改前政府在经济发展中消极被动、依靠美元"救济"的状态,积极奉行"经济发展第一"的方针,把韩国经济引上有计划自主开发的新时期。

韩国政府于 1962 年 1 月公布了第一个经济发展五年计划,动员国内资金发展以重化工业以及基础产业为中心的进口替代工业,利用外资发展以第一产业和轻工业为中心的出口导向工业,建立两者相结合的自立经济体制。第一个经济计划期间共引进外资 3.51 亿美元,第二个经济计划期间(1967—1971 年)引入外资达到 17.14 亿美元。

韩国政府还制定了培育出口产业的经济政策,接受发达国家轻工业产业的下梯次转移,为这些产业的发展提供低工资、借款、税率优惠、金融支援等条件,带动本国经济发展。

从朴正熙上台到卢泰愚执政的 30 年间,韩国共实施了 6 个"五年计划",韩国经济借此开始步入高速增长轨道,拉开了"汉江奇迹"的序幕。这一时期,韩国现代史上第一次把国家的人力资源和自然资源有效组织起来,从 1962—1978 年,韩国国民生产总值从 23 亿美元增加到 459 亿美元,人均国民生产总值从 87 美元增加到 1 330 美元,年平均经济增长率接近 10%,取得了举世瞩目的经济成就。

三、"政府主导型"市场经济

1. 理论基础和宗旨

政府主导经济发展是韩国经济发展模式的一个最重要的特征,所谓政府主导,就是指政府在经济运行和发展中起"定向"和"导向"作用。"定向"指的是政府通过决策的方式为经济确定发展目标;"导向"是指政府以强有力的手段确保经济发展目标的实现。具体来说,即首先由政府全面参与经济规划,制定产业政策和宏观经济发展战略,并据此选择合乎标准的财阀，然后政府依据战略需要扶植、引导这些财阀发展，并鼓励财阀积极开拓市场，在市场中进一步提高竞争力。

政府的决策可以包括许多内容，其中最重要的是经济计划和经济政策。政府所使用的手段包括许多方面，其中最主要的是产业政策、资金管理和宏观调控措施。简而言之，韩国的政府主导型即政府规划经济、政府指导经济、政府管理经济和政府调控经济。

2. 绿色增长战略

韩国新能源和可再生能源只占能源需求的 5%，能源对外依存度超过 90%，为此，韩国政府决定由高能耗的重工业向生态、绿色、环保转型。2008 年 9 月出台的《低碳绿色增长战略》指明了未来经济发展的方向。该战略提出：提高能源效率和降低能源消耗量，从大能耗制造经济向服务经济转变，增加清洁能源的供应、降低化石燃料的消耗。

韩国绿色增长战略的主要目标有四个：一是能源独立与低碳社会的目标；二是以绿色技术和产业作为新的增长动力目标；三是建设绿色文化和绿色基础设施（Infrastructures）目标；四是创造绿色就业目标。

据此，韩国政府推出了《绿色能源产业发展战略》，把光伏、风力、高效照明、电力IT、氢燃料电池、清洁燃料、高效煤炭和能源储藏等确定为优先增长的动力对象，同时推进热泵、小型热电联产、核能、节能型建筑、绿色汽车和超导等阶段性增长。

为实现上述目标，2010 年，韩国对环境的研发经费达到 15 亿美元左右，与 2005 年的 7 000 亿相比增加了 21 倍之多。韩国绿色增长战略的发展方向是建立健全的低碳绿色经济体制，到 2020 年跻身世界五大绿色技术和绿色产业强国行列。总之，韩国绿色增长战略的本质是以绿色产业化体现绿色发展，即将"环境和增长"从对立和冲突关系转向共存共赢的关系，最终实现环保和经济增长的良性循环。

3. 低福利、低工资、高赋税

西方发达国家的社会福利水平往往伴随着经济发展出现相应的增长，但韩国并没有遵循这样的规律，而是从经济高速增长的 20 世纪六七十年代开始，长期实行低福利政策。二战后韩国将发展经济视为重中之重，注重储蓄与发展而轻视社会福利，甚至不惜牺牲社会福利来换取经济的增长，将社会福利压到最低限度。

韩国福利制度发展晚，并且覆盖面非常狭窄。1995 年，韩国政府仅为 13.7%的老年人提供养老金，养老保险覆盖面为 41.5%。[①]1997 年以后，政府对社会福利模式进行改革，使其初步具备"生产—发展型"福利模式的雏形。到 2000 年，四大社会保险才实现了国民全覆盖。据韩国 KBS 新闻报道，韩国 2001 年能够享受年金的老人只占 6%，说明韩国社会福利仍处于较低水平。

韩国属于中等偏上收入国家。在经济发展初期，韩国为吸引外资、增强本国产品的国际竞争力，曾强制性地实行低工资政策。20 世纪 80 年代中期以后，工人罢工要求提高工资，工资水平有较大提高。但韩国的工资水平在发达国家中依旧不算高：1970 年制造业的小时工资为 0.2 美元，相当于美国 3.35 美元的 6%、日本 1.06 美元的 19%；1993 年提高到 5.2 美

---

① Kwon，Hyuck ju. Income Transfers to the Elderly in East Asia：Testing Asian Valued [M] .London：London School of Economics，1999.

元，相当于美国 11.74 美元的 44%、日本 19.87 美元的 26%。[①]

在税率方面，高收入阶层纳税额占总额的比重较高，起到了明显的收入调节作用。韩国对年收入 1 500 万韩元以下的家庭（以四口之家为标准）和年收入 482 万韩元以下的个体营业者免征个人所得税，在住宅的流转、保有、继承各环节建立了完整的税收调节体制。韩国文在寅政府有意再次修改税收法案，向高收入者和大企业增税用于援助弱势群体和中小企业。据韩联社 2017 年 8 月 2 日报道，2018 年起韩国个人所得税的最高名义税率和法人税最高税率将升至 42%和 25%，前者创下 1995 年（45%）后最高纪录，后者创 9 年来新高。

四、重要工业部门和工业中心

作为韩国经济的主导产业的制造业，经历了三次结构转换与升级，即 1962—1971 年的劳动密集型产业、1972—1981 年的资本密集型重化工业和 1982—1991 年的技术密集型产业，进入今天的知识密集型产业阶段。其中，作为韩国产业结构从劳动密集型向资本和技术密集型转变的突出代表，钢铁工业、造船业、汽车工业、电力工业发展迅速，成为韩国重工业的主要组成部分。韩国在钢铁、造船、汽车、半导体及数码产品等行业产品有较强的国际竞争力，多数产品拥有自主品牌，在国际产业链中的地位在不断提高。

韩国的钢铁工业堪称韩国经济增长的"火车头"，是韩国机械、造船、汽车、建筑及其他支柱产业发展的重要保障。1968 年成立的浦项制铁公司，令韩国钢铁产业驶入发展的快车道。有资料显示，在制造成本、收益性、扩充设备、内需成长力、技术革新等指标的综合评价中，浦项钢铁公司位居世界第一。韩国的钢铁产业在普通钢领域具有世界最高竞争力，在设备高效运转、从业人员素质等方面同样占据优势，全面发展和海外扩张的势头在一定时期内仍会继续。

韩国是世界造船大国，在很长一段时间内也是世界第一大造船国。全球船厂前十强中韩国占有七席，其中现代重工、三星重工、大宇造船和现代三湖重工是世界前四大造船厂。现代重工是一个世界级的综合型重工业公司，是韩国重工业的摇篮，拥有世界最大生产规模的"造船事业部"与"发动机事业部"。韩国在建造高附加值船舶方面也有显著优势，其建造的油船、集装箱船、液化天然气船、浮式生产储油船、高速船和超大型船以及豪华客船均处于世界领先水平。

作为电子产品生产的佼佼者，韩国的内存、液晶显示器及等离子显示屏等平面显示装置和移动电话都在世界市场中有较强的竞争力。世界知名的韩国电子产品制造商有三星、LG、SK 等。

韩国的工业区主要有京仁工业区和东南沿海工业区。京仁工业区是指首尔、仁川及周围地区，轻重工业发达，是韩国最重要的工业区。东南沿海工业区则以釜山为中心，呈南北沿岸带状分布，其重工业发达，是韩国第二大工业区。釜山是韩国最大港口和重要的工业中心。其他重要的工业城市有浦项（钢铁）、蔚山（石化、造船、汽车）、昌原（机械）、巨济和忠武（造船）、丽水（炼油、石化）；马山（机械、纺织）和里里（纺织）是自由出口贸易

[①] 李惠国. 当代韩国人文社会科学［M］. 北京：商务印书馆，1999.

区。内陆有大田（纺织、机械）、大邱（纺织）、龟尾（电子）等工业城。目前区域开发重点已转向西海岸。韩国的工业首先向原有京（首尔）仁（仁川）工业区集中，并沿着京釜高速公路和铁路向东南沿海延伸，形成韩国工业的南北两极。

第六节 社 会

一、社会结构

20世纪60年代以后，经济的高速发展加速了社会流动，韩国的社会结构也随之发生了广泛而深刻的变化。随着经济的发展和社会结构的变迁，被称为"中产阶层"（或称中产阶级、中间阶级）的人口在韩国社会人口中所占比例越来越高。1960年占全国人口的20%、1970年占30%、1980年占48%，1987年则达到65%，[①]中产阶层主要包括知识分子、商人、企业管理人员、公务员、技术官僚等。

亚洲金融危机以来，由于经济发展低迷，中产阶层崩溃，韩国社会的阶级结构已经不再是之前的橄榄型，而是开始向雪人型（Snowman Type）变化。向"雪人型社会"过渡包含两层含义：一是社会等级结构的两极化。1999年后，"富者越富，贫者越贫"的"马太效应"现象日趋突出，不同职业间的收入差距越来越大。1992年最高水平与最低水平的月收入差异只有92.9万韩元，而到了2001年其差距扩大到163.8万韩元。贫困线以下的人口比例从1996年的3.16%急剧上升到2000年的9.42%；二是阶层间的割裂更加深化。这说明以高速增长为特征的"劳动力高级化趋势"已经发生局部变化。由于大量失业、雇用形态变化、资产价值崩溃等导致的中产层数量减少，阶级秩序新趋势开始出现。例如，被称为"新资产阶级化"的"高级知识劳动者阶层"和被称为"新无产阶级"的"下沉中产层"的形成，使得近期韩国社会正朝以最高层和专业知识劳动者为上层，以包括普通劳动者和失业者在内的大多数人为下层的"雪人型社会"逐渐转化。

二、韩国公务员制度

韩国公务员制度始于国会1949年8月制定出台的《公务员法》。1963年韩国政府颁布新的《国家公务员法》，一直沿用至今。《国家公务员法》规定的公务员的义务包括宣誓义务、诚实义务、禁止从事营利业务义务、禁止兼职义务、保守机密义务、廉洁义务。公务员违反《国家公务员法》等各种法令、违反职务上的义务或者懒惰于职务以及不论是职务内外败坏威信的时候，要受到惩戒。

在韩国人的传统价值观念中，除了学者具有公认的威望以外，在政府部门供职也是人们追求的"唯一体面的职业"。韩国公务员有着良好的待遇，退休之后还可以按照退休前3年工资的76%获得年金，而一般国民年金只有退休前3年工资的50%。由于职业的稳定性加上良好的社会保障和退休制度，公务员在韩国也被称作"神的职业"。

---

① 宋永华. 韩国宪法法院制度研究[M]. 上海：上海三联书店，2015.

三、韩国民族主义和排外

1. 当代韩国民族主义的特点

韩国是近现代典型的民族主义国家,其民族主义具有鲜明的反抗性特征,通常表现为一种极端、狭隘的民族主义情绪。当代韩国民族主义主要表现在以下几个方面。

首先,严重的民族经济保护主义。韩国一直奉行所谓"身土不二"的民族经济保护主义政策。"身土不二"原意是指"在自己的国家,在生我养我的土地上生产的东西才是最适合我的"。韩国市场里的进口农产品价格一般比韩国本地产品的价格低,但韩国人还是买本地货,以吃本国的粮食、蔬菜、水果等食品为荣。韩国经济崛起后,为了保护自己的民族工业,韩国政府更利用"身土不二"的传统观念,大力提倡、引导国民用国货。韩国产的汽车虽然与德系车、日系车的技术水平和质量有一定差距,但为了支持民族汽车工业的发展,韩国民众首选国产车,购买并使用外国车的人甚至被指责为"不爱国"。

其次,大搞民族造史运动,甚至歪曲历史。韩国民间学者和专家不断推出一个个惊世骇俗的所谓"历史研究成果"混淆是非;被称为"在野史学"的非学者民间人士,将神话故事、民间传说和评书演义与真实的历史混为一谈;韩国出版界、影视剧界大量推出混淆历史真相的各类作品,以印证韩文化及韩民族是世上最优秀的古老文明,误导韩国民众对历史的认识。这种思想使部分韩国人(主要是青壮年男性)对周边国家及他国的人民、历史和文化都采取轻视的态度。

最后,大力提倡"韩民族优越主义",过度渲染"韩民族优越论"。为了树立韩民族的伟大形象,韩国迫切寻求民族文化的整饬以及民族心理的重塑。韩民族优越主义的思想以自我的角度,修改及解释韩民族的历史、语言、思想与文化,这是一种"文化中心主义"的极端民族主义的表现形式。近年来,"韩民族优越论"思想在韩国广为蔓延,并借助"韩流之风"越吹越盛。在过分渲染"韩民族优越论"的狂热下,韩国国内出现了片面强调韩民族文化的正统性,不能正确认识本民族文化,也不能客观评价中国文化对韩国民族文化的影响。

2. 韩国民族主义高涨的原因

韩国极端民族主义情绪近年来的高涨有着多方面原因。韩国国土面积相对狭小,地理位置特殊,韩民族就像鲸鱼群中的小虾一样在夹缝中求生存,根深蒂固的忧患意识造就了其独特的历史悲情主义,也激发了其充满斗志的民族自立精神。对外来势力天生存有一种戒备心理,具有强烈的排外性。

朝鲜半岛的历史对于韩国人来说是笼罩在周边强国阴影下的一部漫长而充满屈辱的历史。封建时代的朝鲜王朝一直以小国自居,成为"华夷秩序"下的藩属国。20世纪初,日本迫使朝鲜政府签订《日朝合并条约》,使之沦为日本的殖民地。一战之后,朝鲜又沦为以美苏为首的两大阵营对抗的牺牲品,内战导致半岛南北分治,韩国处在美军的占领管制之下。

20世纪60年代朴正熙时代起,韩国在"民族自立"精神的鼓舞下一直奉行"经济第一、经济兴国主义"的国家发展战略,在短短三十年间创造了"汉江奇迹",实现了经济崛起。在韩国的经济复苏过程中,凸显了以支持国货为表现的民族主义排他性。由此看出,历史形成的"忧患意识"和"民族自立"精神极易诱发极端民族主义,这也是近年来韩国极端民族主义情绪高涨的历史原因。

"韩国国家观"的极端民族主义教育助推了近年来韩国民族主义情绪的高涨。韩国在战后历行"韩国国家观"的极端民族主义教育，片面强调韩民族内在发展史观、民族的正统意识和朝鲜半岛的独立性，淡化外来影响。在历史教科书中否认箕子建立朝鲜的说法而坚持檀君建立古代朝鲜是正统，淡化中国对古代朝鲜的影响，以突出韩国历史发展的独立性；还有意识地强化古代朝鲜的国际地位，否认曾是中国的藩属，坚持古代朝鲜在东亚的强国地位，向学生反复灌输"韩国国家观"，强调韩国正统性。

伴随着国力的不断增强，体现极端民族主义倾向的"大国"心理愈演愈烈。韩国自古以来处在大国之间，受害者意识很强。虽然韩国现在已经成为发达国家，但是这种担忧意识并未减弱。面对日本追求"正常国家"的诉求和在历史问题上的僵化态度以及在领土问题上的强硬立场，韩国担心历史重演；面对中国崛起，韩国人的心态更是矛盾而复杂，认为中国崛起是"机会"也是"威胁"，对中国的飞速发展充满疑虑和不安。这是韩国民族主义高涨的现实基础。

四、大韩民族精神和韩国人性格

1. 强烈的民族自尊

在20世纪初沦为日本的殖民地以后，虽遭受日本帝国主义的长期统治和残酷镇压，但韩国人并没有屈服，更没有丢弃自己的民族精神。由于经受过日本帝国奴役的历史，韩民族痛彻地认识到国家与民族独立自强的极端重要性，因此，具有强烈的民族自尊心。在这种自尊、自重、自强的民族精神支配下，他们坚决抵制洋货，只买国货。为了挤占日本市场，甚至不惜赔本也要把汽车卖到美国去。在亚洲金融风暴袭来时，为了使韩国走出危机，成千上万的韩国老百姓自发地从家中拿出珍藏的金银珠宝，有的是几代人珍藏的"传家宝"，有的甚至是举家赖以生存的"全部家当"，他们排着长队，像为解国难而慷慨赴死的义士一般，将其无偿地捐献给国家。

韩国人以购买、使用国货为荣。韩国的大街上，很少看到进口轿车；韩国人以三星品牌为荣，偏爱购买使用三星手机和三星电子产品；韩国人宁愿只看国产剧，也绝不大量买进别国的高质量的电视剧。他们甚至曾抵制观看外国电影，原因是国人大量的购票观影会导致本国资金的大量外流。

这种强烈的民族自尊沉淀为一种爱国情结，深深地融入进韩民族性格中。

2. 尊重传统，长幼有序

韩国人非常尊重传统和文化，韩国人一直认为自己是最典型的、最完整的儒家文明继承者。韩国以"孝悌、忠信、礼义、廉耻"为社会公共道德，尊奉孔子为"万师之宗""万世师表"。韩国的孔庙大部分可称完好，每年都举行祭祀孔子的"释典大祭"。在韩国，至今还有完全按传统方式教学的学院。韩国中秋节全国放假三天，所有人都要回家祭祖，尤其是一些大家族，有非常传统的各种祭祀活动。这些祭祀活动隆重而繁复，依照古礼而行，毫不马虎。正如孔子所说："祭如在，祭神如神在。"韩国人以上的种种举动是源于他们对传统的深刻理解和自信，是源于他们性格中的天真质朴、坐言立行和执着不移的行事作风。在参天大厦高速修建,高速公路的触角四处蔓延的背景下,他们的坚持有一种尊贵的意味。

韩国人非常重视礼节,讲究长幼有序。晚辈对长辈,后辈对前辈必须恭敬,见面问候,讲话必须使用敬语。

3. 刚烈倔强,韧性努力

韩国人倔强刚烈、性格急躁,动不动就削发明志,甚至是断指以明志。这种性格与韩国长期以来没有稳定的社会生活有关。战乱困扰,权力相争,不仅磨炼出韩国人对于环境非同一般的适应能力,也造就了他们喜欢"有事马上办"的性格。虽然曾被日本殖民统治 35 年,但如今在韩国很少能看到日式建筑,因为大都被韩国人拆掉了,为数不多的几座也是作为国耻纪念馆存留下来的。

韩国人的倔强和拼搏精神还体现在各种体育运动中。韩国在奥运会、冬奥会各项锦标赛上的表现常常令人刮目相看。韩国选手的韧劲和顽强的拼搏精神经常给他们的对手留下深刻的印象。韩民族那股宁为玉碎不为瓦全的倔劲儿让他们视荣誉重于生命,不达目的誓不罢休,有种"一条道走到黑"的拼劲。

韩国人的生活节奏很快,而韩国人的急躁性格在世界上也是十分有名的。韩国人最常用的口头语是"快点,快点"。他们的这种急躁的性格体现在许多方面,以走路速度为例,韩国人的步速全球第一,比香港人、东京人都要快。

五、社会福利保障体系

在建国初期,相比于社会保障,韩国政府更重视经济的增长,国家主导思想是通过经济发展来增进国民福利。20 世纪 80 年代以后,经过持续的经济增长和社会发展,国家具备了相当的经济实力来满足民众对于社会保障的需求。特别是 1987 年以来,社会保障的覆盖面逐步扩大,社会保障体系日益完善。目前,韩国已经形成了比较完善的社会保障制度体系,主要包括三个方面:社会保险(包括公共年金制度、医疗保险制度、产业灾害补偿保险以及就业保险等)、社会救助和社会福利服务。

韩国的年金分为两大类:一类是以公务员、私立学校教职员、军人等特殊群体为主要对象的年金;另一类是以普通国民为对象的国民年金。国民年金是韩国社会保障制度的核心,适用于 18~60 岁的一般国民,其支出主要用于老龄年金、残疾人年金、遗嘱年金及一次性偿还金。

医疗保险是社会保障体系的重要组成部分。政府在实施医疗保险的同时建立新的医疗服务体系,将全国划为中、大、全国 3 个医疗圈,提倡就近求医。患者需承担一部分医药费,一般门诊需负担 30%~50%,住院负担 20%。

产业灾害补偿保险是在韩国普及较早的一类社会保险,保险对象是因产业灾害而发生的工伤、疾病、残废和死亡等,向这类人提供医疗服务或给予生活补贴。

韩国的就业保险并不仅仅局限于对失业者进行的救济,而是用积极的保险政策防止失业的发生。就业保险的保险费分两类:一类是失业保险费,由雇主和雇员各负担一半;另一类是就业安定和职业能力开发失业保险费,由雇主全部承担。雇主的保险费率为工资总额的

0.3%~1.0%，雇员的保险费率为工资总额的 0.3%。

韩国的社会救助包括生活补助、有功人员津贴及医疗补助、灾害救济和伤残军人补助等。社会救助不同于社会保险，救助对象主要是老人、儿童、妇女、残疾人等弱势群体和低收入阶层，因此，不需要个人交纳保险费，经费由国库和地方政府补助金来解决。相对健全的社会福利制度，使韩国弱势群体的基本生活得到保障。

第七节　文化与宣传

一、中小学和职业教育

在摆脱日本殖民统治、建设现代化国家的进程中，韩国面对人多地少、资源匮乏的国情，抓住发展机遇制定了适合本国的发展战略。其中，以大量的投资优先满足教育的发展，积极开发人力资源，提高劳动力素质，重视培养经济发展不同阶段所需要的人才，为其现代化铺平了道路。在此过程中，韩国教育取得了惊人的发展成就，堪称国际教育界的典范。

韩国是世界上识字人口比率最高的国家之一，教育一直被视为国家发展的基本动力。韩国教育行政机构由中央政府教育和人力资源部、道教育厅和各区教育室三级组成。韩国的教育经费来源于中央政府、地方政府和私立学校独立资金三部分，教育部预算通常占政府支出总额的 20%左右。

韩国目前基本形成了"6—3—3—4"学制，即小学 6 年、初中 3 年、高中 3 年、全日制大学本科 4 年，另外还有 2 年制和 3 年制的专科大学及职业大学。

韩国的小学也称"初等学校"或"国民学校"，学制 6 年。小学入学为 6 周岁，实行免费义务教育。韩国《教育法》规定，初等学校旨在培养学生：①具备日常生活所需要的国语能力和数学能力；②具有良好的道德观念和良好的生活习惯；③具有科学地观察和处理日常生活中出现的自然事物和现象的能力；④具有音乐、美术、文艺的基本技能和审美欣赏的能力。根据上述教育目标的要求，韩国初等学校的课程主要有道德、国语、社会、数学、自然、体育、音乐、美术和实践课。小学教师必须在师范学校修满 4 年的教育学方可任教。

韩国的中等教育机构分为初级中学和高级中学，学制各 3 年。韩国初中开设的课程包括道德、国语、国史、社会、数学、科学、体育、汉文、外语、产业和家政等。初中教师必须是教员大学（韩国唯一一家集幼儿、初级、中级教师培养为一体的综合性大学）或师范大学 4 年制本科毕业生，并通过教师资格考试。

韩国的高中（称为高等学校）可分为人文高中（普通高中）、实业高中（职业高中）、职业专门学校这三种形式。其中，人文高中和实业高中由教育部门主办，而职业专门学校由韩国产业人力公团[①]、地方自治团体、公共团体和事业主主办。人文高中以传授基础知识为主，以升入大学为目标。实业高中以讲授专业课为主，注重实际技能的学习，以培养中级技术人才为目的，学生毕业时颁发技能等级证书的同时颁发学历证书。实业高中的学生毕业后大部分就业，只有少数学生升入大学继续深造。为了给有特长的学生提供适当的教育，韩国

---

① 国家劳动部所属的培养产业技术公民的机构。

还设有几所艺术、体育、科学和外语专科高中。韩国高中开设的课程包括国民伦理、国语、国史、社会、数学、汉文和外语等。普通高中在二年级时实行文、理分科。职业高中涵盖的领域有农业、工程、商业和海事等。普通课程在职业高中的课程中通常占 40%～60%，其余部分为职业课程。

韩国的职业教育分为高中阶段和大学阶段两个层次。职业专门学校以培养中级技术人才为目标，学生毕业后只颁发技能等级证书而不发学历证书。在初中毕业生中，升入人文高中和实业高中的比例一般各占 50%。职业专门学校的招生对象虽然规定具有初中文化程度，但实际是高中三年级时分流出来的学生。因此，这一类学校的招生只进行面试。学制有半年制和一年制两种。在这些学校不学文化课，着重进行专业技能训练。大学阶段的职业教育是以培养适应高度产业化的社会需要、适应产业技术发展变化的多技能技术人才为目标的。这一层次的职业教育也分为教育部门主办的和劳动部门主办的两种类型。中央劳动部门所属单位主办的技能大学主要招收具有高中文化程度的人，技能大学在校生中，不仅有人文高中、实业高中毕业生，也有高中毕业后就业几年的技术工人。技能大学的学制比较灵活，既有全日制二年的和一年的，也有二年制夜校的。韩国职业学校在加强专业技能教育的同时还特别重视思想道德教育。在职业教育的过程中，注重产教结合，促进了职业教育的发展。作为东亚经济圈的后起之秀，韩国自 20 世纪 60 年代以来快速腾飞的经济与其不断发展完善的职业教育密不可分。

二、高等教育和科研

韩国政府以"教育立国"为基本国策，从 1966—1995 年，韩国用两个 15 年实现了高等教育毛入学率从 5%到 15%再到 50%的飞跃，使高等教育普及化，成为世界上高等教育发展速度最快的国家之一。目前韩国适龄青年已有 80%以上能够升入大学，高等教育入学率居于世界前列。

韩国成立最早的国立综合大学是首尔大学，其前身是日本于 1924 年创立的京城帝国大学，于 1946 年由大韩民国政府改名为首尔大学。首尔大学是韩国 10 所国立旗帜大学[①]中建立最早的一所大学，是被公认为韩国最高学府，一直是韩国国立大学的典范。首尔大学与高丽大学和延世大学两所私立大学合称为韩国大学的"一片天"。

韩国的高等教育机构分为 4 年制的学院和大学（医学院和牙医学院则为 6 年制）、4 年制的师范大学、2 年制的职业专科、广播函授大学以及 2～4 年制相当于大学的各类学校（如护士学院、神学院等）。大学分为国立大学、公立大学和私立大学三种，其中国立大学与公立大学在韩国被统称为国立大学。国立大学一共 10 所，每个道只设一所，包括首尔国立大学（首尔）、釜山国立大学（釜山）、庆北国立大学（庆尚北道）、全南国立大学（全罗南道）、忠南国立大学（忠清南道）、忠北国立大学（忠清北道）、全北国立大学（全罗北道）、庆尚国立大学（庆尚南道）、江原国立大学（江原道）和济州国立大学（济州道）。私立大学 300 多所，各个学校实力各不相同，比较优秀的私立大学在首尔地区有高丽大学、延世大

[①] 韩国政府在光复后以教育兴国为宗旨建立了 10 所国立大学。最初的 8 个省和 2 个特别市各建有一个国立旗帜大学，拟在推动大学所在地区的教育水平。

学、成均馆大学、西江大学、东国大学、中央大学和梨花女子大学等，首尔以外地区有仁川的仁荷大学、大邱市的启明大学等。一般私立大学的英文或者韩国语中，不会带"国立"的字样。根据韩国《教育法》及有关法令，公立或私立的高等院校都必须接受教育部监督。教育部负责控制学生名额、审核师资、课程设置、批准学位授予条件以及规定统一课程等事务。韩国高等院校招生取决于学生高中的学业成绩及国家会考的分数。由于竞争的加剧，目前，韩国越来越多的高等院校举行附加入学考试。

韩国大学招生制度中，最有特色的是"提前录取""定期招生""随时选拔""追加招生"等多元化录取方式。这样的体制便于高校挑选学生，也便于学生选择高校。同时，在韩国允许高校通过一般考核招收对父母特别孝敬的高中毕业生进入大学学习。这些灵活的选拔方式，可以使有特长的高中生脱颖而出。

由于韩国高校本科教育是大众化教育而非精英教育，学生进入高校接受教育的最终目的是就业，学生如果在就学期间能找到满意的工作，可以申请退学。而一旦他们感到现有知识难以应对目前的工作所需，也可以回校继续学业。

1996 年和 2006 年，韩国又先后启动了旨在进一步提升高等教育的"面向 21 世纪的智力韩国计划"和"世界一流大学计划"。2014 年 5 月，在英国培生集团（Pearson）实施的"全球教育强国"调查中，韩国综合排名世界第一。

在科研方面，韩国于 1967 年设立了科学技术处，后重组为科学技术部。此外，韩国还设有国家科学技术委员会（NSTC），负责协调诸多部门参与的科技发展和研究开发活动。20 世纪 90 年代以来，韩国调整科技政策，致力于提高国家科技竞争力。2003 年，韩国共有各类研究开发机构 7 127 个，科研人员 198 171 人。位于韩国中部忠清南道的大德科学园是韩国最大的科技园，该科技园始建于 1974 年，目前，落户于科技园的有韩国科学技术院、韩国电子通信研究院、韩国原子力技术研究院、韩国生命工学研究院、韩国航空宇宙研究院和忠南大学等百余家科研学术机构，有近千家电子、宇航、通信、生命科学等高科技企业。此外，水原遗传工程研究园、汉南工业区精细化学和精密机械研究园、浦项—蔚山材料科学研究园等科学园区也各具优势，发展迅猛。高科技园区已成为韩国技术发展的心脏。

三、宣传媒体

韩国最主要的通讯社是联合通讯社，简称韩联社，由合同通讯社和东洋通讯社于 1980 年 12 月合并而成。联合通讯社在首都及各道均有新闻采集网络，并在欧洲、北美、中东、东亚和南美设有多家分社。

韩国的报刊已有百余年的历史，第一份近代报纸是创办于 1896 年的《独立新闻》。光复后，报纸出版受政权动荡影响，一度被严格控制。韩国报纸真正大发展的时期是在 20 世纪 80 年代民主化运动启动之后。目前，韩国六大全国性韩文日报是《东亚日报》《朝鲜日报》《中央日报》《韩国日报》《国民日报》和《京乡新闻》。除了全国性报纸，韩国还有多家地方性报纸。

韩国广播公司（KBS）是韩国最主要的广播公司，该公司于 1961 年成立了第一家电视台。目前，韩国广播公司运营着一个庞大的广播网络，包括 25 个地方台、10 个海外支局和 3 个附属公司。韩国政府还经营像教育电视台（EBS）这样的专业广播电台。除了公营广播公司，韩国还有数量颇多的私营地方电视台，如首尔电视广播公司（SBS）、釜山广播公司

（PBS）、光州广播公司（KBC）、仁川电视广播公司（ITV）等。

韩国广播电视公司在亚洲知名度很高，很大一部分原因是因其制作精良的电视剧。诞生于 20 世纪 60 年代的韩剧，采取边拍边播模式，以爱情为主要类型，也涉有奇幻、穿越、动作、悬疑、校园、职场、史剧和古装剧等。进入 90 年代，韩国电视剧的制作方式更加依赖市场，电视剧的内容和题材也有了突破性发展。90 年代末期，以偶像剧及家庭剧为代表的韩国电视剧成批量的被周边国家引进播出，并在许多地区引发收视热潮，逐渐形成"韩流"态势。进入 21 世纪的韩国电视剧已经不仅仅局限于本土，仅 2002 年中国大陆引进播放的韩剧就有 67 部之多。伴随着这股浪潮，以电视剧为代表的韩国娱乐文化产业在政府的扶持下迅速发展，产业链条日趋丰富，逐渐成为支撑韩国经济的重要产业之一，同时，韩剧形成了一种韩流风尚，不同程度地影响着周边国家。

第八节 风俗习惯

一、社交与礼仪

1. 礼节

韩国人见面时的传统礼节是鞠躬，晚辈、下级走路时遇到长辈或上级，不仅要鞠躬、问候，而且会站在一旁让长辈或上级先行，以示敬意。男人之间见面打招呼互相鞠躬并握手，握手时用双手或右手，并点一次头，分手也鞠躬。男子不得主动与女子握手，在公共场合和宴会中，男女分开进行社交活动，甚至在家里或在餐馆里都是如此。韩国讲究男尊女卑，公开场合得让男士先行，各种会议发言者致辞都把"先生们"放在"女士们"之前。进入房间时，女人不可以走在男人的前面，女人须帮助男人脱下外套；坐下时，女人要主动坐在男子的后面，且不可以在男子面前高声谈论。

在韩国，长辈对晚辈可以称呼对方的名字，可不带其姓；晚辈对长辈必须使用敬语，且不可当长辈面抽烟、戴眼镜，晚辈当着长辈的面喝酒喝茶时必须转过身去。

韩国人非常在意自己的外在形象，哪怕是出门买罐可乐，都得打扮好才能出门。如果随便穿件运动衣出去，店员会看不起你，被朋友碰到也是很失身份的事。在大街上吃东西、在人面前擤鼻涕，都被认为是粗鲁的。

2. 宴请

在韩国，如被邀请到家里吃饭或赴宴，按习惯要带一束鲜花或一份小礼物，最好挑选包装好的食品，而且不要当着赠送者的面把礼物打开。进到韩式住宅时，要把鞋子脱掉留在门口。若有拜访必须预先约定，韩国人很重视交往中的接待，宴请一般在饭店或酒吧举行。

韩国人都爱喝酒，而且相当一部分人"嗜酒"，韩国有很多"酒规矩"。首先，不能自己给自己斟酒，自己斟酒是喝闷酒的表现，互相斟酒才算礼貌。席间敬酒时，要用右手拿酒瓶，左手托瓶底，然后鞠躬致祝词，最后再倒酒，且要一连三杯。敬酒人应把自己的酒杯举得低一些，用自己杯子的杯沿去碰对方的杯身，敬完酒后再鞠个躬才能离开。由于韩国人的餐桌是放在地炕上的矮腿小桌，因此宾主用餐时都会席地盘腿而坐。与年长者同坐时，坐姿要端正。若是在长辈面前，应跪坐在自己的脚板上。无论是谁，绝对不能将双腿伸直或叉开,否则会被认为是不懂礼貌或侮辱人。未征得同意不能在长辈或上级面前抽烟,更不能向其借火或接火。吃饭时应先为老人或长辈盛饭上菜,老人动筷后,其他人才能吃。吃饭时不要随便发出声响,更不许交谈。韩国人多以饮料待客,客人必须接受主人提供的茶点。客人离去时,主人会送至门口甚至送到门外,然后道别。

3. 送礼

在韩国,赠送礼品时,最好选择鲜花、酒类和工艺品,韩国人的民族自尊心很强,倡导使用国货,最好不是日本货。韩国人用双手接礼物,但不会当着客人的面打开。酒是送韩国男人最好的礼品,但不能送酒给妇女。在赠送韩国人礼品时应注意,韩国人喜欢单数,忌讳双数。韩国男性多喜欢名牌纺织品、领带、打火机、电动剃须刀等。女性喜欢化妆品、提包、手套、围巾类物品和厨房里用的调料。孩子则喜欢食品。如果送钱,应放在信封内。

4. 小费

韩国和中国一样是没有小费文化的。在韩国的消费场所,如高档酒店、餐馆一般都会自动加收10%的服务费,因此不需要另外支付给服务人员小费。对于热情的出租车师傅、提行李的酒店门童或者是酒店的服务员,可以表示由衷的感谢。但最近几年来,在宾馆、高级餐厅、娱乐场所、美容院等地方,如果享受到很好的服务,为了表示感谢,也会给一定的小费。

二、节日

以往韩国最盛大的节日就是宗教纪念活动。远在"三国时代",韩国就开始过收获节和感恩节。除了龙鼓节于农历十二月举行外,其他的节日活动通常在秋收后的农历十月间举行。在后继的各个朝代中,庆祝秋收和迎接农历新年的活动一直沿袭下来。如今的韩国生活节奏紧张,很多传统节日已经逐渐消失。但韩国人还有一些尽情狂欢的节日,如农历初一的春节、农历四月初八的佛诞节、农历五月初五的端午节和农历八月十五的秋夕,等等。此外还有一些对韩国人来说很重要的家庭节日,如婴儿的"百日""周岁",老人的"花甲"生日等。

韩国一年中的主要节日见表13-1。

表13-1 韩国一年中的主要节日

日 期	节 日
1月1日	新年
3月1日	独立运动纪念日
4月5日	植树节
5月5日	儿童节
农历四月初八	佛诞日
农历五月初五	端午节
6月6日	显忠日
7月17日	制宪节
8月15日	光复节
农历八月十五	秋夕
10月3日	开天节
12月25日	圣诞节

1. 春节

农历正月初一是韩国的春节，也称民俗日，是韩国最重要的传统节日之一。春节早晨举行祭祖仪式，祭祀后家中晚辈要向长辈拜年，并接受长辈给的压岁钱。初一下午，人们互相串门，给亲朋好友拜年。韩国人的家庭观念很强，春节来临时政府一般会放假3天，居住在城市里的人在节时往往要举家返乡与家人团聚。韩国人会在春节来临时置办各种应节的食物，初一早上会食用用糯米做的年糕汤。春节期间会有掷骰游戏、放风筝、抽陀螺和中跷跷板等一系列民俗活动。

2. 独立运动纪念日（三一节）

1919年3月1日，韩国民众发起了大规模的反抗日本殖民主义统治的独立运动，史称"三一运动"。为了纪念这一伟大的民族救亡运动，特设此纪念日。每年的这天，韩国都会举行各种类型的纪念活动，一些民众还会举行反日游行，普通家庭会悬挂太极旗以颂扬节日意义。

3. 佛诞日

农历四月初八是释迦牟尼诞生的日子。韩国佛教徒众多，每年这天，佛寺中会有庄严的纪念仪式，大街上有热闹的提灯游行。各种活动热闹而不失庄重，吸引了不少非佛教徒参加。

4. 秋夕

秋夕指的是每年农历八月十五，可以说是韩国人一年中最重要的传统节日，甚至比春节更隆重。秋夕节的习俗是要回乡祭祖扫墓，分散在各地工作的家庭成员在节日里回家团聚。秋夕节每年都放三天假，若遇上周末便可以放五天。节日当天，很多韩国人都喜欢穿着传统的服饰出游，一些地方会举行踢毽子、抽陀螺和荡秋千等各种民俗活动。

5. 开天节

10月3日开天节是为了纪念传说中的檀君于公元前2333年建立古朝鲜国家而设立的节日，也称"民族奠基日"。"檀君神话"是在韩国深得人心，一些韩国文献曾以此纪年。这一天，政府和民间宗教团体都会举行各种隆重的庆典，首都首尔地区的祭典主要在社稷坛进行。

三、习俗

1. 结婚

在韩国，婚礼作为人生的重头戏被称作"大礼"。在韩国传统社会里，婚姻在很大程度上是两个家族的结合，被称作"两姓之合"。传统婚礼上，新郎即给岳母送一只鹅，代表对新娘的忠诚。而在现代韩国婚礼中，此规则稍有改变：新郎和新娘要互送鹅或鸭，以表示他们对婚礼的忠诚。传统的韩国婚礼仪式相当复杂，随着时代的变迁，现在韩国的年轻人结婚已经省去了很多烦琐礼节，举行西式婚礼的人居多。现在韩国的婚礼主要分为两种：一种是西式婚礼；另一种是传统的韩式婚礼。很多年轻人举办婚礼时都更倾向选前者，也有不少人选择在西式婚礼中加入传统的细节，如保留了往新娘裙子里扔大枣、新人跨火盆等习俗。

总体来看，韩国的婚姻习俗变化较大。一方面，婚礼从繁变简，费用大大减少。无论是结婚程序、宾客人数或是庆贺延续的时间和方式等都日趋简化，这使人们从沉重的精神和经济负担中解放出来。另一方面，结婚年龄从低渐高。过去十三四岁甚至更小的男孩就要娶一个比自己大几岁的妻子。现在韩国法律规定男子 20 岁，女子 18 岁才能结婚。在实际生活中，由于男女都致力于工作和学习，结婚年龄往往比法定年龄还要晚。新式婚姻是自由恋爱，订婚仪式可有可无，结婚仪式结束后，由男方设宴招待客人，人们载歌载舞为新人祝福。

2. 生日

韩国人过生日往往会喝一碗海带汤。因为海带汤是韩国孕妇产后的滋补品，所以生日时喝一碗海带汤代表着韩国人对母亲的敬意，是为了纪念母亲生育的辛苦。韩式海带汤味道很清淡，有加牛肉或蚬的两种做法，如今只有传统的韩国料理店才供应海带汤。

韩国人过生日多以农历日期来计算，一生中重要的生日莫过于周岁生日宴、六十大寿和七十大寿的寿宴。过去物资匮乏，婴儿死亡率高，孩子出生若满一年即被看作有着很好的福气，是非常值得庆祝的。孩子周岁生日宴中还会有"抓周"仪式，家人将米、钱、书和针线等物品放在桌上让孩子自由选择，抓到什么就代表孩子未来的志向，也希望借此仪式带来福气。

3. 习俗禁忌

韩国人珍爱白色，将木槿花作为国花，将喜鹊作为国鸟。韩国人禁忌颇多。逢年过节相互见面时，不能说不吉利的话，更不能生气、吵架；农历正月头三天不能倒垃圾、扫地，更不能杀鸡宰猪；吃饭时忌戴帽子，否则终身受穷；睡觉时忌枕书，否则读无成。韩国人对数字"4"非常反感，因韩国语中"4"与"死"同字同音，传统上认为是不吉利的。许多楼房的编号严忌出现"4"字；医院、军队绝不用"4"字编号。韩国人在喝茶或喝酒的时候，主人总是以 1、3、5、7 的数字单位来敬酒、敬茶和布菜，并忌讳用双数停杯罢盏。此外，孕妇忌打破碗，担心胎儿因此而咧嘴；婚姻忌生肖相克，婚期择双日，忌单日；节庆期间要说吉利话；男子不要问女子的年龄、婚姻状况；打喷嚏、咳嗽要表示歉意；剔牙要用手或餐巾盖住嘴；交接东西要用右手，不能用左手，因传统观念上认为"右尊左卑"，认为用左手交接东西是不礼貌的行为，等等。拍照在韩国受到严格限制，军事设施、机场、水库、地铁、国立博物馆以及娱乐场所都是禁照对象，在空中和高层建筑拍照也都在被禁之列。

韩国人不喜欢直接说或听到"不"字，所以常用"是"字表达他们有时的否定的意思。此外，韩国人比较敏感，也比较看重感情。韩国人重视业务中的接待，宴请一般在饭店进行。吃饭时所有的菜一次上齐，饭后活动一般是邀客人到歌舞厅娱乐、喝酒，而拒绝是不礼貌的行为。

参考文献

美国

[1] 韩庆娜. 武力与霸权：冷战后美国对外军事行动[M]. 北京：人民出版社，2014.

[2] 韩源. 国家文化安全论：全球化背景下的中国战略[M]. 北京：社会科学文献出版社，2013.

[3] 李冰雯. 美国社会与文化[M]. 西安：西北工业大学出版社，2012.

[4] 姬虹. 当代美国社会[M]. 北京：社会科学文献出版社，2012.

[5] 常俊跃，赵秀艳，赵永青. 美国国情[M]. 北京：北京大学出版社，2016.

[6] 姚绍华. 美国史[M]. 长沙：岳麓书社，2011.

[7] 石海明. 科学、冷战与国家安全[M]. 北京：中国人民解放军出版社，2015.

[8] 梅仁毅，李期铿. 冷战后的美国外交[M]. 北京：世界知识出版社，2012.

[9] 托克维尔. 论美国民主[M]. 朱尾声，译. 北京：中国社会科学出版社，2007.

[10] 李荣建，宋和平. 外国习俗与礼仪[M]. 武汉：武汉大学出版社，1996.

俄罗斯

[1] 别尔嘉耶夫. 俄罗斯思想[M]. 雷永生，邱守娟，译. 北京：生活·读书·新知三联书店，1996.

[2] 白建才. 俄罗斯帝国[M]. 北京：中国国际广播出版社，2015.

[3] 金亚娜. 俄罗斯国情[M]. 哈尔滨：哈尔滨工业大学出版社，2009.

[4] 科兹，威尔. 从戈尔巴乔夫到普京的俄罗斯道路[M]. 曹荣湘，译. 北京：中国人民大学出版社，2015.

[5] 孙芳，陈金鹏. 俄罗斯的中国形象[M]. 北京：人民出版社，2010.

[6] 何瑾，汪意祥. 俄罗斯风情录[M]. 北京：世界知识出版社，1987.

[7] 刘洋. 俄罗斯民主化研究[M]. 哈尔滨：黑龙江大学出版社，2012.

[8] 王英佳. 俄罗斯社会与文化[M]. 武汉：武汉大学出版社，2002.

[9] 闻一. 俄罗斯通史[M]. 上海：上海社会科学院出版社，2013.

[10] 李荣建，宋和平. 外国习俗与礼仪[M]. 武汉：武汉大学出版社，1996.

英国

[1] 陈晓律. 英国福利制度的由来与发展[M]. 南京：南京大学出版社，1996.

[2] 刘成. 对抗与合作：20世纪英国的工会与国家[M]. 南京：南京大学出版社，2011.

[3] 刘成. 英国现代转型与工党重铸[M]. 北京：生活·读书·新知三联书店，2013.

[4] 沈汉，刘新成. 英国议会政治史[M]. 南京：南京大学出版社，1991.

[5] 阎照祥. 英国政党政治史[M]. 北京：中国社会科学出版社，1993.

[6] 阎照祥. 英国史[M]. 北京：人民出版社，2003.

[7] 阎照祥. 英国政治制度史[M]. 北京：人民出版社，2012.

[8] 钱乘旦,徐洁明. 英国通史[M]. 上海：上海社会科学院出版社，2002.

[9] 钱乘旦,陈晓律. 英国文化模式溯源[M]. 上海：上海社会科学院出版社，2003.

[10] 布里格斯. 英国社会史[M]. 陈叔平，译. 北京：商务印书馆，2015.

法国

[1] 张芝联. 法国通史[M]. 沈阳：辽宁大学出版社，2000.

[2] 吕一民. 法国通史[M]. 上海：上海社会科学院出版社，2012.

[3] 里乌,西里内利. 法国文化史：卷1[M]. 杨剑，译. 上海：华东师范大学出版社，2011.

[4] 基佐. 法国文明史[M]. 沅芷，伊信，译. 北京：商务印书馆，1993.

[5] 丁少伦. 法国文化解读[M]. 济南：济南出版社，2006.

[6] 菲尔斯. 走进法国[M]. 贾宏亮，译. 北京：中国铁道出版社，2010.

[7] 泰勒. 文化震撼之旅：法国[M]. 唐洪磊，唐洪菊，译. 北京：旅游教育出版社，2008.

[8] 天放. 法国精神[M]. 北京：当代世界出版社，2008.

[9] 迈斯特. 论法国[M]. 鲁仁，译. 上海：上海人民出版社，2005.

德国

[1] 伍慧萍. 德国能否在难民危机中再次指导欧洲[M]. 上海：同济大学德国研究中心，2016.

[2] 吴志成. 当代各国政治体制——德国和瑞士[M]. 兰州：兰州大学出版社，1997.

[3] Peter Hinterreder. 德国概况[M]. 法兰克福：莎西埃德媒体公司与德国外交部，2015.

[4] 德国研究杂志社. 德国研究[M]. 上海：同济大学德国研究所，1999.

[5] 托马林. 这就是德国[M]. 邢延动，译. 北京：商务印书馆国际有限公司，2016.

[6] 朱范. 德国卷[M]. 武汉：武汉大学出版社，2014.

[7] 夏伊勒. 第三帝国的兴亡[M]. 董乐山，译. 北京：世界知识出版社，2012.

[8] 黑格尔. 历史哲学[M]. 王造时，译. 上海：上海书店出版社，1956.

[9] 朱忠武,等. 德国现代史[M]. 济南：山东大学出版社，1986.

[10] 张暄. 德国[M]. 北京：世界知识出版社，1999.

[11] 邱震海. 德国：一个冬天之后的神话[M]. 上海：复旦大学出版社，1997.

[12] 刘芳本. 德国情[M]. 北京：旅游教育出版社，1992.

西班牙、葡萄牙

[1] 卡尔. 西班牙史[M]. 潘诚，译. 上海：东方出版中心，2009.

[2] 莫里斯. 西班牙：昨日帝国[M]. 朱琼敏，译. 上海：东方出版中心，2015.

[3] 林达. 西班牙旅行笔记[M]. 北京：生活·读书·新知三联书店，2013.

[4] 张耀. 八百年在路上[M]. 南京：江苏美术出版社，2005.

[5] 张旭平. 葡萄牙[M]. 沈阳：辽宁教育出版社，2000.

[6] 克劳利. 征服者：葡萄牙帝国的崛起[M]. 陆大鹏，译. 北京：社会科学文献出版社，2016.

[7] 任学安. 大国崛起：葡萄牙 西班牙[M]. 北京：中国民主法制出版社，2006.

[8] 伯明翰. 葡萄牙史[M]. 周巩固，周文清，译. 上海：东方出版中心，2017.

[9] 许昌财. 西班牙通史[M]. 北京：世界知识出版社，2009.

[10] 奥威尔. 向加泰罗尼亚致敬[M]. 石子丽，译. 哈尔滨：哈尔滨出版社，2017.

荷兰、比利时和卢森堡

[1] 胡克. 荷兰史[M]. 上海：东方出版中心，2009.

[2] 鲁成文. 荷兰文化[M]. 上海：上海社会科学院出版社，2013.

[3] 赖利，阿什沃思. 比荷卢经济联盟[M]. 天津：天津人民出版社，1980.

[4] 亲历者编辑部. 比利时卢森堡旅行 Let's Go [M]. 北京：中国铁道出版社，2015.

[5] 东特. 比利时史[M]. 南京大学外文系法文翻译组，译. 南京：江苏人民出版社，1973.

[6] 郑实. 在郁金香与巧克力的国度[M]. 北京：中信出版社，2014.

[7] 日本大宝石出版社. 荷兰比利时卢森堡[M]. 李禾，译. 北京：中国旅游出版社，2011.

[8] 李海燕. 比利时的市场经济[M]. 北京：人民出版社，1992.

[9] 彭姝祎. 卢森堡[M]. 北京：社会科学文献出版社，2005.

[10] 李荣建，宋和平. 外国习俗与礼仪[M]. 武汉：武汉大学出版社，1996.

澳大利亚

[1] 董启宏. 大洋洲宗教与文化[M]. 北京：中央民族大学出版社，1999.

[2] 格林伍德. 澳大利亚政治社会史[M]. 北京编译社，译. 北京：人民出版社，1986.

[3] 中宣部文化体制改革和发展办公室，文化部对外文化联络局. 国际文化发展报告[R]. 北京：商务印书馆，2005.

[4] 殷汝祥，衣维明. 澳大利亚市场经济体制[M]. 兰州：兰州大学出版社，1994.

[5] 沈永兴，张秋生，高国荣. 澳大利亚[M]. 北京：社会科学文献出版社，2003.

[6] 骆介子. 澳大利亚建国史[M]. 北京：商务印书馆，1991.

[7] 杨翠迎，郭光芝. 澳大利亚社会保障制度[M]. 上海：上海人民出版社，2012.

[8] 石发林. 澳大利亚土著人研究[M]. 成都：四川大学出版社，2010.

[9] 张秋生. 澳大利亚与亚洲关系史目光在何处[M]. 北京：北京大学出版社，2002.

日本

[1] 列宁. 帝国主义和社会主义运动中的分裂，列宁选集：第 2 卷[M]. 北京：人民出版社，1960.

[2] 王振海，黄水冰，等. 寻求有效社会治理：国内外社会组织发展范式分析[M]. 北京：社会科学文献出版社，2010.

[3] 载林振江，梁云祥. 小熊英二：全球化与中国、日本[M]. 北京：新华出版社，2000.

[4] 依田熹家. 简明日本通史[M]. 卞立强，译. 上海：上海远东出版社，2003.

[5] 霍尔. 日本史[M]. 邓懿，周一良，译. 北京：商务印书馆，2013.

[6] 王仲涛，汤重南. 日本史[M]. 北京：人民出版社，2014.

[7] 托特曼. 日本史[M]. 王毅, 译. 上海: 上海人民出版社, 2008.

[8] 王勇. 日本文化[M]. 北京: 高等教育出版社, 2001.

[9] 尾滕正英. 日本文化的历史[M]. 彭曦, 译. 南京: 南京大学出版社, 2010.

[10] 刘建强. 新编日本史[M]. 北京: 外语教学与研究出版社, 2002.

[11] 赫赤, 谭健, 等. 日本政治概况[M]. 北京: 中国社会科学出版社, 1984.

韩国

[1] 李惠国. 当代韩国人文社会科学[M]. 北京: 商务印书馆, 1999.

[2] 宋永华. 韩国宪法法院制度研究[M]. 上海: 上海三联书店, 2015.

[3] 高丽大学校韩国史研究室. 新编韩国史[M]. 孙科志, 译. 济南: 山东大学出版社, 2010.

[4] 魏志江. 韩国学概论[M]. 广州: 中山大学出版社, 2008.

[5] 任晓. 当代各国政治体制[M]. 兰州: 兰州大学出版社, 1998.

[6] 王生. 当代韩国民族主义研究[M]. 北京: 社会科学文献出版社, 2015.

[7] 吕春燕, 赵岩. 韩国的信仰和民俗[M]. 北京: 北京大学出版社, 2010.

[8] 鲁维选, 朱春堂. 韩国史话[M]. 郑州: 中州古籍出版社, 2008.

[9] 董向荣. 韩国[M]. 北京: 社会科学文献出版社, 2009.

[10] 权五勇. 韩国病[M]. 徐永彬, 译. 北京: 新华出版社, 2008.

[11] 石源华, 蒋建忠. 韩国的独立运动与中国关系编年史[M]. 北京: 社会科学文献出版社, 2012.